who? Biography No.1

who? Biography No.1

who? Biography No.1

who? Biography No.1

who? Biography No.1

who? Biography No.1

who? Biography No.1

who? Biography No.1

who? Biography No.1

who? Biography No.1

who? Biography No.1

who? Biography No.1

who? Biography No.1

who? Biography No.1

who? Biography No.1

who? Biography No.1

who? Biography No.1

who? Biography No.1

who? Biography No.1

who? Biography No.1

who? Biography No.1

who? Biography No.1

who? Biography No.1

who? Biography No.1

who? Biography No.1

who? Biography No.1

who? Biography No.1

who? Biography No.1

who? Biography No.1

who? Biography No.1

who? Biography No.1

who? Biography No.1

who? Biography No.1

who? Biography No.1

who?

글 최재훈

학습 만화와 청소년 교양서, 온라인 에듀테인먼트 게임 등을 넘나들며, 어린이와 청소년이 즐겁게 공부할 수 있는 교육용 콘텐츠를 만들기 위해 노력하고 있습니다. 대표작으로는 《흔한남매 이상한 나라의 고전 읽기 시리즈》, 《쿠키런 킹덤 퀴즈 원정대 시리즈》, 《who? 스페셜 류현진》, 《who? 한국사 김옥균》 등이 있습니다.

그림 툰쟁이

툰쟁이는 어린이들이 소중히 간직할 작품을 만들기 위해 열정을 쏟고 있는 학습 만화 창작팀입니다. 《who? 세계 인물 시리즈》와 《who? 한국사 시리즈》를 통해 생생하고 세련된 그림을 선보이고 있습니다.

감수 김민선(국민 대학교 언론 정보학부 겸임 교수)
어린이 생각 마당 감수 이랑(한국 고용 정보원 전임 연구원)
추천 송인섭(숙명 여자 대학교 명예 교수)

리오넬 메시
Lionel Messi

다산
어린이

자신만의 멘토를 만날 수 있는
who? 시리즈

　다산어린이의 〈who?〉 시리즈는 어린이들은 물론 어른들에게도 재미와
감동을 주는 교양 만화입니다. 〈who?〉 시리즈는 전 세계 인류에 영향력을
끼친 인물들로 구성되었으며 인물들의 삶과 사상을 객관적으로 전해
줍니다.

　이처럼 다양한 나라와 분야에서 활약한 위인들의 이야기를 통해 과학,
예술, 정치, 사상에 관한 정보는 물론이고, 나라별 문화와 역사까지 배우게
될 것입니다. 〈who?〉 시리즈의 가장 큰 장점은 위인들이 그들의 삶에서
겪은 기쁨과 슬픔, 좌절과 시련, 감동을 어린이들이 함께 느낄 수 있다는
것입니다. 어린이들은 이 책을 읽으면서 폭넓은 감수성을 함양하게 됩니다.

　〈who?〉 시리즈의 어린이 독자들이 책 속의 위인들을 통해 자신만의
멘토를 만나 미래의 세계적인 리더로 성장하기를 진심으로 응원합니다.

존 덩컨 미국 UCLA 동아시아학부 교수

존 덩컨(John B. Duncan) 교수는 한국학 분야의 세계적인 석학으로
미국 UCLA 한국학 연구소 소장 및 동 대학의 동아시아학부 교수를
겸직하고 있습니다. 하버드 대학교 교환 교수와 고려 대학교 해외
교육 프로그램 연구센터장을 역임했으며, 주요 저서로는
《조선 왕조의 기원》, 《조선 왕조의 시민 행정의 제도적 기초》 등이
있습니다.

세상을 더 나은 곳으로 만든
사람들의 이야기

어린이들은 자라면서 수많은 궁금증을 가지게 됩니다. 그중에서도 "저 사람은 누굴까?"라는 질문은 종종 아이들의 머릿속을 온통 지배해 버리기도 합니다. 다산어린이에서 출간된 〈who?〉 시리즈는 그런 궁금증을 해결해 주기 위해 지구촌 다양한 분야의 리더들을 소개하고 있습니다.

〈who?〉 시리즈에 등장하는 인물들은 인종과 성별을 넘어 세상을 더 나은 곳으로 만든 사람들입니다. 어린이들은 이 책에서 디지털 아이콘으로 불리는 스티브 잡스는 물론 니콜라 테슬라와 같은 천재 발명가를 만날 수 있습니다.

책 속 주인공들의 어린 시절 이야기를 통해 기쁨과 슬픔, 도전과 성취감을 함께 맛보고, 그들과 함께 성장하면서 스스로 창조적이고 인류에 도움이 되는 사람이 되겠다는 포부와 자신감을 갖게 될 것입니다.

〈who?〉 시리즈 속에서 다채롭고 생동감 넘치는 위인들의 이야기를 만나 보세요.

에드워드 슐츠 하와이 주립 대학교 언어학부 교수

에드워드 슐츠(Edward J. Shultz) 하와이 주립 대학교 언어학부 교수는 동 대학의 한국학센터 한국학 편집장을 역임한 세계적인 석학입니다. 평화봉사단 활동의 하나로 한국에서 영어 교사로 근무한 경험이 있으며, 현재 한국과 미국, 일본을 오가며 활발한 활동을 펼치고 있습니다. 저서로는 《중세 한국의 학자와 군사령관》, 《김부식과 삼국사기》 등이 있고, 한국 중세사와 정치에 대한 다수의 기고문을 출간했습니다.

미래 설계의 힘을 얻는 길이 여기에 있습니다

어린이가 성장하는 시기에는 스스로 미래를 설계하며 다양한 책을 접하는 경험이 필요합니다.

어린 시절 만난 한 권의 책이 인생에 미치는 영향이 얼마나 큰지는 꿈을 이룬 사람들의 말을 통해서 알 수 있습니다. 빌 게이츠는 오늘날 자신을 만든 것은 동네의 작은 도서관이었다고 말하고, 오프라 윈프리는 어린 시절 유일한 친구는 책이었음을 고백하며 독서의 중요성에 대해 이야기합니다.

꿈을 이룬 사람들의 공통점은 또 있습니다. 그들에게는 어린 시절, 마음속에 품은 롤 모델이 있었습니다. 여러분의 롤 모델은 누구인가요? 〈who?〉 시리즈에서는 현재 우리 어린이들이 가장 닮고 싶어하는 롤 모델을 만날 수 있습니다. 버락 오바마, 빌 게이츠, 조앤 롤링, 스티브 잡스 등 세상을 바꾼 사람들의 감동적인 이야기를 담은 〈who?〉 시리즈는 어린이들이 구체적인 목표를 설정하고 희망찬 비전을 세울 수 있도록 도와줄 친구이면서 안내자입니다. 〈who?〉 시리즈를 통하여 자신의 인생 모델을 찾고 미래 설계의 힘을 얻을 수 있습니다.

송인섭 숙명 여자 대학교 명예 교수

숙명 여자 대학교 명예 교수이자 한국영재교육학회 회장으로 자기주도학습 분야의 최고 권위자입니다. 한국교육심리연구회 회장, 한국교육평가학회장, 한국영재연구원 원장을 역임했습니다. 자기주도학습과 영재 교육의 이론을 실제 교육 현장에 적용하기 위해 노력하고 있습니다.

평생을 이끌어 줄
최고의 멘토를 만날 수 있는 책

10대에 가장 중요한 것은 무엇일까요? 학과 공부와 입시일까요?
우리나라 최초의 국제회의 통역사로 30년 동안 활동하면서 글로벌
리더들을 만날 기회가 수없이 많았던 저는 대한민국의 초등학생들에게
특별한 조언을 해 주고 싶습니다. 그것은 큰 꿈을 가지는 것이 무엇보다
중요하다는 것입니다.

꿈은 힘들고 지칠 때 나를 이끌어 주는 힘이고 내 인생의 주인이 되어
일어설 수 있게 하는 원동력이 되어 줍니다. 꿈이 있는 아이가 공부도
잘하고 결국 그 꿈을 실현할 수 있게 되는 것입니다. 저 역시 어린 시절
품었던 꿈이 지금의 자리에 있게 한 원동력이었습니다. 남들이 모르는 큰
꿈을 마음속에 간직하고 있었기에 괴롭고 힘들어도 포기하지 않고 다시
일어설 수 있었습니다.

어린 시절 저에게도 힘들고 지칠 때마다 용기를 불어넣어 주고
힘이 되어 주었던 분들이 있었습니다. 지금의 자리로 저를 이끌어 준
멘토들처럼 〈who?〉 시리즈에서 여러분의 친구이자 형제, 선생이 되어 줄
멘토를 만날 수 있기를 바랍니다.

최정화 한국 외국어 대학교 교수

우리나라 최초의 국제회의 통역사로 현재 한국외국어대학교
통번역대학원 교수로 재직 중입니다. 세계 무대에서 자신의 꿈을
이룬 여성 신화의 주인공으로, 역시 세계에서 꿈을 펼치려고 하는
청소년들에게 멘토로서의 역할을 충실히 하고 있습니다. 저서로는
《외국어 내 아이도 잘할 수 있다》, 《외국어를 알면 세계가 좁다》,
《국제회의 통역사 되는 길》 등이 있습니다.

차 례

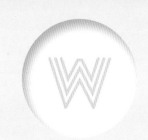

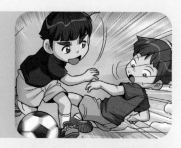

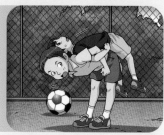

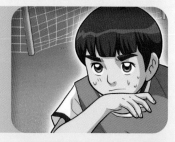

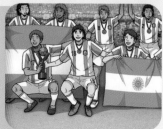

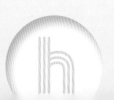

Lionel
Messi

리오넬 메시

- 이름: 리오넬 메시
- 생몰년: 1987년~
- 국적: 아르헨티나
- 직업·활동 분야: 축구 선수
- 주요 업적: 발롱도르 8회 수상
  2022년 카타르 월드컵 우승
  월드컵 골든볼 2회 수상
  2021년 코파 아메리카
  브라질 우승
  UEFA 챔피언스리그 4회 우승

리오넬 메시는 현존하는 세계 최고의 축구 선수예요. 전 세계 축구 선수 중 개인에게 주는 최고의 상인 발롱도르를 8회나 수상하고, 축구와 관련된 수많은 기록을 갈아 치웠지요. 하지만, 메시는 어린 시절 성장 호르몬 결핍증으로 매우 왜소했어요. 메시는 이런 신체적 약점을 어떻게 극복하고 역대 최고의 축구 선수로 거듭날 수 있었을까요?

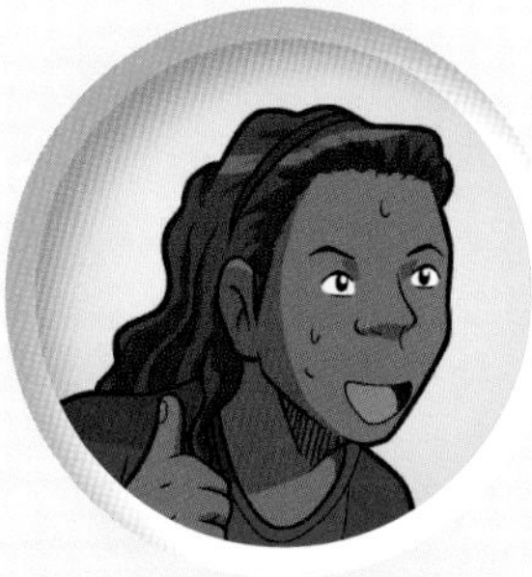

호나우지뉴

브라질의 축구 스타인 호나우지뉴는 리오넬 메시 이전에 FC 바르셀로나를 대표하던 축구 선수였어요. 화려한 개인기와 창의적인 패스가 일품이었지요. 호나우지뉴는 메시의 재능을 일찌감치 알아채고, 그가 팀에 잘 적응할 수 있도록 이끌어 주었어요.

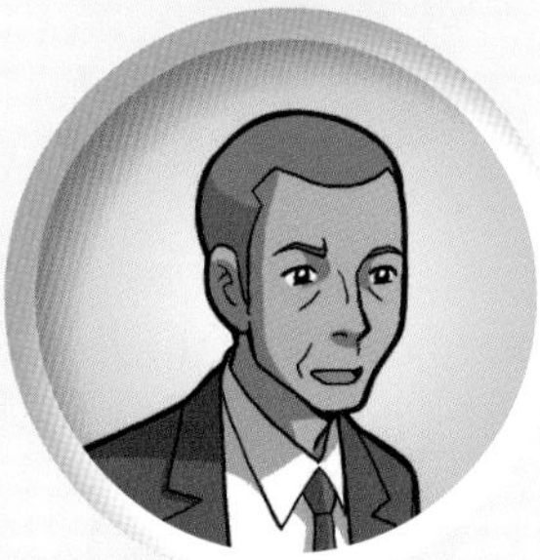

호셉 과르디올라

2008년 7월부터 2012년 6월까지 FC 바르셀로나를 이끌었던 감독이에요. 이 기간 동안 에스파냐 프리메라리가와 UEFA 챔피언스리그를 여러 차례 거머쥐었고, 메시가 팀의 중심 선수로 우뚝 설 수 있도록 도와주었어요.

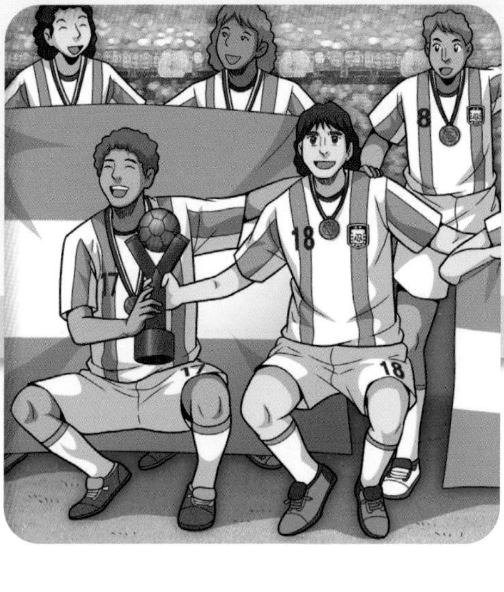

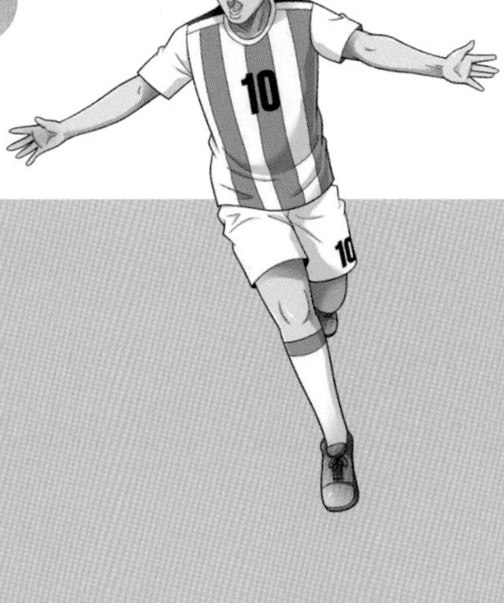

들어가는 말

- 뛰어난 골 감각과 드리블 능력으로 세계의 축구 역사를 새로 쓰고 있는 리오넬 메시에 대해 알아보아요.
- 리오넬 메시를 괴롭힌 성장 호르몬 결핍증에 대해 살펴보아요.
- 축구 선수가 시합을 위해 어떤 훈련을 하는지 알아보아요.

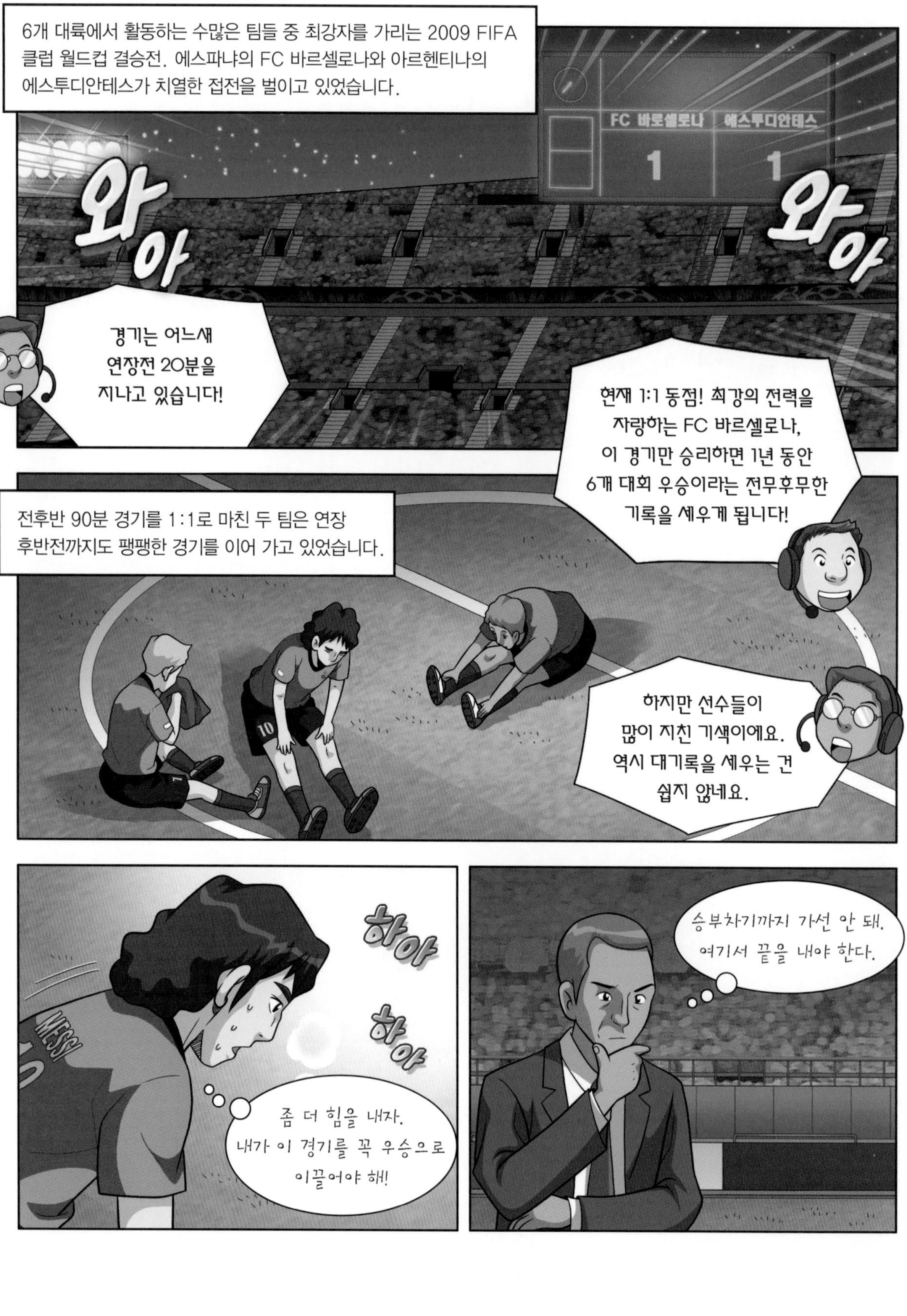
6개 대륙에서 활동하는 수많은 팀들 중 최강자를 가리는 2009 FIFA 클럽 월드컵 결승전. 에스파냐의 FC 바르셀로나와 아르헨티나의 에스투디안테스가 치열한 접전을 벌이고 있었습니다.
FC 바르셀로나 에스투디안테스
1 1
와아
와아
경기는 어느새 연장전 20분을 지나고 있습니다!
현재 1:1 동점! 최강의 전력을 자랑하는 FC 바르셀로나, 이 경기만 승리하면 1년 동안 6개 대회 우승이라는 전무후무한 기록을 세우게 됩니다!
전후반 90분 경기를 1:1로 마친 두 팀은 연장 후반전까지도 팽팽한 경기를 이어 가고 있었습니다.
하지만 선수들이 많이 지친 기색이에요. 역시 대기록을 세우는 건 쉽지 않네요.
하아
하아
MESSI
좀 더 힘을 내자. 내가 이 경기를 꼭 우승으로 이끌어야 해!
승부차기까지 가선 안 돼. 여기서 끝을 내야 한다.

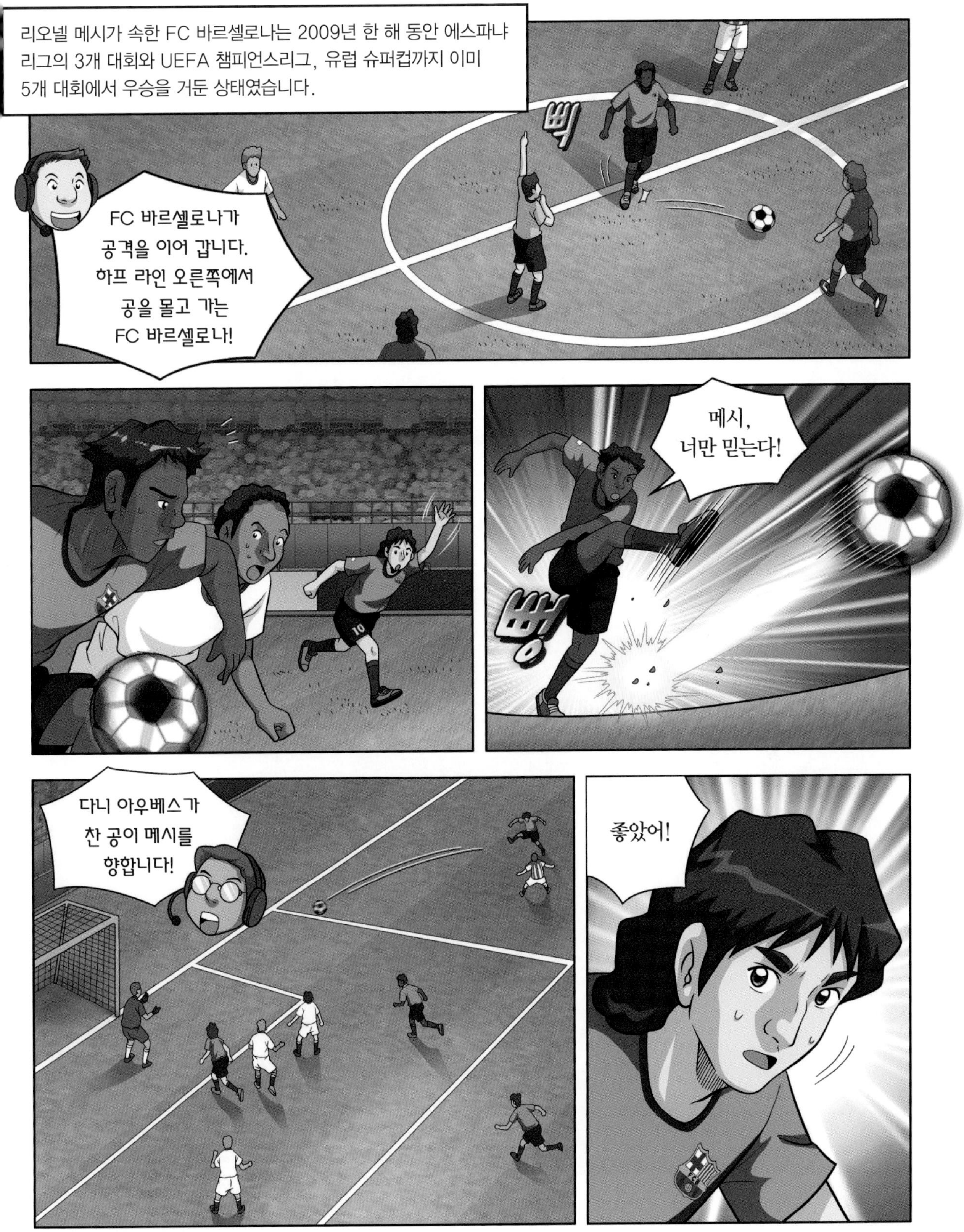
리오넬 메시가 속한 FC 바르셀로나는 2009년 한 해 동안 에스파냐 리그의 3개 대회와 UEFA 챔피언스리그, 유럽 슈퍼컵까지 이미 5개 대회에서 우승을 거둔 상태였습니다.
빡
FC 바르셀로나가 공격을 이어 갑니다. 하프 라인 오른쪽에서 공을 몰고 가는 FC 바르셀로나!
메시, 너만 믿는다!
빵
다니 아우베스가 찬 공이 메시를 향합니다!
좋았어!

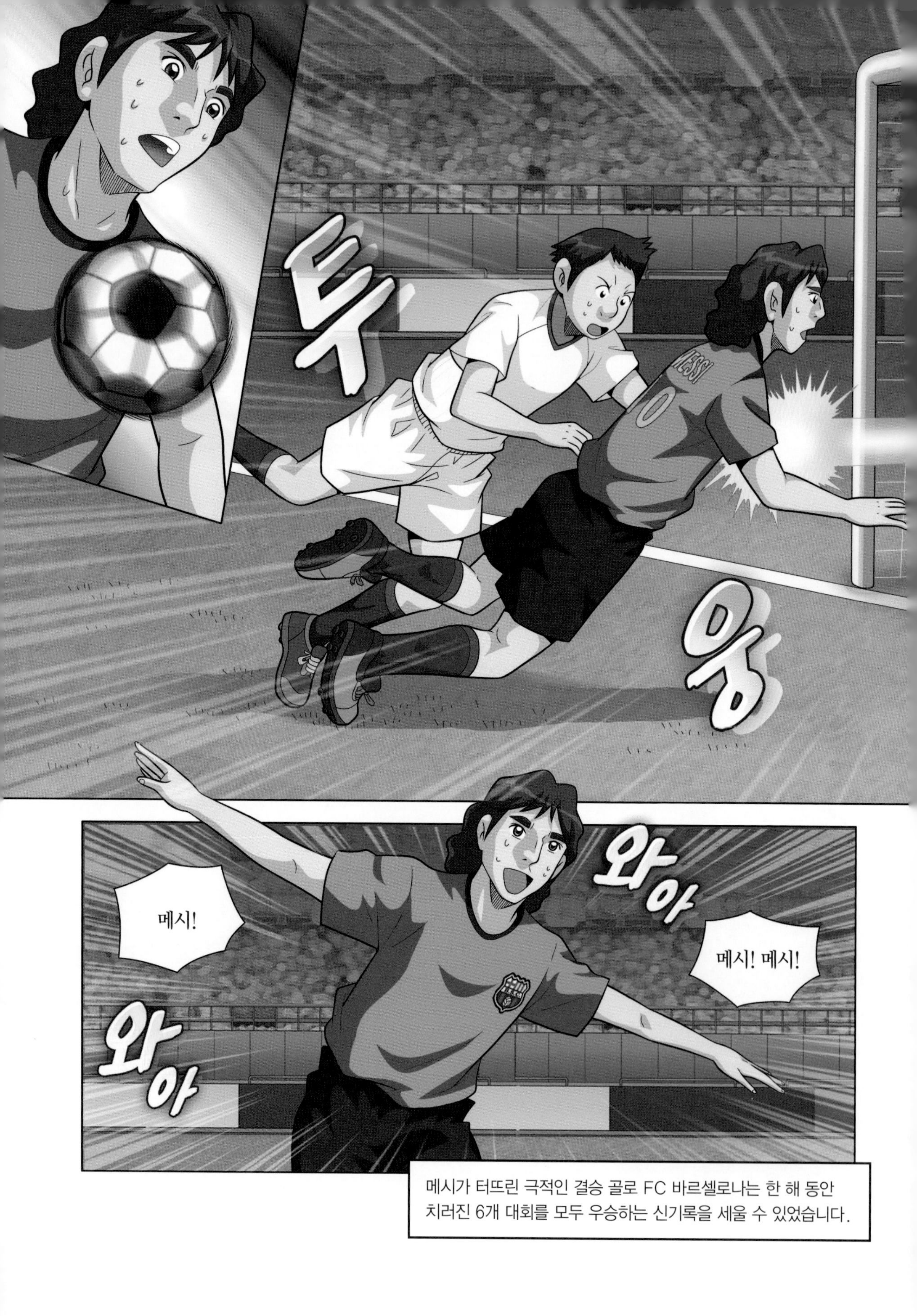
투웅
메시!
와아
메시! 메시!
와아
메시가 터뜨린 극적인 결승 골로 FC 바르셀로나는 한 해 동안 치러진 6개 대회를 모두 우승하는 신기록을 세울 수 있었습니다.

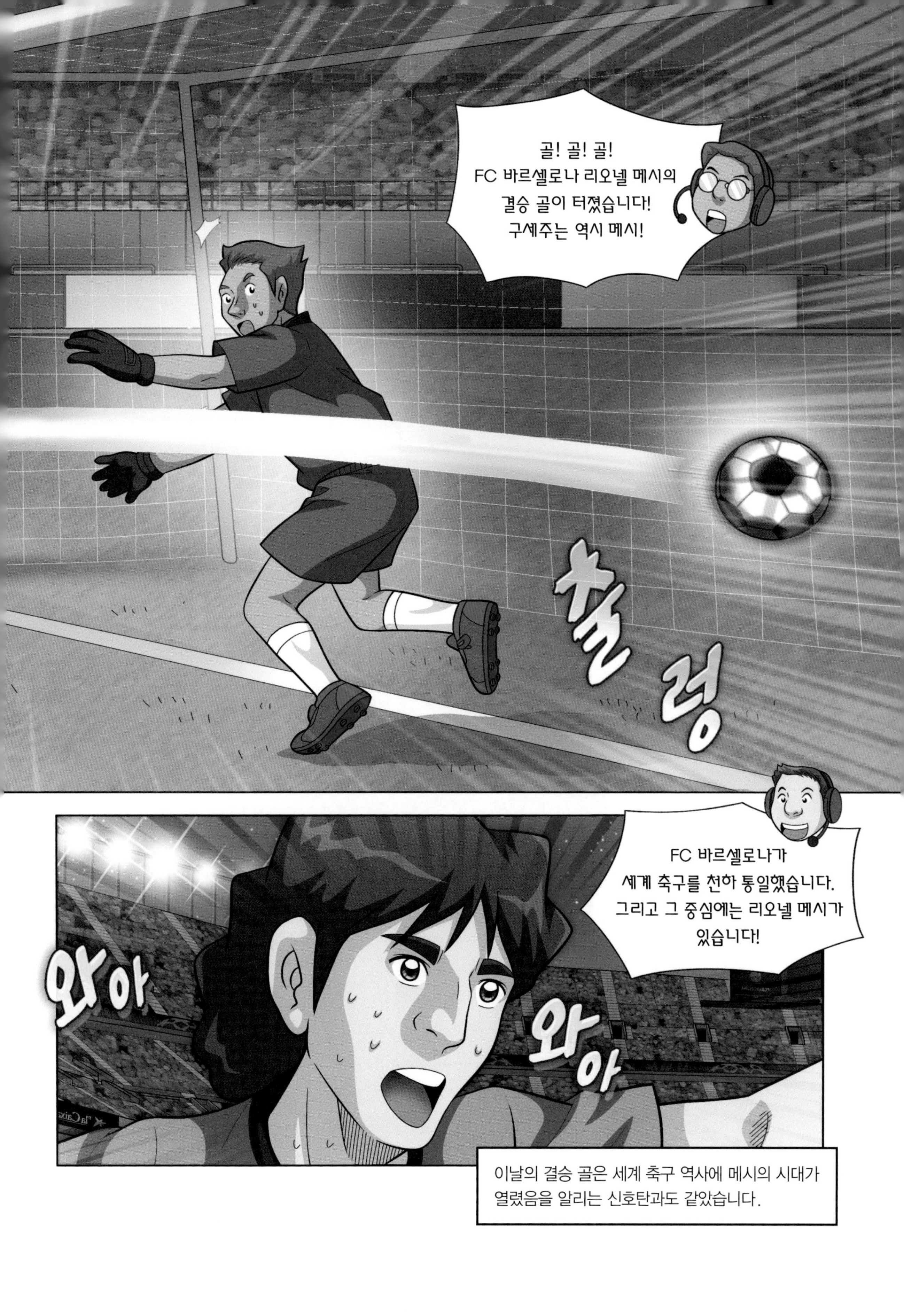

골! 골! 골!
FC 바르셀로나 리오넬 메시의
결승 골이 터졌습니다!
구세주는 역시 메시!
출렁
FC 바르셀로나가
세계 축구를 천하 통일했습니다.
그리고 그 중심에는 리오넬 메시가
있습니다!
와아
와아
이날의 결승 골은 세계 축구 역사에 메시의 시대가
열렸음을 알리는 신호탄과도 같았습니다.

1 동네 축구왕 탄생

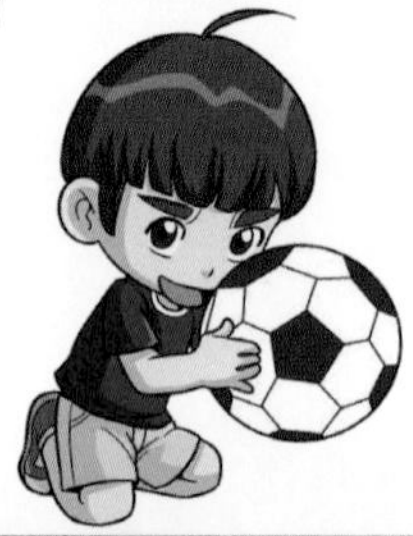

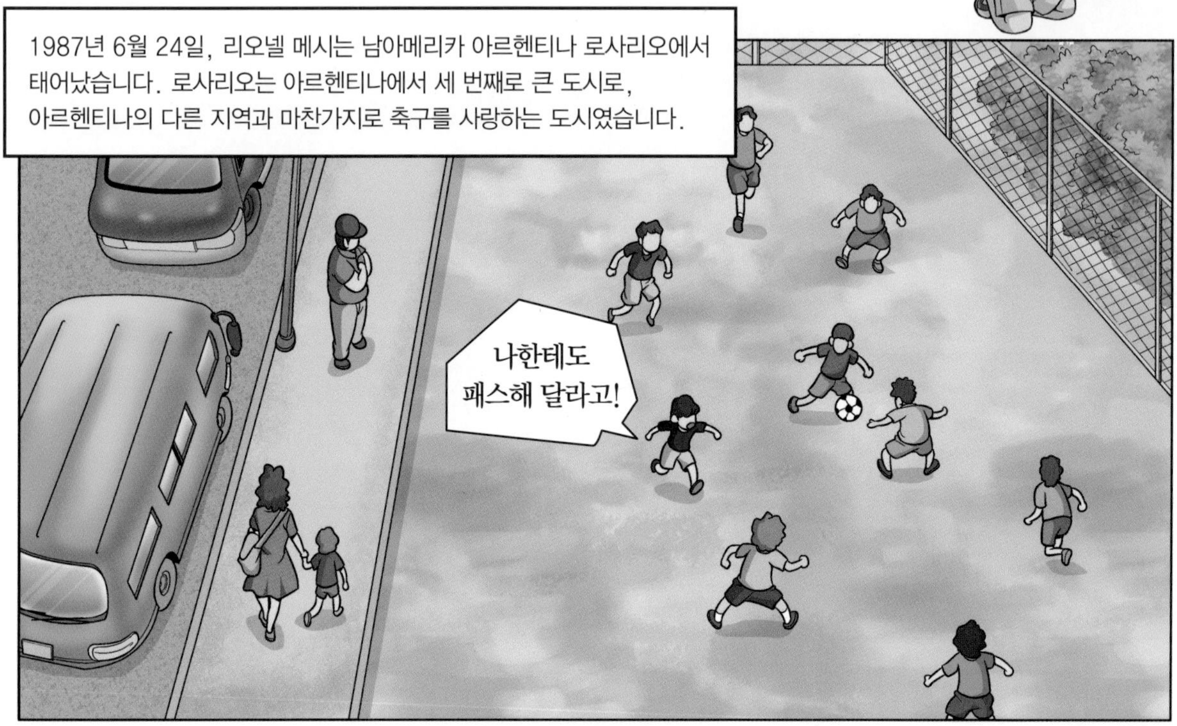
1987년 6월 24일, 리오넬 메시는 남아메리카 아르헨티나 로사리오에서 태어났습니다. 로사리오는 아르헨티나에서 세 번째로 큰 도시로, 아르헨티나의 다른 지역과 마찬가지로 축구를 사랑하는 도시였습니다.
나한테도 패스해 달라고!

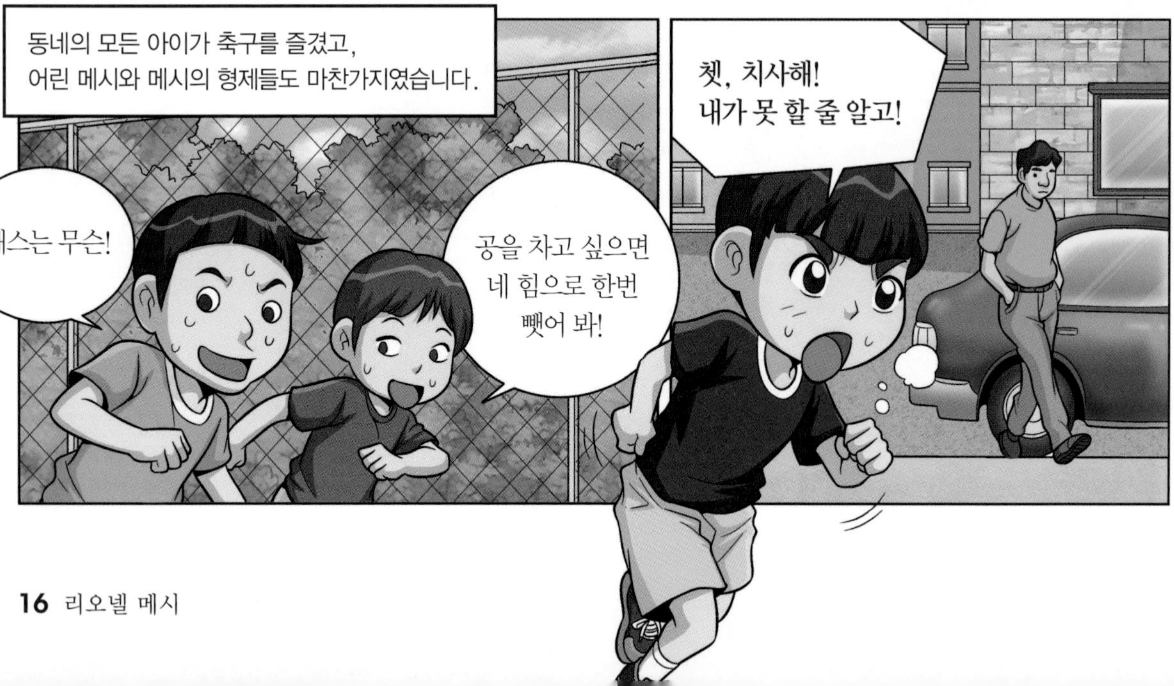
동네의 모든 아이가 축구를 즐겼고, 어린 메시와 메시의 형제들도 마찬가지였습니다.
패스는 무슨!
공을 차고 싶으면 네 힘으로 한번 뺏어 봐!
칫, 치사해! 내가 못 할 줄 알고!

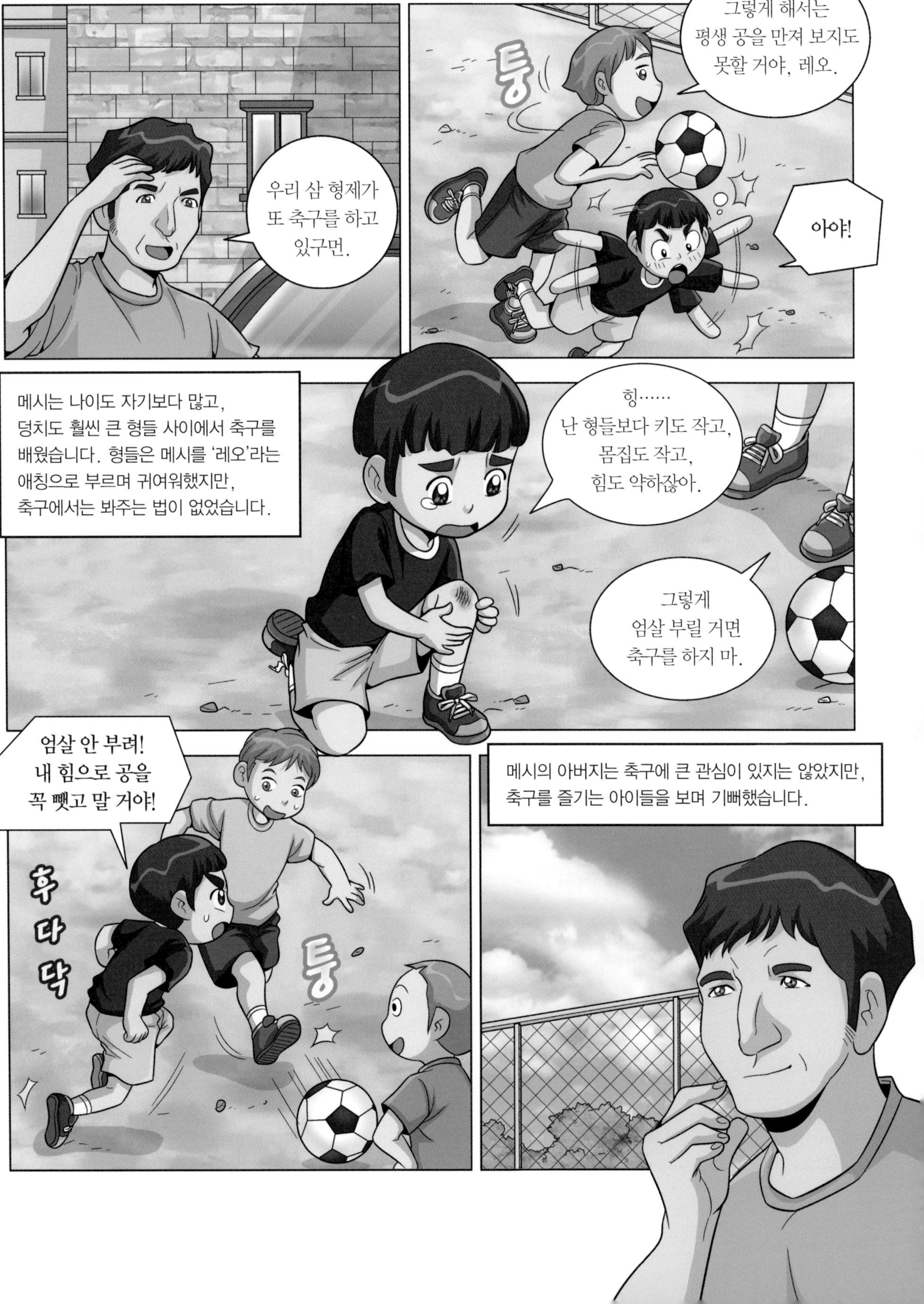

우리 삼 형제가 또 축구를 하고 있구먼.
퉁
그렇게 해서는 평생 공을 만져 보지도 못할 거야, 레오.
아야!
메시는 나이도 자기보다 많고, 덩치도 훨씬 큰 형들 사이에서 축구를 배웠습니다. 형들은 메시를 '레오'라는 애칭으로 부르며 귀여워했지만, 축구에서는 봐주는 법이 없었습니다.
힝…… 난 형들보다 키도 작고, 몸집도 작고, 힘도 약하잖아.
그렇게 엄살 부릴 거면 축구를 하지 마.
엄살 안 부려! 내 힘으로 공을 꼭 뺏고 말 거야!
후다닥
퉁
메시의 아버지는 축구에 큰 관심이 있지는 않았지만, 축구를 즐기는 아이들을 보며 기뻐했습니다.

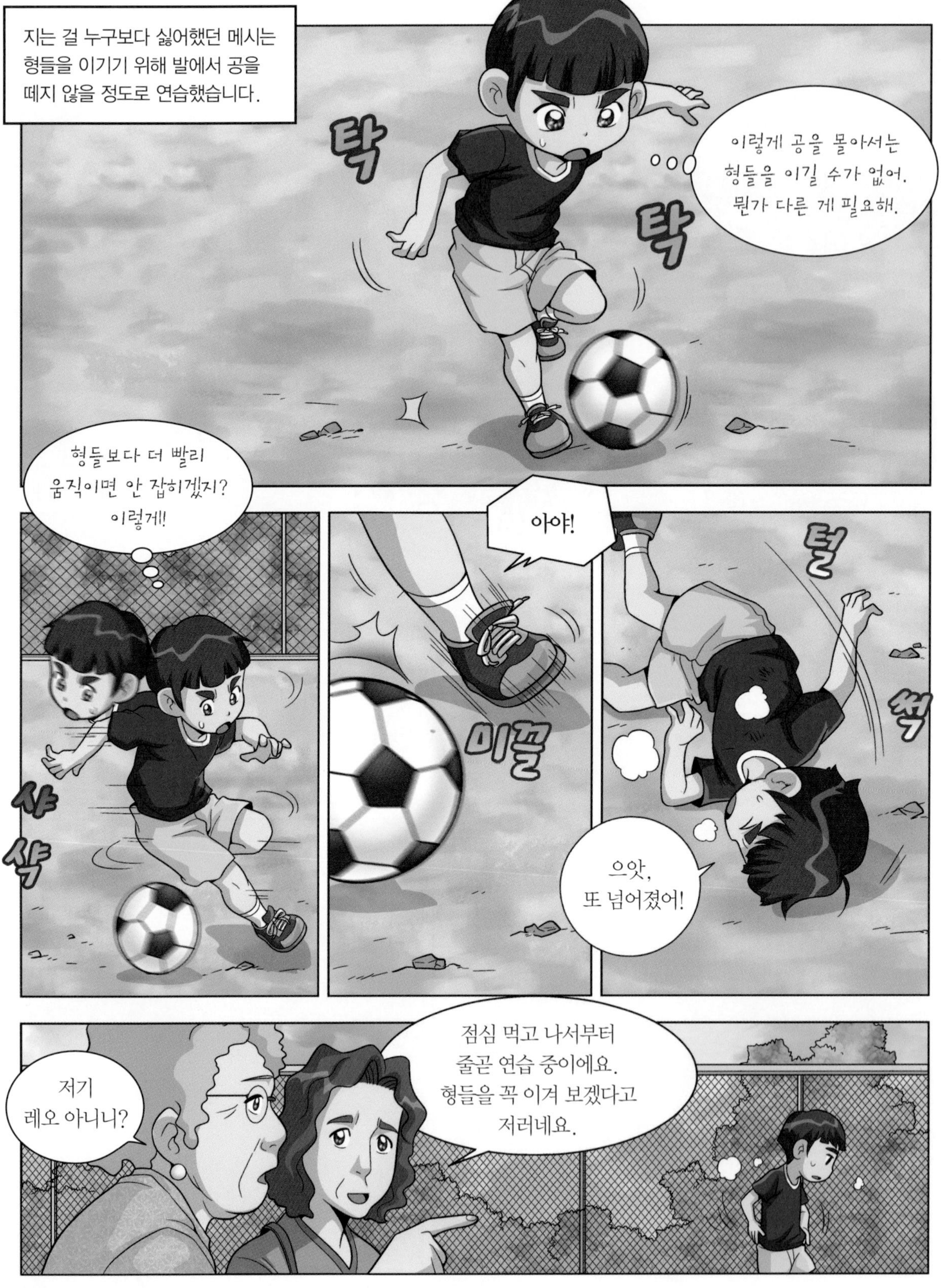
지는 걸 누구보다 싫어했던 메시는
형들을 이기기 위해 발에서 공을
떼지 않을 정도로 연습했습니다.
탁
탁
이렇게 공을 몰아서는 형들을 이길 수가 없어. 뭔가 다른 게 필요해.
형들보다 더 빨리 움직이면 안 잡히겠지? 이렇게!
샤
샥
아야!
미끌
털
썩
으앗, 또 넘어졌어!
저기 레오 아니니?
점심 먹고 나서부터 줄곧 연습 중이에요. 형들을 꼭 이겨 보겠다고 저러네요.

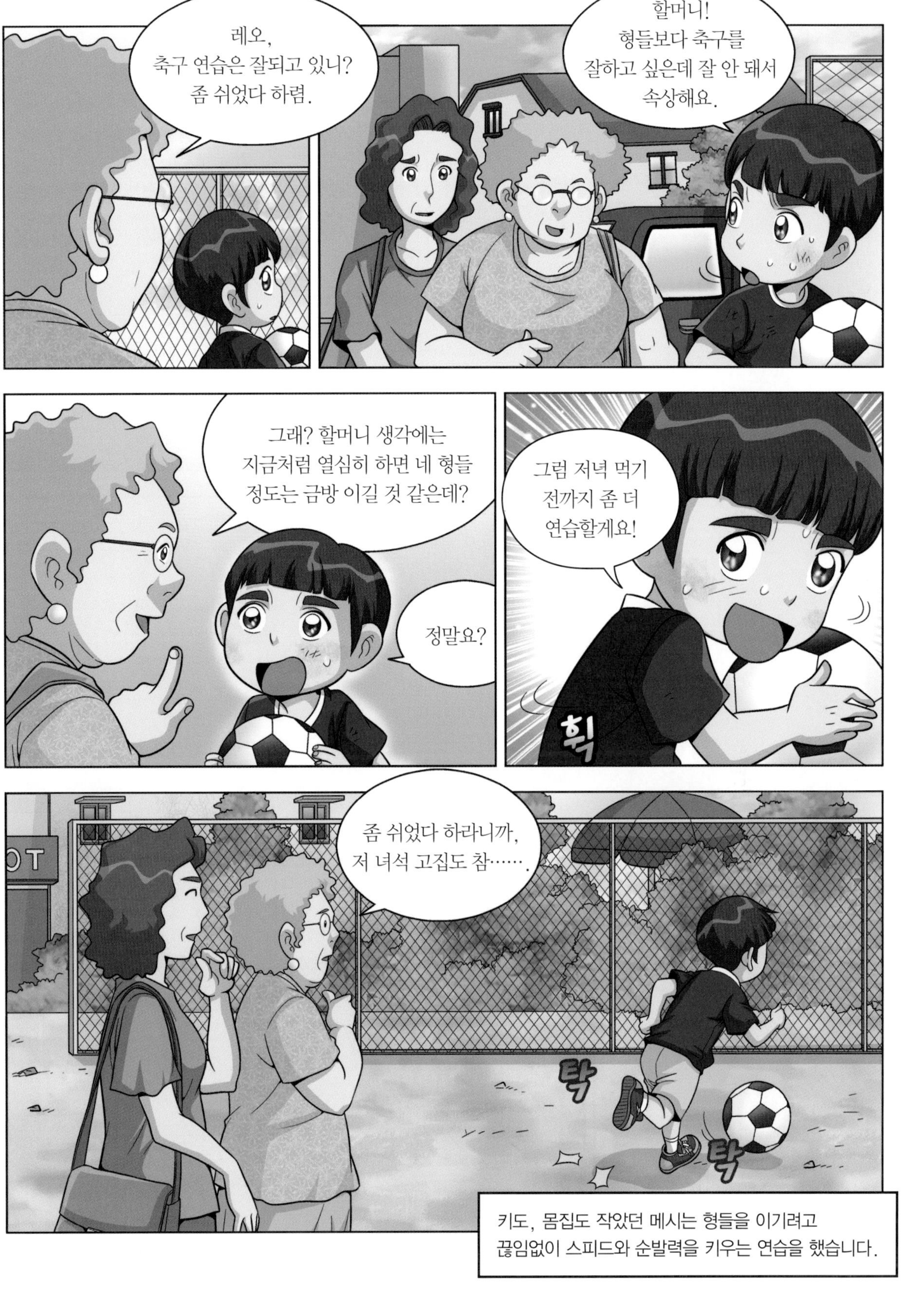
레오,
축구 연습은 잘되고 있니?
좀 쉬었다 하렴.
할머니!
형들보다 축구를
잘하고 싶은데 잘 안 돼서
속상해요.
그래? 할머니 생각에는
지금처럼 열심히 하면 네 형들
정도는 금방 이길 것 같은데?
정말요?
그럼 저녁 먹기
전까지 좀 더
연습할게요!
휙
OT
좀 쉬었다 하라니까,
저 녀석 고집도 참…….
탁
탁
키도, 몸집도 작았던 메시는 형들을 이기려고
끊임없이 스피드와 순발력을 키우는 연습을 했습니다.

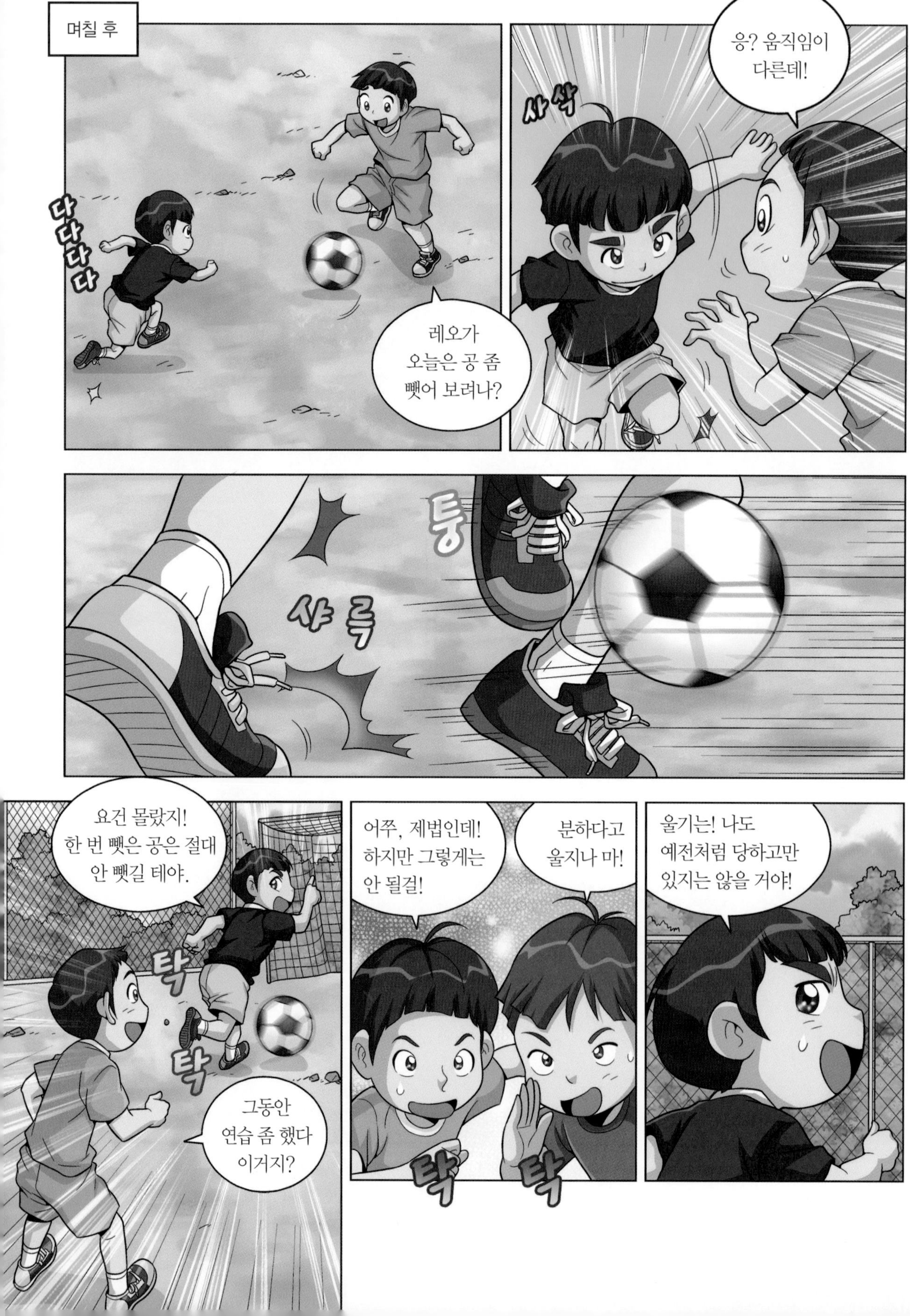
며칠 후
다다다다
레오가 오늘은 공 좀 뺏어 보려나?
샤 삭
응? 움직임이 다른데!
퉁
샤 륵
요건 몰랐지! 한 번 뺏은 공은 절대 안 뺏길 테야.
탁
탁
그동안 연습 좀 했다 이거지?
어쭈, 제법인데! 하지만 그렇게는 안 될걸!
분하다고 울지나 마!
탁
탁
울기는! 나도 예전처럼 당하고만 있지는 않을 거야!

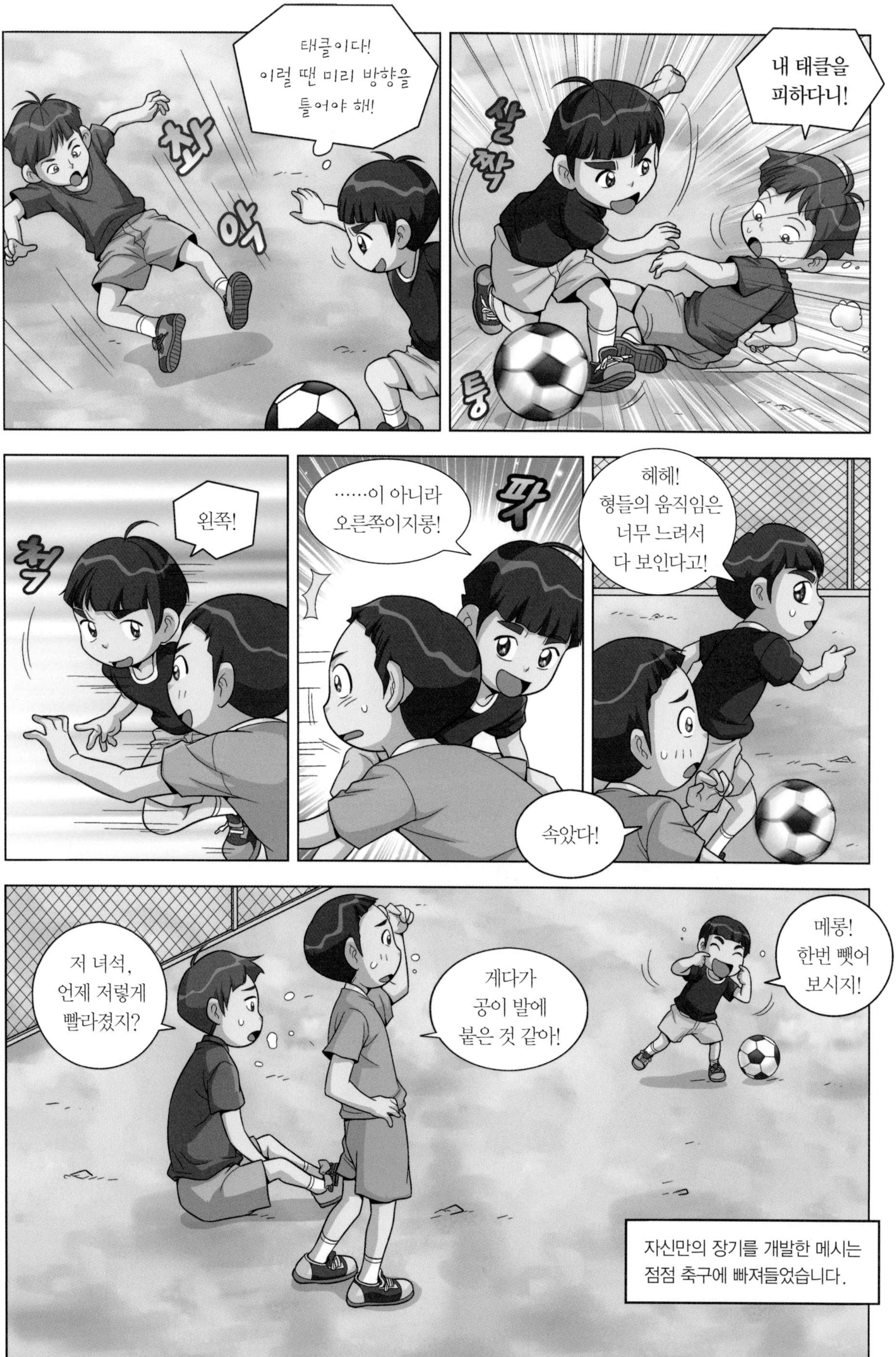
태클이다!
이럴 땐 미리 방향을
틀어야 해!
착
약
내 태클을
피하다니!
살
짝
퉁
왼쪽!
척
……이 아니라
오른쪽이지롱!
팍
헤헤!
형들의 움직임은
너무 느려서
다 보인다고!
속았다!
저 녀석,
언제 저렇게
빨라졌지?
게다가
공이 발에
붙은 것 같아!
메롱!
한번 뺏어
보시지!
자신만의 장기를 개발한 메시는
점점 축구에 빠져들었습니다.

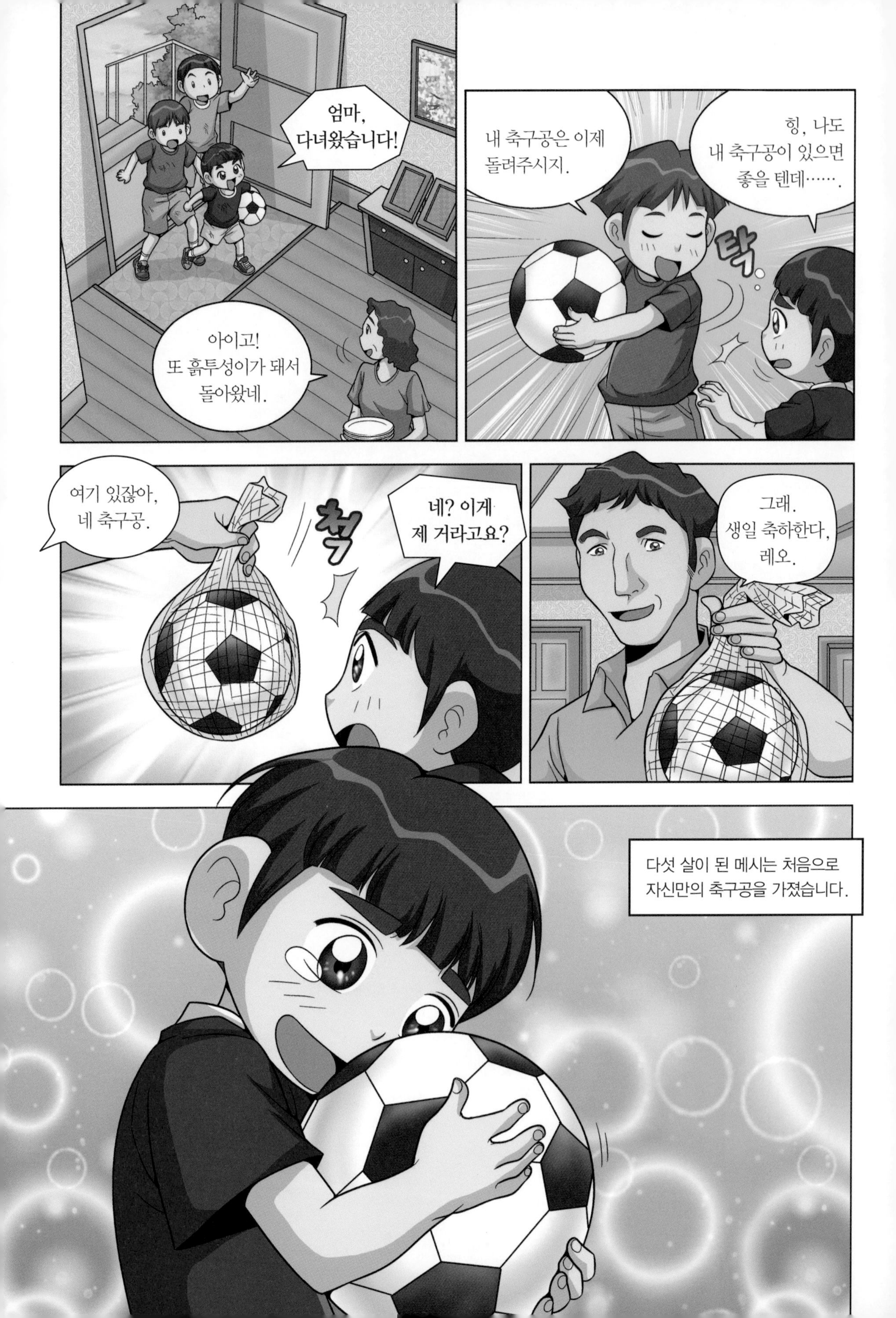
엄마,
다녀왔습니다!
아이고!
또 흙투성이가 돼서
돌아왔네.
내 축구공은 이제
돌려주시지.
힝, 나도
내 축구공이 있으면
좋을 텐데…….
탁
여기 있잖아,
네 축구공.
척
네? 이게
제 거라고요?
그래.
생일 축하한다,
레오.
다섯 살이 된 메시는 처음으로
자신만의 축구공을 가졌습니다.

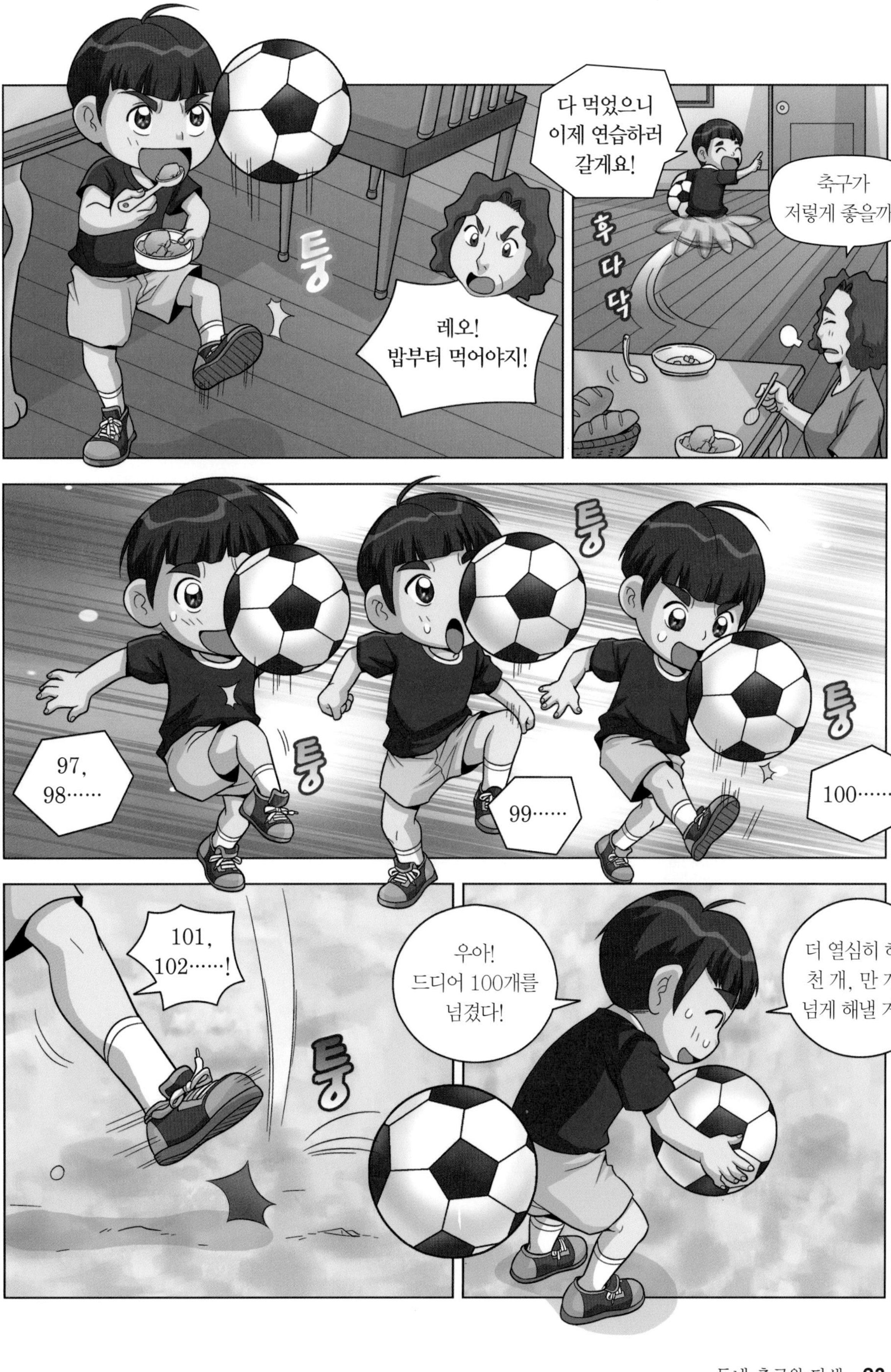
통
레오!
밥부터 먹어야지!
다 먹었으니
이제 연습하러
갈게요!
후다닥
축구가
저렇게 좋을까?
97,
98……
통
99……
통
통
100…….
101,
102……!
통
우아!
드디어 100개를
넘겼다!
더 열심히 해서
천 개, 만 개도
넘게 해낼 거야!

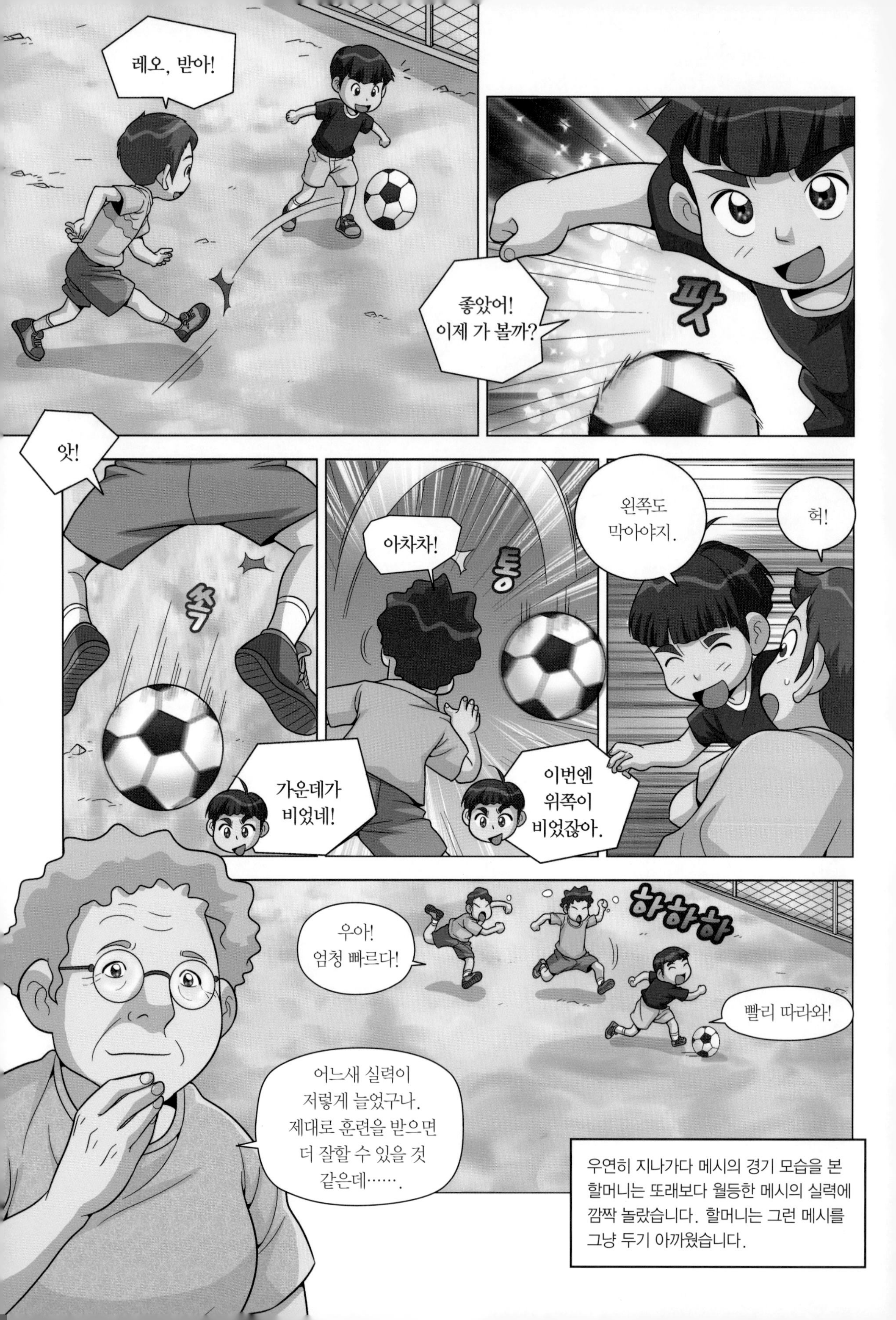
레오, 받아!
좋았어! 이제 가 볼까?
팍
앗!
쏙
가운데가 비었네!
아차차!
통
이번엔 위쪽이 비었잖아.
왼쪽도 막아야지.
헉!
우아! 엄청 빠르다!
하하하
빨리 따라와!
어느새 실력이 저렇게 늘었구나. 제대로 훈련을 받으면 더 잘할 수 있을 것 같은데…….
우연히 지나가다 메시의 경기 모습을 본 할머니는 또래보다 월등한 메시의 실력에 깜짝 놀랐습니다. 할머니는 그런 메시를 그냥 두기 아까웠습니다.

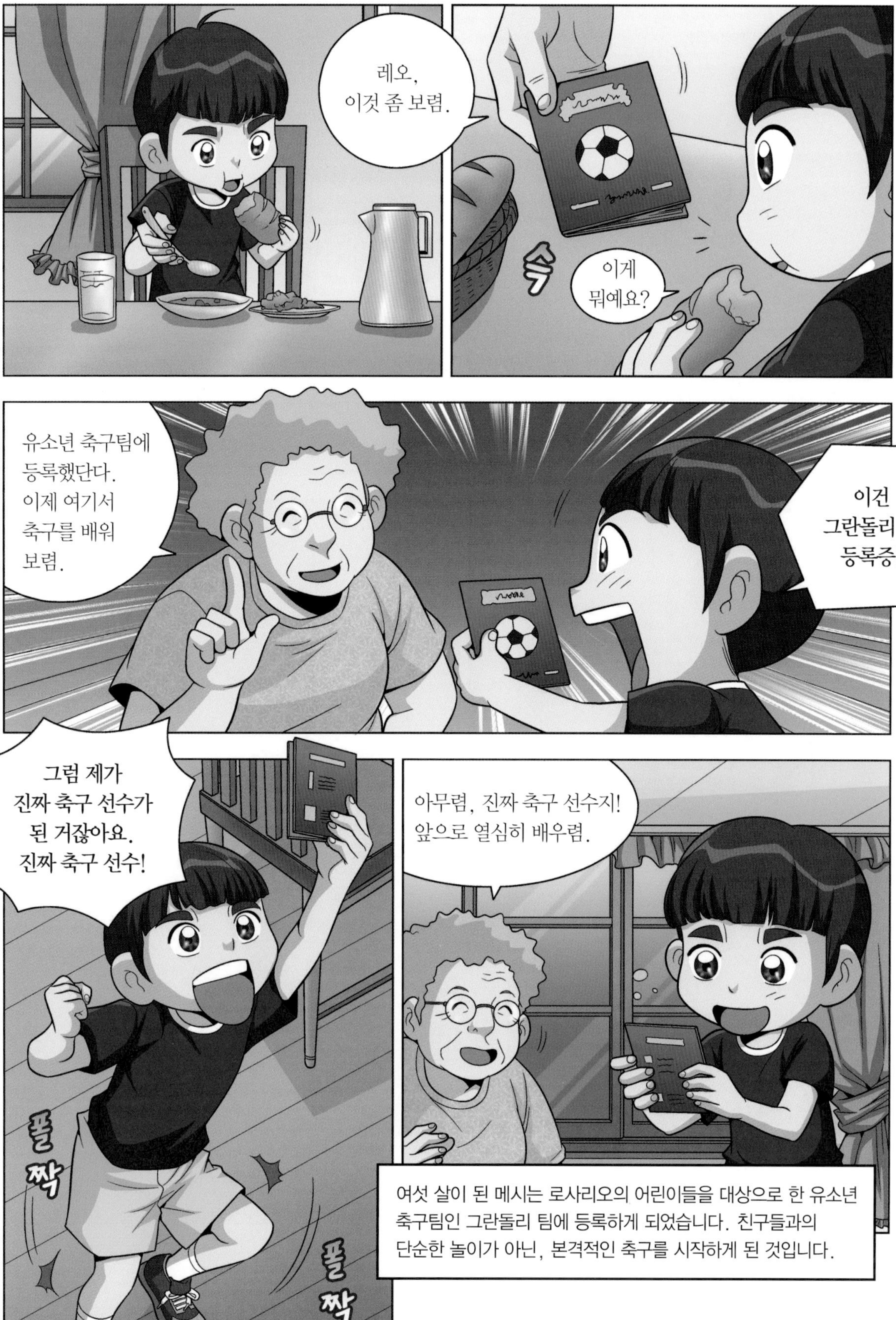

레오, 이것 좀 보렴.
쓱
이게 뭐예요?
유소년 축구팀에 등록했단다. 이제 여기서 축구를 배워 보렴.
이건 그란돌리 팀 등록증!
그럼 제가 진짜 축구 선수가 된 거잖아요. 진짜 축구 선수!
폴짝
폴짝
아무렴, 진짜 축구 선수지! 앞으로 열심히 배우렴.
여섯 살이 된 메시는 로사리오의 어린이들을 대상으로 한 유소년 축구팀인 그란돌리 팀에 등록하게 되었습니다. 친구들과의 단순한 놀이가 아닌, 본격적인 축구를 시작하게 된 것입니다.

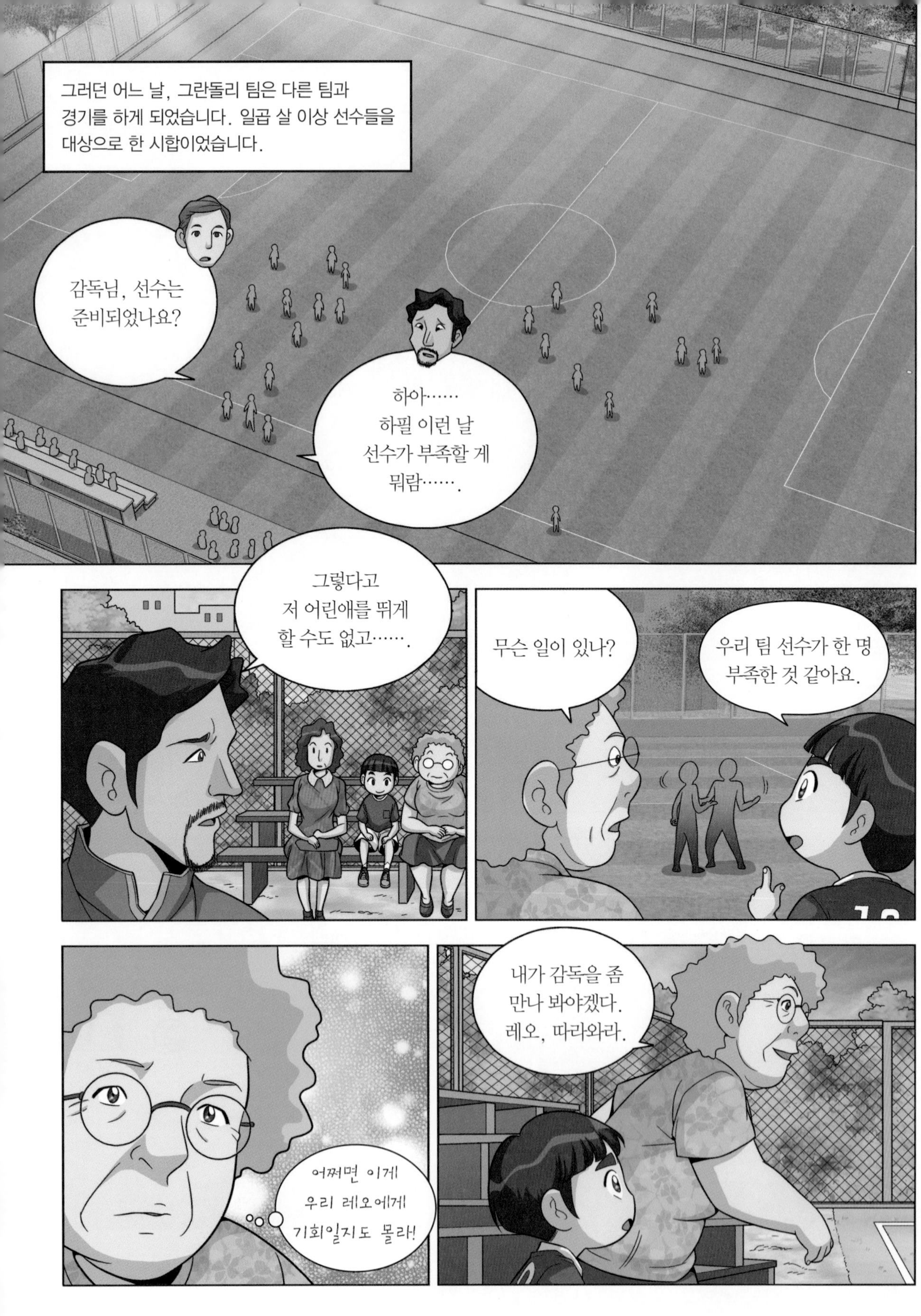
그러던 어느 날, 그란돌리 팀은 다른 팀과 경기를 하게 되었습니다. 일곱 살 이상 선수들을 대상으로 한 시합이었습니다.
감독님, 선수는 준비되었나요?
하아…… 하필 이런 날 선수가 부족할 게 뭐람…….
그렇다고 저 어린애를 뛰게 할 수도 없고…….
무슨 일이 있나?
우리 팀 선수가 한 명 부족한 것 같아요.
어쩌면 이게 우리 레오에게 기회일지도 몰라!
내가 감독을 좀 만나 봐야겠다. 레오, 따라와라.

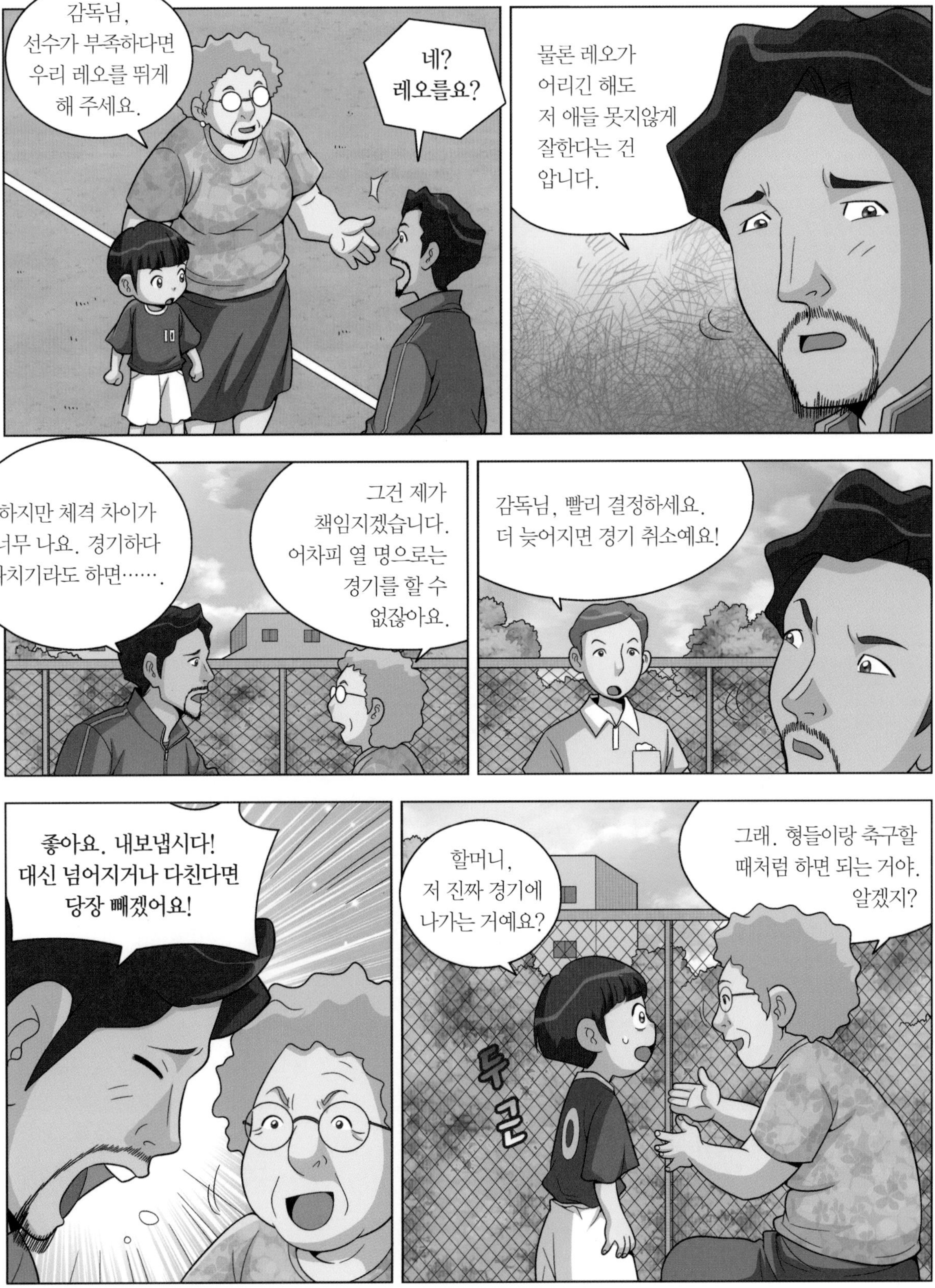
감독님,
선수가 부족하다면
우리 레오를 뛰게
해 주세요.
네?
레오를요?
물론 레오가
어리긴 해도
저 애들 못지않게
잘한다는 건
압니다.
하지만 체격 차이가
너무 나요. 경기하다
다치기라도 하면…….
그건 제가
책임지겠습니다.
어차피 열 명으로는
경기를 할 수
없잖아요.
감독님, 빨리 결정하세요.
더 늦어지면 경기 취소예요!
좋아요. 내보냅시다!
대신 넘어지거나 다친다면
당장 빼겠어요!
할머니,
저 진짜 경기에
나가는 거예요?
그래. 형들이랑 축구할
때처럼 하면 되는 거야.
알겠지?
두근

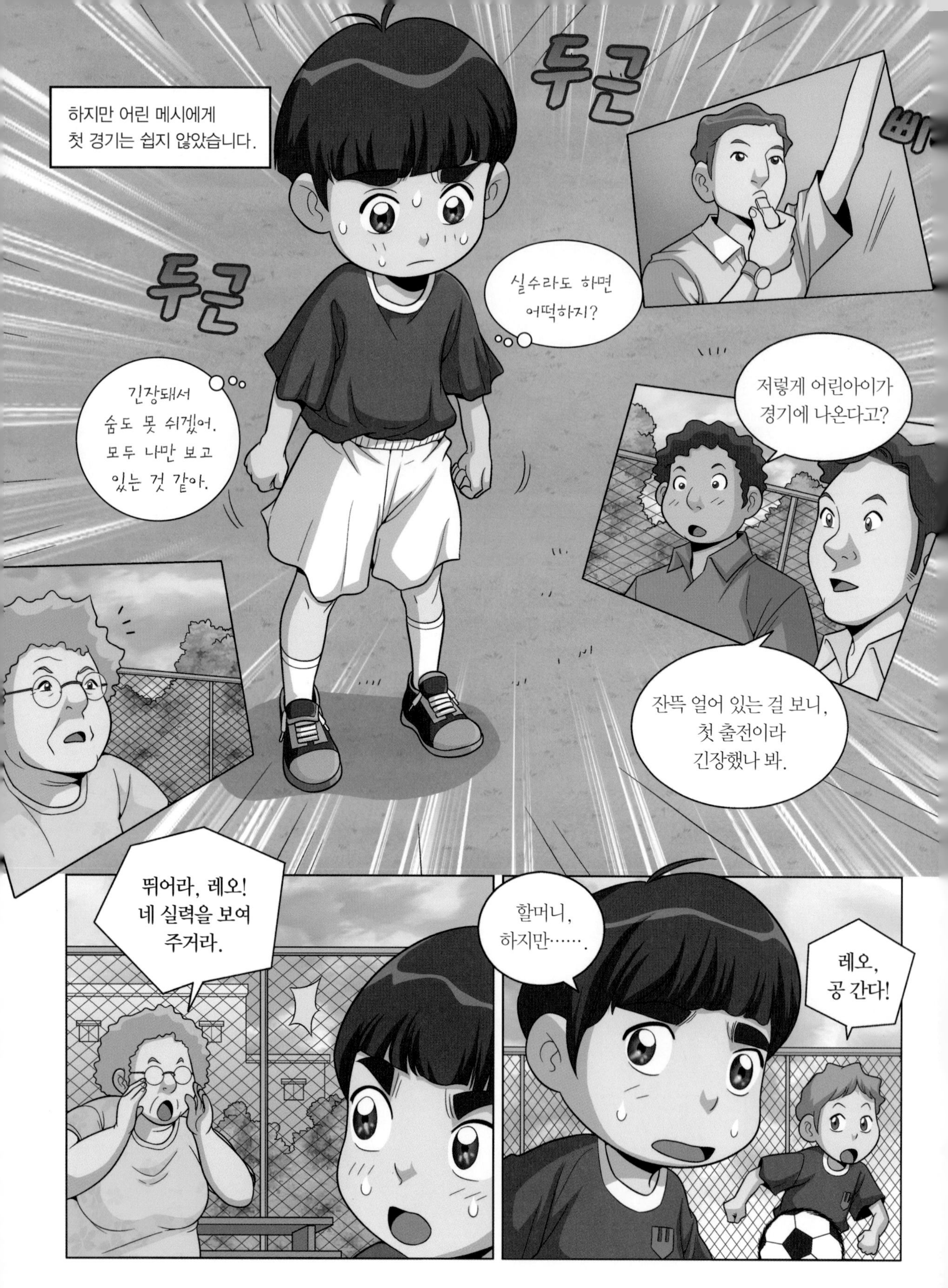

하지만 어린 메시에게
첫 경기는 쉽지 않았습니다.
두근
두근
실수라도 하면 어떡하지?
삐
긴장돼서 숨도 못 쉬겠어. 모두 나만 보고 있는 것 같아.
저렇게 어린아이가 경기에 나온다고?
잔뜩 얼어 있는 걸 보니, 첫 출전이라 긴장했나 봐.
뛰어라, 레오! 네 실력을 보여 주거라.
할머니, 하지만…….
레오, 공 간다!

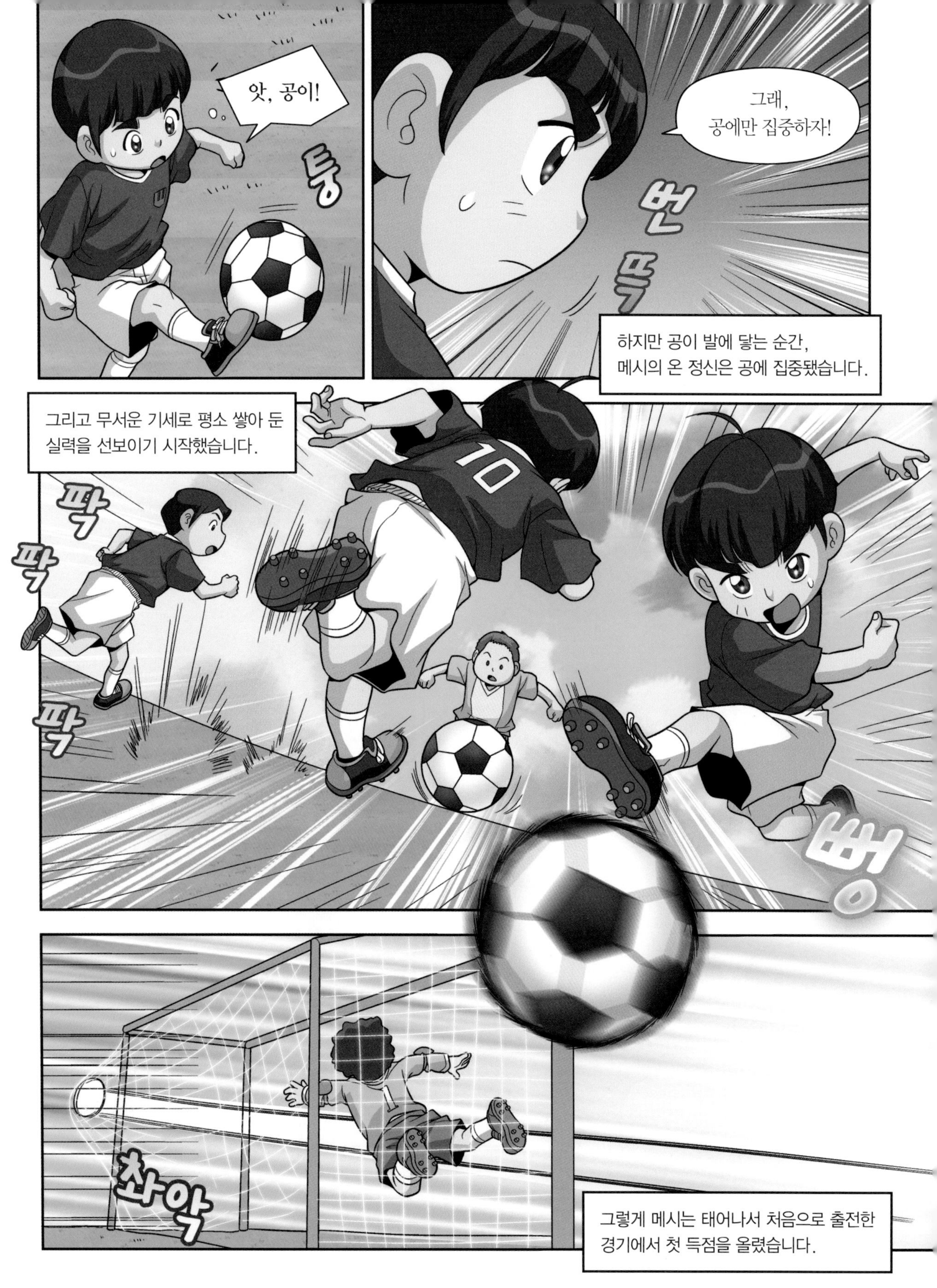
앗, 공이!
퉁
그래,
공에만 집중하자!
번
뜩
하지만 공이 발에 닿는 순간,
메시의 온 정신은 공에 집중됐습니다.
그리고 무서운 기세로 평소 쌓아 둔
실력을 선보이기 시작했습니다.
10
팍
팍
팍
뻥
촤악
그렇게 메시는 태어나서 처음으로 출전한
경기에서 첫 득점을 올렸습니다.

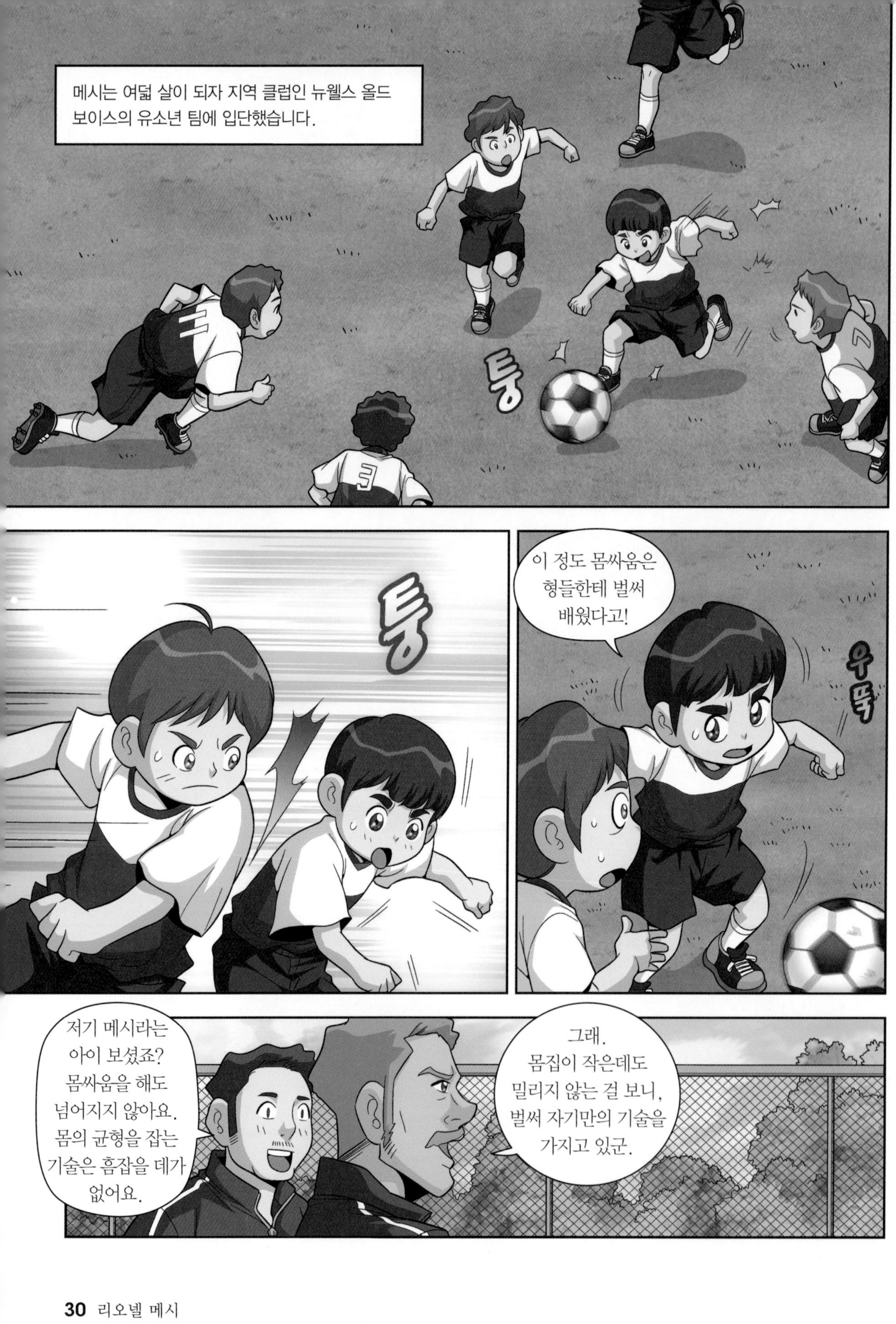

메시는 여덟 살이 되자 지역 클럽인 뉴웰스 올드 보이스의 유소년 팀에 입단했습니다.
퉁
퉁
이 정도 몸싸움은 형들한테 벌써 배웠다고!
우뚝
저기 메시라는 아이 보셨죠? 몸싸움을 해도 넘어지지 않아요. 몸의 균형을 잡는 기술은 흠잡을 데가 없어요.
그래. 몸집이 작은데도 밀리지 않는 걸 보니, 벌써 자기만의 기술을 가지고 있군.

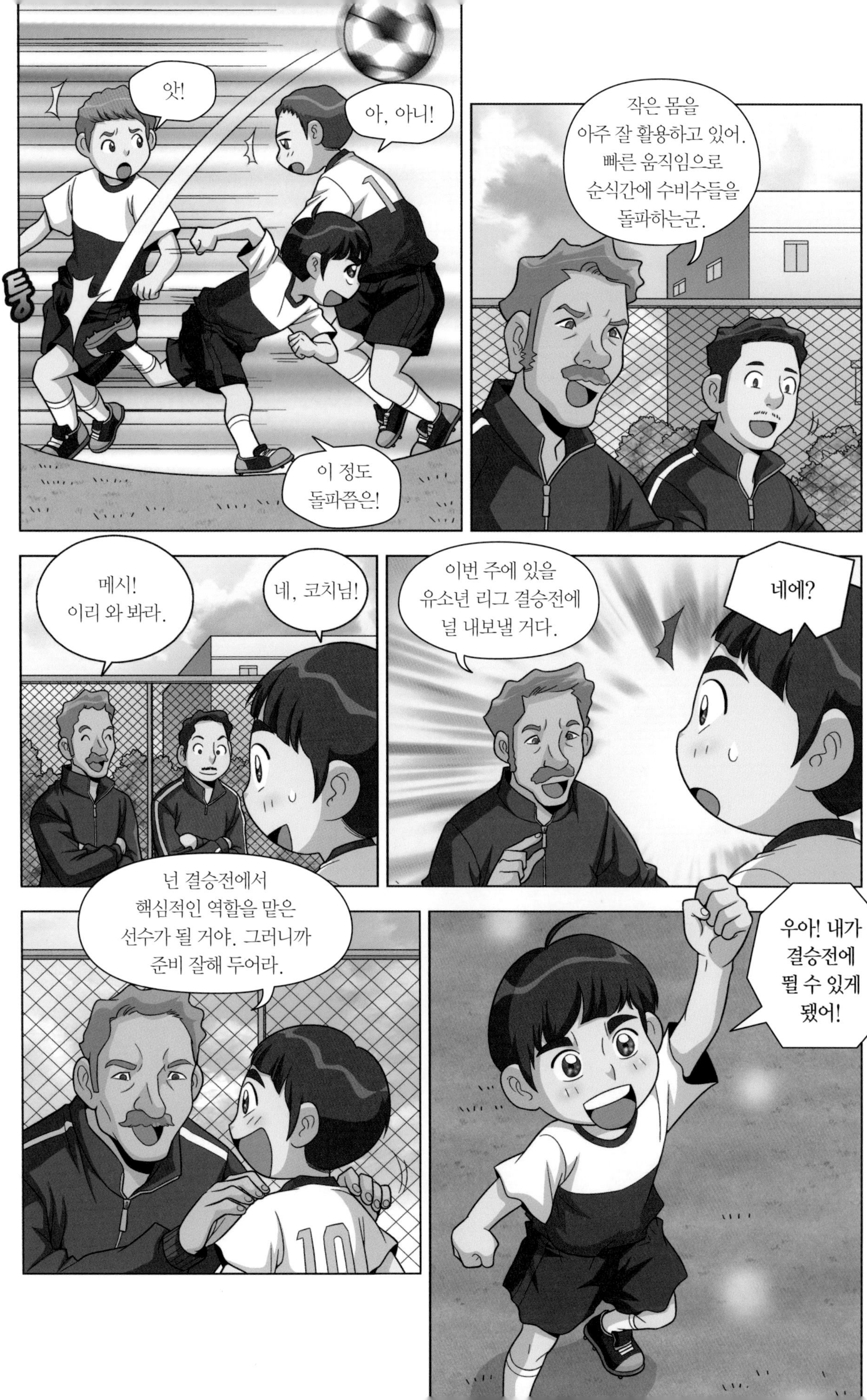
앗!
아, 아니!
퉁
이 정도 돌파쯤은!
작은 몸을 아주 잘 활용하고 있어. 빠른 움직임으로 순식간에 수비수들을 돌파하는군.
메시! 이리 와 봐라.
네, 코치님!
이번 주에 있을 유소년 리그 결승전에 널 내보낼 거다.
네에?
넌 결승전에서 핵심적인 역할을 맡은 선수가 될 거야. 그러니까 준비 잘해 두어라.
우아! 내가 결승전에 뛸 수 있게 됐어!

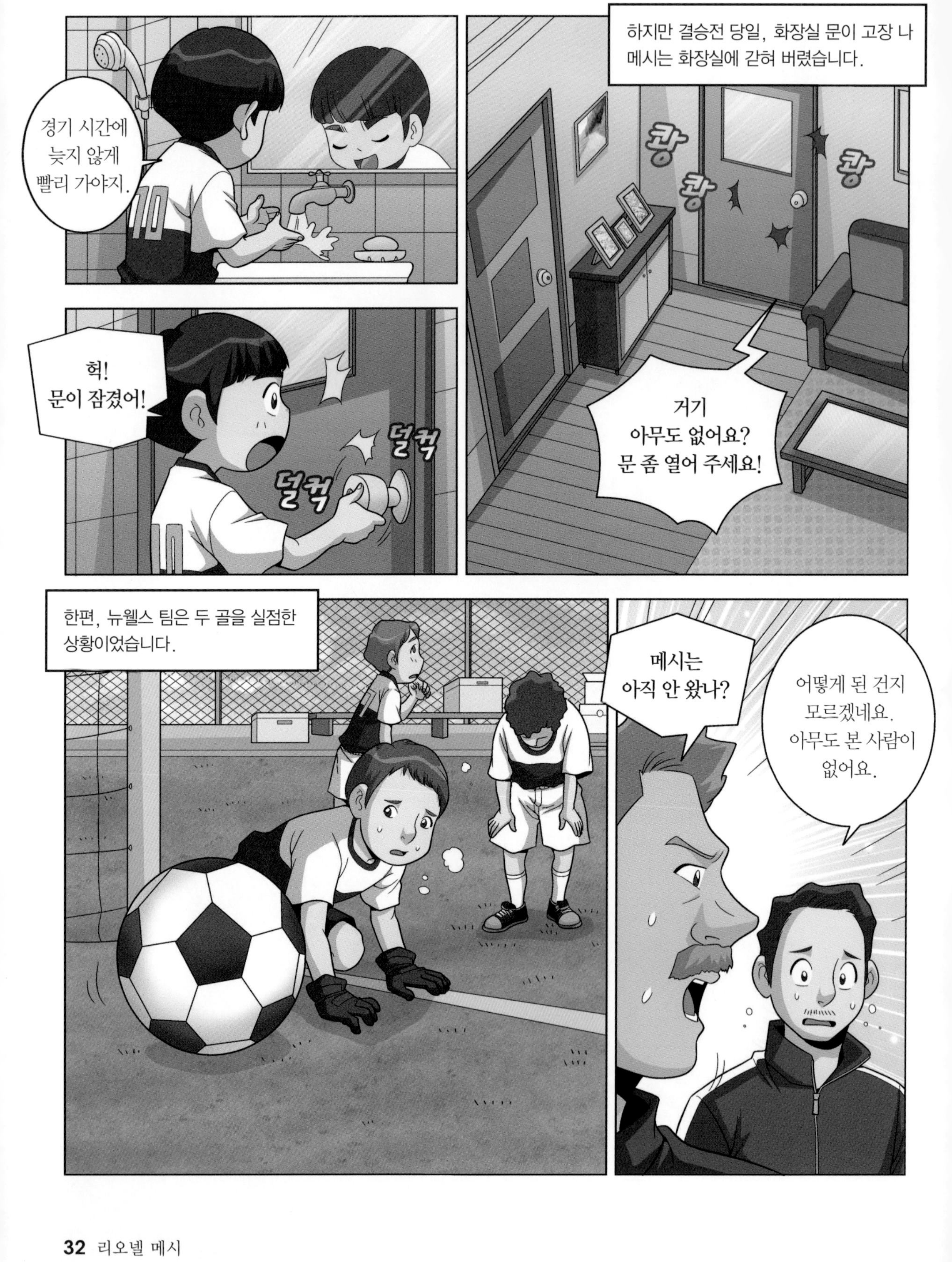
경기 시간에
늦지 않게
빨리 가야지.
하지만 결승전 당일, 화장실 문이 고장 나
메시는 화장실에 갇혀 버렸습니다.
쾅
쾅
쾅
헉!
문이 잠겼어!
덜컥
덜컥
거기
아무도 없어요?
문 좀 열어 주세요!
한편, 뉴웰스 팀은 두 골을 실점한
상황이었습니다.
메시는
아직 안 왔나?
어떻게 된 건지
모르겠네요.
아무도 본 사람이
없어요.

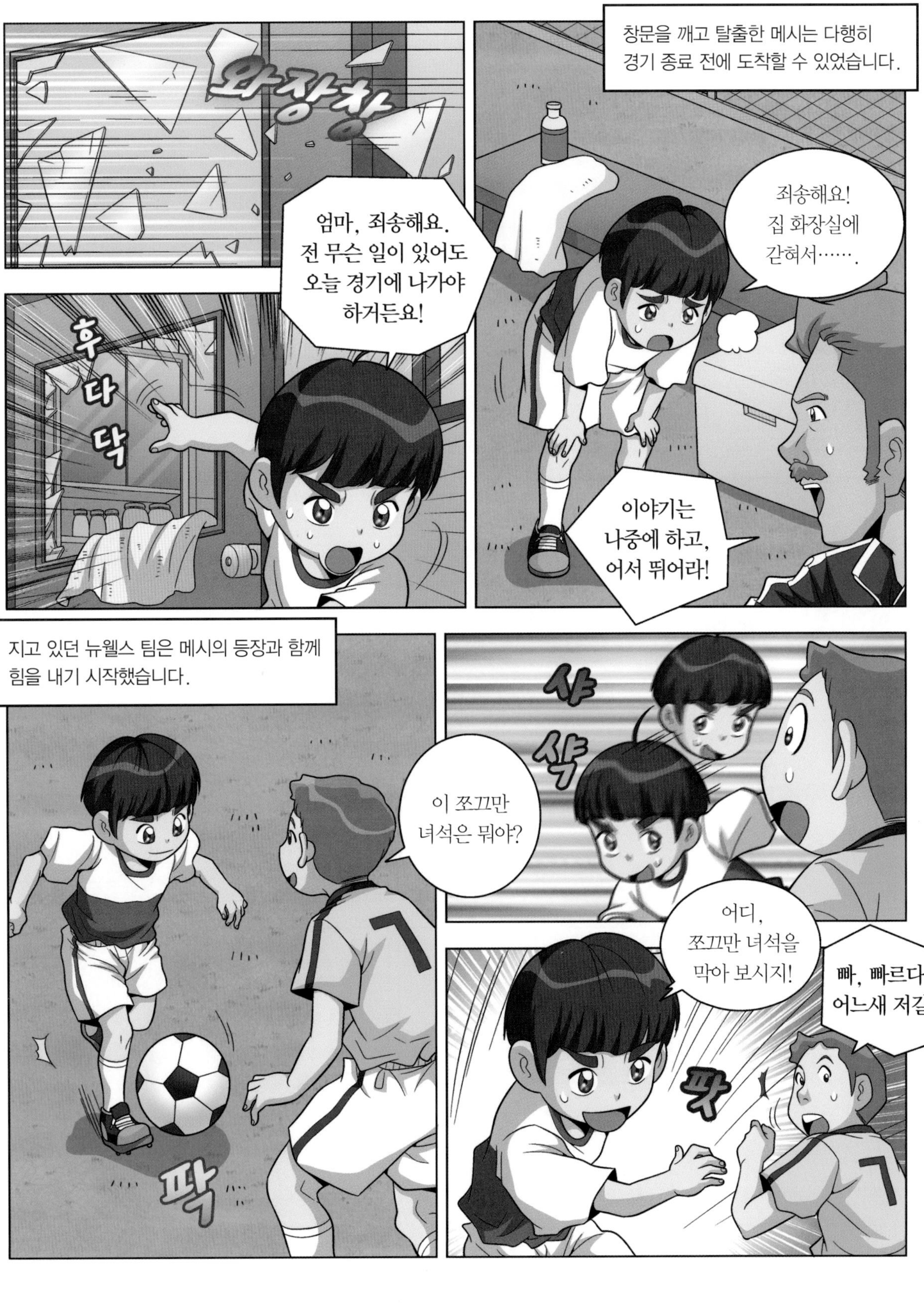
와장창
엄마, 죄송해요. 전 무슨 일이 있어도 오늘 경기에 나가야 하거든요!
후다닥
창문을 깨고 탈출한 메시는 다행히 경기 종료 전에 도착할 수 있었습니다.
죄송해요! 집 화장실에 갇혀서…….
이야기는 나중에 하고, 어서 뛰어라!
지고 있던 뉴웰스 팀은 메시의 등장과 함께 힘을 내기 시작했습니다.
이 쪼끄만 녀석은 뭐야?
팍
샤
샥
어디, 쪼끄만 녀석을 막아 보시지!
빠, 빠르다! 어느새 저길!
팍

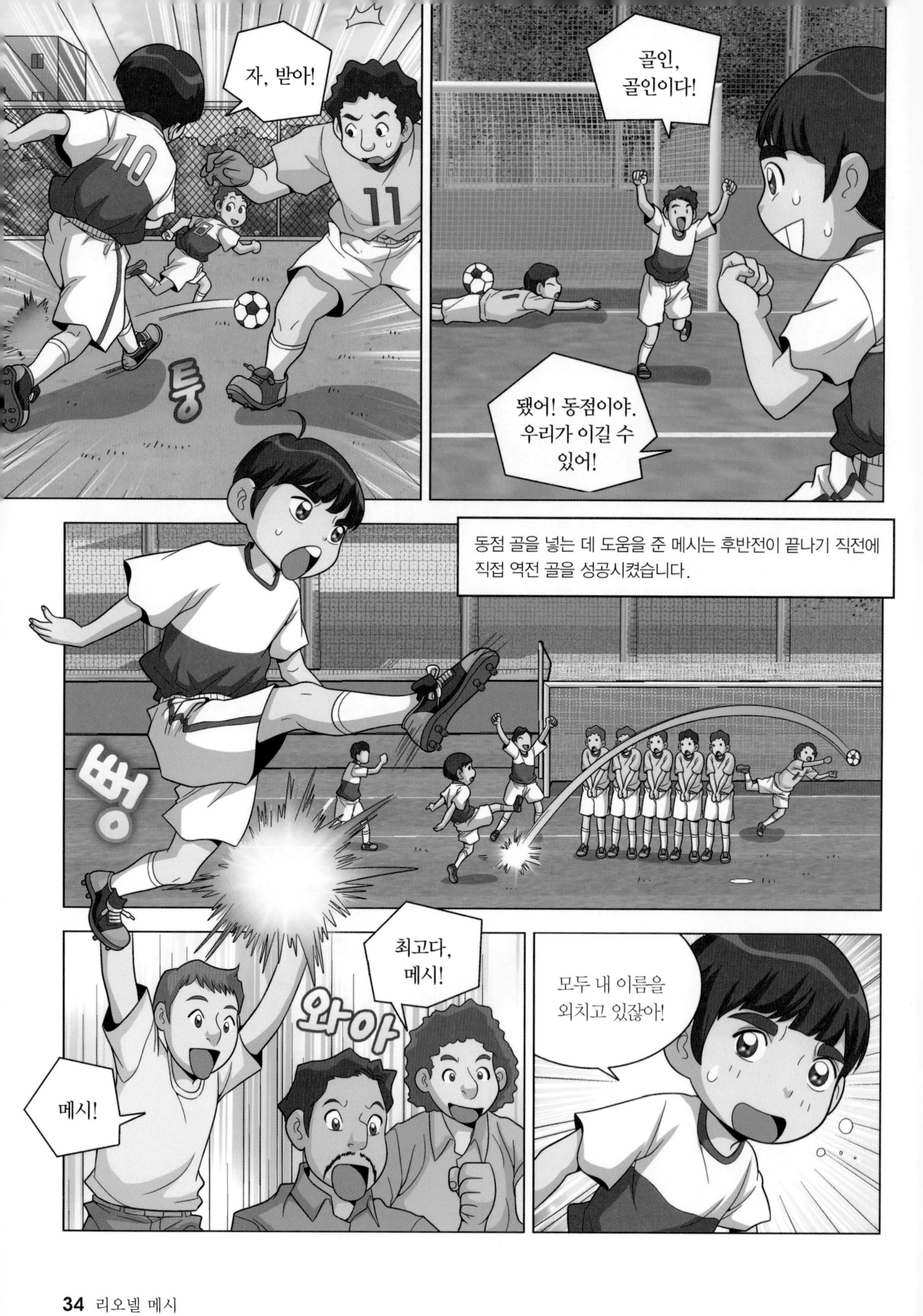

자, 받아!
퉁
골인,
골인이다!
됐어! 동점이야.
우리가 이길 수
있어!
동점 골을 넣는 데 도움을 준 메시는 후반전이 끝나기 직전에
직접 역전 골을 성공시켰습니다.
뻥
최고다,
메시!
와아
메시!
모두 내 이름을
외치고 있잖아!

사람들의 응원을 받은 메시는 마음이 뜨거워지는 것을 느꼈습니다.

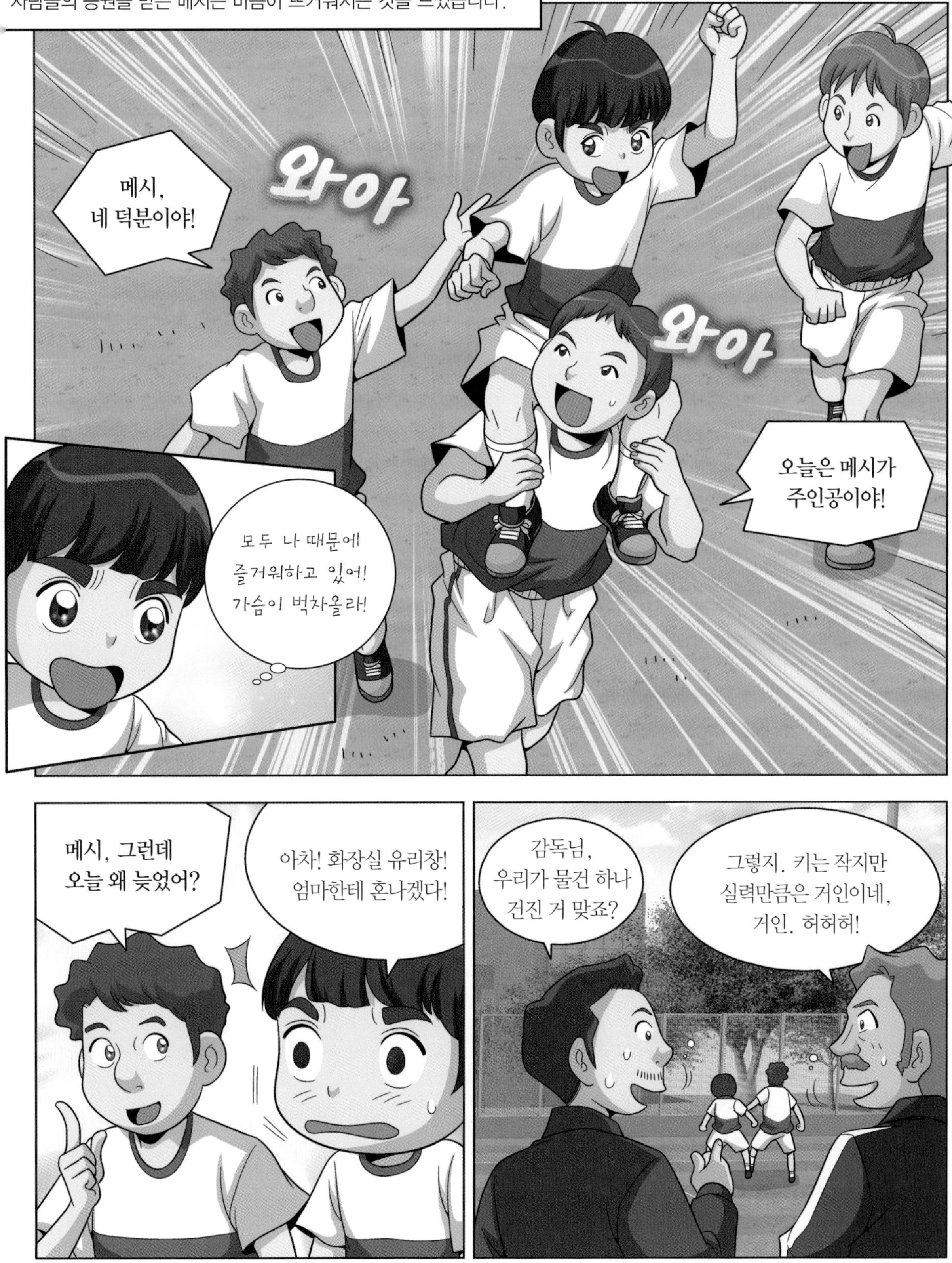

와아
메시, 네 덕분이야!
와아
오늘은 메시가 주인공이야!
모두 나 때문에 즐거워하고 있어! 가슴이 벅차올라!
메시, 그런데 오늘 왜 늦었어?
아차! 화장실 유리창! 엄마한테 혼나겠다!
감독님, 우리가 물건 하나 건진 거 맞죠?
그렇지. 키는 작지만 실력만큼은 거인이네, 거인. 허허허!

리오넬 메시의 성공 열쇠

리오넬 메시는 아르헨티나는 물론
전 세계적으로 유명한 축구 선수입니다.
© 위키피디아

리오넬 메시는 아르헨티나를 대표하는 축구 선수입니다.
2020-2021 시즌까지 약 20년 동안 에스파냐 FC 바르셀로나
에서 뛰었고, 2023년 기준으로는 미국의 인터 마이애미 CF에
소속되어 있습니다. 2004년, 열일곱 살이었던 메시는
FC 바르셀로나 1군에 올라가게 됩니다. 그리고 에스파냐
최고의 축구팀을 가리는 대회인 '프리메라리가'에 출전해
첫 골을 기록하지요.

그 후 메시는 무섭게 성장해 2022년 카타르 월드컵 우승,
UEFA 챔피언스리그 4회 우승 등 수많은 우승컵을 들어
올렸습니다. 2023년에는 미국 프로 축구 리그에서 최하위권을
달리던 인터 마이애미 CF에 입단한 뒤 리그스 컵에 출전해
압도적인 활약을 펼치며 팀을 우승으로 이끌었습니다.

메시는 작은 키와 몸집을 극복하기 위해 어렸을 때부터 끊임
없이 훈련했습니다. 이런 노력이 있었기에 강력한 슈팅과
유연한 드리블, 균형 감각, 정확한 패스 능력까지 갖춘 지금의
메시가 될 수 있었던 거예요. 그럼 지금부터 세계적인 축구
선수가 되기 위한 메시의 노력을 알아볼까요?

who? 지식사전

리오넬 메시의 수상 내역

연도	수상 내역
2008년	베이징 올림픽 금메달
2009년	첫 발롱도르 / FIFA 올해의 선수 / UEFA 올해의 공격수 UEFA 챔피언스리그 득점왕 / 프리메라리가 최우수 선수
2010년	FIFA 발롱도르 / 프리메라리가 득점왕 / 유러피언 골든 슈
2011년	FIFA 발롱도르 / UEFA 챔피언스리그 결승전 맨 오브 더 매치
2012년	FIFA 발롱도르 / 미국 〈타임지〉 선정 세계에서 가장 영향력 있는 100인 / 〈월드 사커〉 선정 올해의 선수

하나 **신체 조건의 활용**

메시의 키는 170cm로, 축구 선수로는 작은 편에 속합니다. 어린 시절 성장 호르몬 결핍증을 앓았던 메시는 또래보다 키가 많이 작았어요. 그래서 축구 선수가 되기 위해 성장 호르몬 주사를 맞는 등 꾸준히 치료를 받아 지금의 키만큼 자랄 수 있었지요.

메시는 어릴 때부터 자신보다 큰 친구들과 축구를 해 왔는데, 몸싸움이 벌어져도 피하지 않고 오히려 재빠르게 돌파했어요. 키가 작아 몸의 방향을 바꾸거나, 빠르게 달리다가 갑자기 멈출 때 중심을 쉽게 잡을 수 있었기 때문이지요. 또한 메시는 상대 선수나 같은 편 선수의 위치와 움직임을 확인하고 공을 어디로 패스할지 정확히 판단하는 능력을 발전시켰는데, 이 모든 게 작은 몸집을 극복하기 위한 방법이었습니다.

메시는 "모든 단점은 장점이 될 수 있다."라고 했습니다. 축구 선수가 되기에는 작은 키였지만 그 작은 키는 메시에게 최고의 장점이 되었고, 이 덕분에 세계 최고의 축구 선수가 될 수 있었던 것입니다.

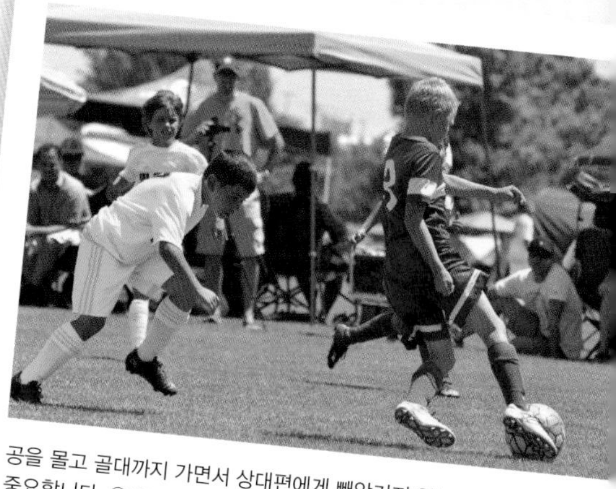

공을 몰고 골대까지 가면서 상대편에게 빼앗기지 않는 것이 중요합니다. © PIXABAY

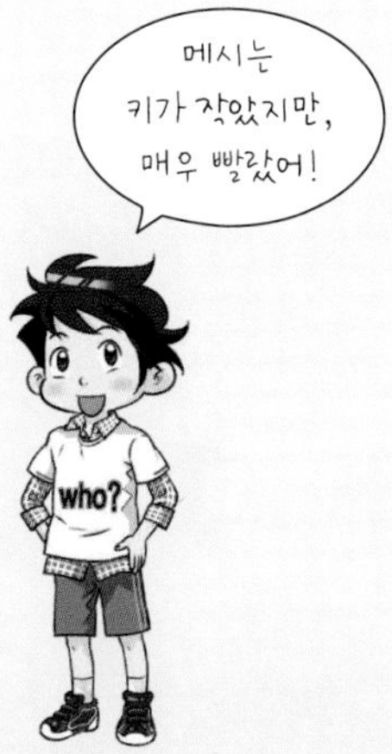
메시는
키가 작았지만,
매우 빨랐어!
who?

연도	수상 내역
2014년	FIFA 브라질 월드컵 골든 볼 / 코파 델 레이 득점왕
2015년	FIFA 발롱도르 / IFFHS 선정 세계 최우수 플레이 메이커
2019년	발롱도르 / UEFA 챔피언스리그 득점왕
2020년	라우레우스 올해의 남자 스포츠 선수
2021년	코파 아메리카 브라질 우승, MVP / 발롱도르(7번째)
2022년	FIFA 카타르 월드컵 우승, 골든 볼

둘 축구와 함께 자란 인생

리오넬 메시가 태어나고 자란 아르헨티나의 로사리오는
세계적으로 유명한 축구 선수를 많이 배출했어요. 그만큼
축구에 대한 열정이 가득한 도시입니다. 길거리에는 아이들이
공을 차며 놀고, 도시에는 크고 작은 축구장이 많이 있어 언제
어디서나 축구를 즐길 수 있답니다.
축구 팬이었던 할머니와 축구를 좋아하는 두 형들 틈에서 자란
메시는 어릴 때부터 자신의 몸집만 한 축구공을 다루었고,
형들 사이에서 공을 쫓아다니며 자연스럽게 축구를
접했습니다. 훗날 메시는 아주 어릴 때부터 축구를 생활화한
것이 축구 선수를 하는 데 큰 영향을 끼쳤다고 말했어요.
특히 할머니의 응원과 권유로 여섯 살 때 유소년 축구팀인
그란돌리에 입단하면서 메시의 축구 실력은 일취월장할
수 있었습니다. 그리고 2년 뒤에는 로사리오 지역 클럽인
뉴웰스 올드 보이스의 유소년 팀에 입단해 본격적으로 실력을
쌓았지요.
축구를 사랑할 수밖에 없는 환경에서 자란 것도 지금의 메시를
만들어 준 원동력입니다.

아르헨티나 로사리오를 상징하는 휘장
ⓒ 위키피디아

who? 지식사전

팀을 상징하는 빨강과 검정으로 장식하고
뉴웰스 올드 보이스를 응원하는 팬들 모습
ⓒ 위키피디아

뉴웰스 올드 보이스

뉴웰스 올드 보이스(Newell's Old Boys, NOB)는 아르헨티나 로사리오에 있는 축구
클럽으로, 1903년 영국계 이민자인 아이작 뉴웰에 의해 설립되었습니다. 팀 이름은
축구 클럽 설립자인 '아이작 뉴웰'에서 비롯되었지요. 뉴웰은 영국계였고 그의
아내는 독일계였는데, 영국 국기를 상징하는 빨강, 독일 국기를 상징하는 검정이
팀을 대표하는 색이 되었습니다.
뉴웰스 올드 보이스는 아르헨티나 프로 축구의 1부 리그인 '리가 프로페시오날'에
소속된 클럽으로, 특히 유소년 축구 시스템이 잘 갖춰져 있습니다. 리오넬 메시를
비롯해 한때 유럽 축구 리그에서 맹활약을 펼친 가브리엘 바티스투타, 호르헤
발다노 등 수많은 선수를 배출해 냈답니다.

셋 자신에 대한 냉정한 판단

리오넬 메시는 축구로 세계 정상에 올랐지만 자만하지 않았습니다. 오히려 자신은 단점이 매우 많고, 최고가 되기 위해 계속 성장해야 한다고 생각했어요. 그래서 늘 메시는 녹화된 자신의 경기를 보며 미흡한 부분을 찾았고, 감독이나 동료와 이야기하며 개선 방향을 잡았습니다.
또한 메시는 경기에서 골을 많이 넣어 팀이 우승을 했을지라도 자신의 플레이가 마음에 들지 않으면 만족하지 않았어요. 우승에 만족하면 다음 경기에서 자신이 같은 실수를 할 수 있기 때문이지요. 그래서 자신의 플레이에서 어떤 점을 고쳐야 하는지, 또 어떤 것을 배워야 하는지 끊임없이 고민했습니다. 경기가 끝나면 강점과 약점을 파악하여 강점은 더욱 강화하고, 약점은 보완해 다음 경기에 임했지요.
메시는 자신이 팀에서 어떤 역할을 해야 하는지, 또 사람들이 자신에게 무엇을 기대하는지 잘 알고 있었습니다. 그래서 엄청난 부담감과 압박을 느꼈지요. 하지만 상황에 쫓겨 불안한 마음으로 경기장에 서기보다는 자신은 언제나 축구를 즐기고 있다는 생각을 되뇌며 마음을 다스렸습니다. 그리고 욕심을 내어 무리하게 훈련하지 않고 큰 경기를 앞두거나 자신의 몸 상태가 좋지 않다고 판단하면 반드시 휴식을 취했어요.
자신의 위치와 상태, 실력에 대한 냉정한 판단 덕분에 메시는 계속해서 발전할 수 있는 것이랍니다.

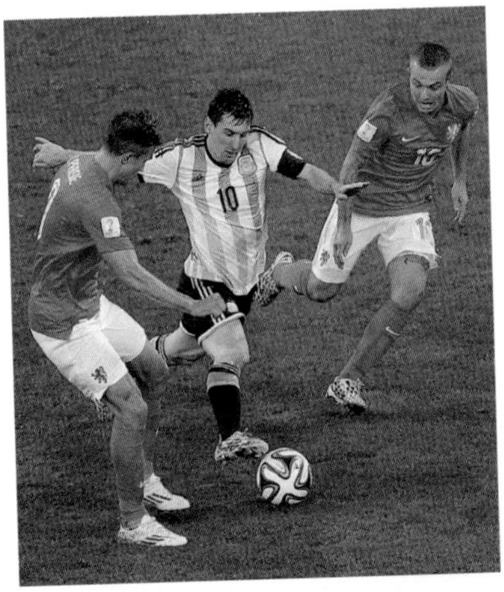

메시는 자신의 플레이에 대한 냉정한 평가로, 매 경기마다 발전된 모습을 보여 줍니다.
© 연합포토

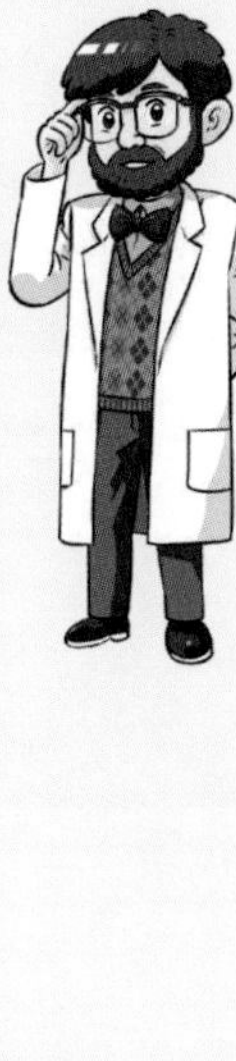
세계 최고가 되는 것보다 그 자리를 계속 지켜 내는 일이 더 어려운 거야.

2 축구에 대한 열정

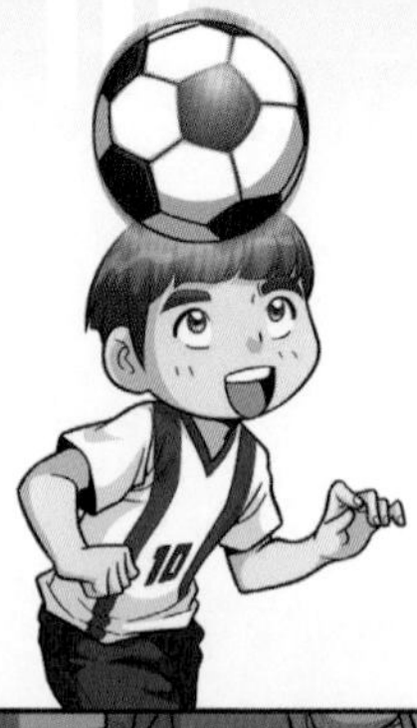

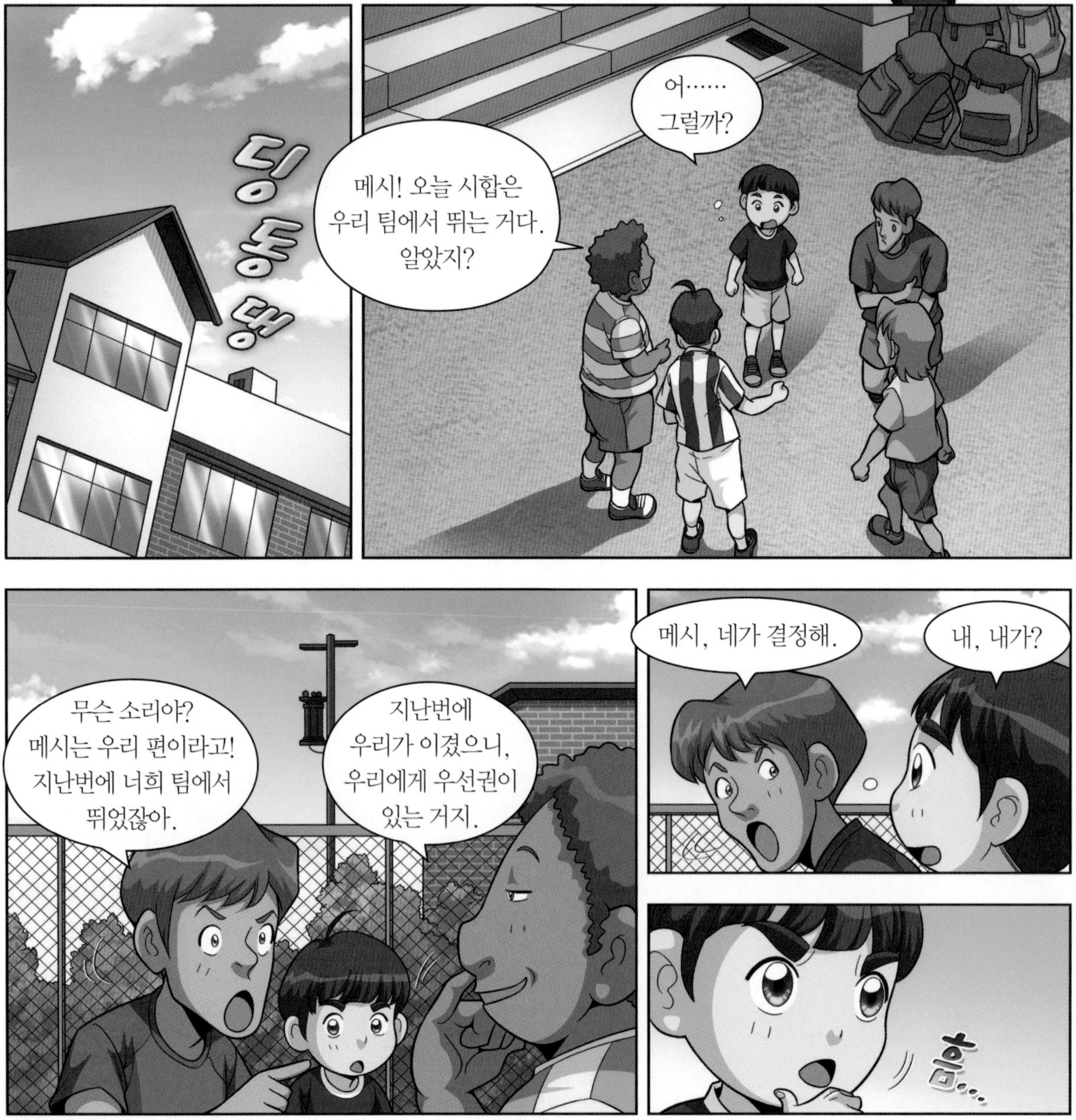

딩동댕
메시! 오늘 시합은 우리 팀에서 뛰는 거다. 알았지?
어…… 그럴까?
무슨 소리야? 메시는 우리 편이라고! 지난번에 너희 팀에서 뛰었잖아.
지난번에 우리가 이겼으니, 우리에게 우선권이 있는 거지.
메시, 네가 결정해.
내, 내가?
흠…

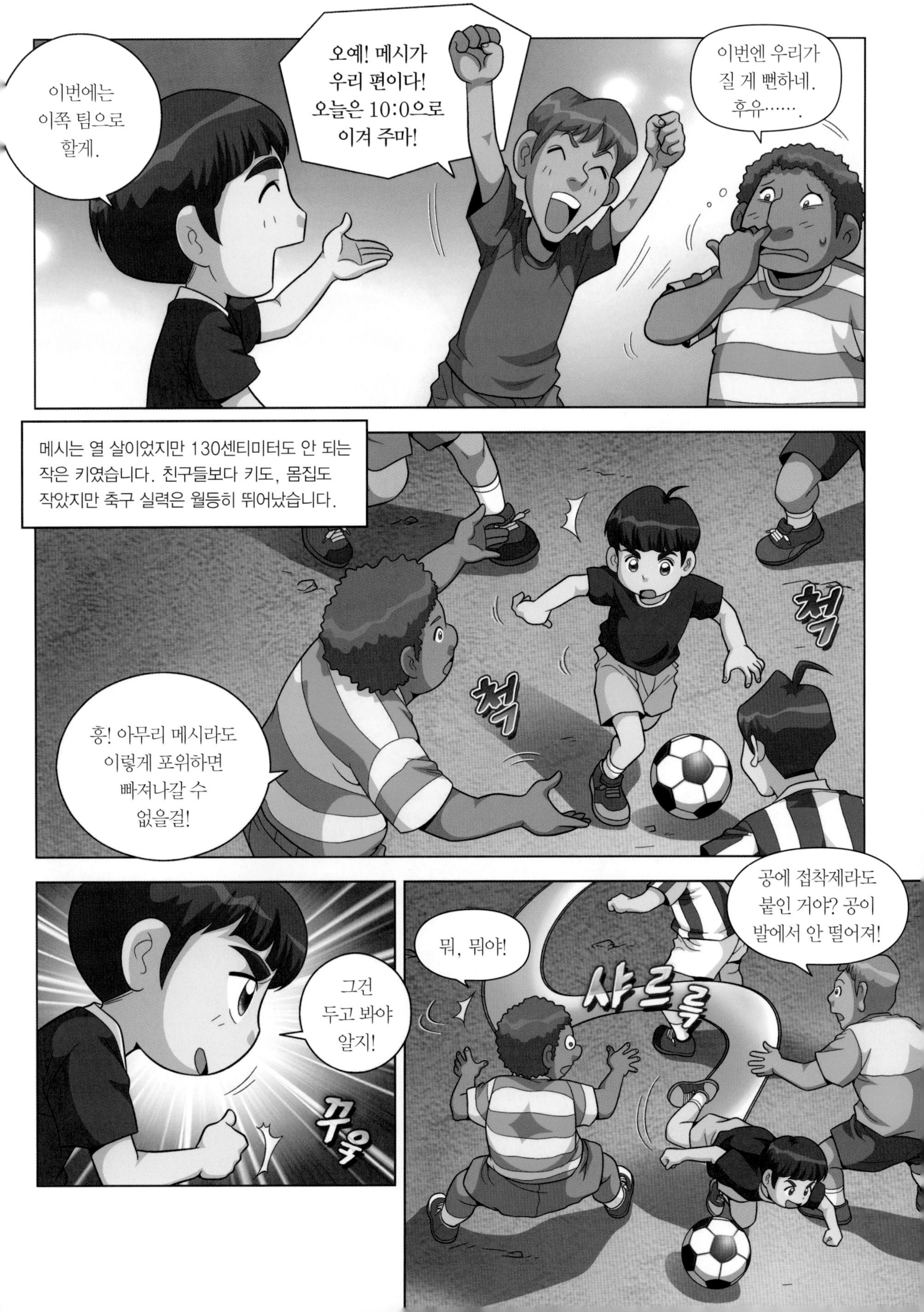
이번에는 이쪽 팀으로 할게.
오예! 메시가 우리 편이다! 오늘은 10:0으로 이겨 주마!
이번엔 우리가 질 게 뻔하네. 후유…….
메시는 열 살이었지만 130센티미터도 안 되는 작은 키였습니다. 친구들보다 키도, 몸집도 작았지만 축구 실력은 월등히 뛰어났습니다.
척
척
흥! 아무리 메시라도 이렇게 포위하면 빠져나갈 수 없을걸!
그건 두고 봐야 알지!
꾸욱
공에 접착제라도 붙인 거야? 공이 발에서 안 떨어져!
뭐, 뭐야!
샤르륵

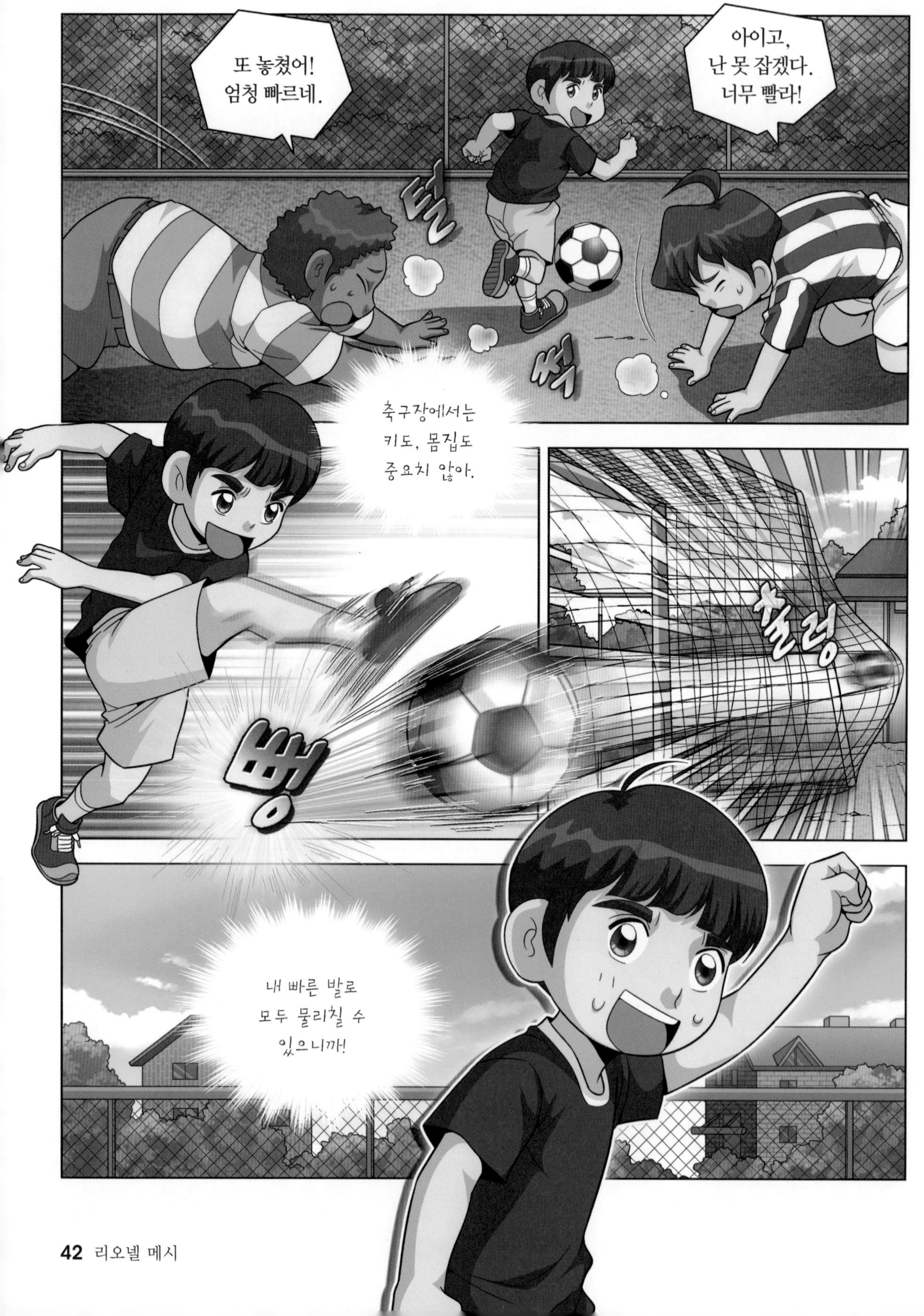
또 놓쳤어! 엄청 빠르네.
아이고, 난 못 잡겠다. 너무 빨라!
털
썩
축구장에서는 키도, 몸집도 중요치 않아.
뻥
출렁
내 빠른 발로 모두 물리칠 수 있으니까!

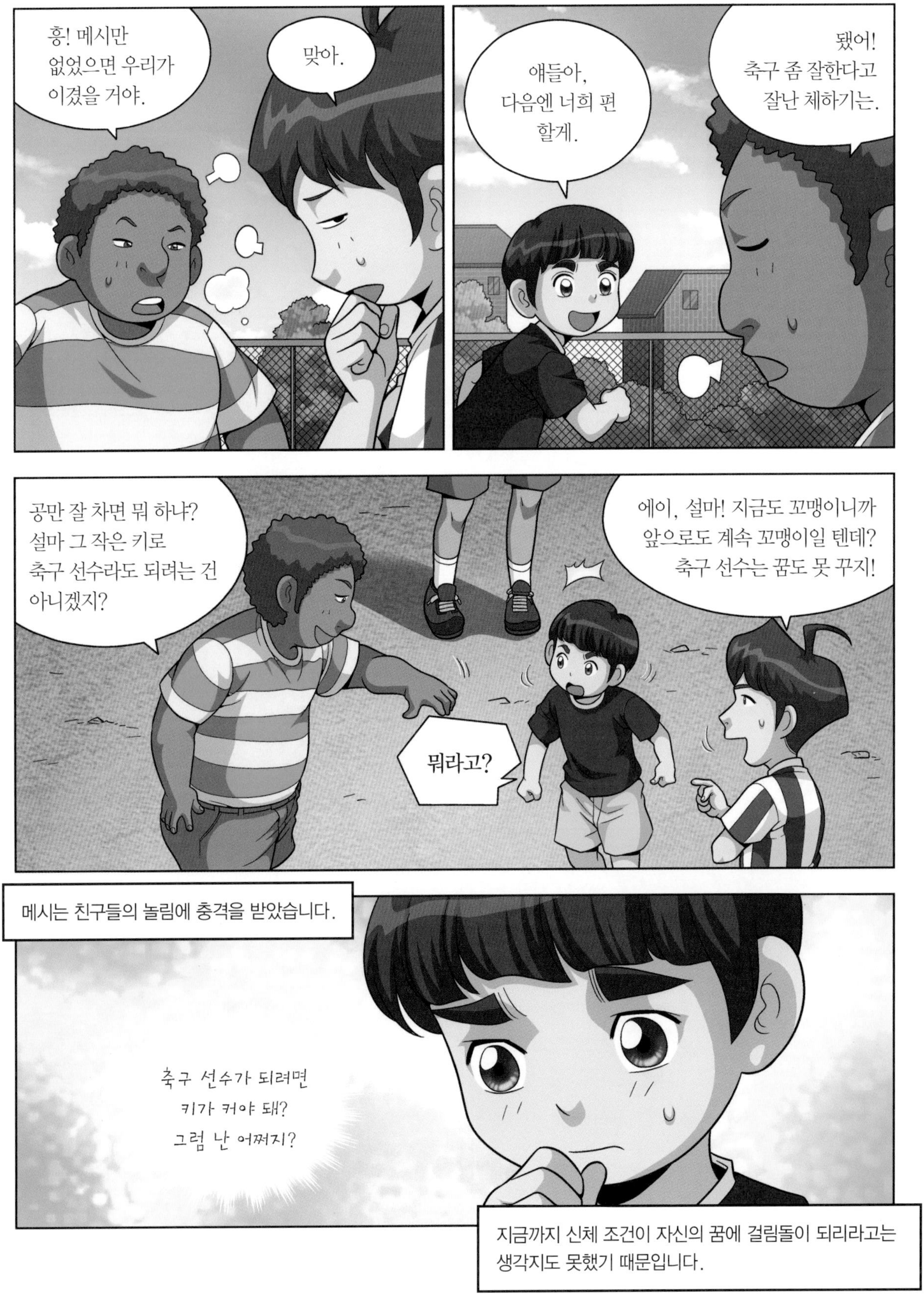
흥! 메시만 없었으면 우리가 이겼을 거야.
맞아.
얘들아, 다음엔 너희 편 할게.
됐어! 축구 좀 잘한다고 잘난 체하기는.
공만 잘 차면 뭐 하냐? 설마 그 작은 키로 축구 선수라도 되려는 건 아니겠지?
에이, 설마! 지금도 꼬맹이니까 앞으로도 계속 꼬맹이일 텐데? 축구 선수는 꿈도 못 꾸지!
뭐라고?
메시는 친구들의 놀림에 충격을 받았습니다.
축구 선수가 되려면 키가 커야 돼? 그럼 난 어쩌지?
지금까지 신체 조건이 자신의 꿈에 걸림돌이 되리라고는 생각지도 못했기 때문입니다.

에구, 깜짝이야!

할머니…….
흑흑흑!

왜 우니?
무슨 일이야?

너는
아직 열 살밖에
안 되었잖니.
키가 작은 게
당연해.

친구들이 그러는데,
난 키가 작아서
축구 선수가 될 수
없대요!

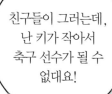

하지만 지금도
우리 반에서 제일
작다고요!
앞으로 안 크면
어떡해요?

아니야, 앞으로
더 자랄 거란다.

정 걱정되면 내일 병원에
가 보자, 알겠지?

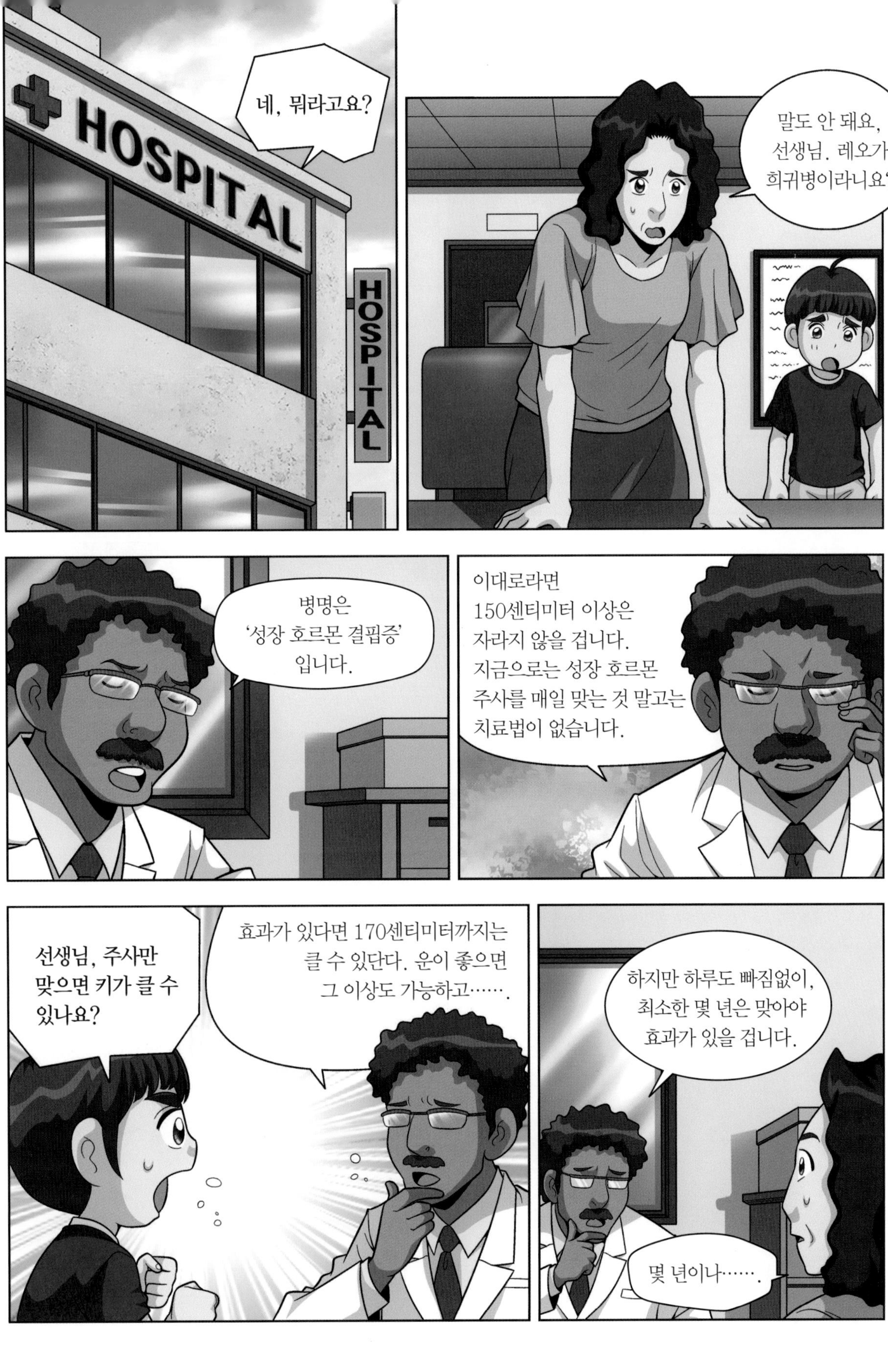
HOSPITAL
HOSPITAL
네, 뭐라고요?
말도 안 돼요, 선생님. 레오가 희귀병이라니요?
병명은 '성장 호르몬 결핍증' 입니다.
이대로라면 150센티미터 이상은 자라지 않을 겁니다. 지금으로는 성장 호르몬 주사를 매일 맞는 것 말고는 치료법이 없습니다.
선생님, 주사만 맞으면 키가 클 수 있나요?
효과가 있다면 170센티미터까지는 클 수 있단다. 운이 좋으면 그 이상도 가능하고…….
하지만 하루도 빠짐없이, 최소한 몇 년은 맞아야 효과가 있을 겁니다.
몇 년이나…….

게다가 매일 주사를 맞아야 해서 어린아이가 감당하기 어려울 수 있어요.

그래도 맞고 싶어요. 아니, 꼭 맞게 해 주세요!

메시는 가족에게 주삿바늘 자국을 보이고 싶지 않아, 스스로 주사를 놓았습니다.

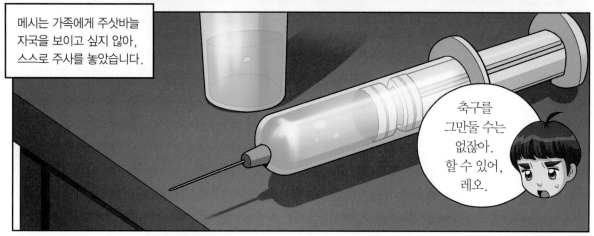

축구를 그만둘 수는 없잖아. 할 수 있어, 레오.

으으윽....... 아프다!

뿌욱

하지만 축구 선수가 되려면 참아야 해!

하 아

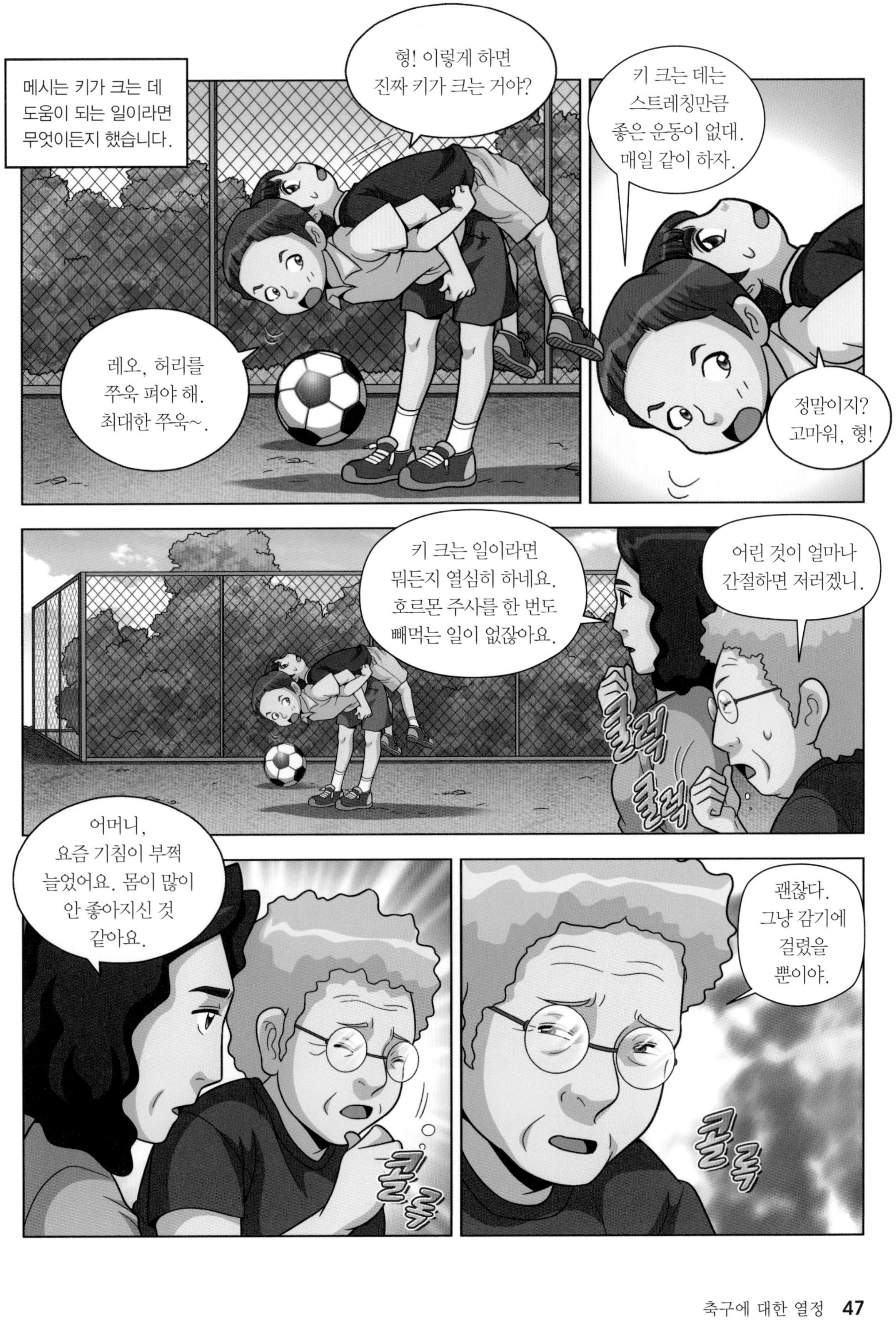
메시는 키가 크는 데 도움이 되는 일이라면 무엇이든지 했습니다.
형! 이렇게 하면 진짜 키가 크는 거야?
레오, 허리를 쭈욱 펴야 해. 최대한 쭈욱~.
키 크는 데는 스트레칭만큼 좋은 운동이 없대. 매일 같이 하자.
정말이지? 고마워, 형!
키 크는 일이라면 뭐든지 열심히 하네요. 호르몬 주사를 한 번도 빼먹는 일이 없잖아요.
어린 것이 얼마나 간절하면 저러겠니.
콜럭 콜럭
어머니, 요즘 기침이 부쩍 늘었어요. 몸이 많이 안 좋아지신 것 같아요.
콜록
괜찮다. 그냥 감기에 걸렸을 뿐이야.
콜록

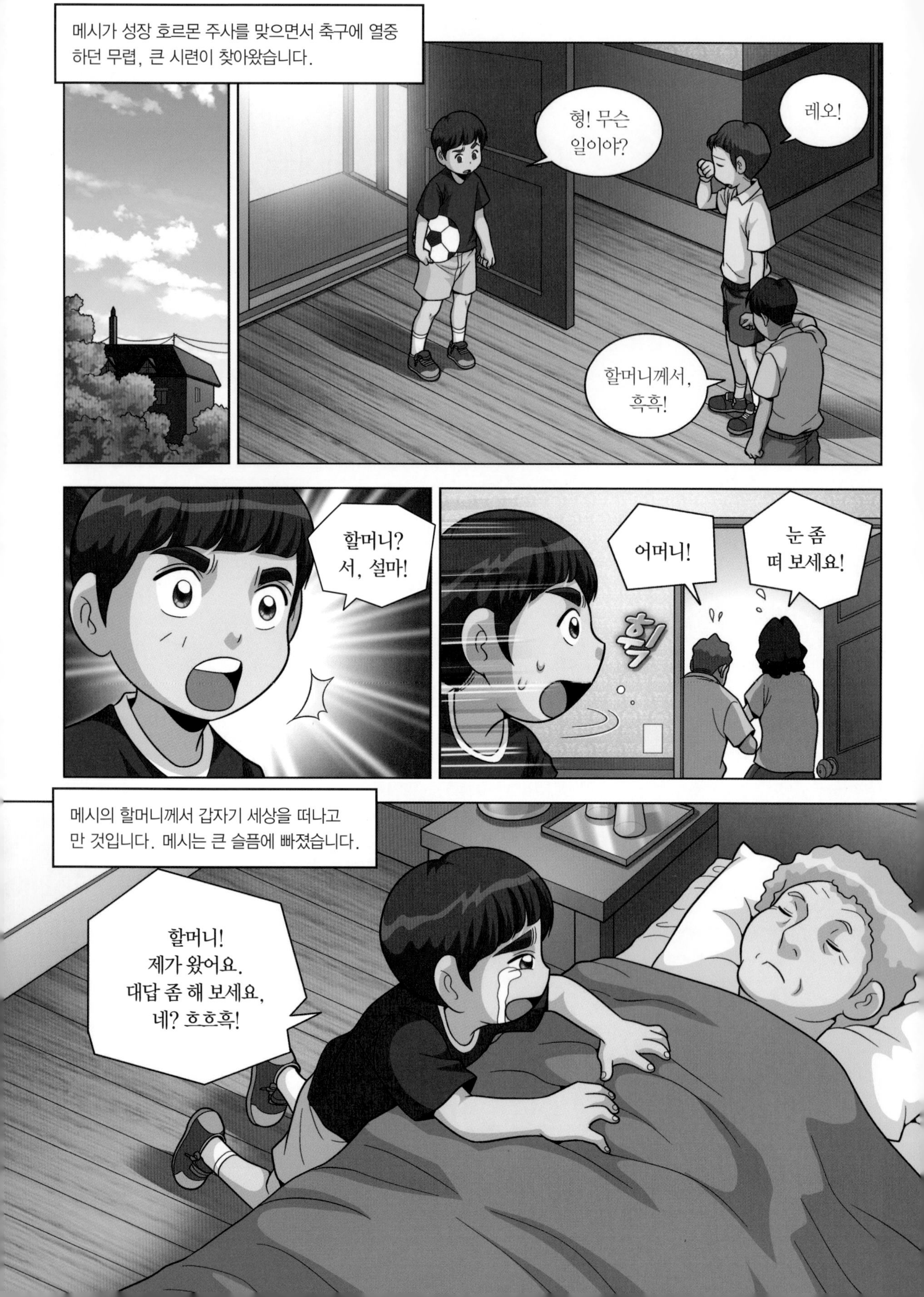
메시가 성장 호르몬 주사를 맞으면서 축구에 열중하던 무렵, 큰 시련이 찾아왔습니다.
형! 무슨 일이야?
레오!
할머니께서, 흑흑!
할머니? 서, 설마!
어머니!
눈 좀 떠 보세요!
휙
메시의 할머니께서 갑자기 세상을 떠나고 만 것입니다. 메시는 큰 슬픔에 빠졌습니다.
할머니! 제가 왔어요. 대답 좀 해 보세요, 네? 흐흐흑!

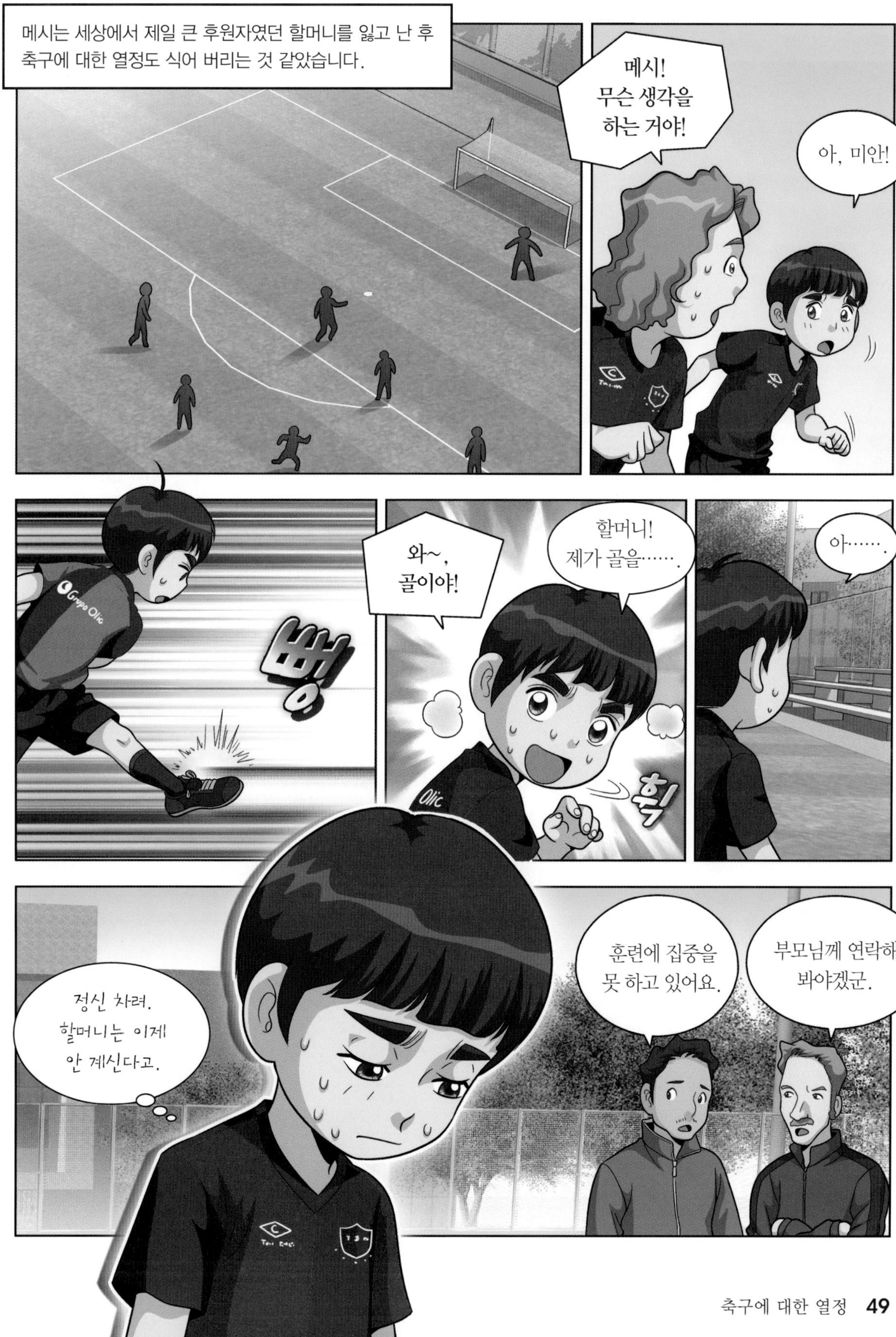

메시는 세상에서 제일 큰 후원자였던 할머니를 잃고 난 후 축구에 대한 열정도 식어 버리는 것 같았습니다.
메시! 무슨 생각을 하는 거야!
아, 미안!
빵
와~, 골이야!
할머니! 제가 골을…….
휙
아…….
정신 차려. 할머니는 이제 안 계신다고.
훈련에 집중을 못 하고 있어요.
부모님께 연락해 봐야겠군.

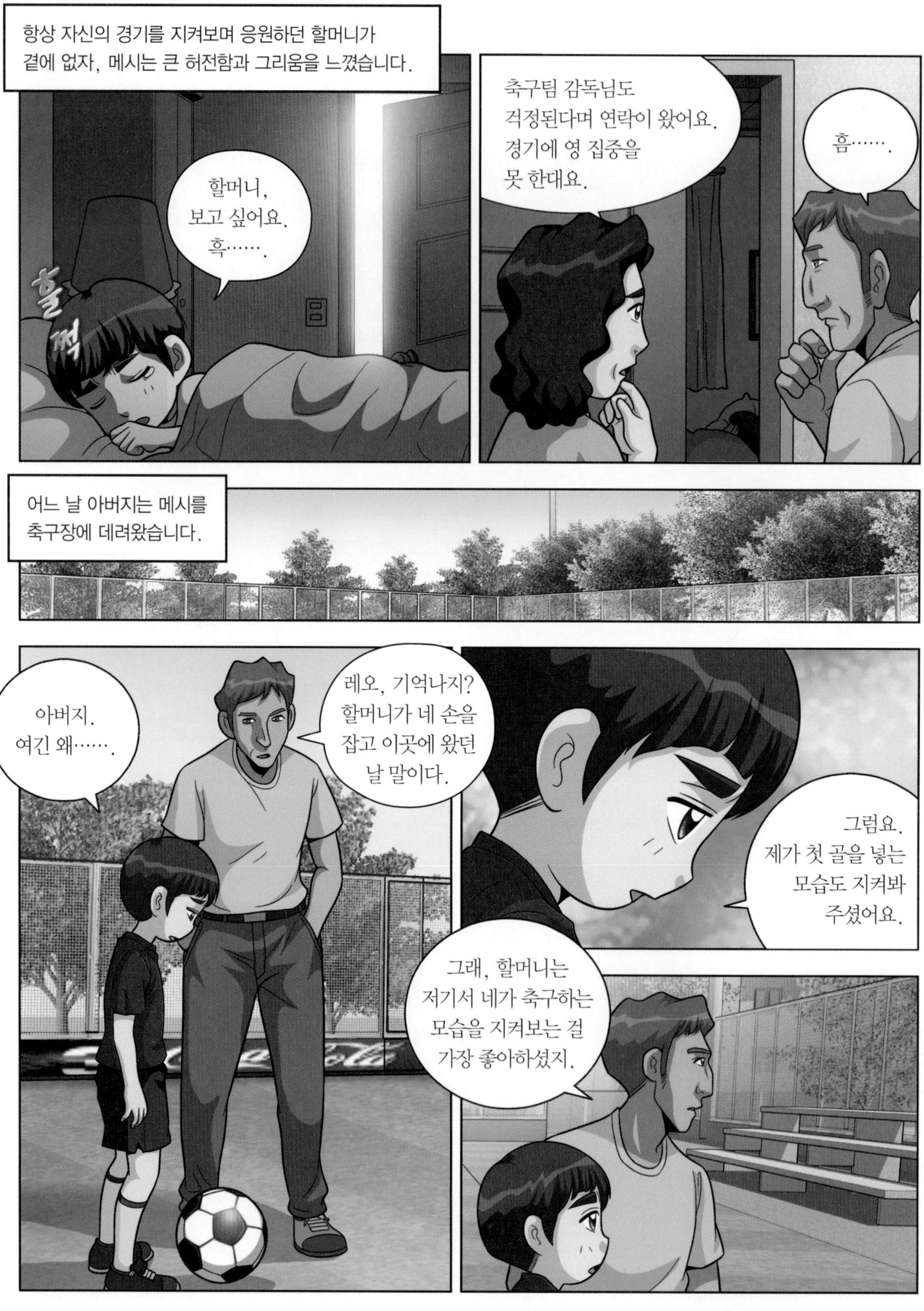
항상 자신의 경기를 지켜보며 응원하던 할머니가 곁에 없자, 메시는 큰 허전함과 그리움을 느꼈습니다.
할머니, 보고 싶어요. 흑…….
훌쩍
축구팀 감독님도 걱정된다며 연락이 왔어요. 경기에 영 집중을 못 한대요.
흠…….
어느 날 아버지는 메시를 축구장에 데려왔습니다.
아버지. 여긴 왜…….
레오, 기억나지? 할머니가 네 손을 잡고 이곳에 왔던 날 말이다.
그럼요. 제가 첫 골을 넣는 모습도 지켜봐 주셨어요.
그래, 할머니는 저기서 네가 축구하는 모습을 지켜보는 걸 가장 좋아하셨지.

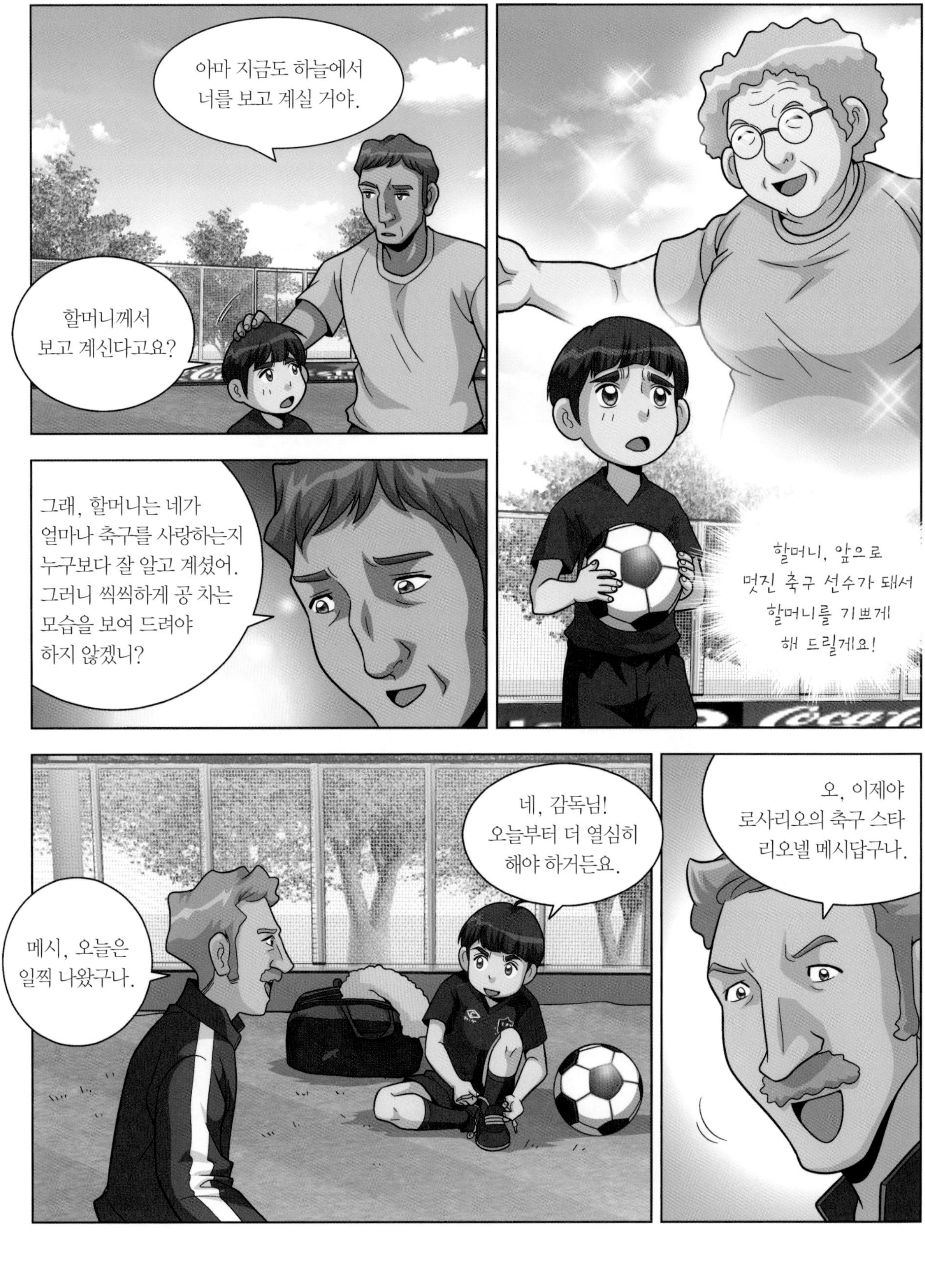
아마 지금도 하늘에서 너를 보고 계실 거야.
할머니께서 보고 계신다고요?
그래, 할머니는 네가 얼마나 축구를 사랑하는지 누구보다 잘 알고 계셨어. 그러니 씩씩하게 공 차는 모습을 보여 드려야 하지 않겠니?
할머니, 앞으로 멋진 축구 선수가 돼서 할머니를 기쁘게 해 드릴게요!
메시, 오늘은 일찍 나왔구나.
네, 감독님! 오늘부터 더 열심히 해야 하거든요.
오, 이제야 로사리오의 축구 스타 리오넬 메시답구나.

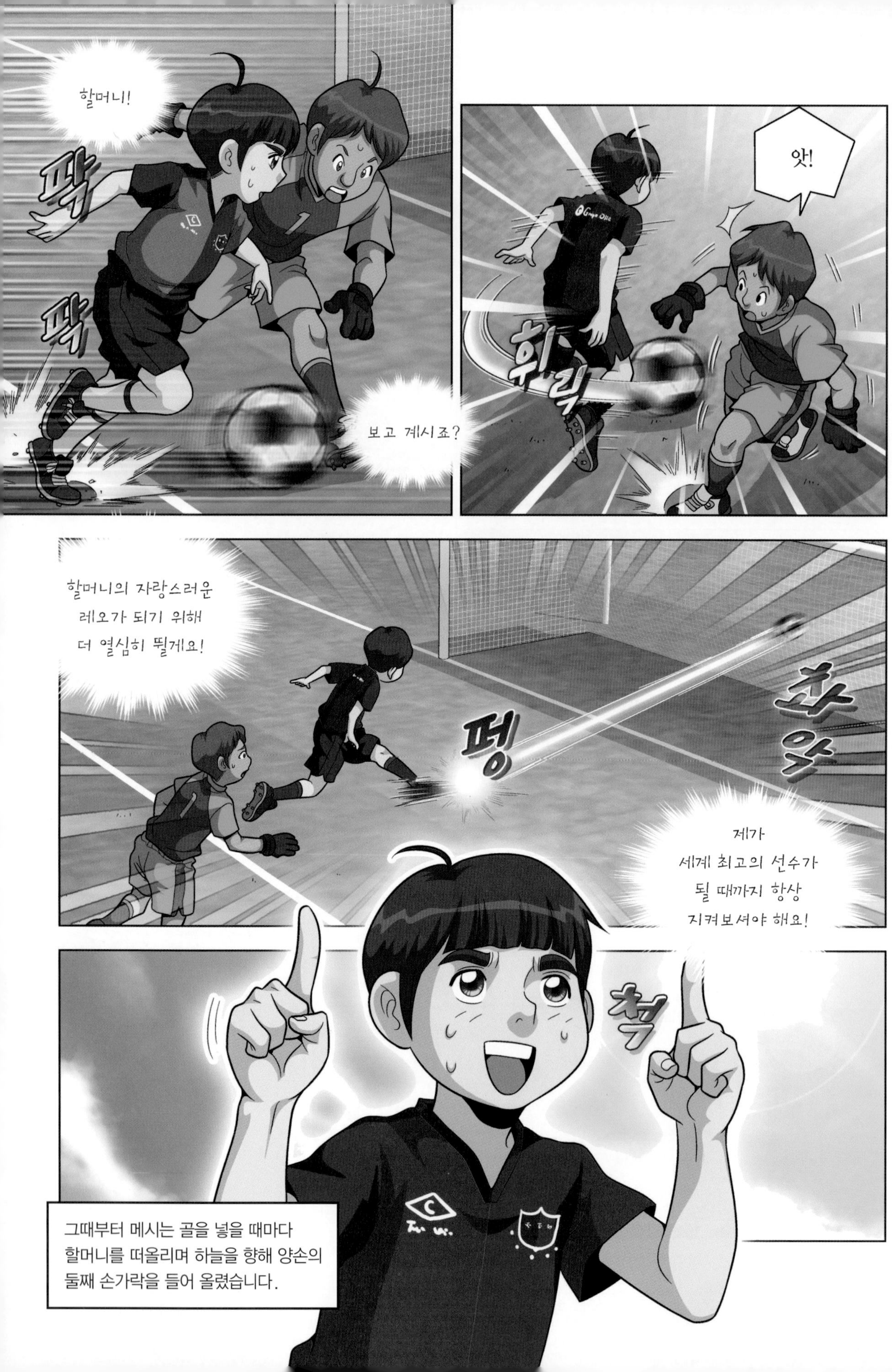
할머니!
팍
팍
보고 계시죠?
휘릭
앗!
할머니의 자랑스러운
레오가 되기 위해
더 열심히 뛸게요!
펑
콰앙
제가
세계 최고의 선수가
될 때까지 항상
지켜보셔야 해요!
척
그때부터 메시는 골을 넣을 때마다
할머니를 떠올리며 하늘을 향해 양손의
둘째 손가락을 들어 올렸습니다.

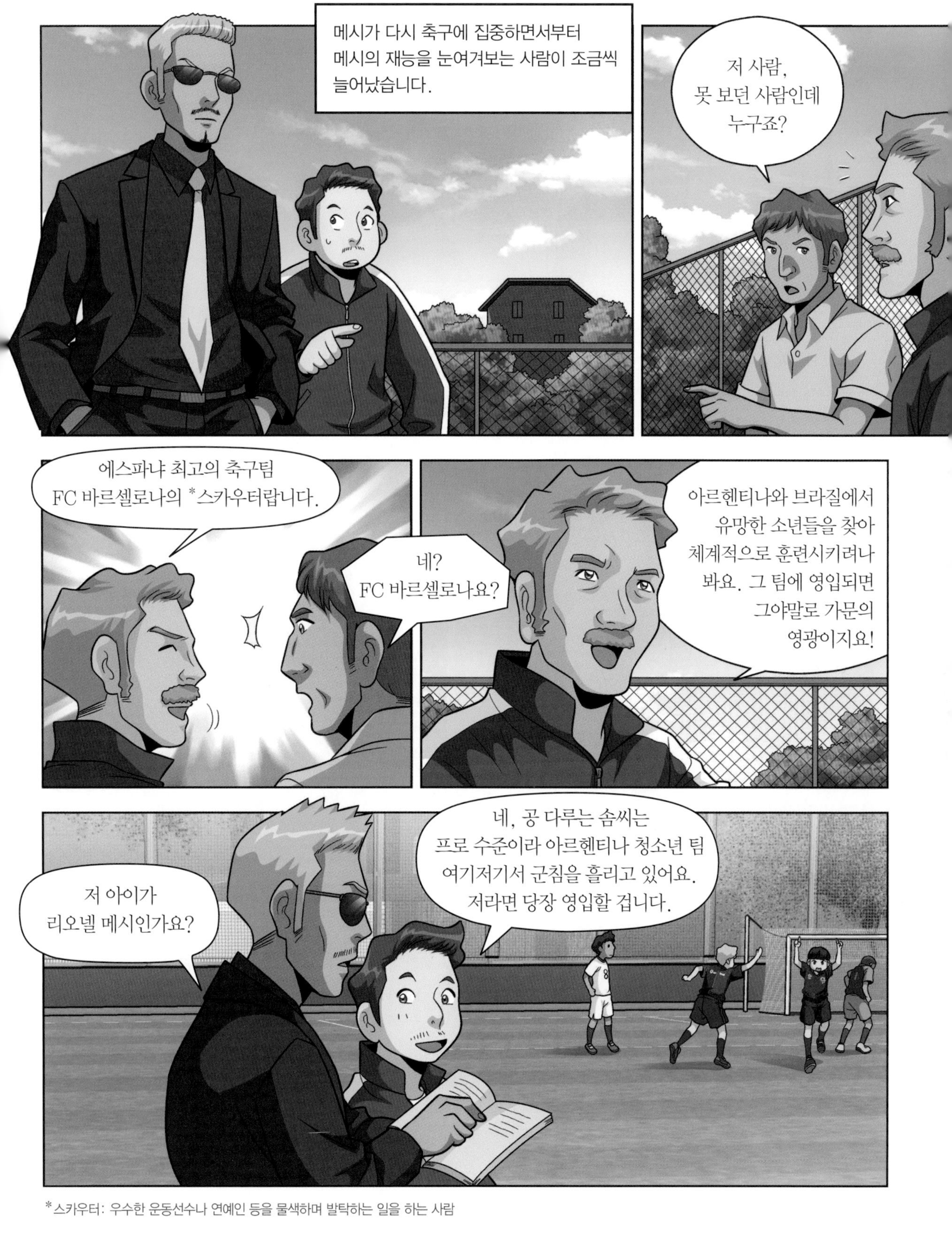
메시가 다시 축구에 집중하면서부터
메시의 재능을 눈여겨보는 사람이 조금씩
늘어났습니다.
저 사람, 못 보던 사람인데 누구죠?
에스파냐 최고의 축구팀 FC 바르셀로나의 *스카우터랍니다.
네? FC 바르셀로나요?
아르헨티나와 브라질에서 유망한 소년들을 찾아 체계적으로 훈련시키려나 봐요. 그 팀에 영입되면 그야말로 가문의 영광이지요!
네, 공 다루는 솜씨는 프로 수준이라 아르헨티나 청소년 팀 여기저기서 군침을 흘리고 있어요. 저라면 당장 영입할 겁니다.
저 아이가 리오넬 메시인가요?

*스카우터: 우수한 운동선수나 연예인 등을 물색하며 발탁하는 일을 하는 사람

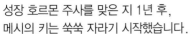

성장 호르몬 주사를 맞은 지 1년 후,
메시의 키는 쑥쑥 자라기 시작했습니다.

지난번에
잴 때보다
3센티미터나
더 컸네요.

이대로 몇 년만 더
치료를 받으면
170센티미터까지도
가능하겠어요.

정말요?

우아!
축구 선수도
문제없겠어!

저렇게 좋아하는데
그만둘 수는 없겠죠?

부담이 크시지요?
호르몬 주사가 워낙
비싸서…….

후
유

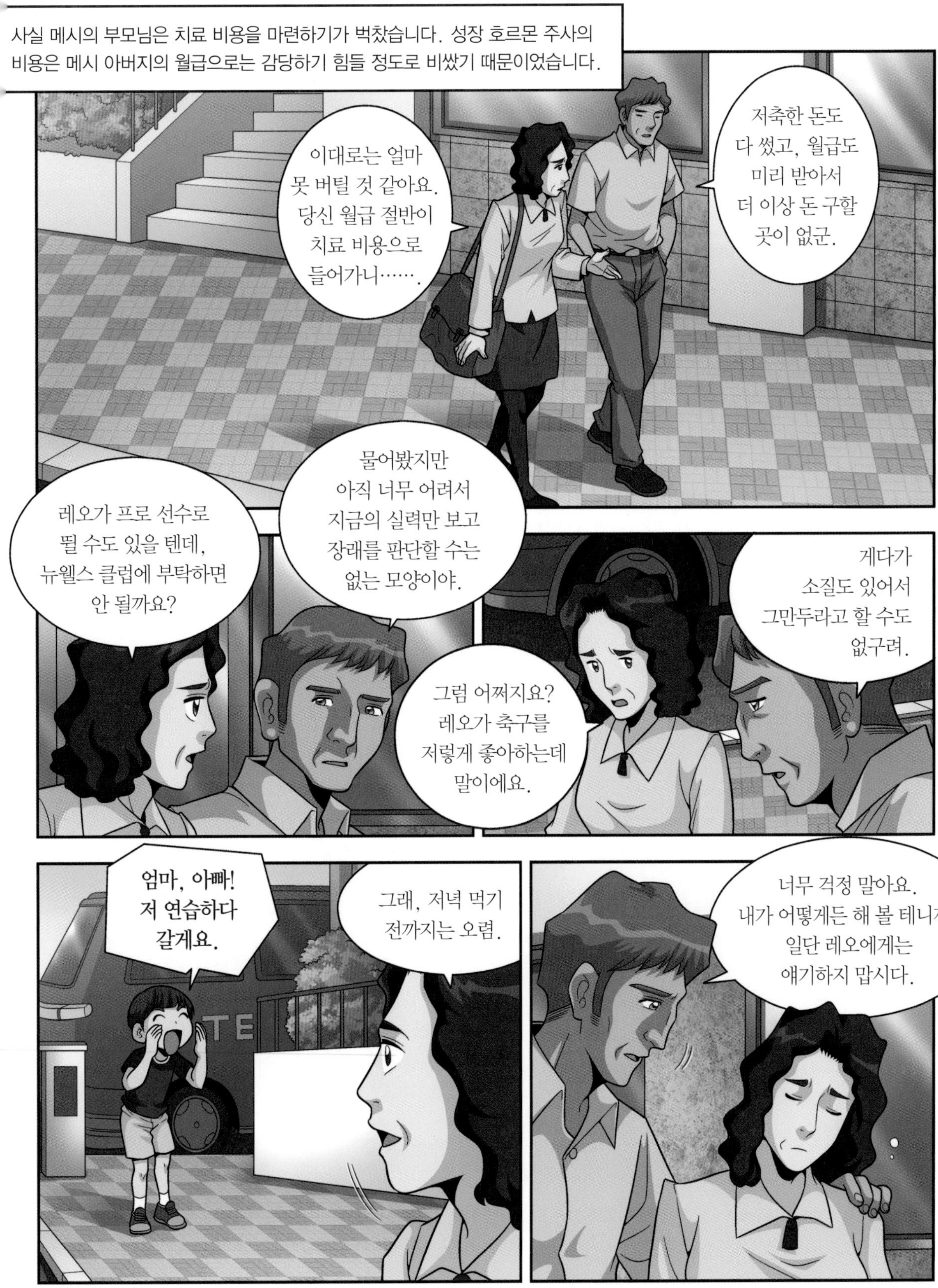
사실 메시의 부모님은 치료 비용을 마련하기가 벅찼습니다. 성장 호르몬 주사의 비용은 메시 아버지의 월급으로는 감당하기 힘들 정도로 비쌌기 때문이었습니다.
이대로는 얼마 못 버틸 것 같아요. 당신 월급 절반이 치료 비용으로 들어가니…….
저축한 돈도 다 썼고, 월급도 미리 받아서 더 이상 돈 구할 곳이 없군.
레오가 프로 선수로 뛸 수도 있을 텐데, 뉴웰스 클럽에 부탁하면 안 될까요?
물어봤지만 아직 너무 어려서 지금의 실력만 보고 장래를 판단할 수는 없는 모양이야.
게다가 소질도 있어서 그만두라고 할 수도 없구려.
그럼 어쩌지요? 레오가 축구를 저렇게 좋아하는데 말이에요.
엄마, 아빠! 저 연습하다 갈게요.
그래, 저녁 먹기 전까지는 오렴.
너무 걱정 말아요. 내가 어떻게든 해 볼 테니까, 일단 레오에게는 얘기하지 맙시다.

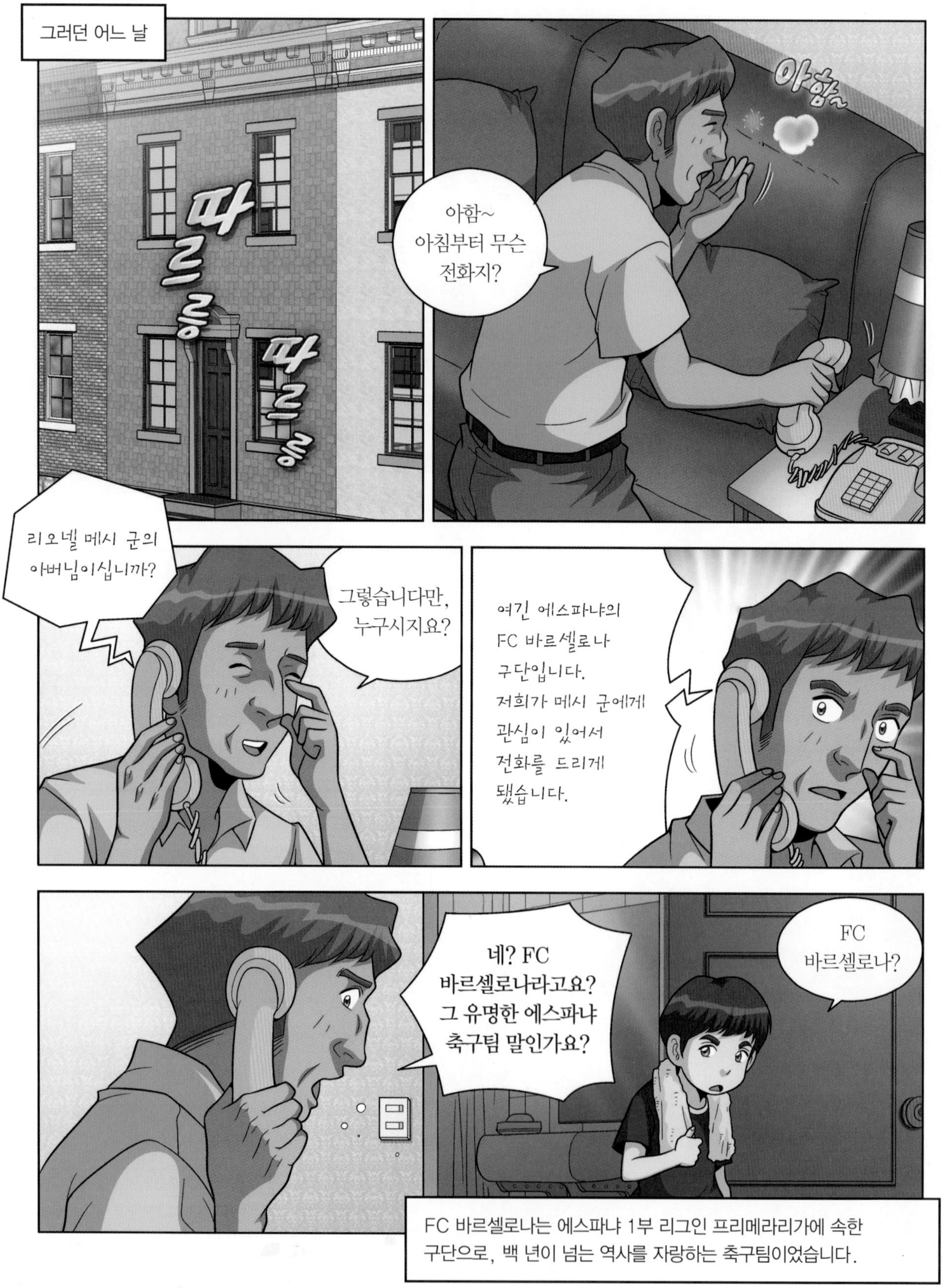
그러던 어느 날
따르릉 따르릉
아함~
아함~ 아침부터 무슨 전화지?
리오넬 메시 군의 아버님이십니까?
그렇습니다만, 누구시지요?
여긴 에스파냐의 FC 바르셀로나 구단입니다. 저희가 메시 군에게 관심이 있어서 전화를 드리게 됐습니다.
네? FC 바르셀로나라고요? 그 유명한 에스파냐 축구팀 말인가요?
FC 바르셀로나?
FC 바르셀로나는 에스파냐 1부 리그인 프리메라리가에 속한 구단으로, 백 년이 넘는 역사를 자랑하는 축구팀이었습니다.

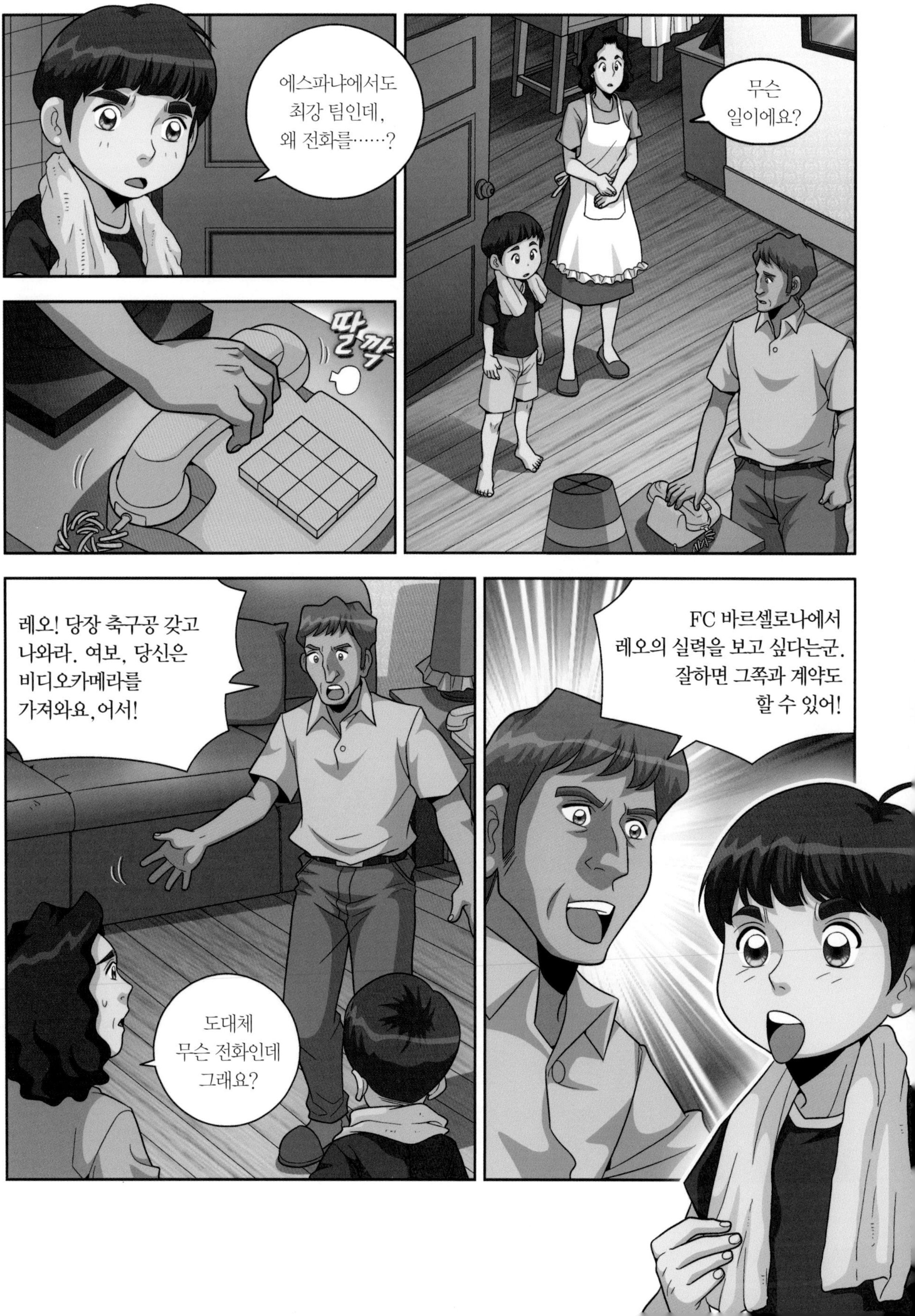
에스파냐에서도 최강 팀인데, 왜 전화를……?
무슨 일이에요?
딸깍
레오! 당장 축구공 갖고 나와라. 여보, 당신은 비디오카메라를 가져와요, 어서!
도대체 무슨 전화인데 그래요?
FC 바르셀로나에서 레오의 실력을 보고 싶다는군. 잘하면 그쪽과 계약도 할 수 있어!

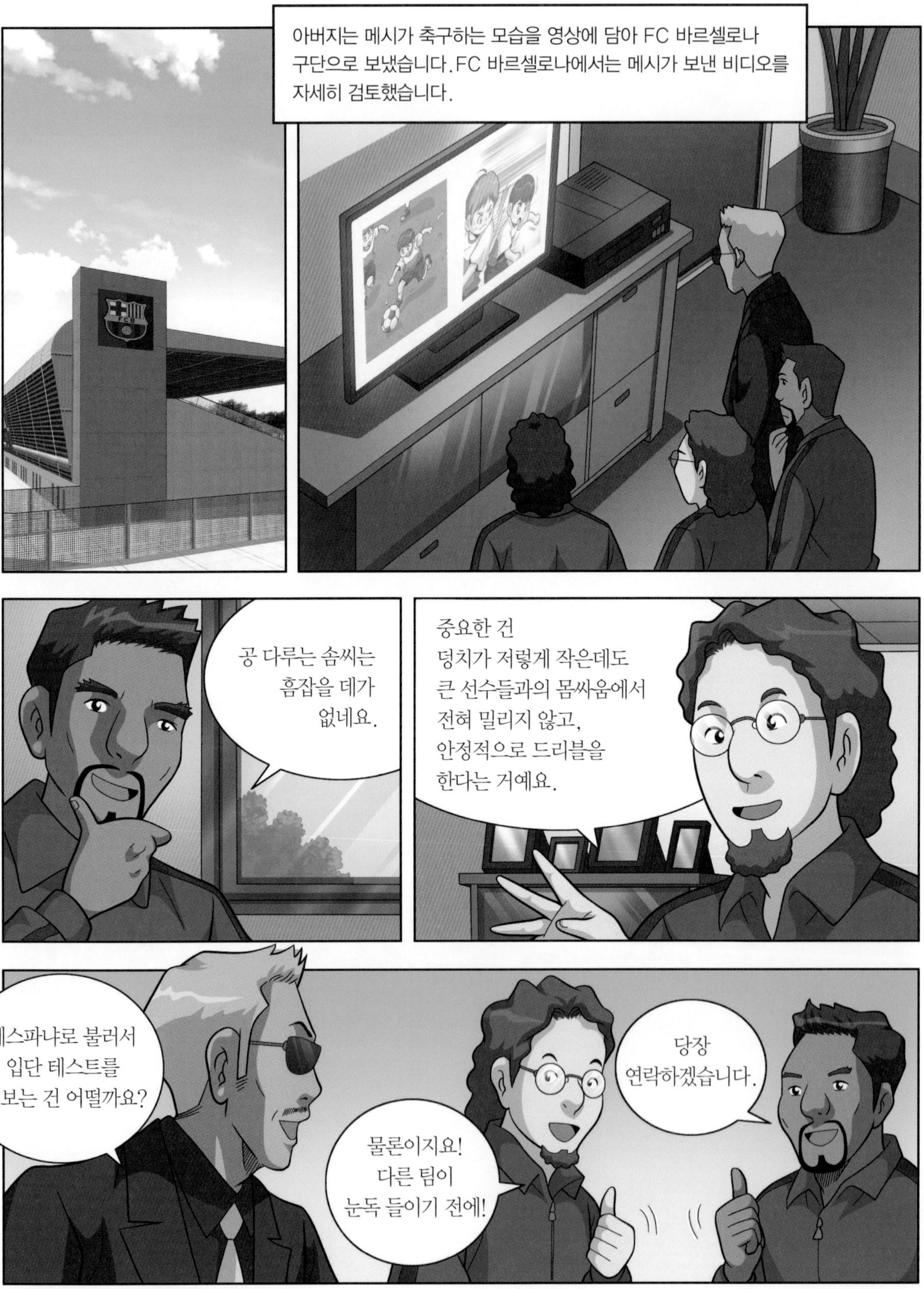
아버지는 메시가 축구하는 모습을 영상에 담아 FC 바르셀로나 구단으로 보냈습니다. FC 바르셀로나에서는 메시가 보낸 비디오를 자세히 검토했습니다.
공 다루는 솜씨는 흠잡을 데가 없네요.
중요한 건 덩치가 저렇게 작은데도 큰 선수들과의 몸싸움에서 전혀 밀리지 않고, 안정적으로 드리블을 한다는 거예요.
에스파냐로 불러서 입단 테스트를 해 보는 건 어떨까요?
물론이지요! 다른 팀이 눈독 들이기 전에!
당장 연락하겠습니다.

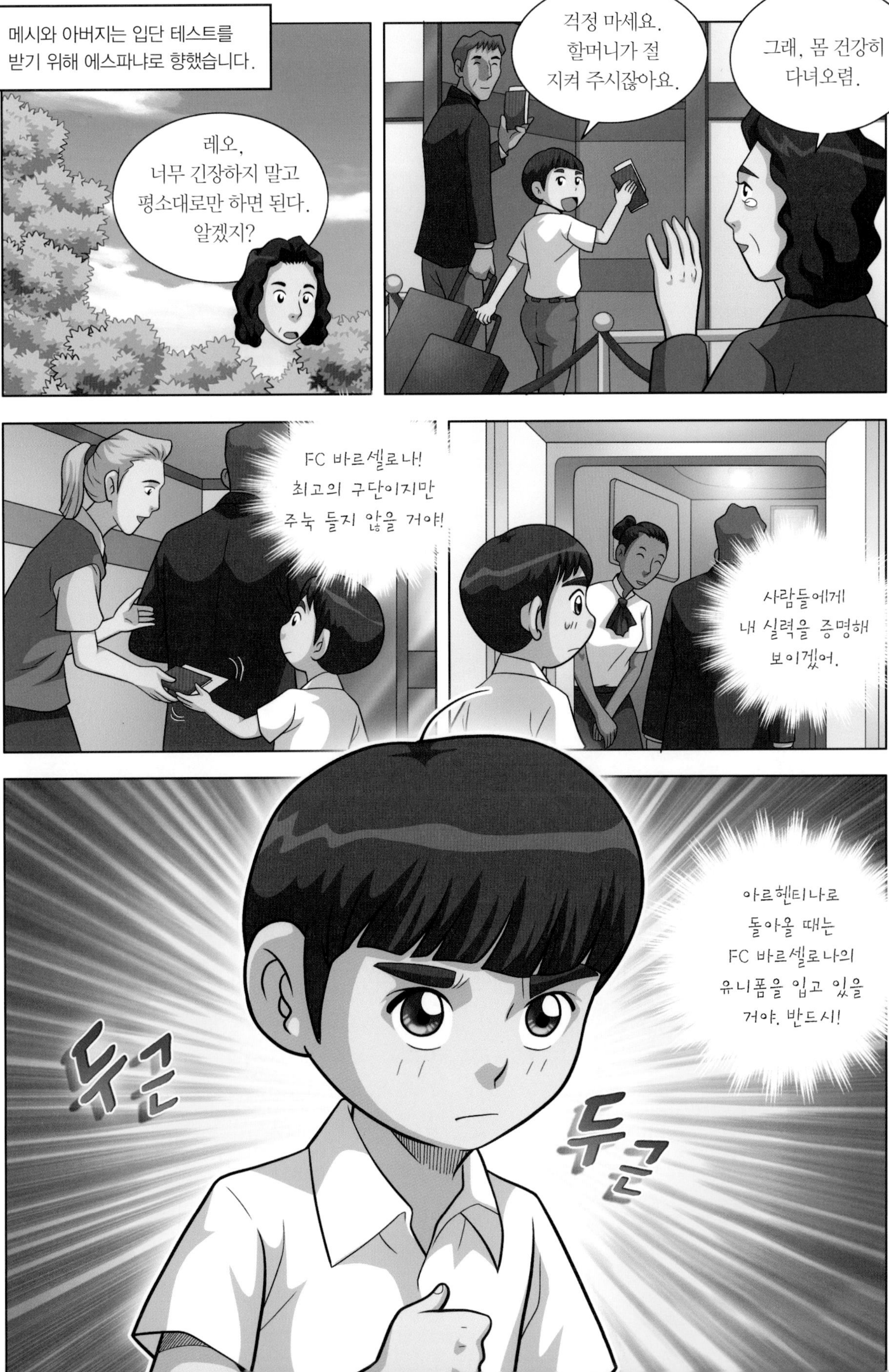

메시와 아버지는 입단 테스트를 받기 위해 에스파냐로 향했습니다.
레오, 너무 긴장하지 말고 평소대로만 하면 된다. 알겠지?
걱정 마세요. 할머니가 절 지켜 주시잖아요.
그래, 몸 건강히 다녀오렴.
FC 바르셀로나! 최고의 구단이지만 주눅 들지 않을 거야!
사람들에게 내 실력을 증명해 보이겠어.
아르헨티나로 돌아올 때는 FC 바르셀로나의 유니폼을 입고 있을 거야. 반드시!
두근
두근

메시가 태어난 아르헨티나

아르헨티나는 남아메리카 대륙에 위치한 나라로, 수도는
부에노스아이레스입니다. 북쪽으로 볼리비아, 서쪽으로 칠레,
북동쪽으로는 우루과이, 브라질 등과 국경을 맞대고 있지요.
아르헨티나의 국기는 하늘색과 하얀색으로 이루어져
있습니다. 이는 아르헨티나의 독립 전쟁을 이끌었던 마누엘
벨그라노에 의해 만들어졌어요. 그리고 국기 가운데에는
사람 얼굴이 그려진 태양이 있습니다. '5월의 태양'이라 불리는
이 태양은 아르헨티나가 독립하는 계기가 된 '5월 혁명'을
의미하지요.
아르헨티나 땅을 남북으로 가로지르는 안데스산맥과 열대
우림, 브라질과 아르헨티나 국경 지대에 있는 이구아수 폭포,
그리고 정열의 음악 탱고까지, 다채로운 매력이 있는
아르헨티나에 대해 알아볼까요?

아르헨티나의 국기 ⓒ 위키피디아

아르헨티나에 원주민이 살았다는 증거인
리오 핀투라스 암각화. 손바닥 모양과 사냥을
하는 듯한 장면이 그려진 이 그림은 1999년
유네스코 세계 유산으로 지정되었습니다.
ⓒ Marianocecowski

하나   아르헨티나의 역사

오래전부터 아르헨티나에는 원주민 부족들이 살고 있었어요.
아르헨티나의 파타고니아 지역에서 발견된 약 1만
년 전의 암각화를 통해 원주민들의 생활을 추측해 볼 수 있지요.
15세기에 접어들며 현재의 아르헨티나 서북부 지역은 잉카
제국의 지배를 받게 됩니다. 이후 16세기가 되면 유럽의
강대국들이 원주민이 거주하는 지역을 무력으로 점령하고
식민지로 만들기 시작했습니다. 아르헨티나 지역도
마찬가지였어요. 1580년부터 에스파냐의 아르헨티나 식민
지배가 시작됩니다.
그렇게 200여 년이 지나 유럽에서 프랑스 혁명이 일어납니다.
유럽의 강대국들이 혁명에 찬성하는 쪽과 반대하는 쪽으로

부에노스아이레스에 있는 카빌도. 식민지
시대부터 시 의회로 사용되었던 건물입니다.
ⓒ 위키피디아

나뉘어 전투를 벌였지요. 이때 에스파냐가 프랑스와 동맹을 맺자, 프랑스와 싸우던 영국이 1806년 아르헨티나의 부에노스아이레스를 침공했어요. 이곳을 다스리던 총독은 달아났지만 시민들로 이루어진 민병대가 영국군을 물리칩니다. 이 전투를 거치며 시민들은 자신들을 지배하는 에스파냐가 굳이 필요하지 않다는 자신감을 얻게 되었지요. 이런 상황에서 1808년, 프랑스의 나폴레옹이 에스파냐를 침공합니다. 에스파냐에서 프랑스에 반대하는 세력이 들고일어났기 때문이에요. 프랑스와 싸우게 된 에스파냐는 더 이상 식민지를 신경 쓸 수 없었지요. 그러자 에스파냐의 지배를 받던 남아메리카의 여러 나라들이 독립을 선언합니다. 아르헨티나에서도 1810년 5월 '5월 혁명'이 일어나 총독의 교체를 요구했습니다. 시간이 지나며 사람들은 점차 아르헨티나의 완전한 독립을 요구하게 되었지요. 곳곳에서 치열한 전투가 벌어졌고, 1818년 아르헨티나는 마침내 에스파냐로부터 독립할 수 있었습니다.

아르헨티나를 독립시킨 호세 데 산 마르틴 장군 ⓒ 위키피디아

아르헨티나에서 처음으로 자유 선거를 통해 대통령이 된 이폴리토 이리고옌 ⓒ 위키피디아

who? 지식사전

아르헨티나의 영부인, 에바 페론

"나를 위해 울지 말아요, 아르헨티나. 나는 그대를 떠나지 않아요."
사랑하는 사람들끼리 할 법한 이 대사는 뮤지컬 〈에비타〉의 한 대목입니다.
이 뮤지컬에 나오는 여자 주인공은 실제 인물을 모델로 하고 있어요. 바로 아르헨티나의 영부인이었던 에바 페론입니다.
에바 페론은 어릴 때 아버지에게 버림받고 가난에 시달리며 살았습니다. 결국 열다섯 살에 고향에서 도망쳐 부에노스아이레스로 향한 에바 페론은 몇 년 지나지 않아 연예인으로 성공하게 됩니다. 그리고 1944년 군인 출신 정치가였던 후안 페론을 만나 결혼하지요.
1946년 후안 페론이 대통령으로 취임하자 영부인이 된 에바 페론은 '에바 페론 재단'을 설립하는 등 다양한 자선 사업을 시행했습니다. 그녀는 여성의 참정권을 지지하고, 여성 정당을 만들어 여성의 정치 참여를 독려하기도 했지요. 하지만 무리한 활동으로 쇠약해진 그녀는 1952년 백혈병과 자궁암에 걸려 세상을 떠나고 맙니다.

뮤지컬 〈에비타〉의 실제 모델인 에바 페론 ⓒ 위키피디아

안데스산맥은 아메리카 대륙에서 가장 높습니다.
ⓒ 연합포토

이구아수는 이 지역 원주민인 과라니족의
말로 '큰물', '위대한 물'이라는 뜻입니다.
ⓒ 위키피디아

팜파스는 남아메리카 원주민의 말로 '초원'을
뜻합니다. ⓒ Mushii

둘 아름다운 자연 환경

아르헨티나의 국토 면적은 약 278만 제곱킬로미터로,
대한민국의 약 27배에 달하는 면적입니다.
남아메리카에서는 브라질에 이어 두 번째로 크고,
전 세계에서도 여덟 번째로 큰 나라이지요.
아르헨티나의 서쪽에는 거대한 안데스산맥이 국토의 북쪽
끝에서부터 남쪽 끝까지 뻗어 있습니다. 안데스산맥은 평균
해발 고도가 4,000미터가 넘을 정도로 높기 때문에
이 지역에는 고산 도시가 발달했어요.
반면 아르헨티나 북동쪽에는 구릉이 거의 없고 평지로
이루어진 초원 지역 '팜파스'가 넓게 펼쳐져 있습니다.
이곳은 우크라이나의 흑토 지대, 북아메리카의
프레리(대평원)와 함께 세계 3대 곡창 지대에 속합니다.
아르헨티나는 세계에서 가장 거대한 폭포인 이구아수
폭포로도 유명합니다. 이구아수 폭포는 아르헨티나와
브라질의 국경 지대에 있는데, 미국의 루스벨트 대통령
부부가 방문했을 때 이구아수 폭포를 본 영부인이 "불쌍하다.
나의 나이아가라!"라고 했을 정도로 아름답고 웅장한 모습을
자랑합니다. 아르헨티나와 브라질은 각각 1984년과 1986년에
이구아수 폭포를 유네스코 세계 유산으로 등재했고, 이곳을
국립 공원으로 지정하여 보호하고 있습니다.

셋 수준 높은 문화와 최강의 축구팀

아르헨티나는 오랜 시간 에스파냐의 식민지였기 때문에
에스파냐 문화의 영향을 많이 받았습니다. 특히 아르헨티나의
수도 부에노스아이레스에서 시작되었다고 알려진 춤 '탱고'는
유럽에서 온 이민자들이 만들고 발전시켰지요. 이후
아르헨티나를 대표하는 작곡가 아스토르 피아졸라에 의해

탱고 음악의 시대가 열렸습니다.
또 아르헨티나에는 세계적으로 유명한 오페라 하우스인 콜론 극장이 있고, 문화 공연 시설도 다수 보유하고 있습니다.
아르헨티나는 브라질과 함께 남아메리카의 대표적인 축구 강국이기도 합니다. 1930년 첫 FIFA 월드컵에서 준우승을 차지했고, 결승전에도 6번이나 진출했지요. 1986년 월드컵에서는 아르헨티나의 축구 영웅 디에고 마라도나가 활약하며 우승을 차지했습니다.
그 후 오랜 시간 동안 아르헨티나는 월드컵 우승을 차지하지 못했어요. 하지만 2022년, 카타르 월드컵에서 리오넬 메시가 이끄는 아르헨티나 대표 팀이 우승을 차지하며 아르헨티나는 36년 만에 세계 최고의 자리에 올라섰습니다.

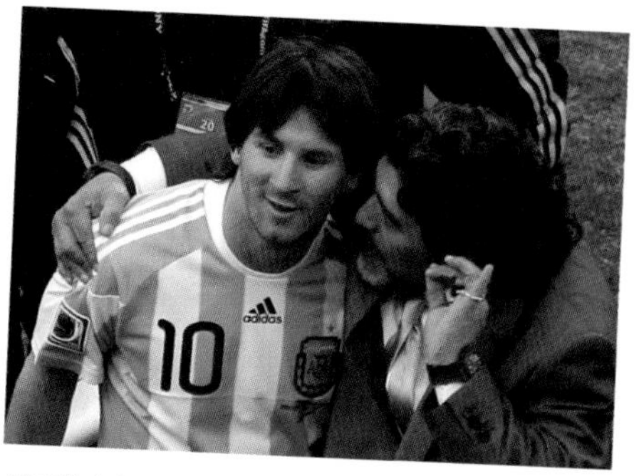
아르헨티나의 대표적인 축구 선수 디에고 마라도나와 리오넬 메시 ⓒ 연합포토

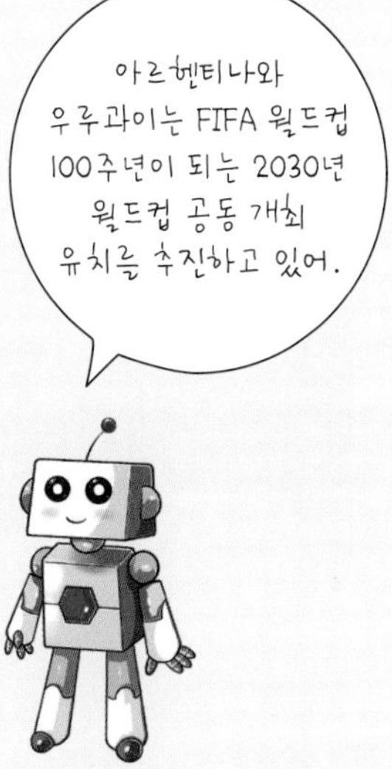
아르헨티나와
우주과이는 FIFA 월드컵
100주년이 되는 2030년
월드컵 공동 개최
유치를 추진하고 있어.

who? 지식사전

탱고와 반도네온

탱고는 아르헨티나의 대표적인 춤이자 음악 장르입니다. 탱고의 정확한 기원은 알려져 있지 않습니다. 다만 유럽에서 온 이주민들이 부에노스아이레스 주변의 선착장에서 악기를 가지고 음악을 연주하며 춤추던 것이 변형되어 지금의 탱고가 되었다는 설이 있습니다.
'반도네온'은 탱고 음악에서 많이 쓰이는 악기로 아코디언의 한 종류입니다. 반도네온이라는 이름은 이 악기를 고안한 독일인 '하인리히 반트'의 성에서 따 온 것입니다. 아르헨티나로 이주한 독일인들이 반도네온을 전파하면서 아르헨티나에서 널리 연주하게 되었다고 합니다.

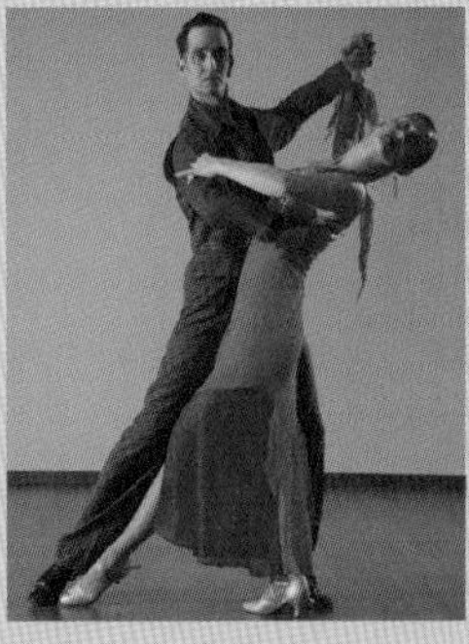
화려한 의상을 입고 추는 탱고
ⓒ PIXABAY

3 FC 바르셀로나 1군을 향해!

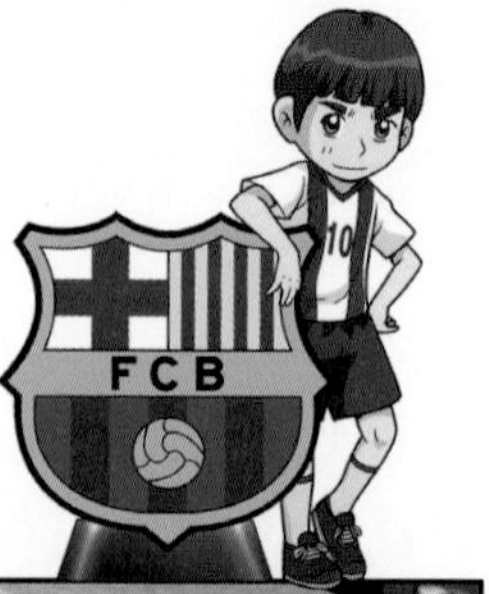
FCB
10

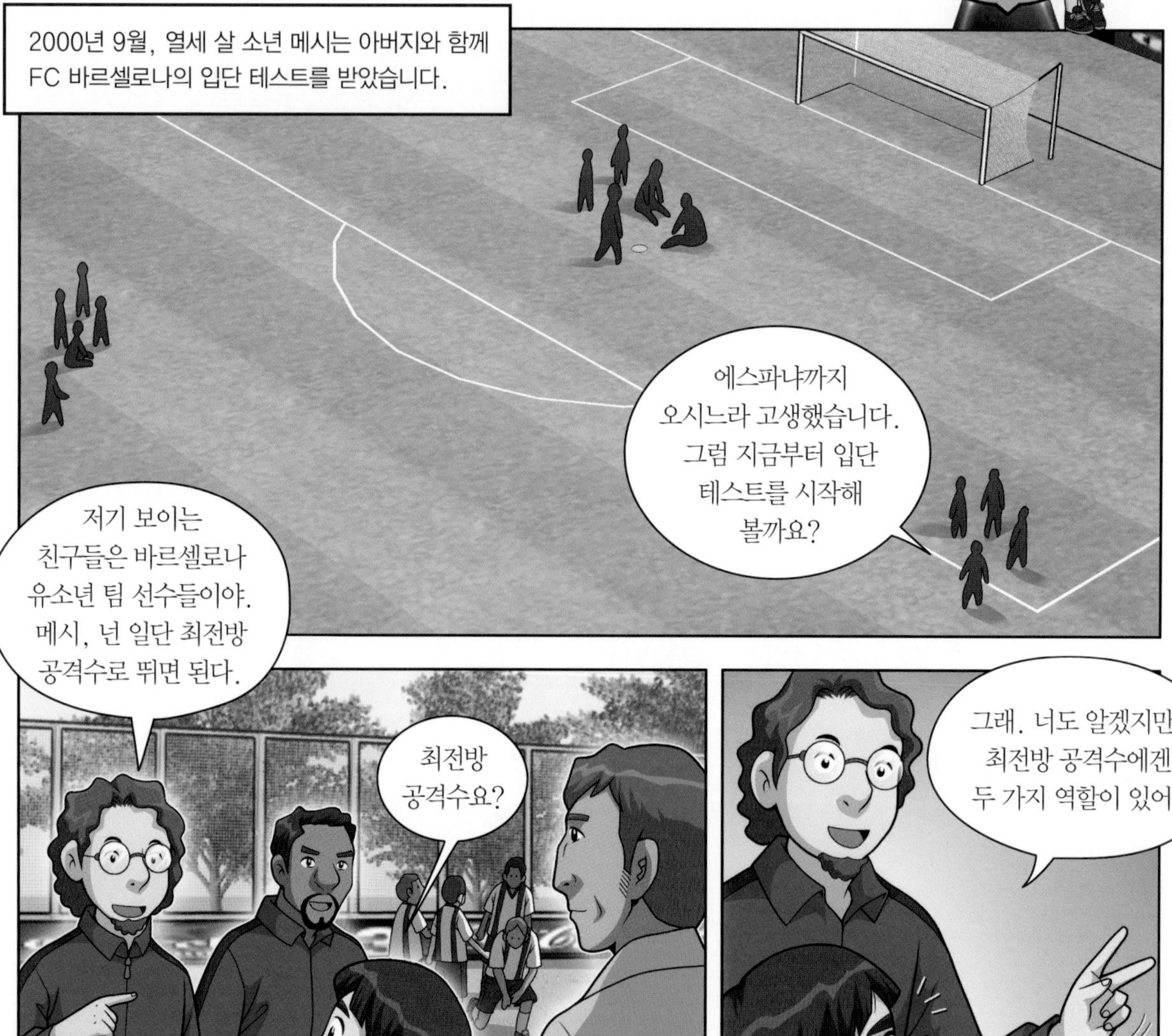
2000년 9월, 열세 살 소년 메시는 아버지와 함께 FC 바르셀로나의 입단 테스트를 받았습니다.
에스파냐까지 오시느라 고생했습니다. 그럼 지금부터 입단 테스트를 시작해 볼까요?
저기 보이는 친구들은 바르셀로나 유소년 팀 선수들이야. 메시, 넌 일단 최전방 공격수로 뛰면 된다.
최전방 공격수요?
그래. 너도 알겠지만, 최전방 공격수에겐 두 가지 역할이 있어.

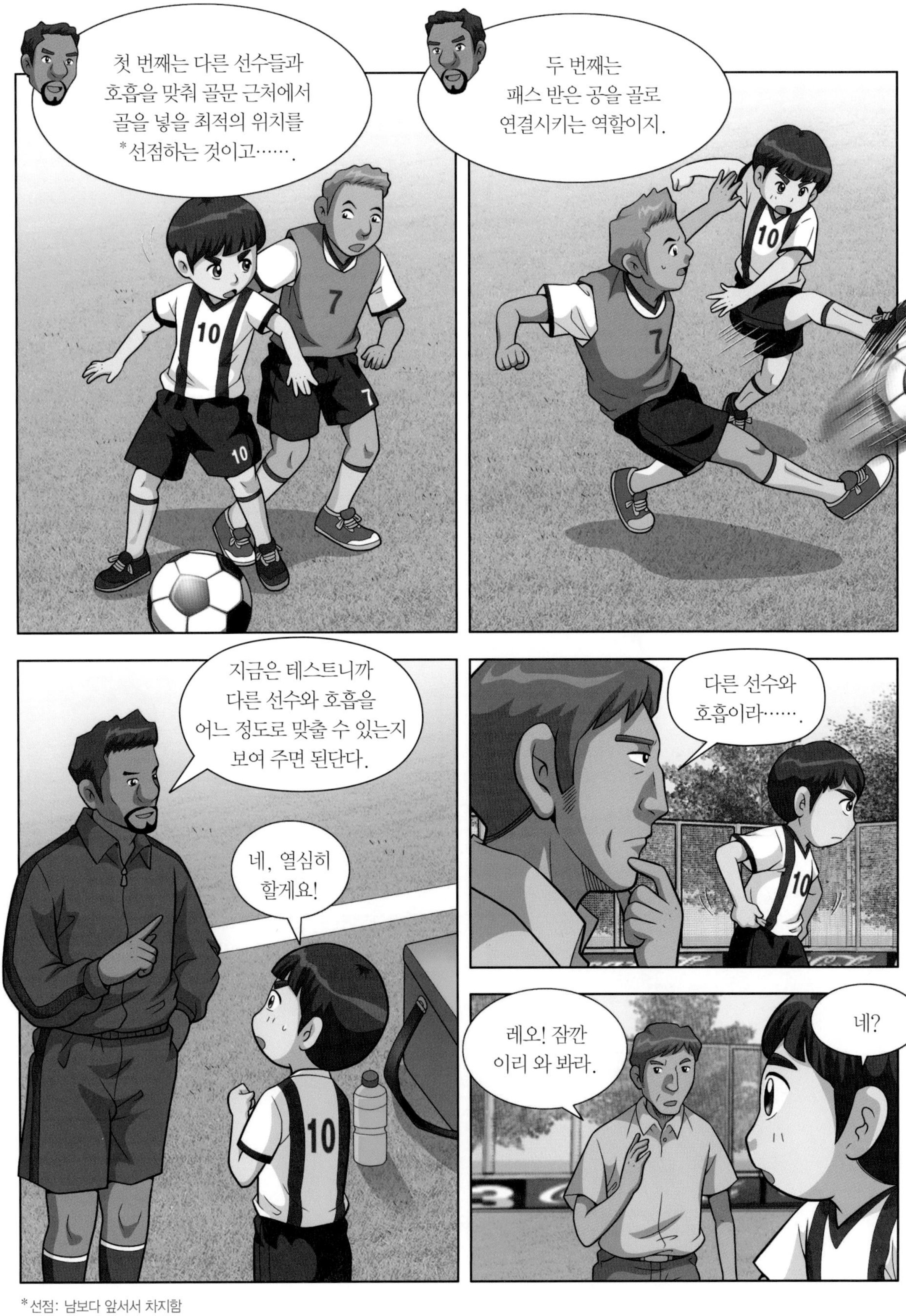
첫 번째는 다른 선수들과 호흡을 맞춰 골문 근처에서 골을 넣을 최적의 위치를 *선점하는 것이고…….
두 번째는 패스 받은 공을 골로 연결시키는 역할이지.
지금은 테스트니까 다른 선수와 호흡을 어느 정도로 맞출 수 있는지 보여 주면 된단다.
네, 열심히 할게요!
다른 선수와 호흡이라…….
레오! 잠깐 이리 와 봐라.
네?

*선점: 남보다 앞서서 차지함

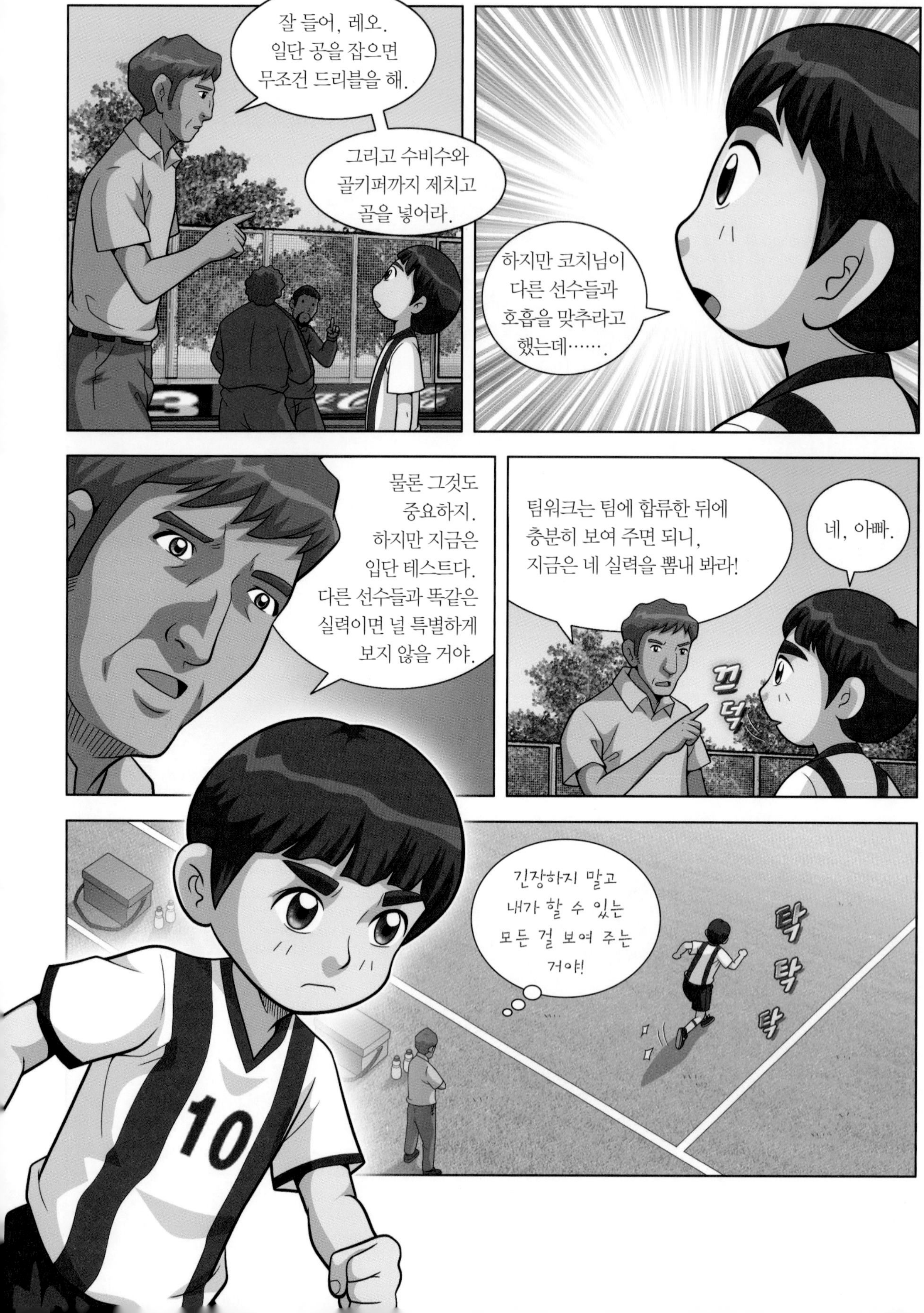

잘 들어, 레오. 일단 공을 잡으면 무조건 드리블을 해.
그리고 수비수와 골키퍼까지 제치고 골을 넣어라.
하지만 코치님이 다른 선수들과 호흡을 맞추라고 했는데…….
물론 그것도 중요하지. 하지만 지금은 입단 테스트다. 다른 선수들과 똑같은 실력이면 널 특별하게 보지 않을 거야.
팀워크는 팀에 합류한 뒤에 충분히 보여 주면 되니, 지금은 네 실력을 뽐내 봐라!
네, 아빠.
끄덕
긴장하지 말고 내가 할 수 있는 모든 걸 보여 주는 거야!
탁
탁
탁

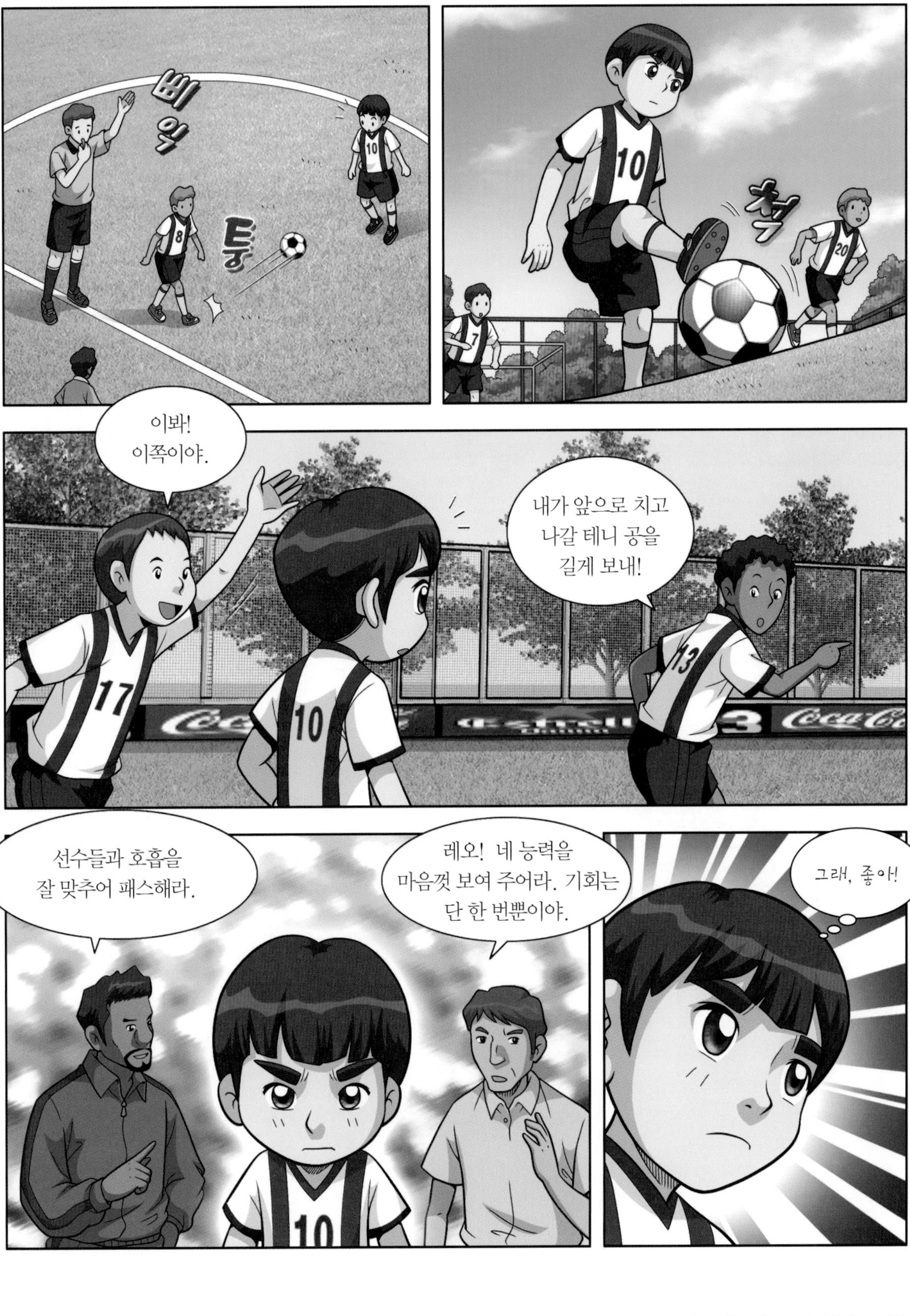
삐익
퉁
척
이봐!
이쪽이야.
내가 앞으로 치고
나갈 테니 공을
길게 보내!
선수들과 호흡을
잘 맞추어 패스해라.
레오! 네 능력을
마음껏 보여 주어라. 기회는
단 한 번뿐이야.
그래, 좋아!

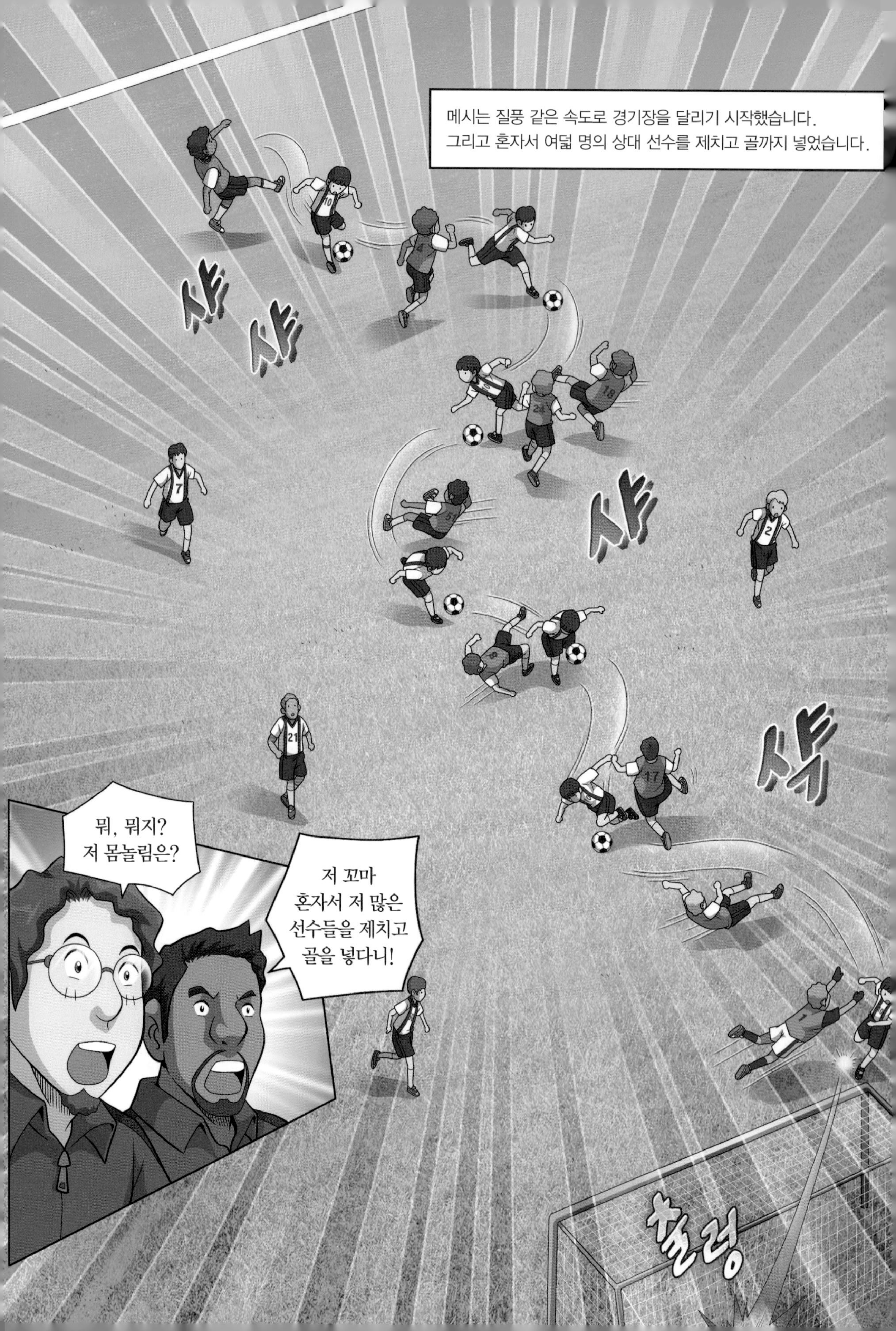
메시는 질풍 같은 속도로 경기장을 달리기 시작했습니다.
그리고 혼자서 여덟 명의 상대 선수를 제치고 골까지 넣었습니다.
샤
샤
샤
샤
뭐, 뭐지? 저 몸놀림은?
저 꼬마 혼자서 저 많은 선수들을 제치고 골을 넣다니!
출렁

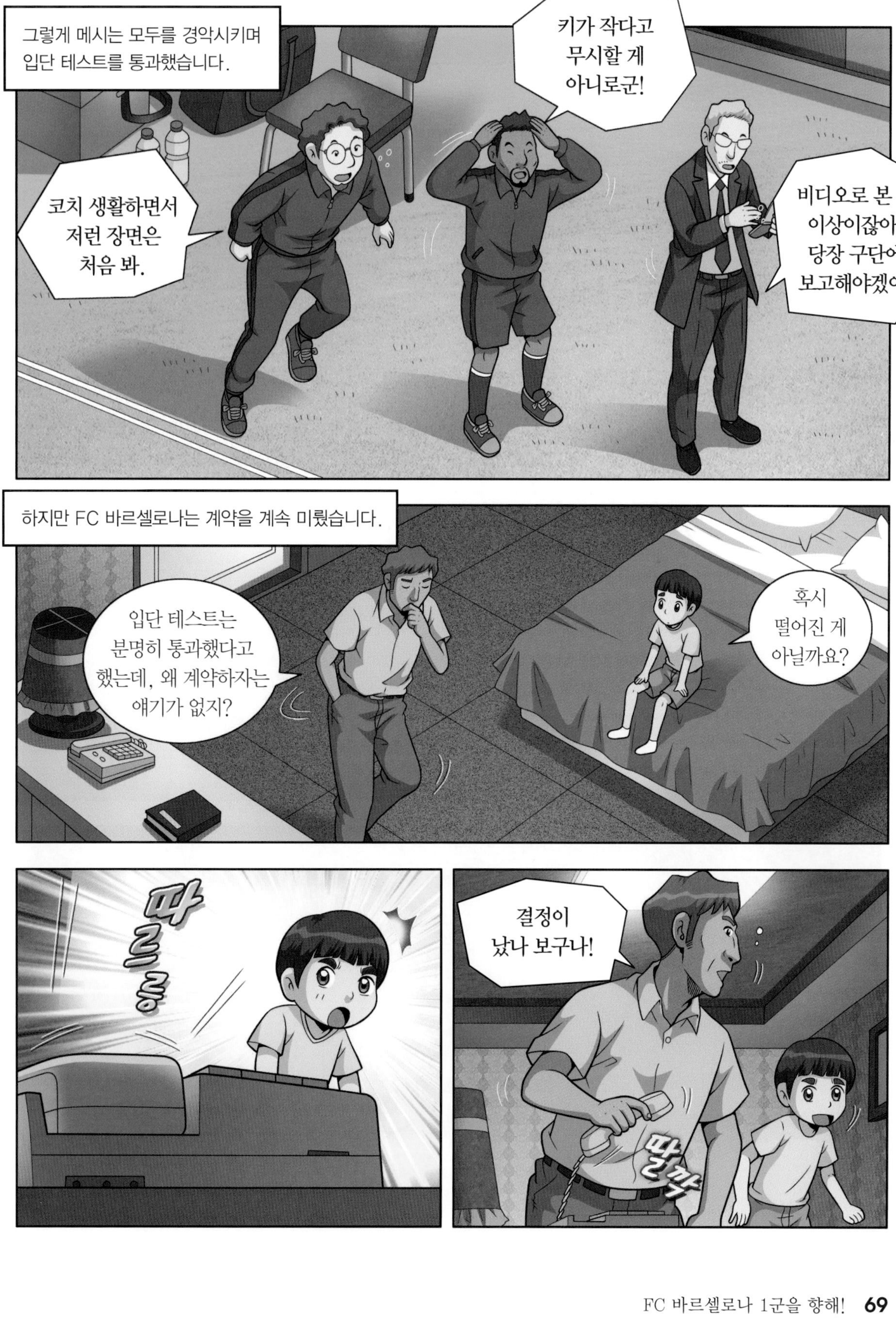
그렇게 메시는 모두를 경악시키며 입단 테스트를 통과했습니다.
키가 작다고 무시할 게 아니로군!
코치 생활하면서 저런 장면은 처음 봐.
비디오로 본 것 이상이잖아! 당장 구단에 보고해야겠어!
하지만 FC 바르셀로나는 계약을 계속 미뤘습니다.
입단 테스트는 분명히 통과했다고 했는데, 왜 계약하자는 얘기가 없지?
혹시 떨어진 게 아닐까요?
따르릉
결정이 났나 보구나!
딸깍

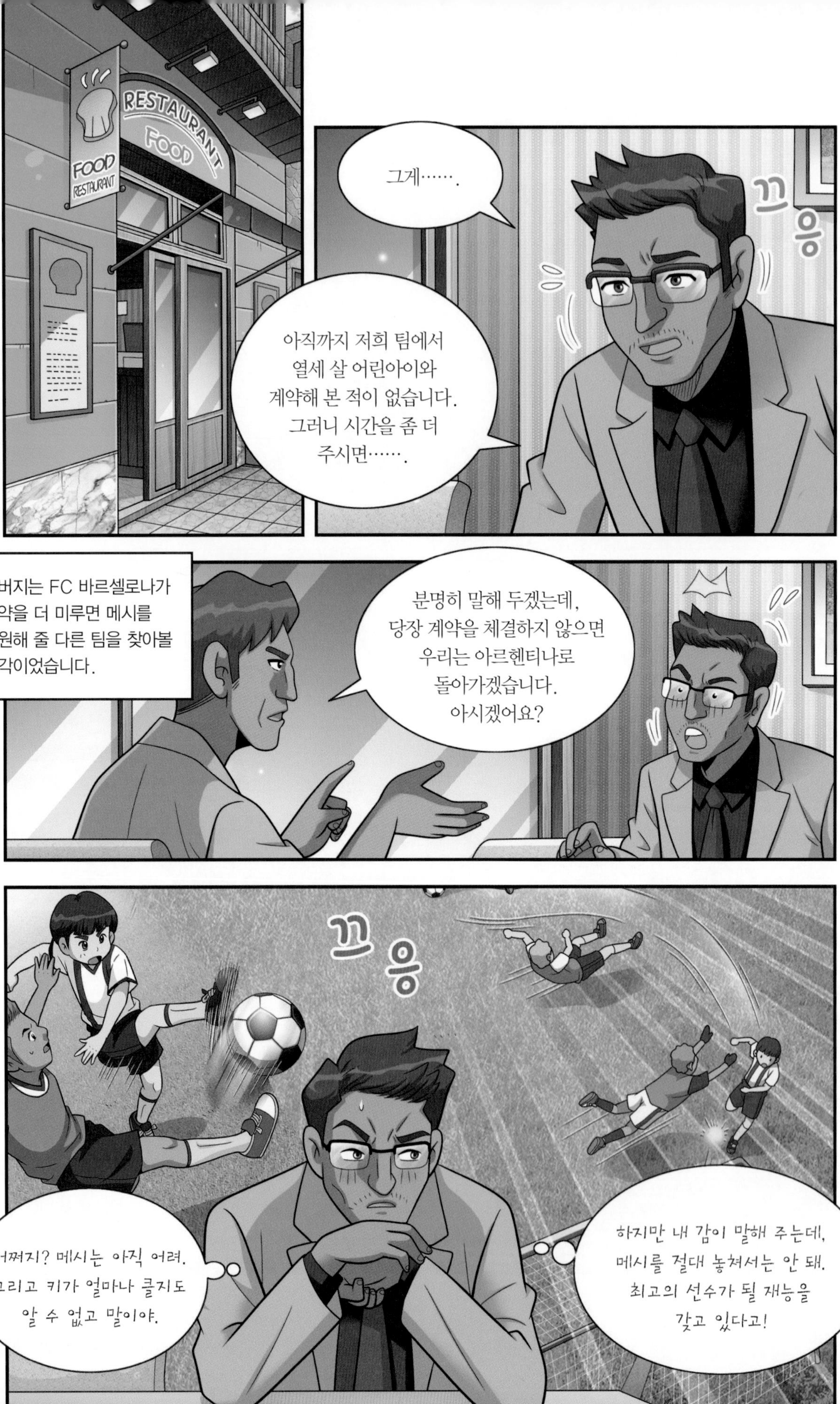
RESTAURANT
FOOD
FOOD
RESTAURANT
그게…….
끄응
아직까지 저희 팀에서 열세 살 어린아이와 계약해 본 적이 없습니다. 그러니 시간을 좀 더 주시면…….
아버지는 FC 바르셀로나가 계약을 더 미루면 메시를 후원해 줄 다른 팀을 찾아볼 생각이었습니다.
분명히 말해 두겠는데, 당장 계약을 체결하지 않으면 우리는 아르헨티나로 돌아가겠습니다. 아시겠어요?
끄응
어쩌지? 메시는 아직 어려. 그리고 키가 얼마나 클지도 알 수 없고 말이야.
하지만 내 감이 말해 주는데, 메시를 절대 놓쳐서는 안 돼. 최고의 선수가 될 재능을 갖고 있다고!

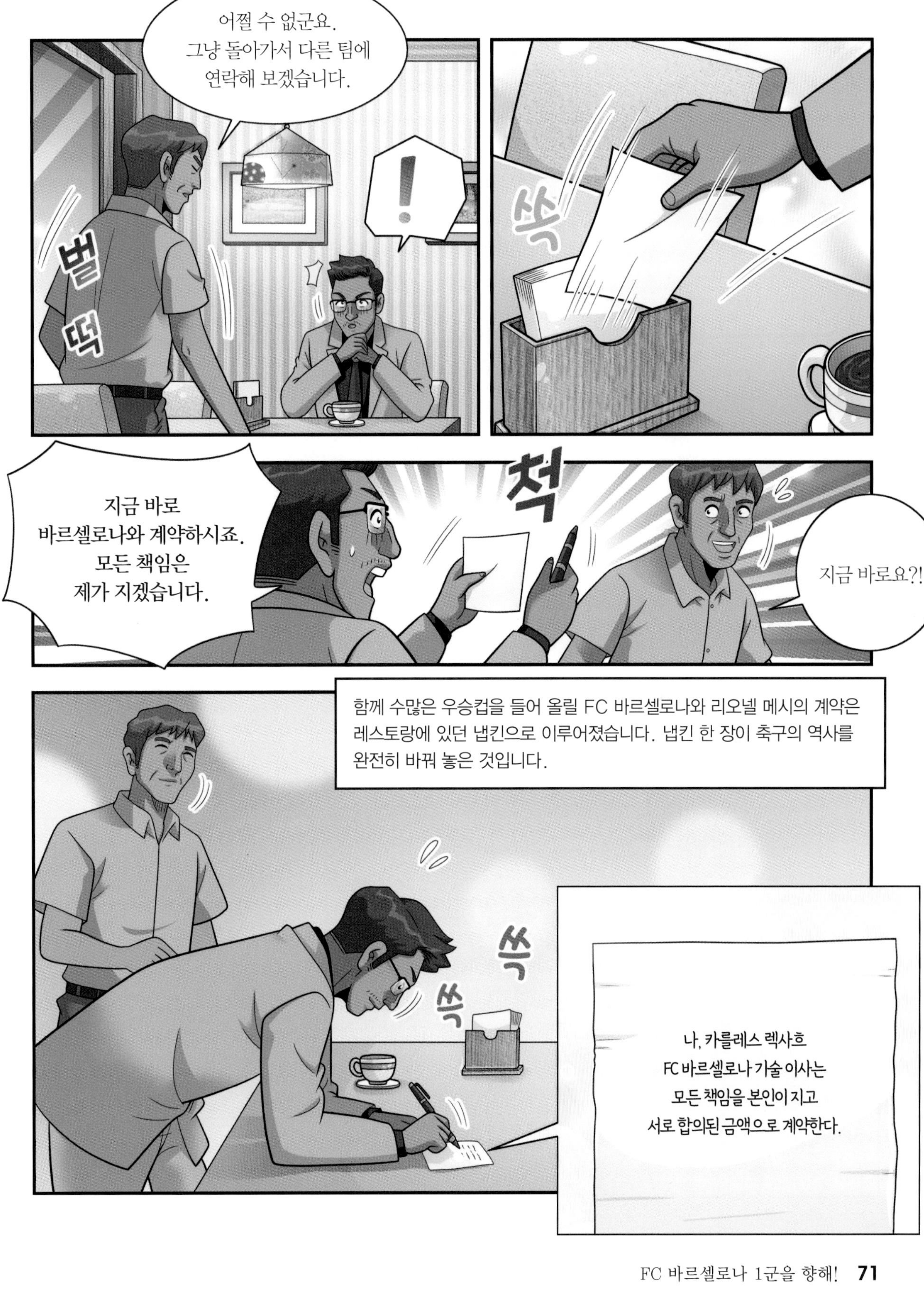
어쩔 수 없군요.
그냥 돌아가서 다른 팀에
연락해 보겠습니다.
벌떡
!
쓱
지금 바로
바르셀로나와 계약하시죠.
모든 책임은
제가 지겠습니다.
척
지금 바로요?!
함께 수많은 우승컵을 들어 올릴 FC 바르셀로나와 리오넬 메시의 계약은 레스토랑에 있던 냅킨으로 이루어졌습니다. 냅킨 한 장이 축구의 역사를 완전히 바꿔 놓은 것입니다.
쓱
쓱
나, 카를레스 렉사흐
FC 바르셀로나 기술 이사는
모든 책임을 본인이 지고
서로 합의된 금액으로 계약한다.

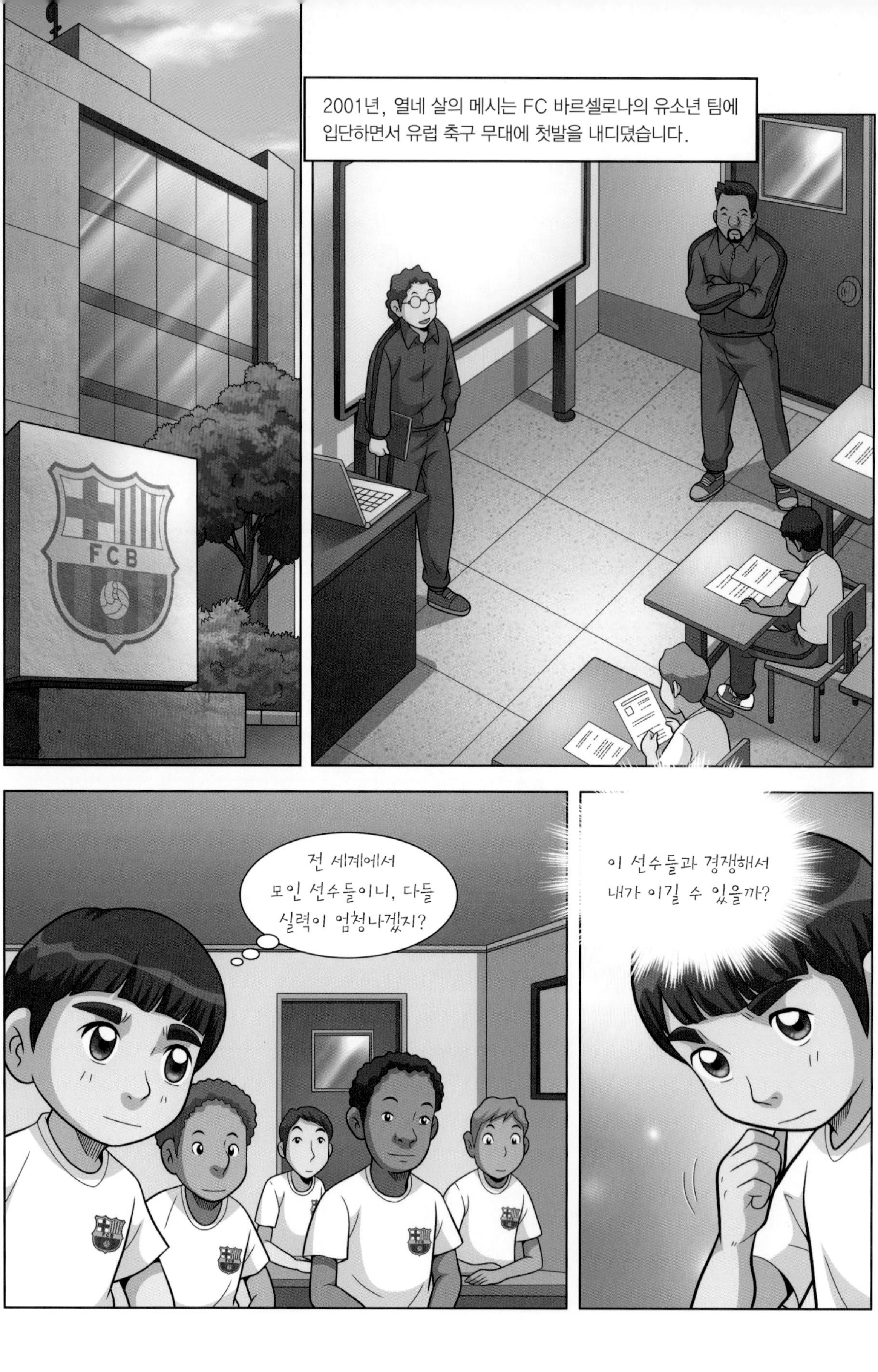
2001년, 열네 살의 메시는 FC 바르셀로나의 유소년 팀에 입단하면서 유럽 축구 무대에 첫발을 내디뎠습니다.
FCB
전 세계에서 모인 선수들이니, 다들 실력이 엄청나겠지?
이 선수들과 경쟁해서 내가 이길 수 있을까?

여러분은 이제 FC 바르셀로나의 가족이 되었어요. 하지만 이건 시작일 뿐입니다.

FC 바르셀로나는 어린 선수들을 체계적이고 과학적으로 관리해 세계 최고의 선수로 성장시키는 것을 목표로 하고 있습니다.

여러분이 소속될 팀은 인판틸 A팀! 여기부터 시작해서 차근차근 단계를 밟아 나가게 될 겁니다.

바르셀로나 1군	바르셀로나 2군	
16 - 18세 후베닐 A · B 팀	14 - 15세 카데테 A · B 팀	12 - 14세 인판틸 A · B 팀
11 - 12세 알레빈 A · B 팀	9 - 10세 벤하민 A · B 팀	7 - 8세 프레벤하민 팀

여러분은 이제 FC 바르셀로나의 관리를 받는 선수입니다. 그것만으로도 충분히 자랑스러워해도 좋아요.

여기 모인 여러분은 장차 세계 최고의 선수들이 될 것입니다.

세계 최고의 선수! 나도 그렇게 될 수 있어!

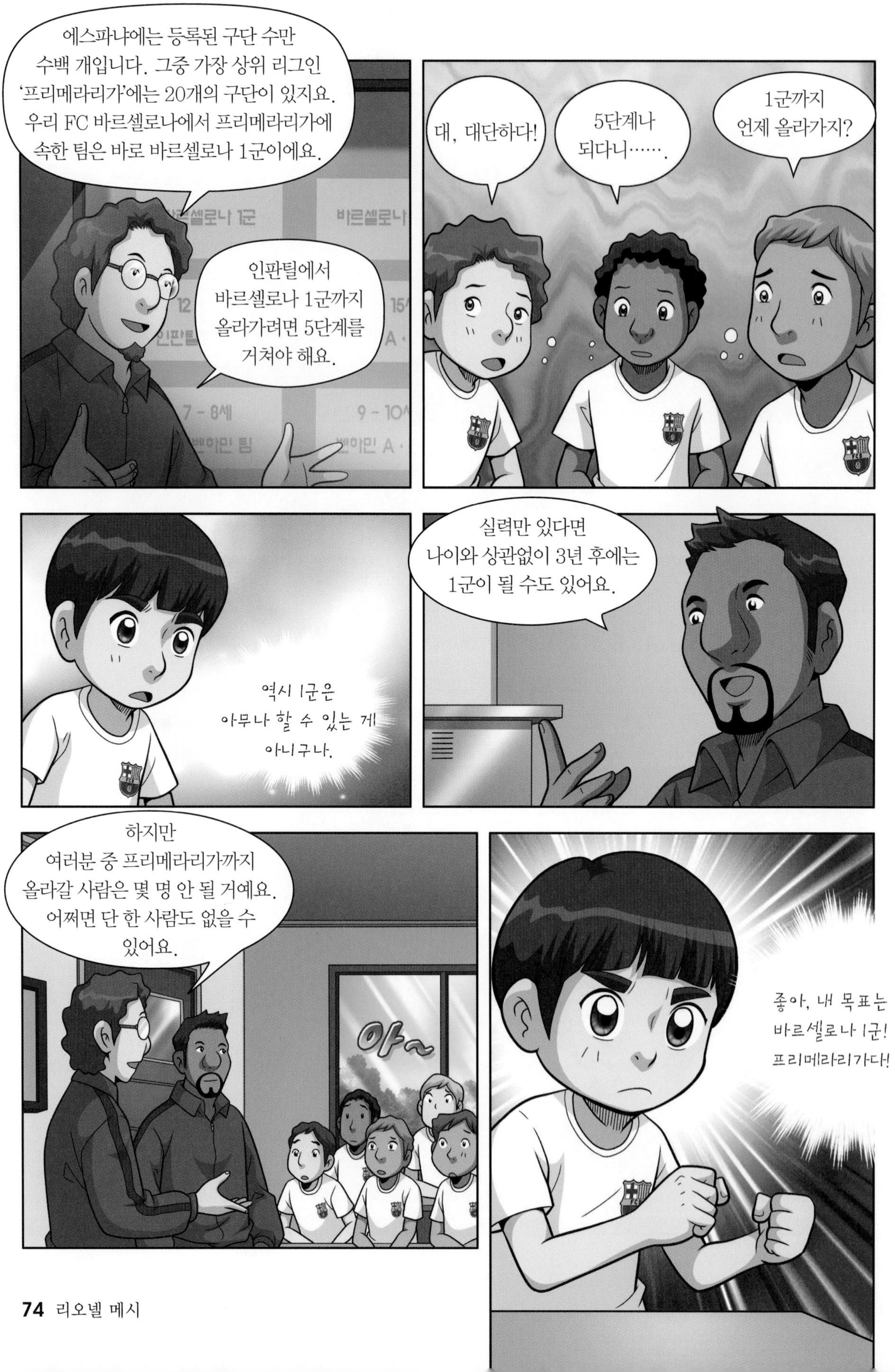
에스파냐에는 등록된 구단 수만 수백 개입니다. 그중 가장 상위 리그인 '프리메라리가'에는 20개의 구단이 있지요. 우리 FC 바르셀로나에서 프리메라리가에 속한 팀은 바로 바르셀로나 1군이에요.
바르셀로나 1군
바르셀로나
인판틸에서 바르셀로나 1군까지 올라가려면 5단계를 거쳐야 해요.
7 - 8세
벤하민 팀
대, 대단하다!
5단계나 되다니…….
1군까지 언제 올라가지?
역시 1군은 아무나 할 수 있는 게 아니구나.
실력만 있다면 나이와 상관없이 3년 후에는 1군이 될 수도 있어요.
하지만 여러분 중 프리메라리가까지 올라갈 사람은 몇 명 안 될 거예요. 어쩌면 단 한 사람도 없을 수 있어요.
야~
좋아, 내 목표는 바르셀로나 1군! 프리메라리가다!

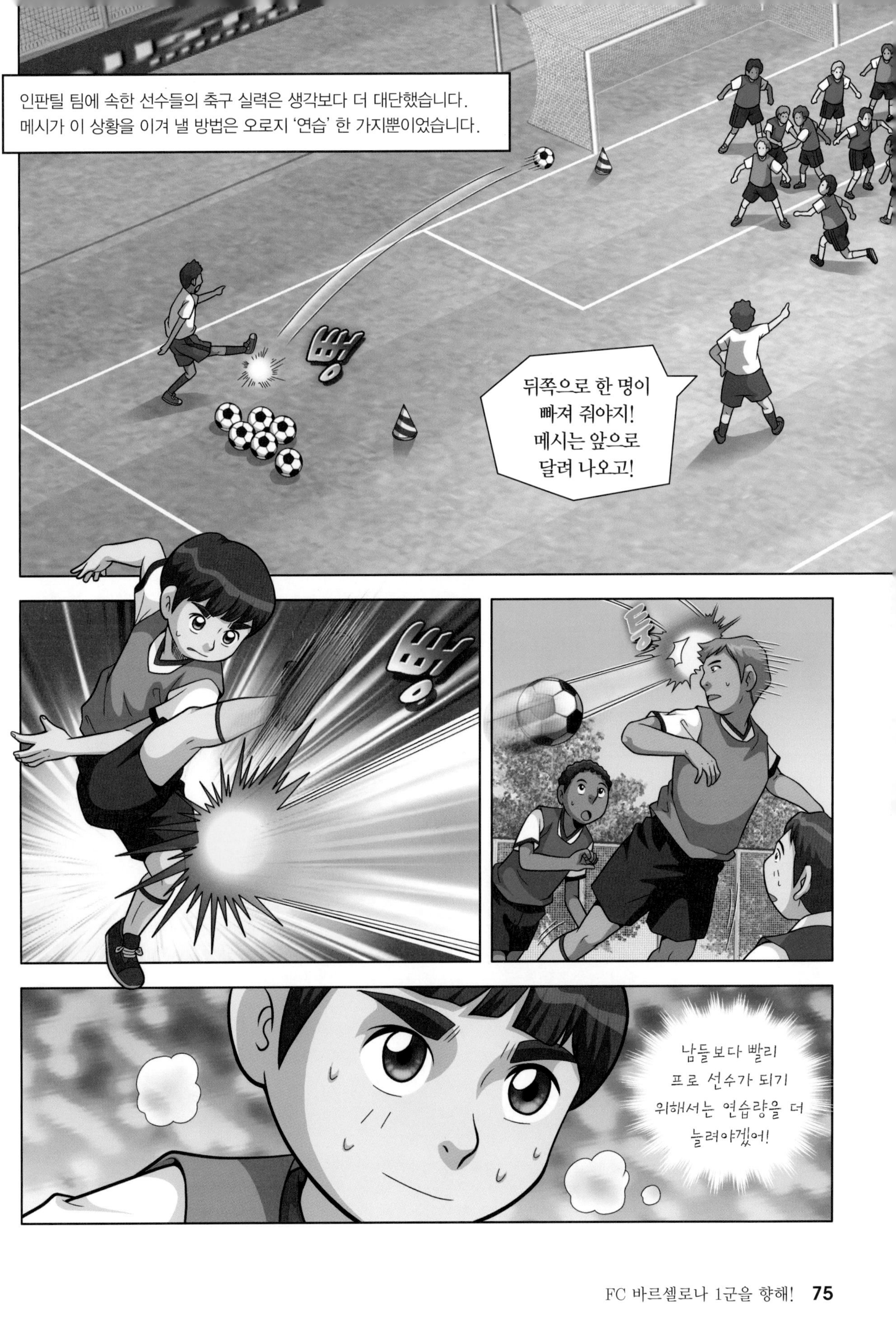
인판틸 팀에 속한 선수들의 축구 실력은 생각보다 더 대단했습니다.
메시가 이 상황을 이겨 낼 방법은 오로지 '연습' 한 가지뿐이었습니다.
뻥
뒤쪽으로 한 명이 빠져 줘야지! 메시는 앞으로 달려 나오고!
뻥
퉁
남들보다 빨리 프로 선수가 되기 위해서는 연습량을 더 늘려야겠어!

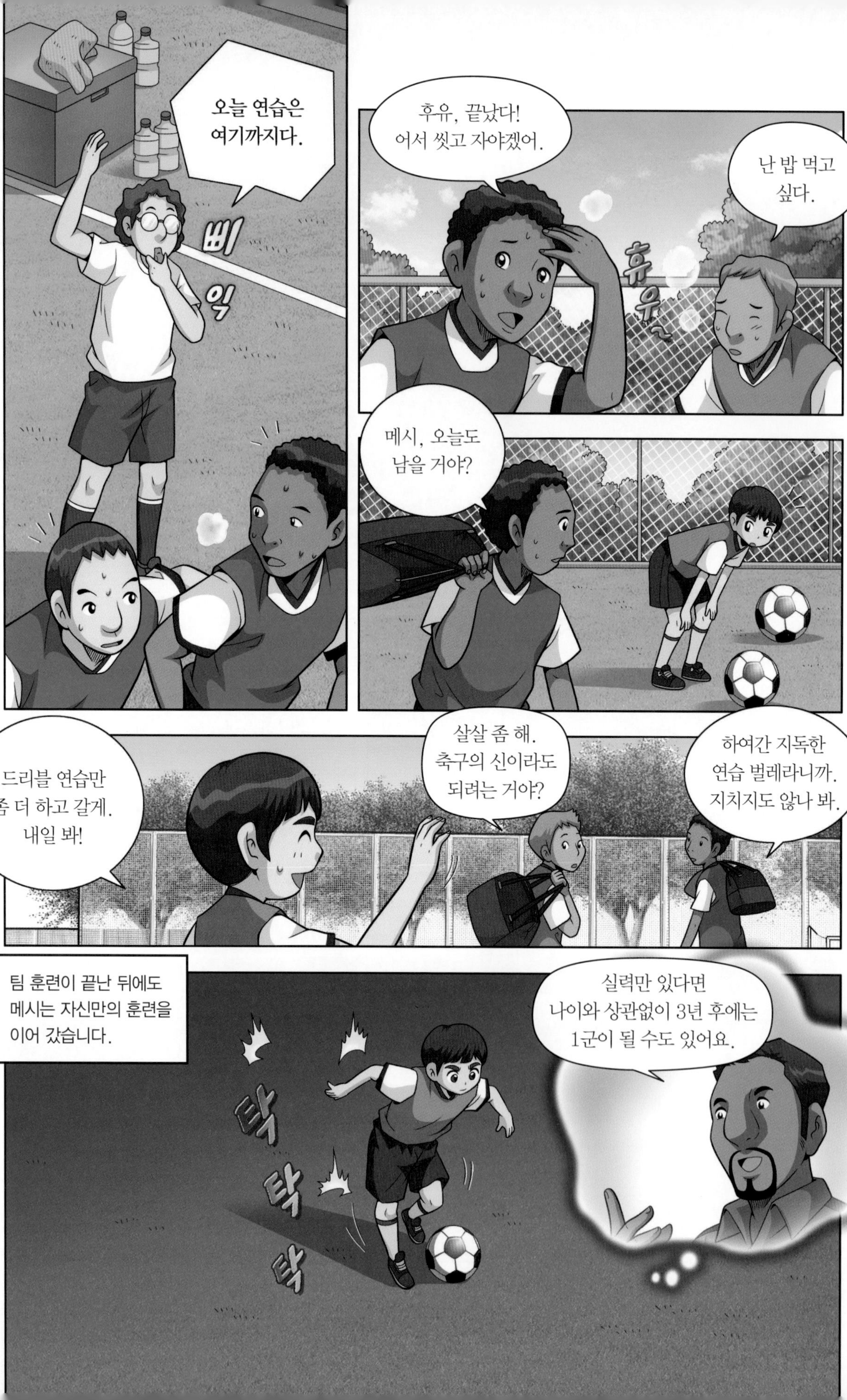
오늘 연습은
여기까지다.
삐
익
후유, 끝났다!
어서 씻고 자야겠어.
난 밥 먹고
싶다.
휴우~
메시, 오늘도
남을 거야?
드리블 연습만
좀 더 하고 갈게.
내일 봐!
살살 좀 해.
축구의 신이라도
되려는 거야?
하여간 지독한
연습 벌레라니까.
지치지도 않나 봐.
팀 훈련이 끝난 뒤에도
메시는 자신만의 훈련을
이어 갔습니다.
탁
탁
탁
실력만 있다면
나이와 상관없이 3년 후에는
1군이 될 수도 있어요.

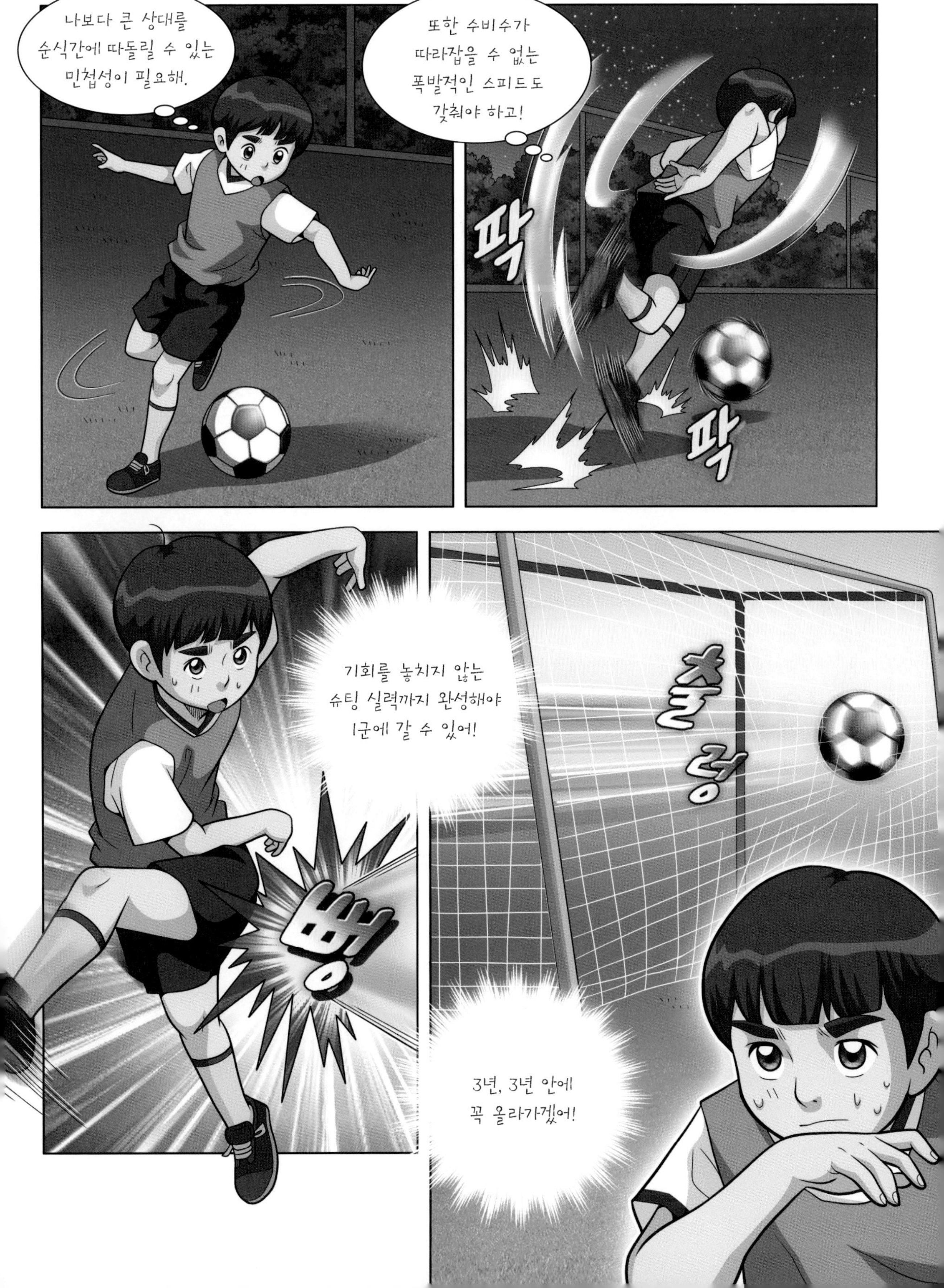
나보다 큰 상대를 순식간에 따돌릴 수 있는 민첩성이 필요해.
또한 수비수가 따라잡을 수 없는 폭발적인 스피드도 갖춰야 하고!
팍
팍
기회를 놓치지 않는 슈팅 실력까지 완성해야 1군에 갈 수 있어!
뻥
출렁
3년, 3년 안에 꼭 올라가겠어!

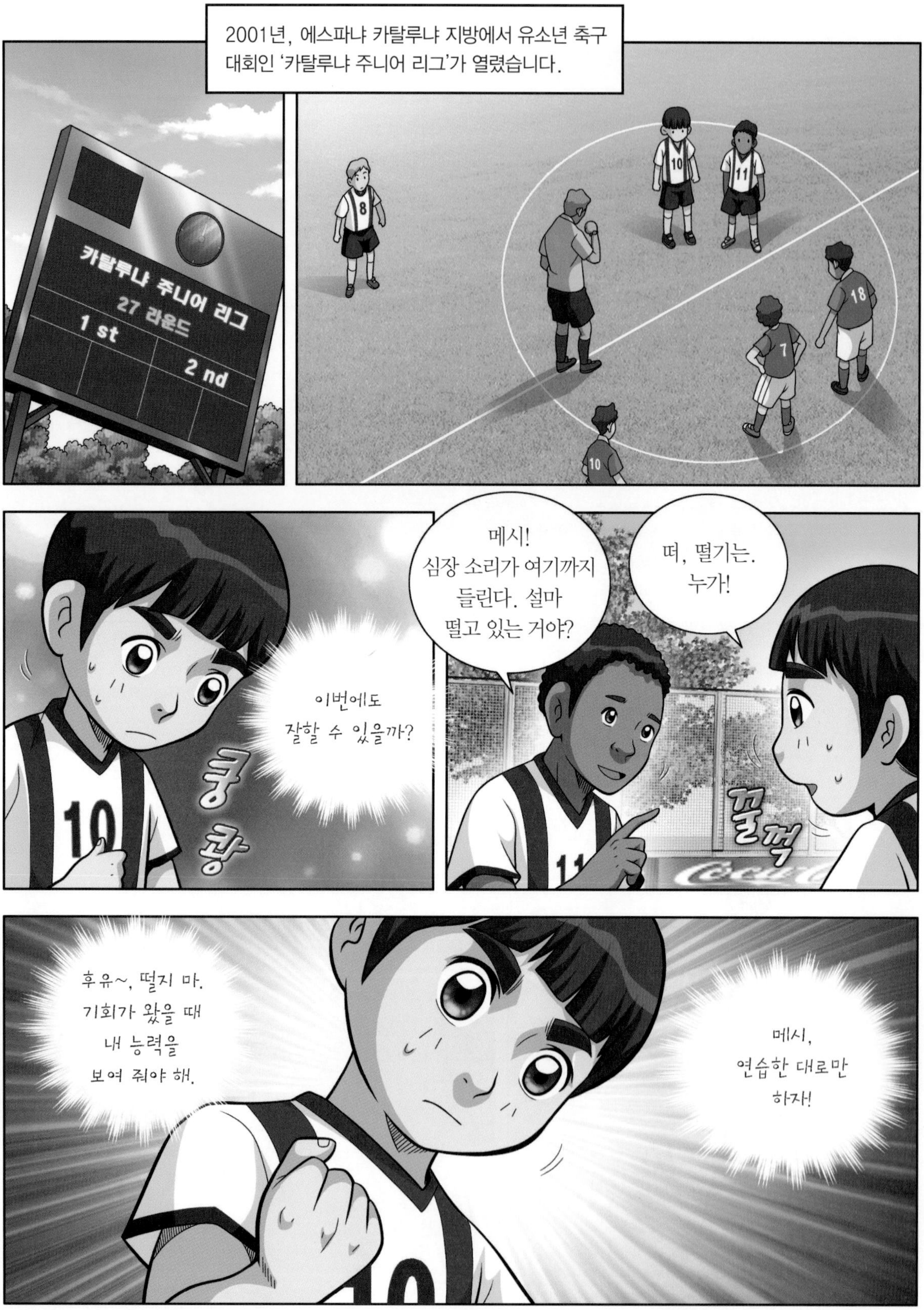

2001년, 에스파냐 카탈루냐 지방에서 유소년 축구 대회인 '카탈루냐 주니어 리그'가 열렸습니다.
카탈루냐 주니어 리그
27 라운드
1 st
2 nd
이번에도 잘할 수 있을까?
쿵쾅
메시! 심장 소리가 여기까지 들린다. 설마 떨고 있는 거야?
떠, 떨기는. 누가!
꿀꺽
후유~, 떨지 마. 기회가 왔을 때 내 능력을 보여 줘야 해.
메시, 연습한 대로만 하자!

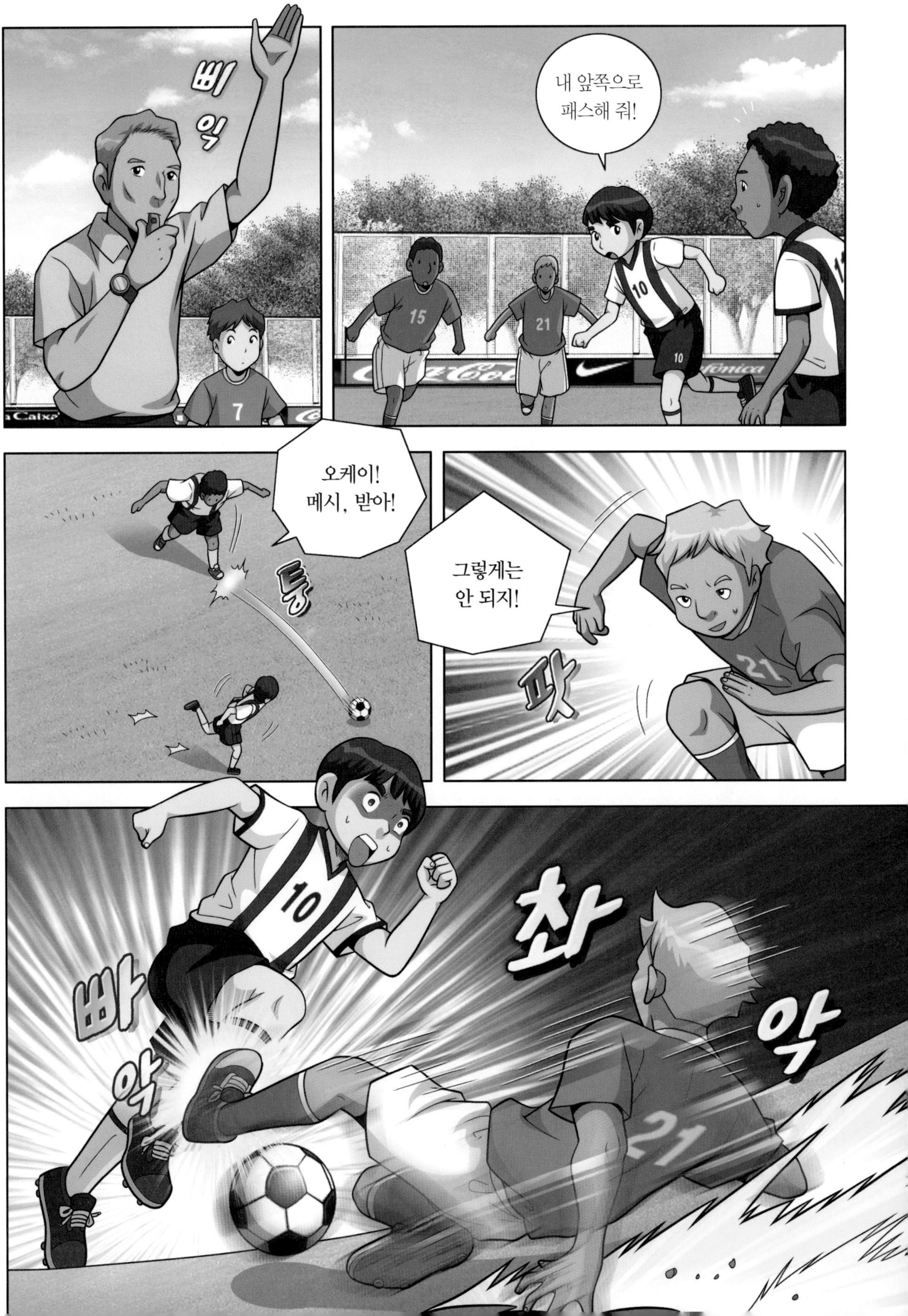
삐익
내 앞쪽으로
패스해 줘!
오케이!
메시, 받아!
통
그렇게는
안 되지!
팟
빠악
촤악

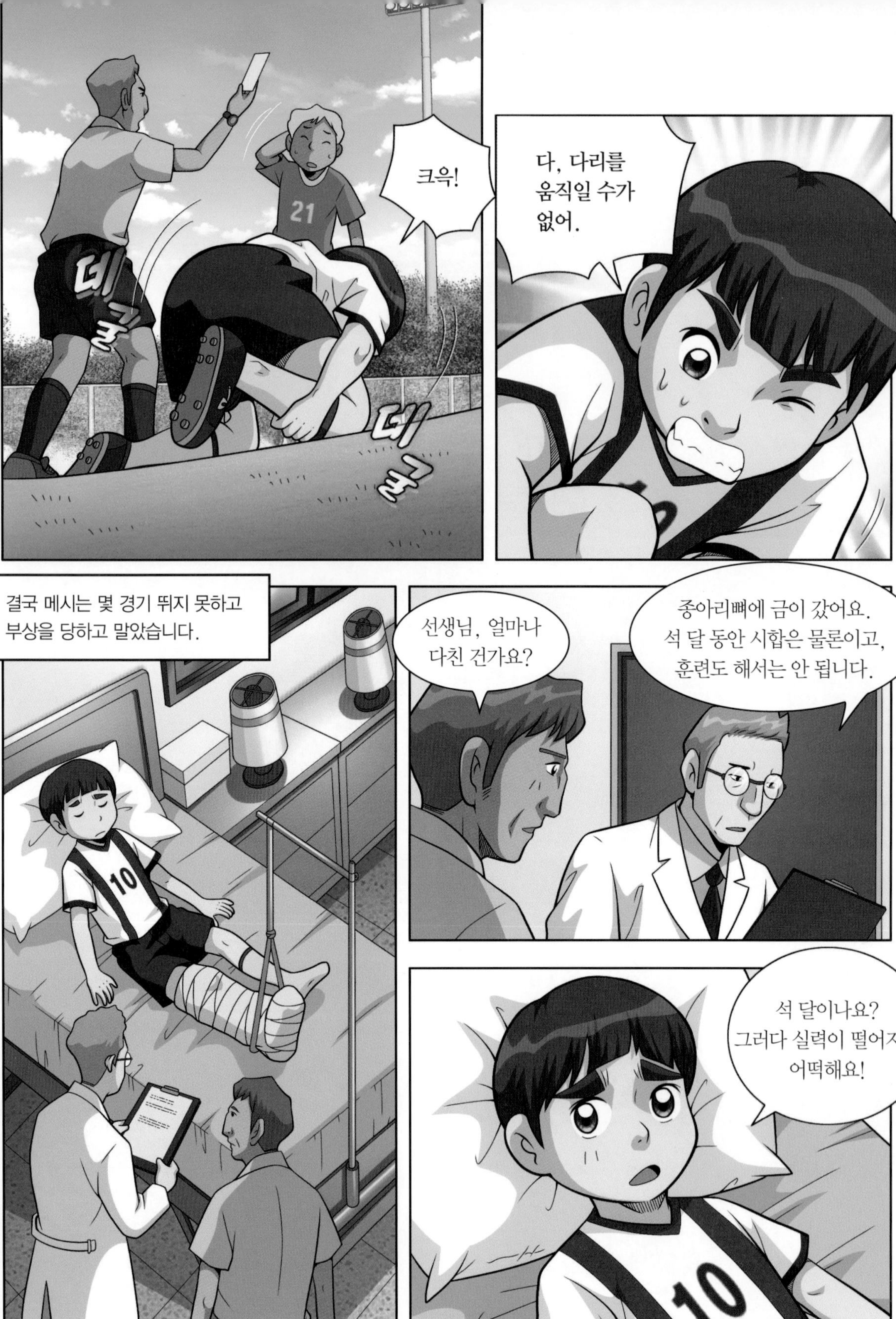
데굴
데굴
크윽!
다, 다리를 움직일 수가 없어.
결국 메시는 몇 경기 뛰지 못하고 부상을 당하고 말았습니다.
선생님, 얼마나 다친 건가요?
종아리뼈에 금이 갔어요. 석 달 동안 시합은 물론이고, 훈련도 해서는 안 됩니다.
석 달이나요? 그러다 실력이 떨어지면 어떡해요!

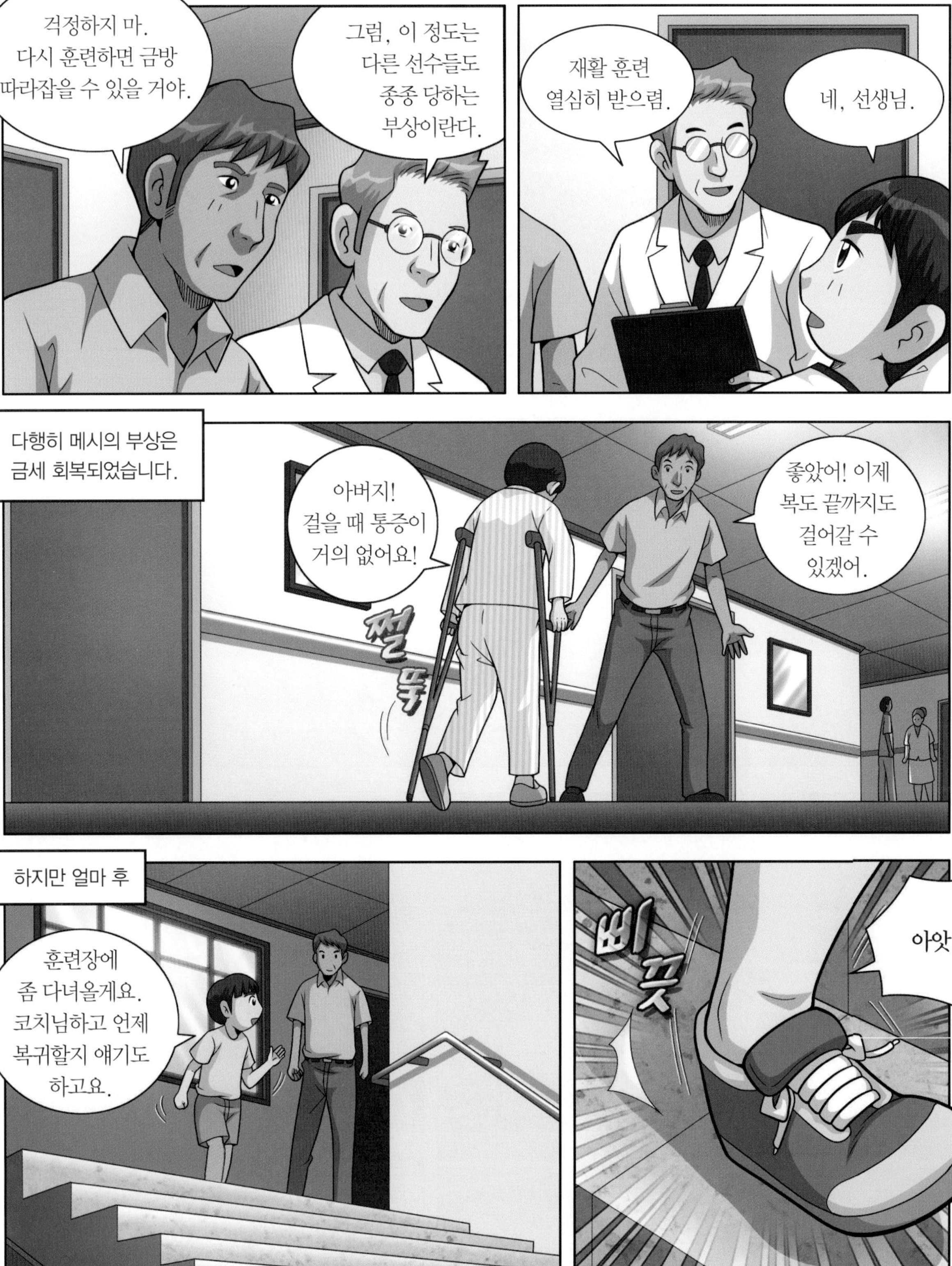
걱정하지 마. 다시 훈련하면 금방 따라잡을 수 있을 거야.
그럼, 이 정도는 다른 선수들도 종종 당하는 부상이란다.
재활 훈련 열심히 받으렴.
네, 선생님.
다행히 메시의 부상은 금세 회복되었습니다.
아버지! 걸을 때 통증이 거의 없어요!
절뚝
좋았어! 이제 복도 끝까지도 걸어갈 수 있겠어.
하지만 얼마 후
훈련장에 좀 다녀올게요. 코치님하고 언제 복귀할지 얘기도 하고요.
삐끗
아얏!

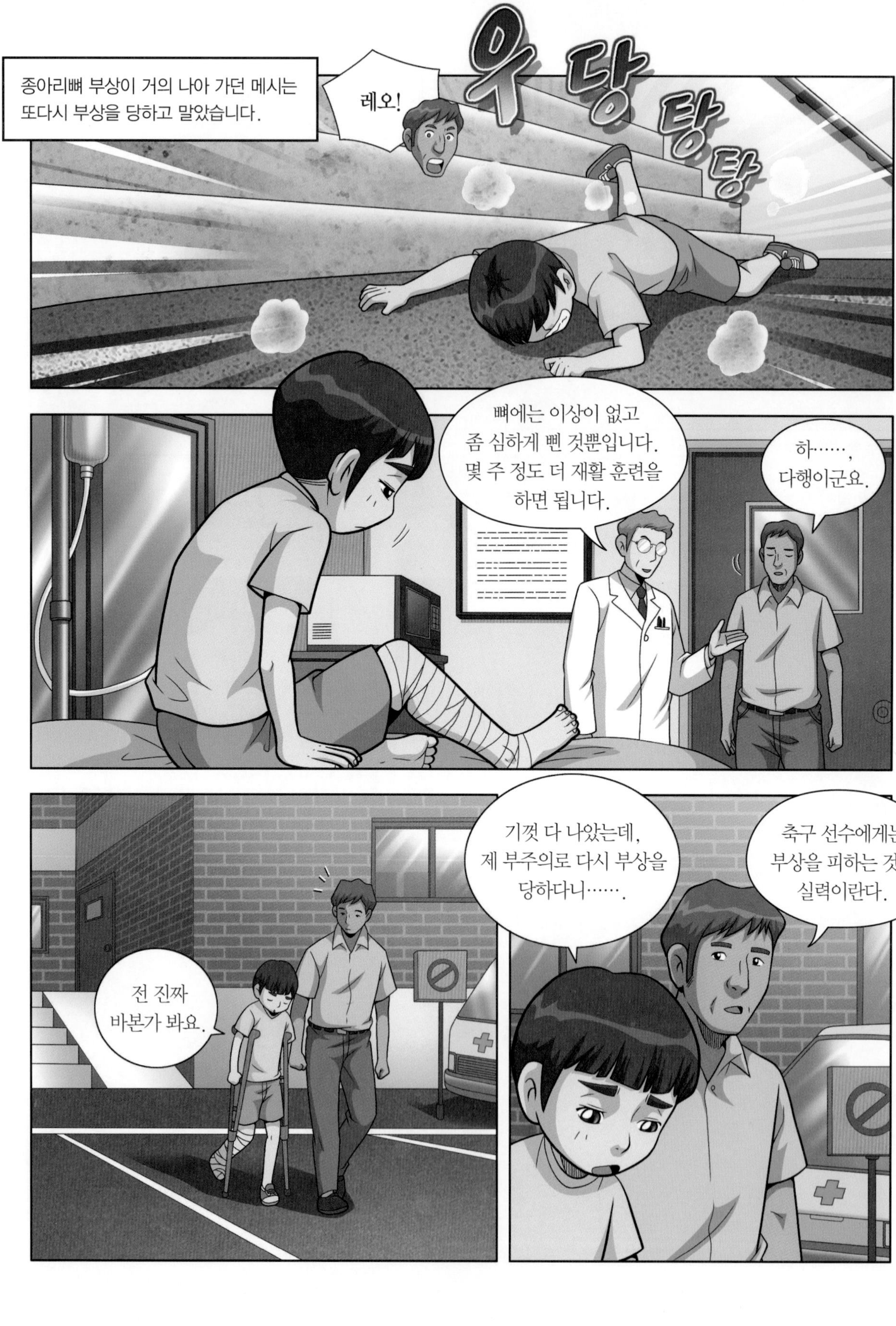
종아리뼈 부상이 거의 나아 가던 메시는
또다시 부상을 당하고 말았습니다.
레오!
우당탕탕
뼈에는 이상이 없고 좀 심하게 삔 것뿐입니다. 몇 주 정도 더 재활 훈련을 하면 됩니다.
하……, 다행이군요.
전 진짜 바본가 봐요.
기껏 다 나았는데, 제 부주의로 다시 부상을 당하다니…….
축구 선수에게는 부상을 피하는 것도 실력이란다.

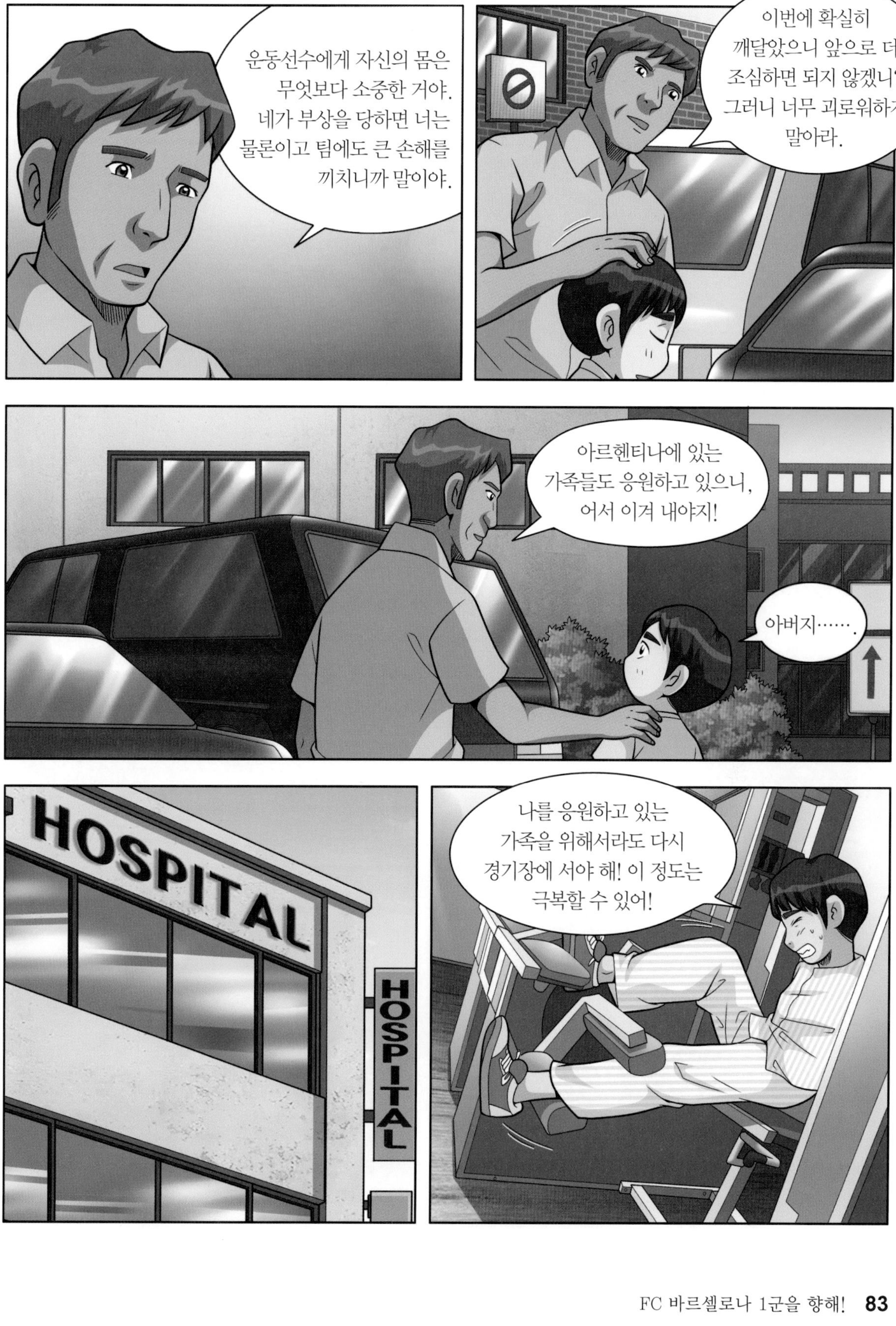
운동선수에게 자신의 몸은 무엇보다 소중한 거야. 네가 부상을 당하면 너는 물론이고 팀에도 큰 손해를 끼치니까 말이야.
이번에 확실히 깨달았으니 앞으로 더 조심하면 되지 않겠니? 그러니 너무 괴로워하지 말아라.
아르헨티나에 있는 가족들도 응원하고 있으니, 어서 이겨 내야지!
아버지…….
HOSPITAL
HOSPITAL
나를 응원하고 있는 가족을 위해서라도 다시 경기장에 서야 해! 이 정도는 극복할 수 있어!

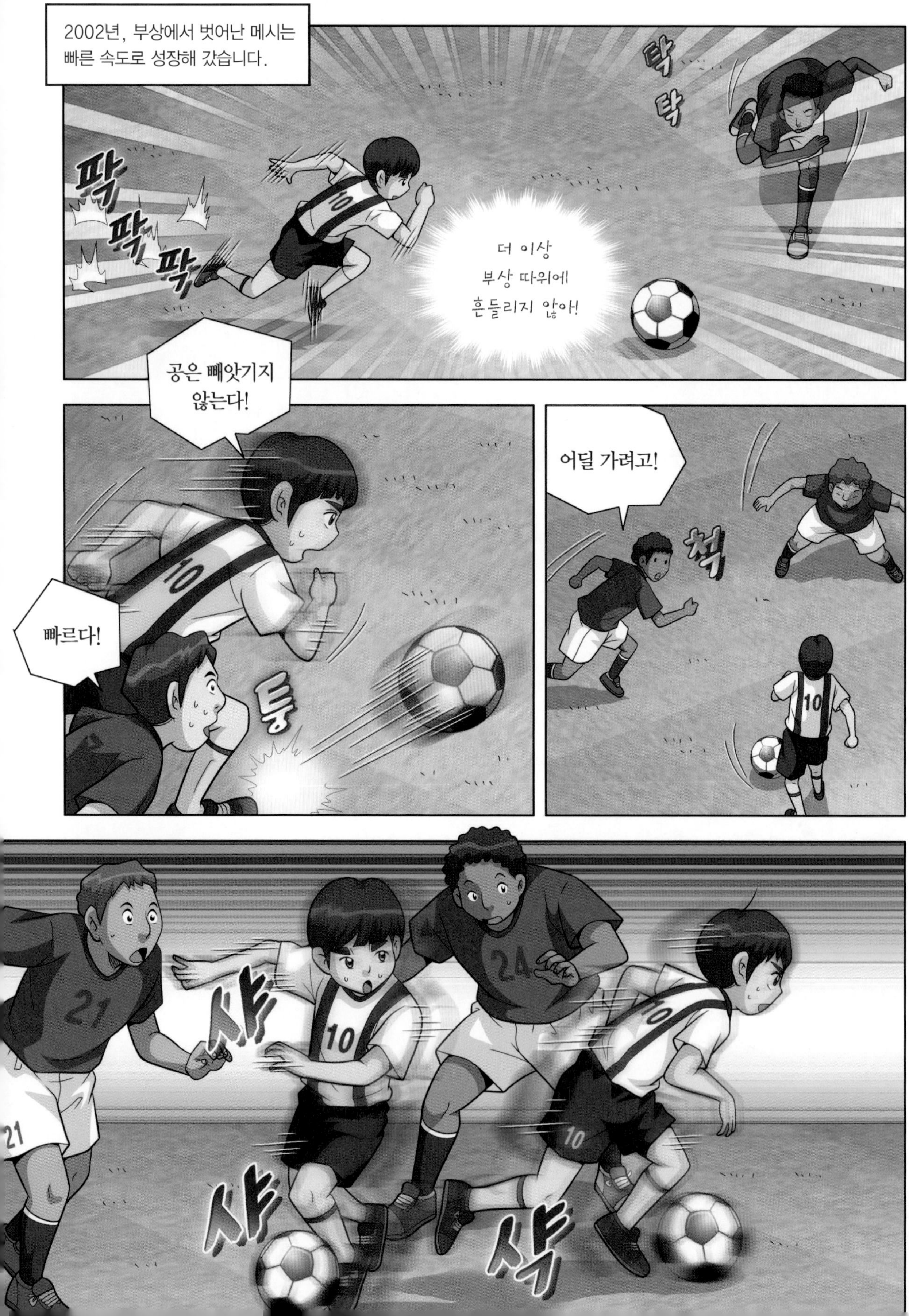
2002년, 부상에서 벗어난 메시는
빠른 속도로 성장해 갔습니다.
탁 탁
팍 팍 팍
더 이상 부상 따위에 흔들리지 않아!
공은 빼앗기지 않는다!
빠르다!
퉁
어딜 가려고!
척
샥
샥
샥

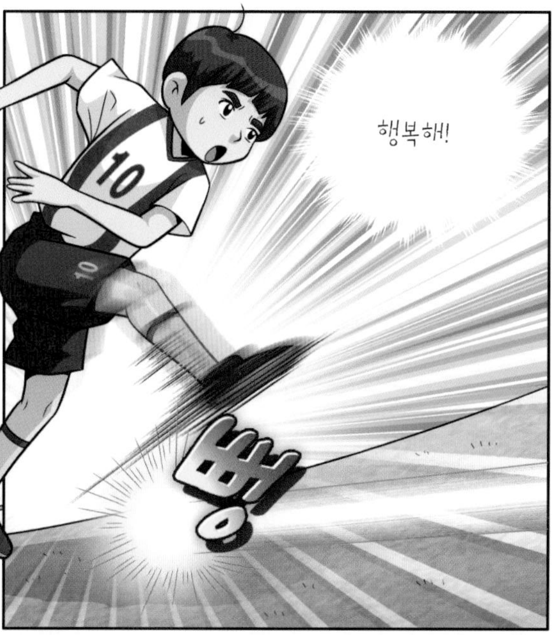
행복해!
뻥

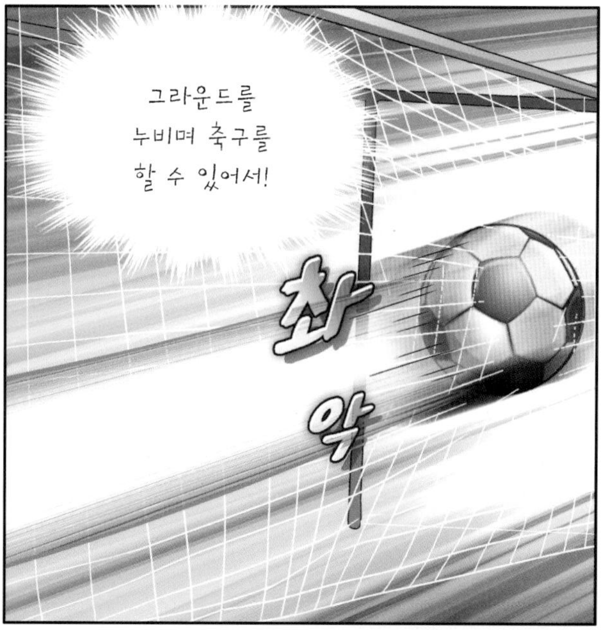
그라운드를 누비며 축구를 할 수 있어서!
촤악

그 과정에서 메시는 프로 팀인 바르셀로나 1군에 점점 가까워져 갔습니다.

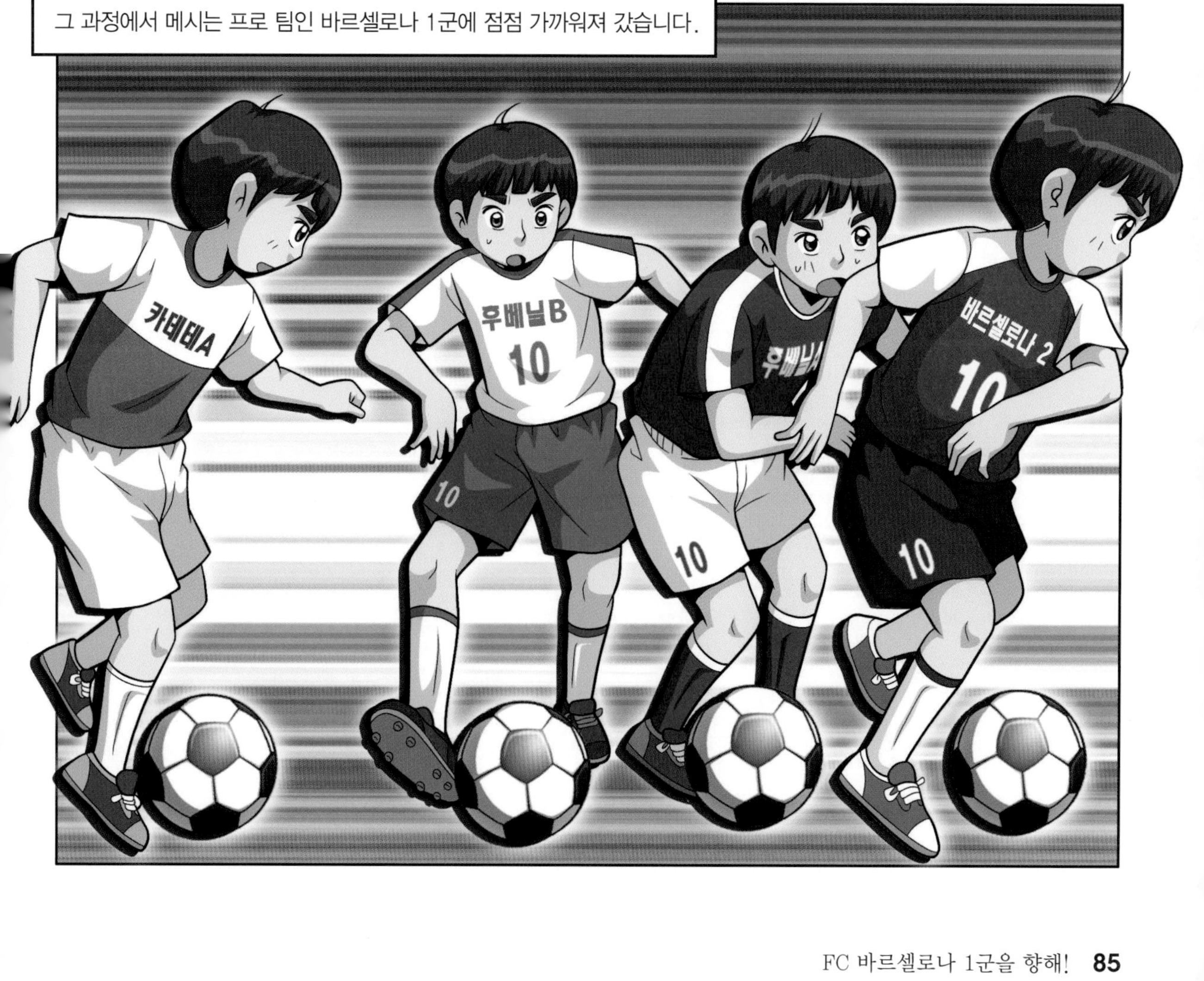
카데테A
후베닐B 10
후베닐A
바르셀로나 2 10

에스파냐 프로 축구 리그

세계 4대 축구 리그인 에스파냐 1부 리그는
프리메라리가, 혹은 '라리가'라고 불립니다.
ⓒ 위키피디아

에스파냐의 프로 축구 리그는 1부 리그와
2부 리그로 나뉩니다. 이 중 최상위권인 1부 리그가
'프리메라리가'입니다. '프리메라 디비시온', 또는 줄여서
'라리가'라고도 불러요. 여기에는 총 20개의 클럽이 속해
있어요. 프리메라리가는 잉글랜드의 프리미어리그, 독일의
분데스리가, 이탈리아의 세리에 A와 함께 세계 4대 리그로
꼽힙니다. 특히 2010년대에는 무려 6번의 UEFA 챔피언스리그
우승 팀을 배출했을 만큼 경쟁력을 갖춘 리그입니다.
프리메라리가는 일 년에 한 번 정규 시즌을 치르는데, 경기는
여름인 8월부터 이듬해 5월까지 진행됩니다. 정규 시즌을
마친 뒤 1부 리그의 하위 3개 클럽은 2부 리그로 내려가고,
2부 리그의 상위 3개 클럽이 자동으로 1부 리그로 올라가지요.
에스파냐 축구의 꽃인 프리메라리가에 어떤 클럽들이
소속되어 있는지 알아볼까요?

who? 지식사전

영국 프리미어리그에 진출했던 대한민국의
박지성 선수 ⓒ Adria garc a

유럽의 축구 리그

축구는 세계적으로 인기가 많지만 특히 유럽에서는 하나의 문화로 자리 잡을 만큼
그 인기가 대단합니다. 에스파냐에 프리메라리가가 있듯이 독일의 분데스리가,
이탈리아의 세리에 A, 프랑스의 리그 앙, 영국의 프리미어리그 등 나라마다 유명한
축구 리그가 있습니다. 그리고 각 나라의 클럽끼리 겨루는 대회도 있습니다. 각
나라의 클럽이 겨루는 최상위권 대회인 UEFA 챔피언스리그와 그 다음으로
큰 대회인 UEFA 유로파리그가 있지요.
유럽은 세계 축구의 중심이라 그만큼 높은 실력을 갖춘 선수들이 많기에
선수끼리의 경쟁이 치열하고, 축구 경기 중 관중들 간의 싸움이 벌어지는 등 열기도
뜨겁습니다.

하나 FC 바르셀로나

FC 바르셀로나는 에스파냐 카탈루냐 지방의 바르셀로나를 연고지로 하는 축구 클럽으로, 홈 경기장은 스포티파이 캄 노우입니다. FC 바르셀로나는 세계 최초로 협동조합(경제적으로 약소한 처지에 있는 사람들이 힘을 합쳐 만든 조직) 형태로 운영된 클럽이기도 합니다.

1899년, 축구 클럽을 설립하겠다고 마음먹은 스위스인 주안 감페르는 신문에 광고를 내서 함께 클럽을 설립할 사람을 찾습니다. 신문 광고를 보고 많은 사람이 긍정적인 반응을 보였고, 같은 해 11월 29일 회의를 통해 FC 바르셀로나가 탄생했습니다.

이후 에스파냐를 대표하는 클럽 중 하나로 성장한 FC 바르셀로나에는 1973년 훗날 클럽의 전설이 될 요한 크루이프가 입단했고, 1982년에는 아르헨티나의 축구 영웅 디에고 마라도나가 당시 최고 이적료 기록을 경신하며 영입되었습니다. 2000년대 중반부터는 클럽 유소년 팀에서부터 올라온 사비 에르난데스, 안드레스 이니에스타, 리오넬 메시 등이 활약하며 전성기를 누렸습니다.

특히 2008–2009 시즌과 2014–2015 시즌에는 최초로 두 번의 트레블(같은 시즌에 1부 리그, 챔피언스리그, 컵 대회 세 가지를 모두 우승하는 것)을 달성하며 세계 최강의 클럽으로 군림했습니다.

FC 바르셀로나가 2000년대 이후 좋은 성적을 거둘 수 있었던 것은 유소년 때부터 전문적으로 축구를 가르치는 체계적인 시스템 덕분입니다. FC 바르셀로나의 유소년 팀은 전 세계의 축구 꿈나무들이 가장 경험하고 싶어 하는 곳이기도 합니다. 대한민국 선수로는 이승우와 백승호, 장결희가 FC 바르셀로나 유소년 팀에서 뛰었습니다.

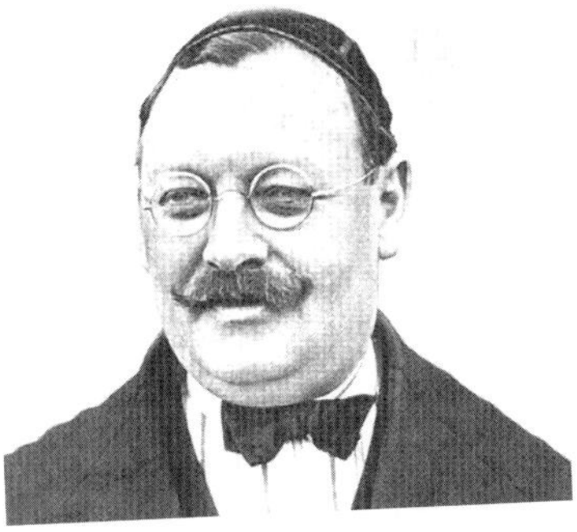

1908년부터 1925년까지 FC 바르셀로나의 회장이었던 주안 감페르 ⓒ 위키피디아

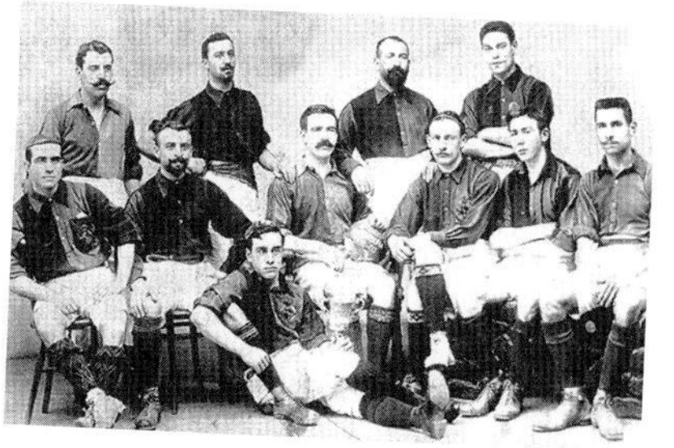

1903년 FC 바르셀로나의 선수들 ⓒ 위키피디아

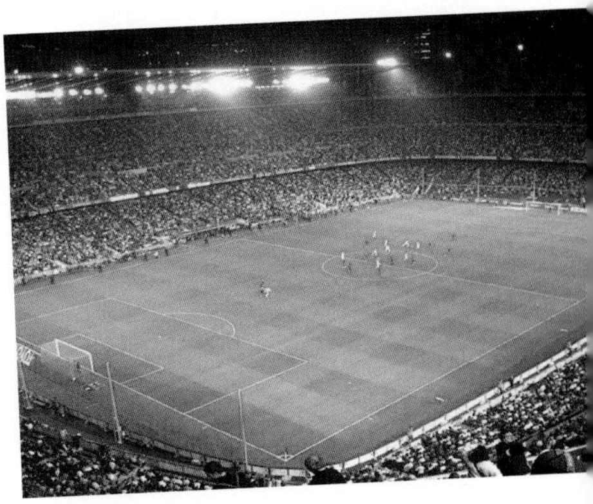

캄 노우는 유럽에서 가장 큰 축구장입니다.
ⓒ Adrià garcía

둘 레알 마드리드 CF

1902년에 창설된 레알 마드리드는 에스파냐의 수도 마드리드를 연고지로 하는 축구 클럽으로, 홈 경기장은 에스타디오 산티아고 베르나베우입니다. 1950년대부터 1960년대 초반까지 레알 마드리드는 11시즌 동안 프리메라리가 8회 우승, 유러피언 컵(현재의 UEFA 챔피언스리그) 5회 우승을 차지하며 최강의 팀으로 발돋움했습니다.

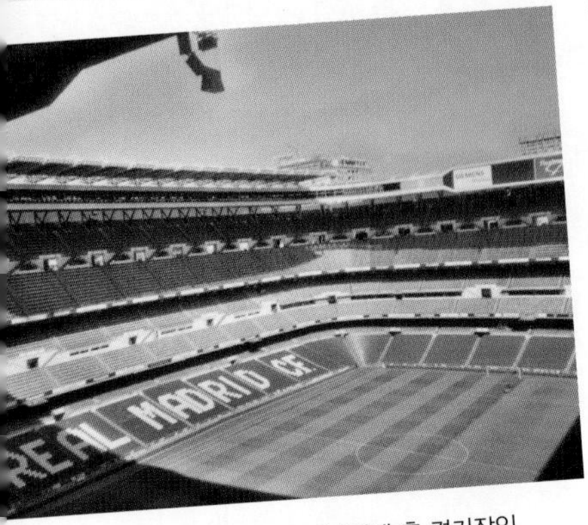
REAL MADRID CF
레알 마드리드는 1940년대에 홈 경기장인 에스타디오 산티아고 베르나베우를 만들었습니다. © Ed g2s

2000년대 이후 레알 마드리드는 두 번의 '갈락티코' 정책을 펼칩니다. '은하수'를 의미하는 갈락티코는 축구 선수들 중에서도 최고의 슈퍼스타들을 대거 영입해 최강의 팀을 만들겠다는 전략입니다. 그래서 크리스티아누 호날두, 지네딘 지단, 호나우두, 데이비드 베컴 등 역대 최고로 손꼽히는 선수들이 레알 마드리드에서 뛰었습니다.

현재 레알 마드리드는 프리메라리가 최다 우승, UEFA 챔피언스리그 최다 우승, FIFA 클럽 월드컵 최다 우승 등의 기록을 가지고 있는 유럽 최고의 명문 클럽 중 하나입니다.

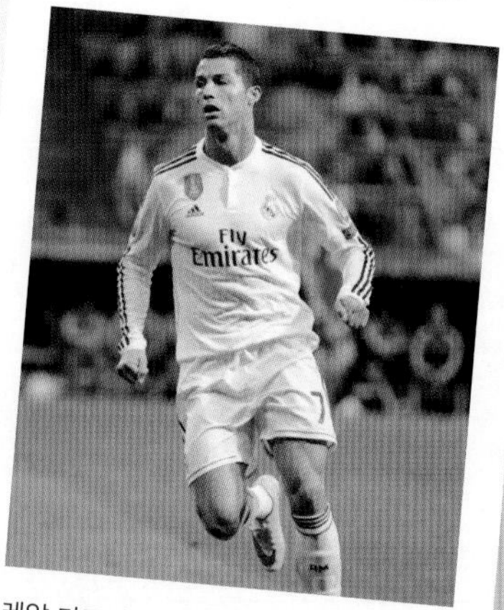
Fly Emirates
레알 마드리드에서 화려한 전성기를 보낸 크리스티아누 호날두 © Chris Deahr

셋 아틀레티코 마드리드

아틀레티코 마드리드는 레알 마드리드와 마찬가지로 마드리드를 연고지로 하는 축구 클럽으로, 홈 경기장은 시비타스 메트로폴리타노입니다. 아틀레티코 마드리드는 프리메라리가에서 레알 마드리드와 FC 바르셀로나에 이어 세 번째로 좋은 성적을 기록하고 있습니다. 프리메라리가에서 11번 우승을 차지했고, 코파 델 레이에서는 10번 우승을 차지할 정도로 강한 축구 클럽입니다.

아틀레티코 마드리드는 2000년에 부진한 성적을 거두며 2부 리그로 강등당하는 수모를 겪기도 했습니다. 그러나

2010년대 들어서는 명장 디에고 시메오네 감독의 지휘
아래 UEFA 챔피언스리그 결승에 두 번 진출했고, UEFA
유로파리그에서는 두 번 우승을 거두며 세계적인 명문
클럽으로 발돋움했습니다.

아틀레티코 마드리드의 초대 회장
엔리케 아옌데 ⓒ 위키피디아

넷 　발렌시아 CF

1919년에 설립된 발렌시아 CF는 에스파냐의 동쪽에 위치한
발렌시아를 연고지로 하는 축구 클럽으로, 홈 경기장은
에스타디오 데 메스타야입니다. 프리메라리가 6회 우승,
코파 델 레이 8회 우승을 기록한 명문 축구 클럽이기도
합니다. 2000년과 2001년에는 연속으로 UEFA 챔피언스리그
결승에 진출하기도 했습니다. 우리나라의 축구 선수인
이강인이 2011년부터 이 클럽의 유소년 팀에서 뛰었고,
2018-2019 시즌부터 2020-2021 시즌까지 클럽 소속 선수로
활약했습니다.

다섯 　RCD 마요르카

정식 명칭은 '레알 클루브 데포르티보 마요르카'이지만
보통은 줄여서 RCD 마요르카라고 합니다.
마요르카섬을 연고지로 하고, 홈 경기장은 비시트
마요르카 에스타디입니다. 2부 리그와 3부 리그를
전전하던 RCD 마요르카는 1990년대 후반부터 조금씩
주목받기 시작해 2003년 코파 델 레이 우승을 차지하는
등 전성기를 맞이했고, 이후 다시 2부 리그로 내려갔다가
2021-2022 시즌에 프리메라리가로 승격되었습니다.
우리나라 선수인 기성용이 잠시 이 클럽에서 뛰었고,
2021-2022 시즌에는 이강인이 이곳으로 이적하여 약 2년간
활약했습니다.

발렌시아 CF의 홈 경기장 에스타디오 데 메스타야
ⓒ Valencia CF

4 아르헨티나의 새로운 영웅

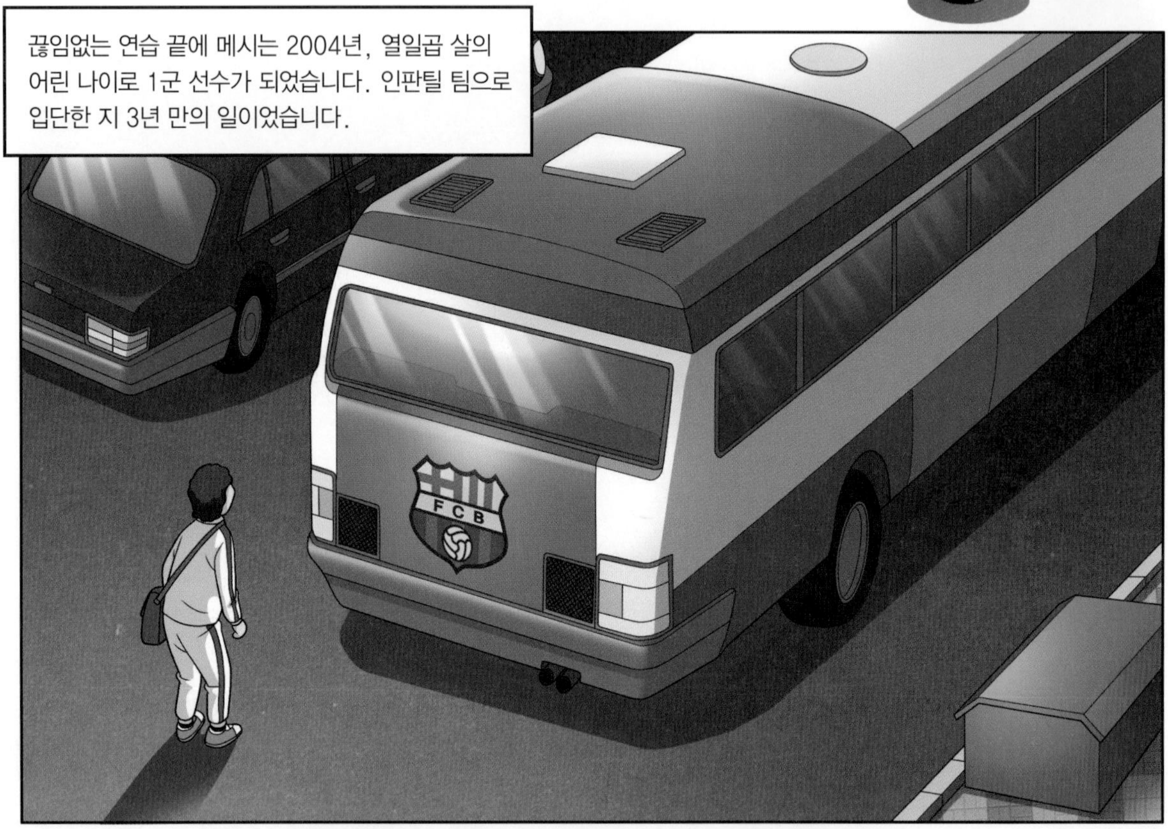
끊임없는 연습 끝에 메시는 2004년, 열일곱 살의 어린 나이로 1군 선수가 되었습니다. 인판틸 팀으로 입단한 지 3년 만의 일이었습니다.
FCB

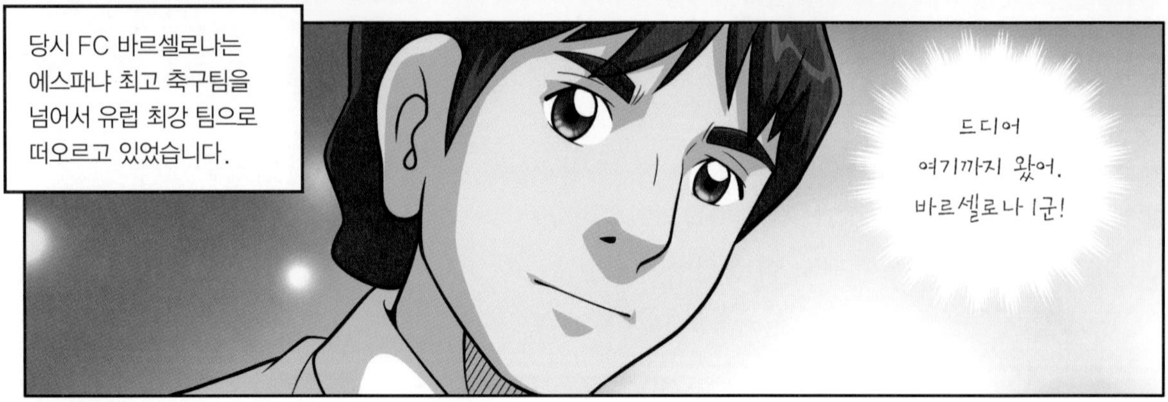
당시 FC 바르셀로나는 에스파냐 최고 축구팀을 넘어서 유럽 최강 팀으로 떠오르고 있었습니다.
드디어 여기까지 왔어. 바르셀로나 1군!

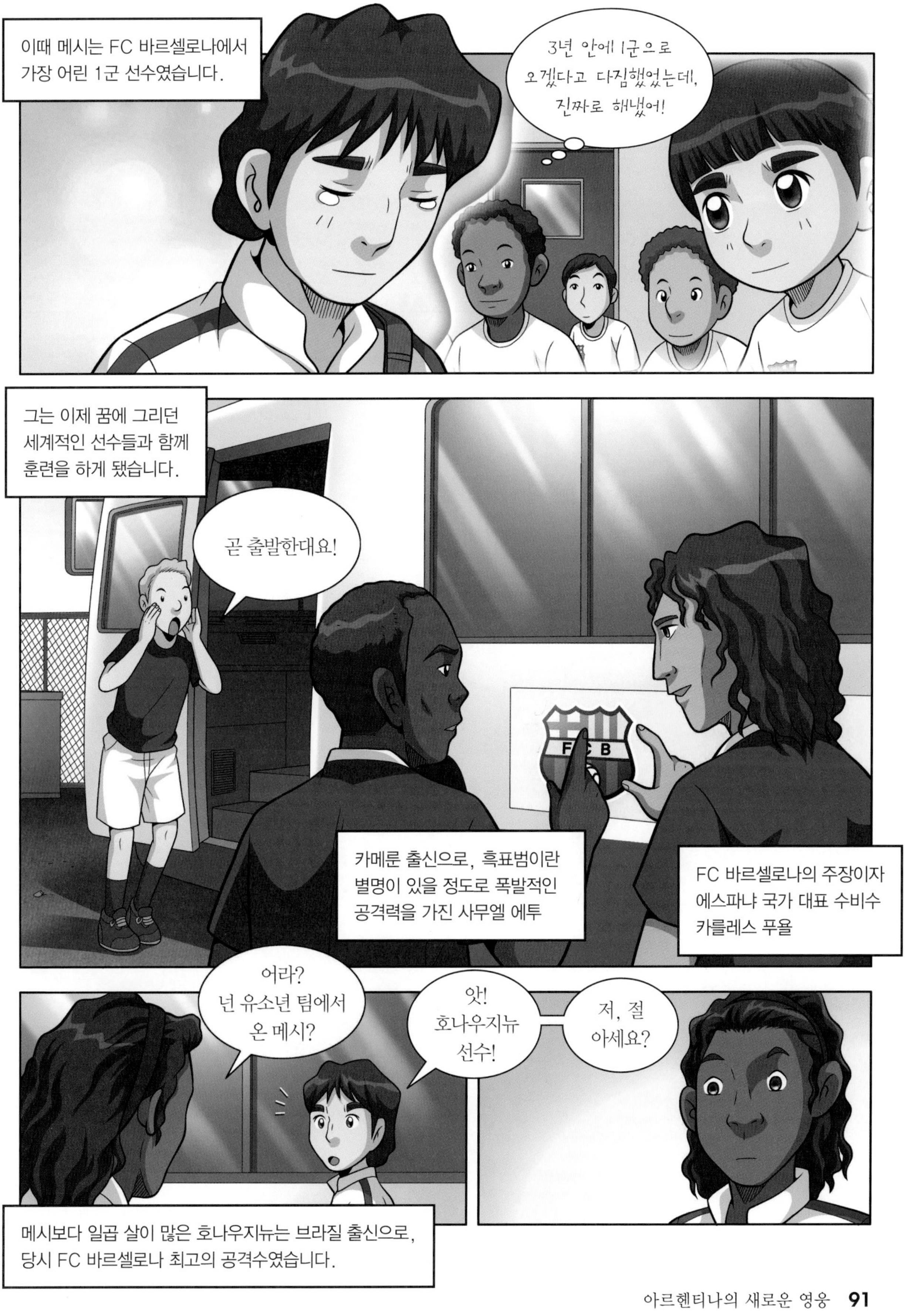
이때 메시는 FC 바르셀로나에서 가장 어린 1군 선수였습니다.
3년 안에 1군으로 오겠다고 다짐했었는데, 진짜로 해냈어!
그는 이제 꿈에 그리던 세계적인 선수들과 함께 훈련을 하게 됐습니다.
곧 출발한대요!
카메룬 출신으로, 흑표범이란 별명이 있을 정도로 폭발적인 공격력을 가진 사무엘 에투
FC 바르셀로나의 주장이자 에스파냐 국가 대표 수비수 카를레스 푸욜
어라? 넌 유소년 팀에서 온 메시?
앗! 호나우지뉴 선수!
저, 절 아세요?
메시보다 일곱 살이 많은 호나우지뉴는 브라질 출신으로, 당시 FC 바르셀로나 최고의 공격수였습니다.

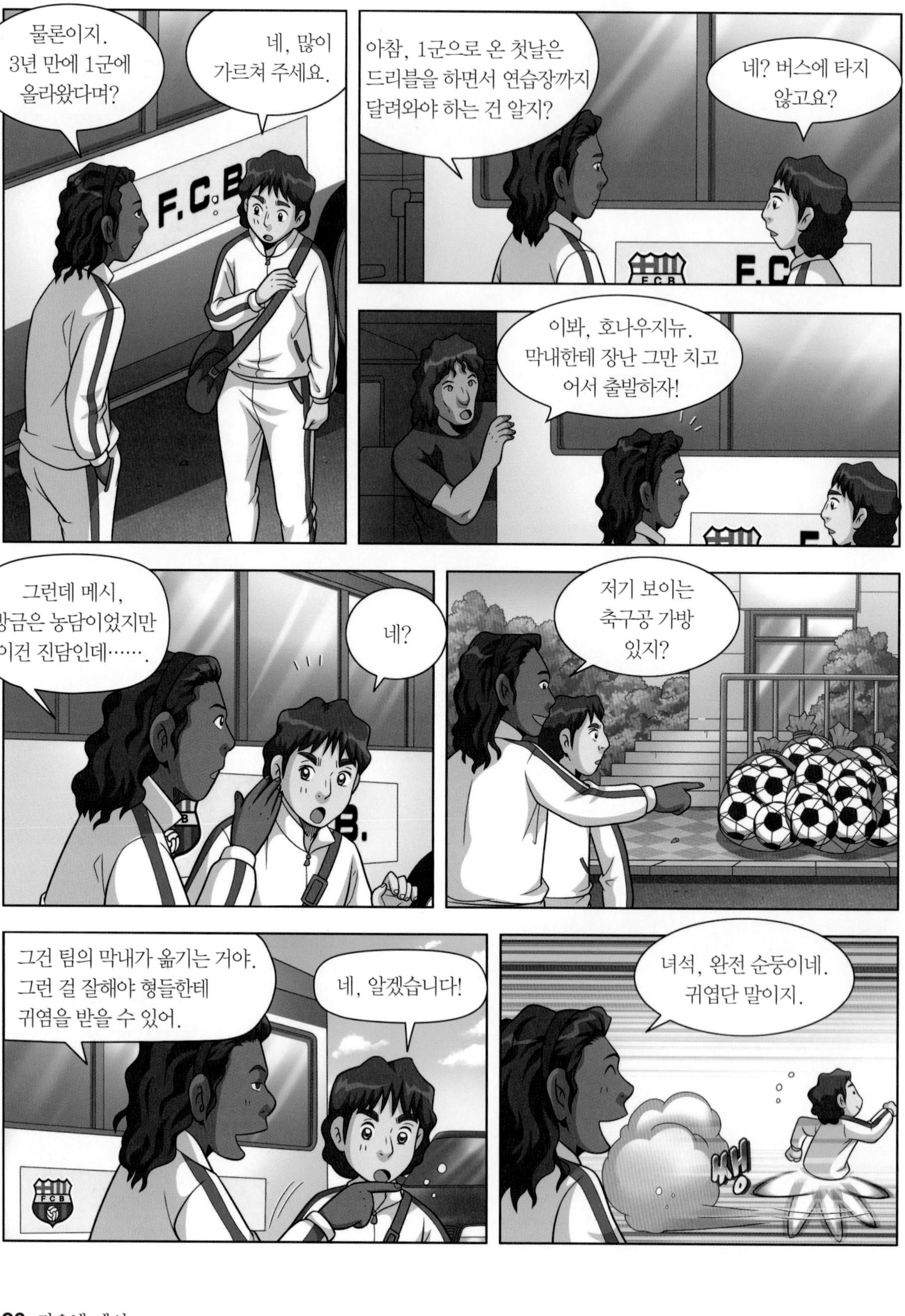

물론이지.
3년 만에 1군에
올라왔다며?
네, 많이
가르쳐 주세요.
아참, 1군으로 온 첫날은
드리블을 하면서 연습장까지
달려와야 하는 건 알지?
네? 버스에 타지
않고요?
F.C.B
이봐, 호나우지뉴.
막내한테 장난 그만 치고
어서 출발하자!
그런데 메시,
방금은 농담이었지만
이건 진담인데…….
네?
저기 보이는
축구공 가방
있지?
그건 팀의 막내가 옮기는 거야.
그런 걸 잘해야 형들한테
귀염을 받을 수 있어.
네, 알겠습니다!
녀석, 완전 순둥이네.
귀엽단 말이지.
쌩

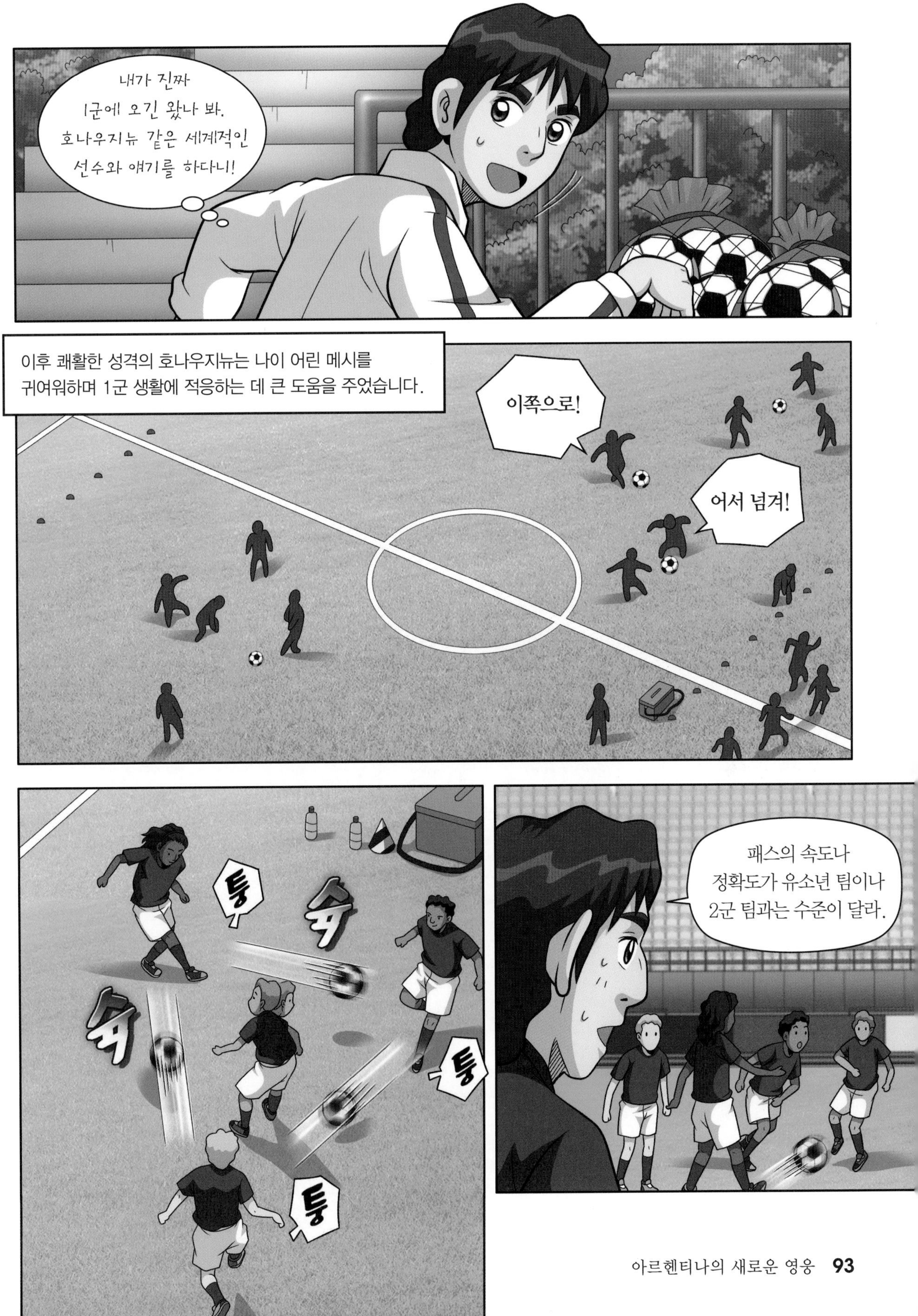
내가 진짜 1군에 오긴 왔나 봐. 호나우지뉴 같은 세계적인 선수와 얘기를 하다니!
이후 쾌활한 성격의 호나우지뉴는 나이 어린 메시를 귀여워하며 1군 생활에 적응하는 데 큰 도움을 주었습니다.
이쪽으로!
어서 넘겨!
퉁
슉
슉
퉁
퉁
패스의 속도나 정확도가 유소년 팀이나 2군 팀과는 수준이 달라.

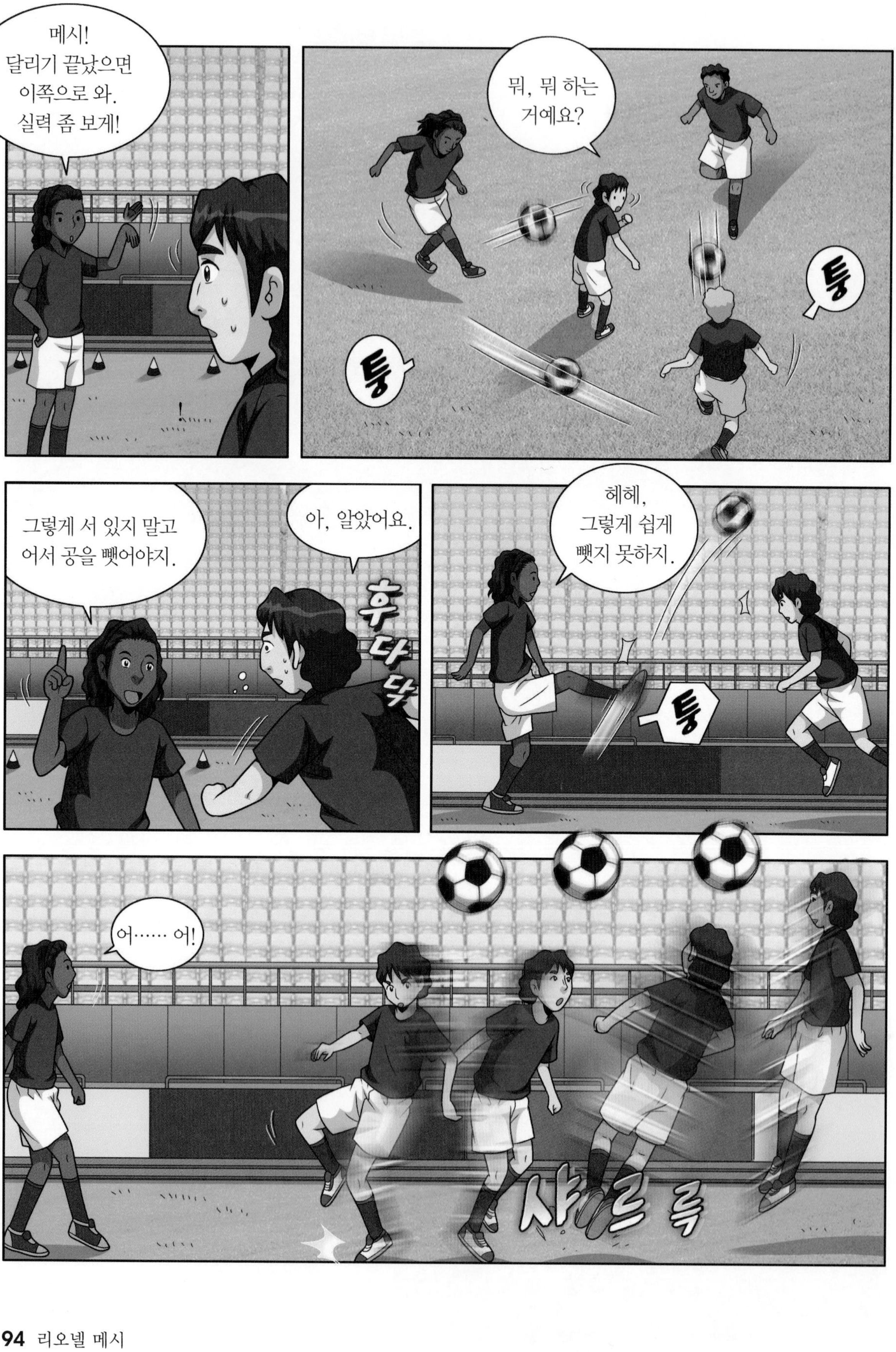
메시!
달리기 끝났으면
이쪽으로 와.
실력 좀 보게!
뭐, 뭐 하는
거예요?
퉁
퉁
그렇게 서 있지 말고
어서 공을 뺏어야지.
아, 알았어요.
후다닥
헤헤,
그렇게 쉽게
뺏지 못하지.
퉁
어…… 어!
샤르륵

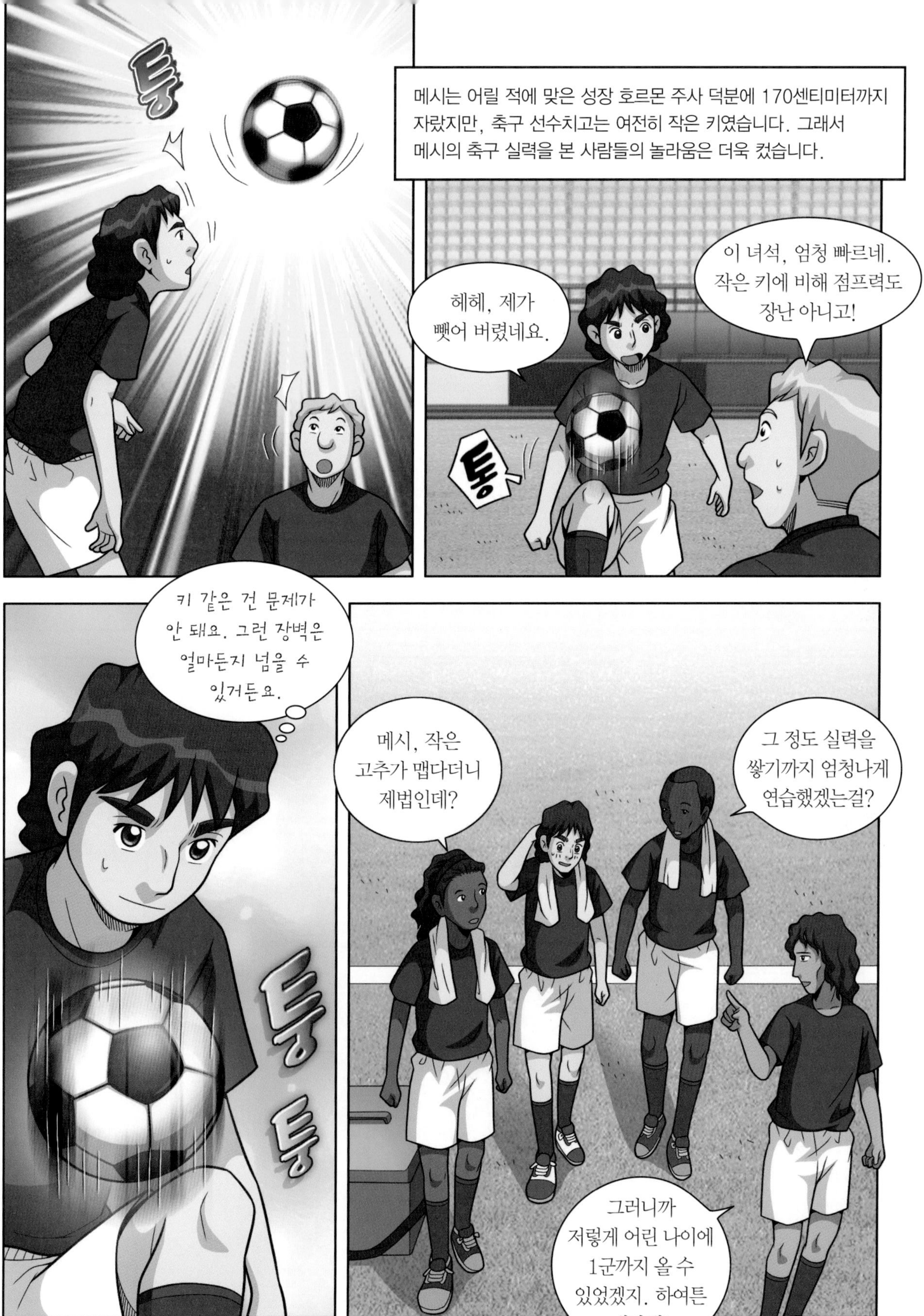

퉁
메시는 어릴 적에 맞은 성장 호르몬 주사 덕분에 170센티미터까지 자랐지만, 축구 선수치고는 여전히 작은 키였습니다. 그래서 메시의 축구 실력을 본 사람들의 놀라움은 더욱 컸습니다.
헤헤, 제가 뻗어 버렸네요.
이 녀석, 엄청 빠르네. 작은 키에 비해 점프력도 장난 아니고!
퉁
키 같은 건 문제가 안 돼요. 그런 장벽은 얼마든지 넘을 수 있거든요.
퉁 퉁
그 정도 실력을 쌓기까지 엄청나게 연습했겠는걸?
메시, 작은 고추가 맵다더니 제법인데?
그러니까 저렇게 어린 나이에 1군까지 올 수 있었겠지. 하여튼 대단해!

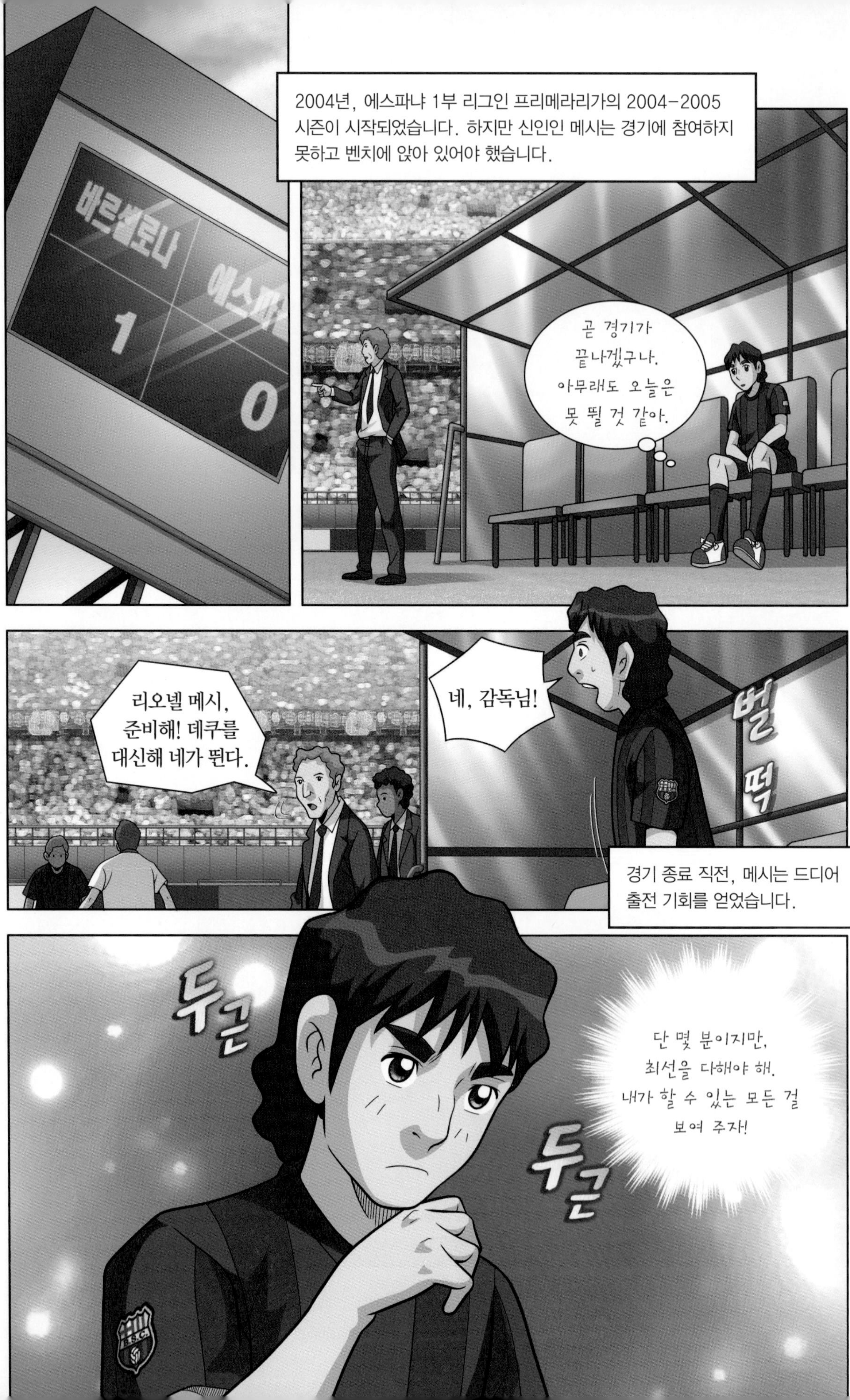
2004년, 에스파냐 1부 리그인 프리메라리가의 2004-2005 시즌이 시작되었습니다. 하지만 신인인 메시는 경기에 참여하지 못하고 벤치에 앉아 있어야 했습니다.
바르셀로나
1
0
곧 경기가 끝나겠구나. 아무래도 오늘은 못 뛸 것 같아.
리오넬 메시, 준비해! 데쿠를 대신해 네가 뛴다.
네, 감독님!
벌떡
경기 종료 직전, 메시는 드디어 출전 기회를 얻었습니다.
두근
두근
단 몇 분이지만, 최선을 다해야 해. 내가 할 수 있는 모든 걸 보여 주자!

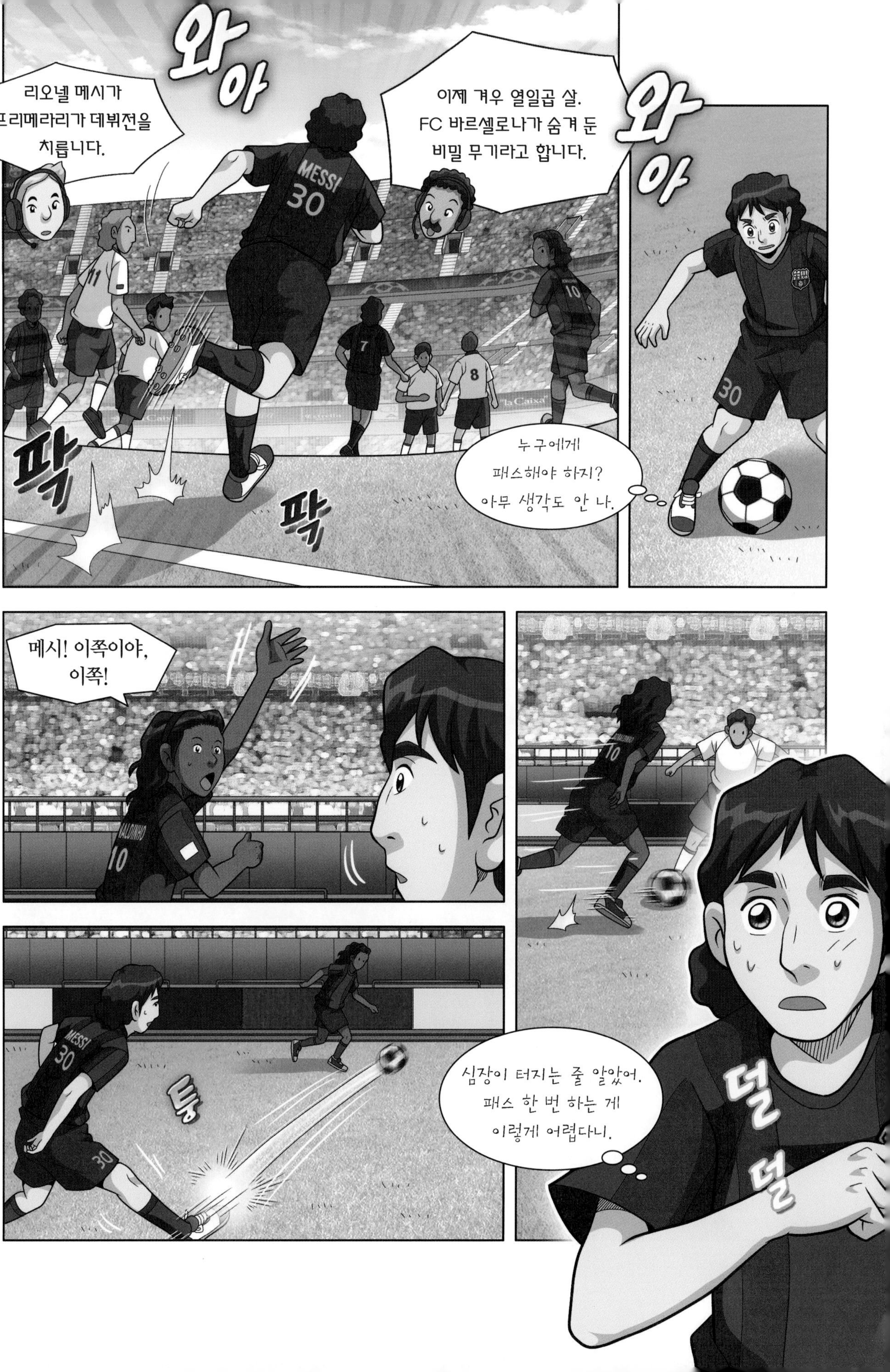
와아
리오넬 메시가 프리메라리가 데뷔전을 치릅니다.
이제 겨우 열일곱 살. FC 바르셀로나가 숨겨 둔 비밀 무기라고 합니다.
와아
팍
팍
누구에게 패스해야 하지? 아무 생각도 안 나.
메시! 이쪽이야, 이쪽!
퉁
심장이 터지는 줄 알았어. 패스 한 번 하는 게 이렇게 어렵다니.
덜덜

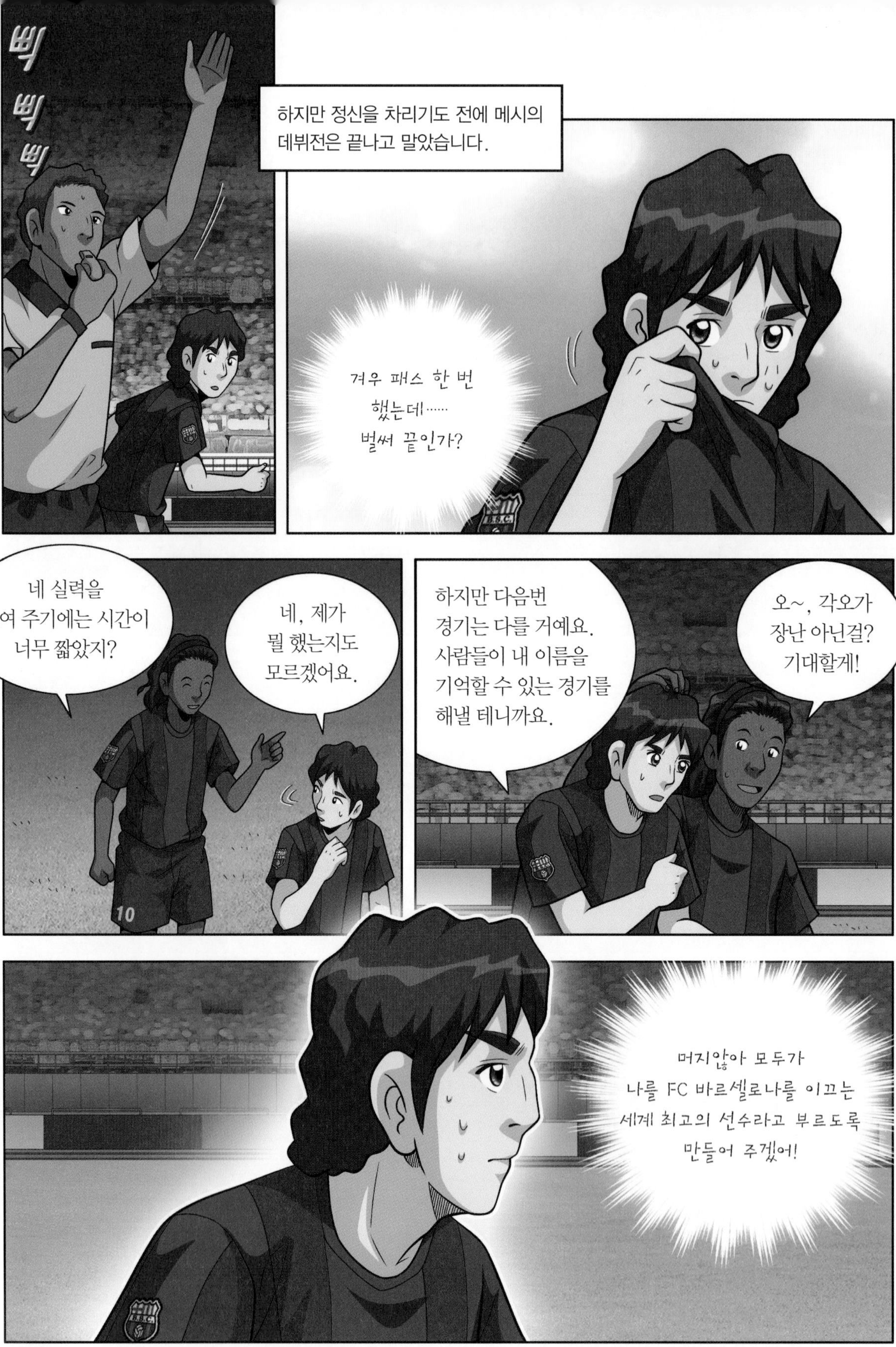
삑 삑 삑
하지만 정신을 차리기도 전에 메시의 데뷔전은 끝나고 말았습니다.
겨우 패스 한 번 했는데…… 벌써 끝인가?
네 실력을 보여 주기에는 시간이 너무 짧았지?
네, 제가 뭘 했는지도 모르겠어요.
하지만 다음번 경기는 다를 거예요. 사람들이 내 이름을 기억할 수 있는 경기를 해낼 테니까요.
오~, 각오가 장난 아닌걸? 기대할게!
머지않아 모두가 나를 FC 바르셀로나를 이끄는 세계 최고의 선수라고 부르도록 만들어 주겠어!

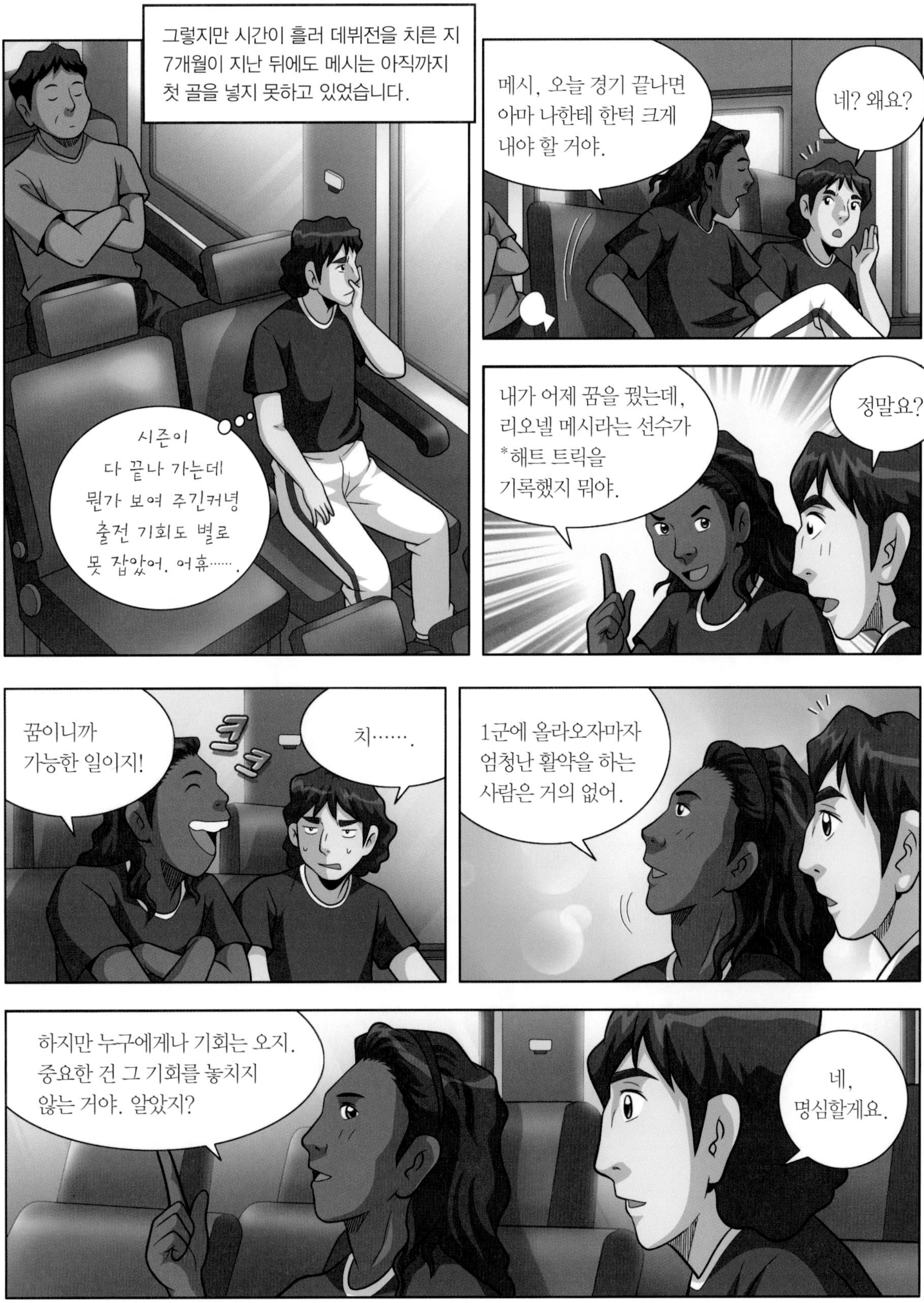
그렇지만 시간이 흘러 데뷔전을 치른 지 7개월이 지난 뒤에도 메시는 아직까지 첫 골을 넣지 못하고 있었습니다.
시즌이 다 끝나 가는데! 뭔가 보여 주긴커녕 출전 기회도 별로 못 잡았어. 어휴…….
메시, 오늘 경기 끝나면 아마 나한테 한턱 크게 내야 할 거야.
네? 왜요?
내가 어제 꿈을 꿨는데, 리오넬 메시라는 선수가 *해트 트릭을 기록했지 뭐야.
정말요?
꿈이니까 가능한 일이지!
크크
치…….
1군에 올라오자마자 엄청난 활약을 하는 사람은 거의 없어.
하지만 누구에게나 기회는 오지. 중요한 건 그 기회를 놓치지 않는 거야. 알았지?
네, 명심할게요.

*해트 트릭: 축구 경기에서 한 선수가 한 경기에서 세 골 이상을 넣는 것

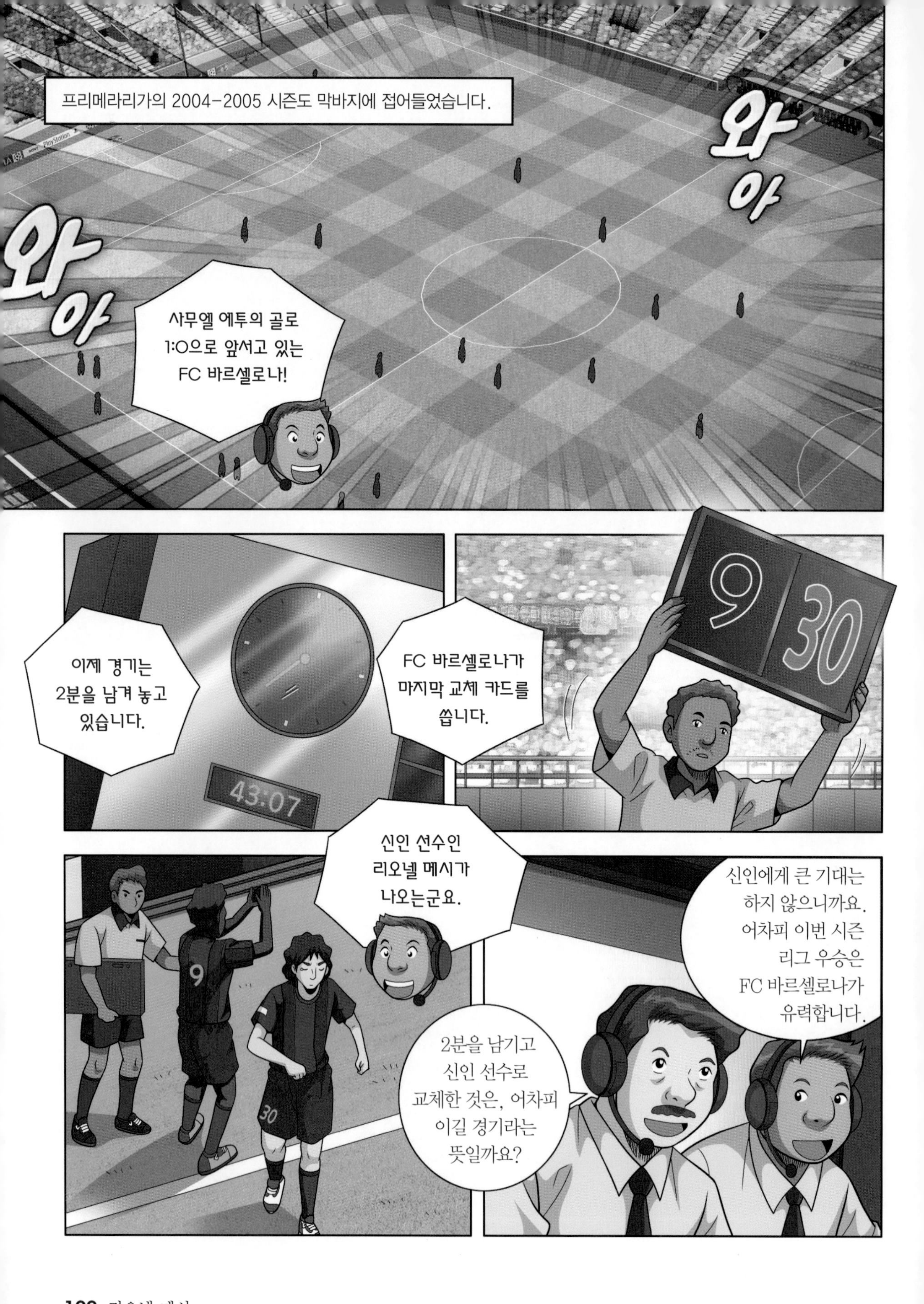

프리메라리가의 2004-2005 시즌도 막바지에 접어들었습니다.
와아
와아
사무엘 에투의 골로 1:0으로 앞서고 있는 FC 바르셀로나!
이제 경기는 2분을 남겨 놓고 있습니다.
43:07
FC 바르셀로나가 마지막 교체 카드를 씁니다.
9
30
신인 선수인 리오넬 메시가 나오는군요.
신인에게 큰 기대는 하지 않으니까요. 어차피 이번 시즌 리그 우승은 FC 바르셀로나가 유력합니다.
2분을 남기고 신인 선수로 교체한 것은, 어차피 이길 경기라는 뜻일까요?

준비는 됐지?
그럼요.
내 움직임을 놓치지 마. 공이 오면 너한테 패스해 줄 테니까.
네! 알겠어요.
끄덕
삐익
퉁
호나우지뉴가 공을 잡았어!
2분 후, 호나우지뉴는 약속대로 메시에게 기회를 만들어 줬습니다.
그래, 해 보는 거야!
메시! 네 실력을 보여 줘!
퉁

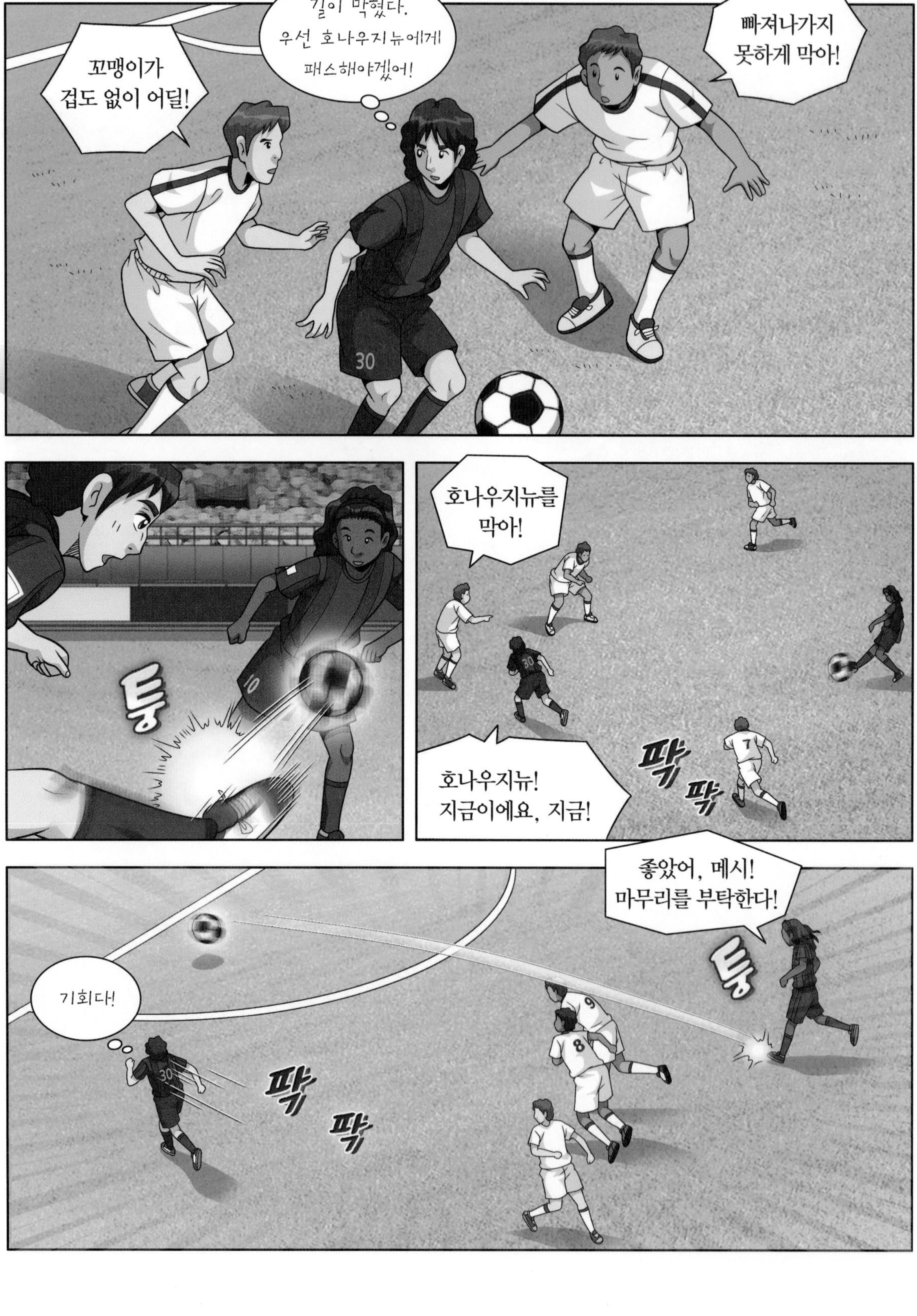
꼬맹이가
겁도 없이 어딜!
길이 막혔다.
우선 호나우지뉴에게
패스해야겠어!
빠져나가지
못하게 막아!
퉁
호나우지뉴를
막아!
호나우지뉴!
지금이에요, 지금!
팍 팍
좋았어, 메시!
마무리를 부탁한다!
퉁
기회다!
팍 팍

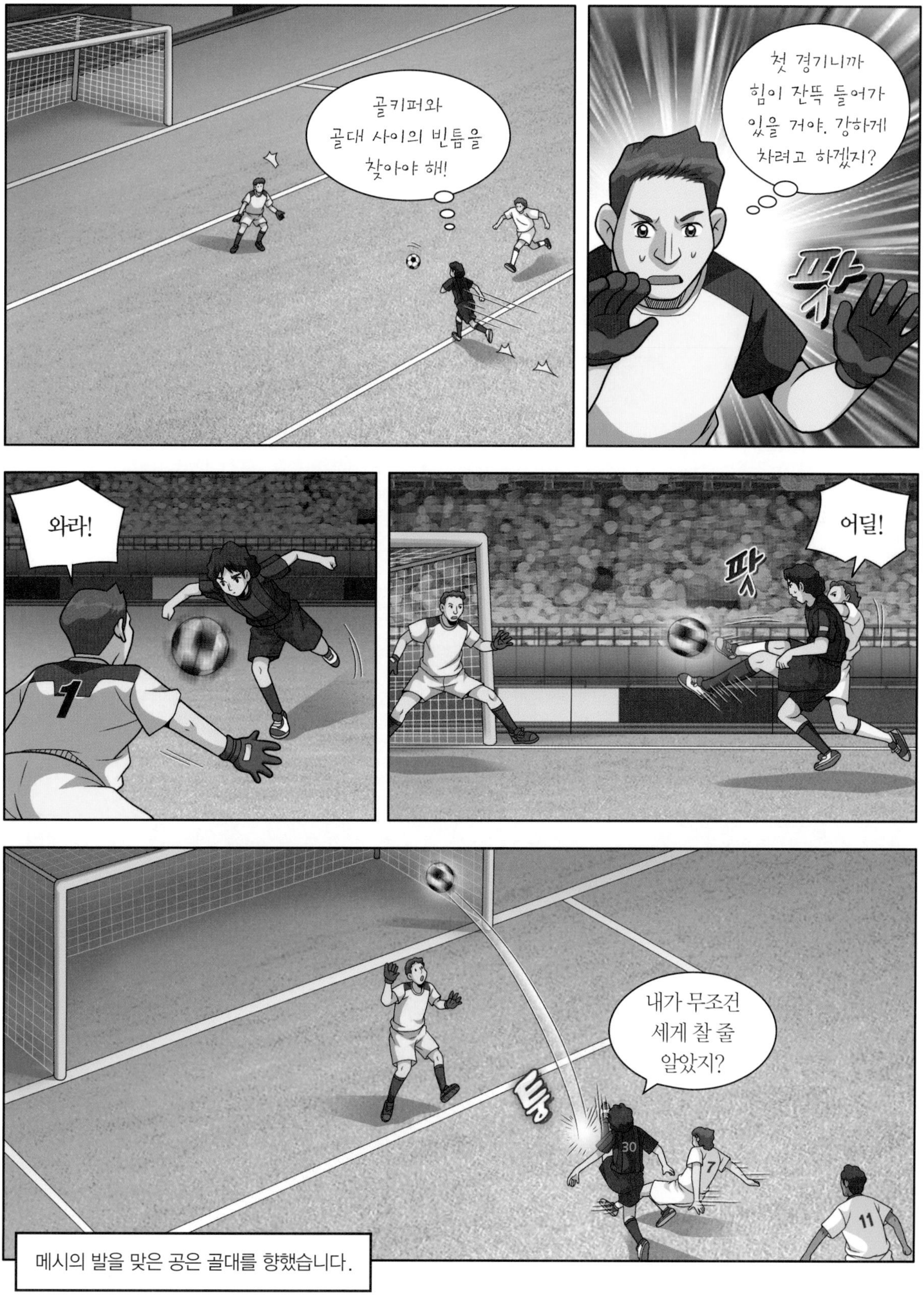
골키퍼와 골대 사이의 빈틈을 찾아야 해!
첫 경기니까 힘이 잔뜩 들어가 있을 거야. 강하게 차려고 하겠지?
팍
와라!
팍
어딜!
툭
내가 무조건 세게 찰 줄 알았지?
메시의 발을 맞은 공은 골대를 향했습니다.

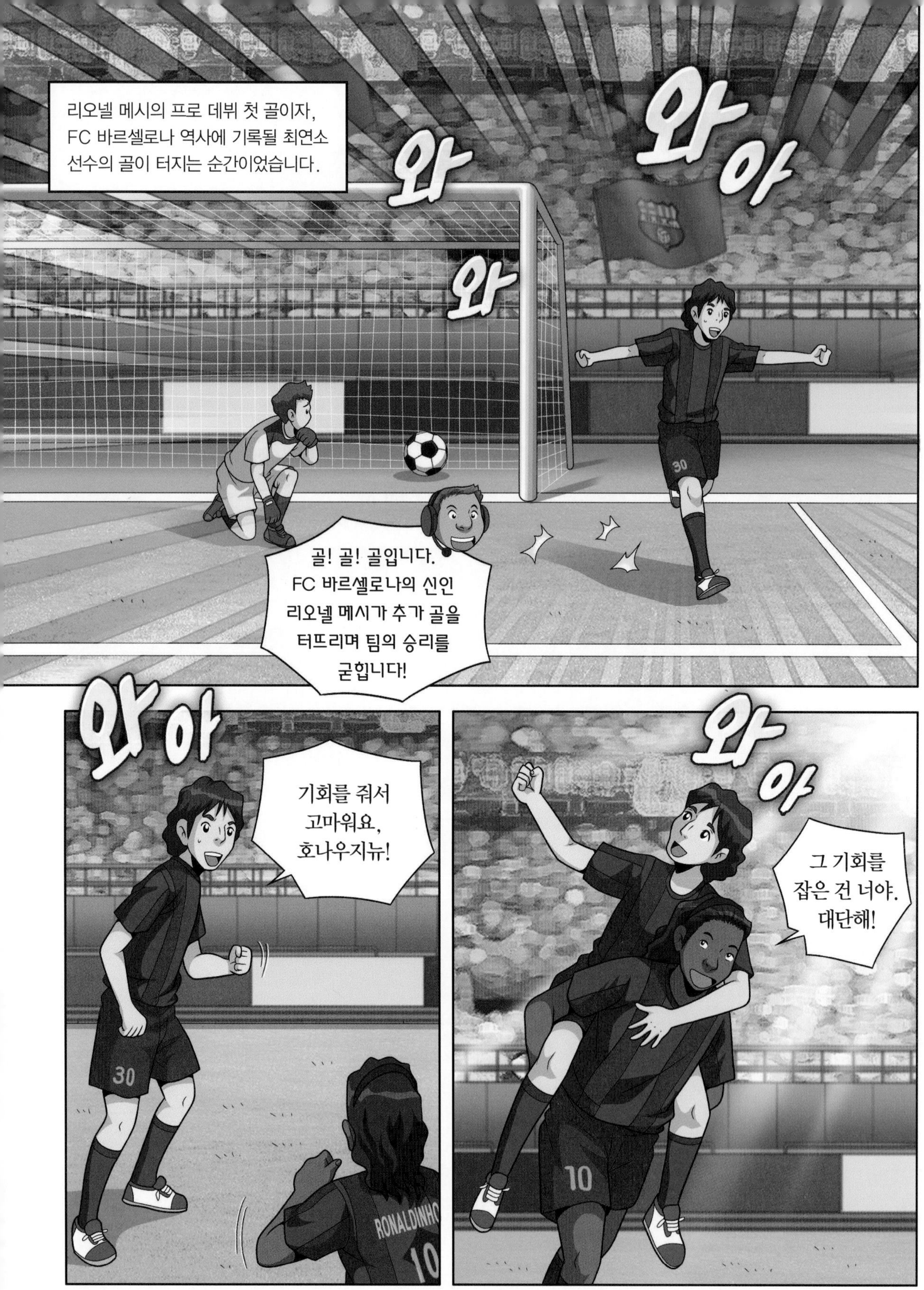
리오넬 메시의 프로 데뷔 첫 골이자, FC 바르셀로나 역사에 기록될 최연소 선수의 골이 터지는 순간이었습니다.
와
와아
와
골! 골! 골입니다. FC 바르셀로나의 신인 리오넬 메시가 추가 골을 터뜨리며 팀의 승리를 굳힙니다!
와아
기회를 줘서 고마워요, 호나우지뉴!
RONALDINHO
와아
그 기회를 잡은 건 너야. 대단해!

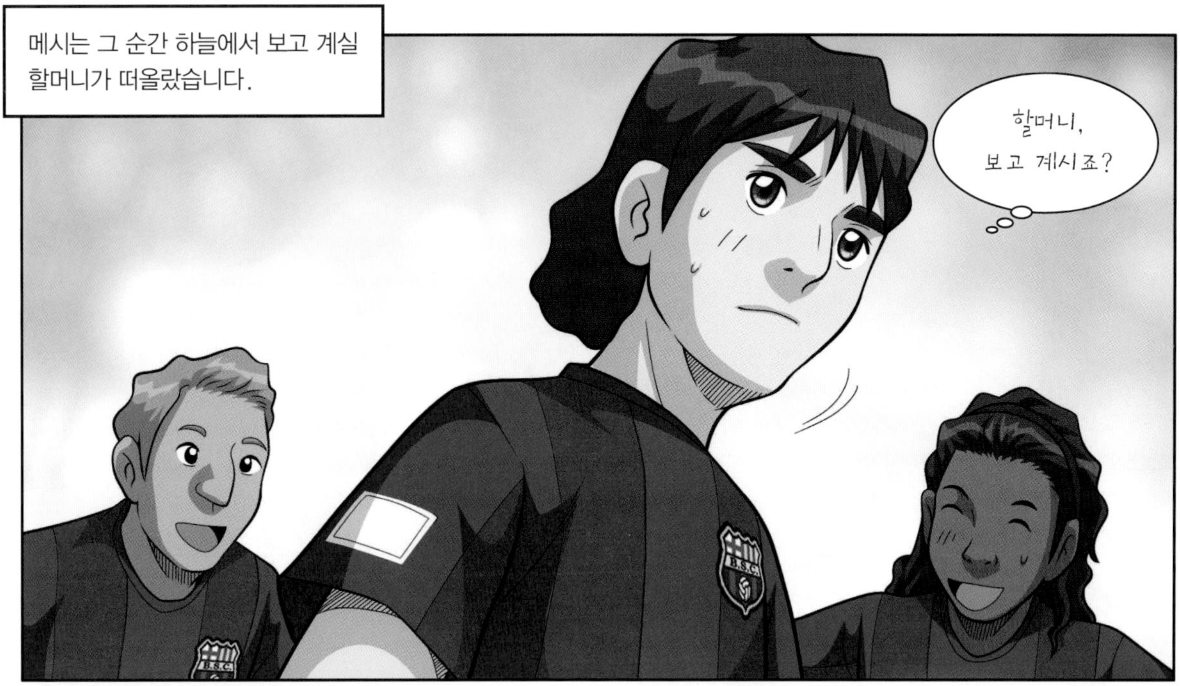
메시는 그 순간 하늘에서 보고 계실
할머니가 떠올랐습니다.
할머니,
보고 계시죠?

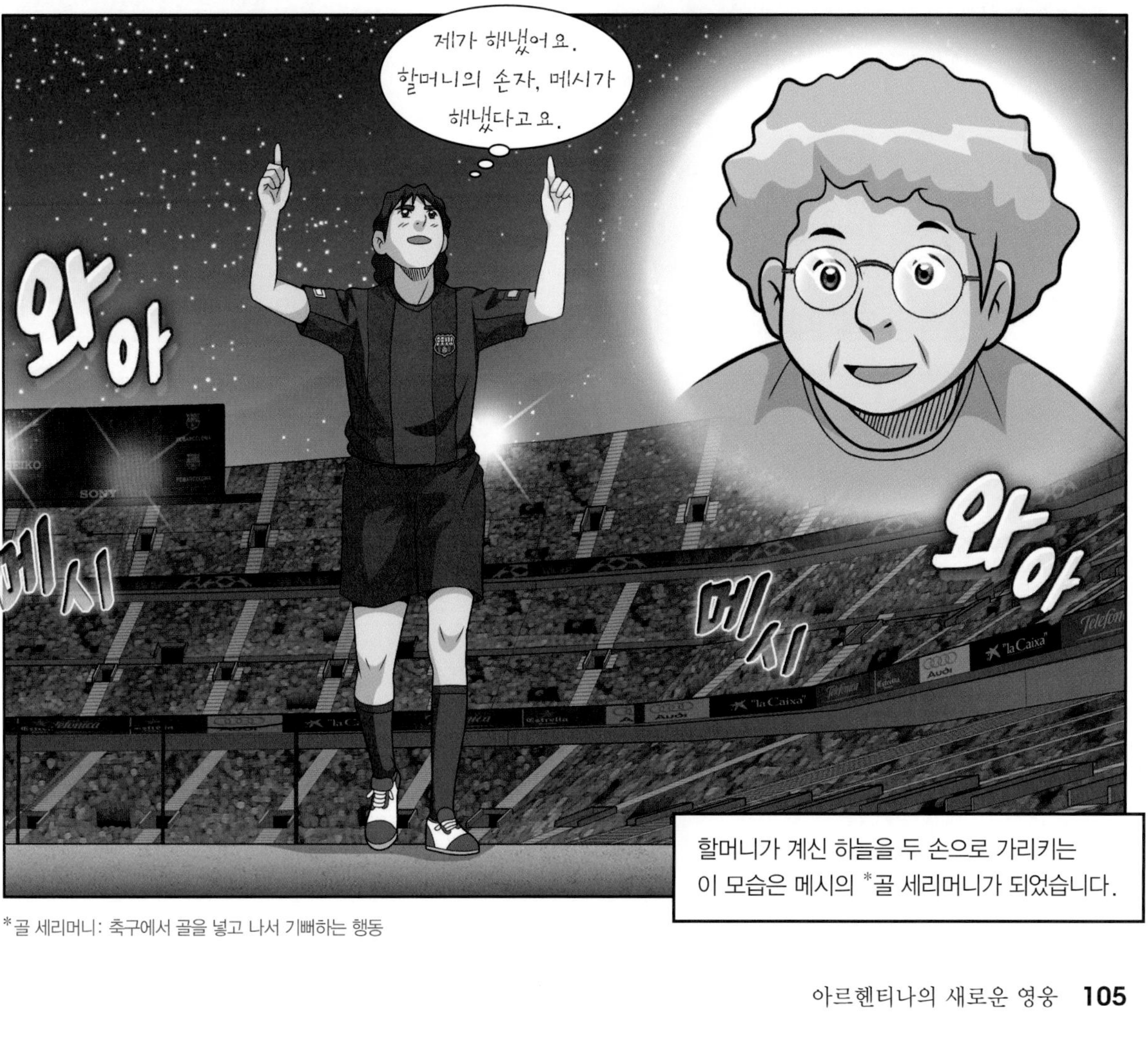
제가 해냈어요.
할머니의 손자, 메시가
해냈다고요.
와아
메시
메시
와아
할머니가 계신 하늘을 두 손으로 가리키는
이 모습은 메시의 *골 세리머니가 되었습니다.

*골 세리머니: 축구에서 골을 넣고 나서 기뻐하는 행동

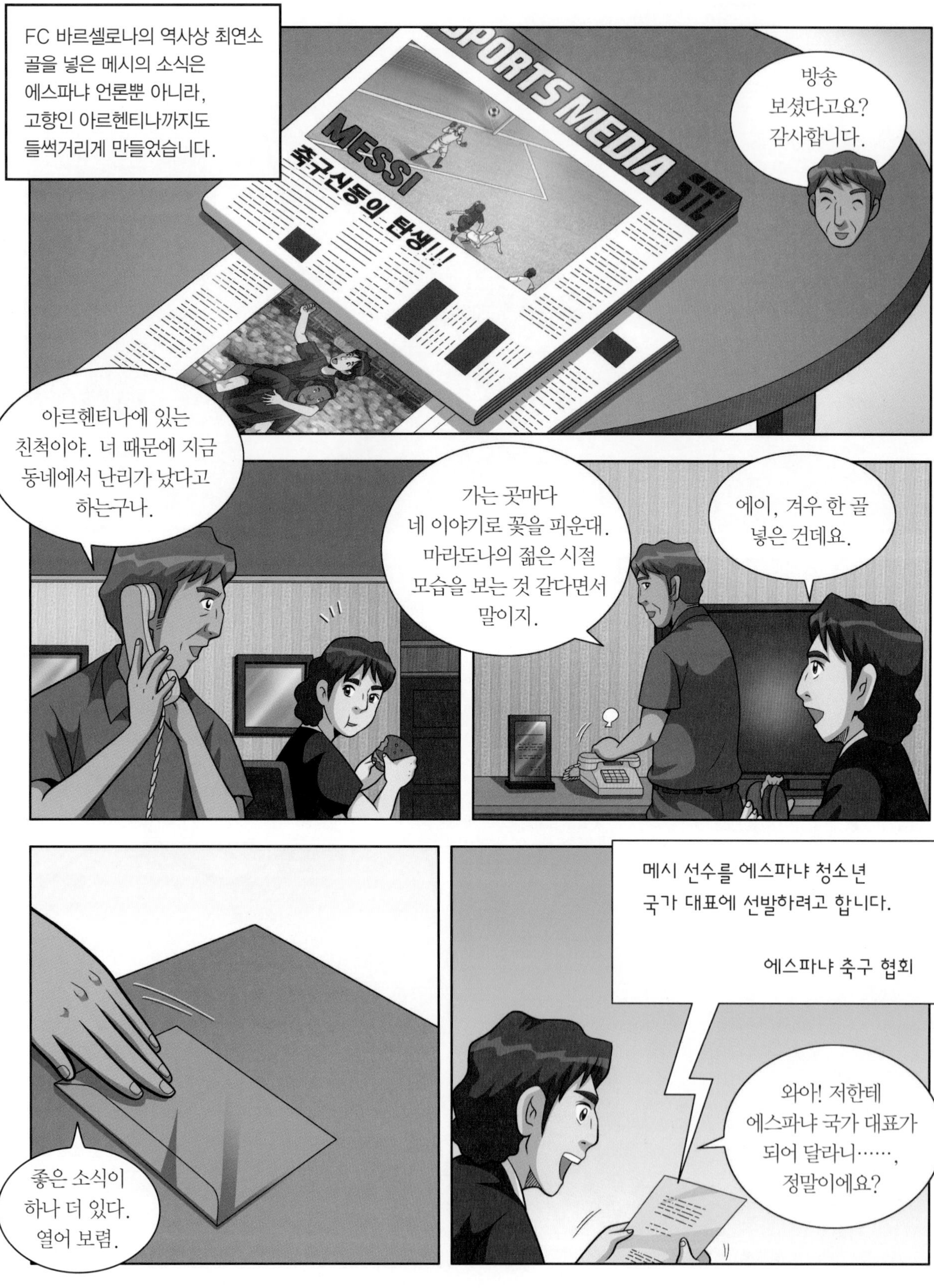
FC 바르셀로나의 역사상 최연소 골을 넣은 메시의 소식은 에스파냐 언론뿐 아니라, 고향인 아르헨티나까지도 들썩거리게 만들었습니다.
SPORTS MEDIA
MESSI
축구신동의 탄생!!!
방송 보셨다고요? 감사합니다.
아르헨티나에 있는 친척이야. 너 때문에 지금 동네에서 난리가 났다고 하는구나.
가는 곳마다 네 이야기로 꽃을 피운대. 마라도나의 젊은 시절 모습을 보는 것 같다면서 말이지.
에이, 겨우 한 골 넣은 건데요.
좋은 소식이 하나 더 있다. 열어 보렴.
메시 선수를 에스파냐 청소년 국가 대표에 선발하려고 합니다.
에스파냐 축구 협회
와아! 저한테 에스파냐 국가 대표가 되어 달라니……, 정말이에요?

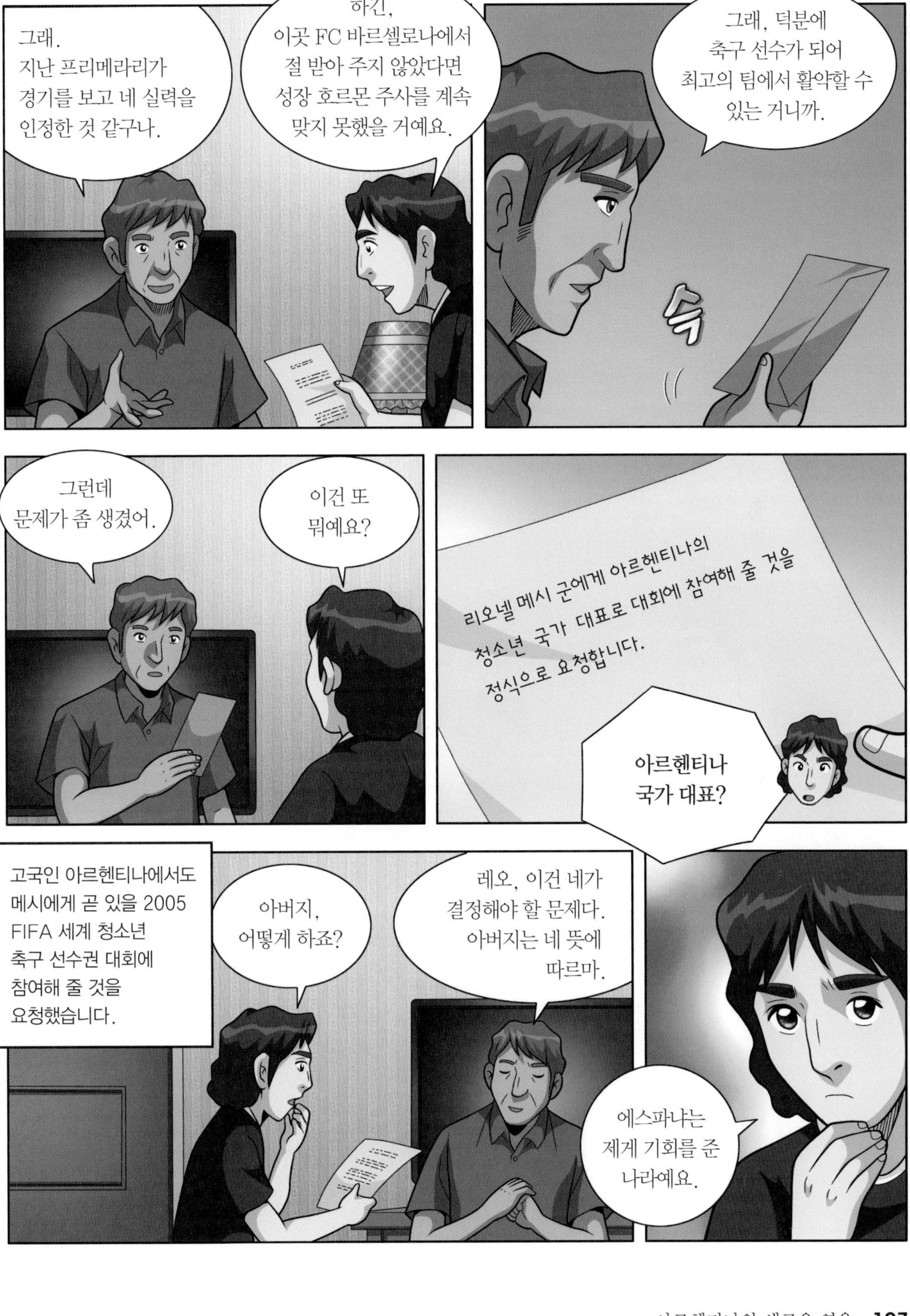
그래.
지난 프리메라리가 경기를 보고 네 실력을 인정한 것 같구나.
하긴, 이곳 FC 바르셀로나에서 절 받아 주지 않았다면 성장 호르몬 주사를 계속 맞지 못했을 거예요.
그래, 덕분에 축구 선수가 되어 최고의 팀에서 활약할 수 있는 거니까.
슥
그런데 문제가 좀 생겼어.
이건 또 뭐예요?
리오넬 메시 군에게 아르헨티나의 청소년 국가 대표로 대회에 참여해 줄 것을 정식으로 요청합니다.
아르헨티나 국가 대표?
고국인 아르헨티나에서도 메시에게 곧 있을 2005 FIFA 세계 청소년 축구 선수권 대회에 참여해 줄 것을 요청했습니다.
아버지, 어떻게 하죠?
레오, 이건 네가 결정해야 할 문제다. 아버지는 네 뜻에 따르마.
에스파냐는 제게 기회를 준 나라예요.

하지만 제게 축구 선수라는 꿈을 꾸게 해 준 나라는 아르헨티나예요.

아르헨티나를 위해 뛸 수 있는 기회를 놓치고 싶지 않아요, 아버지.

사실 아빠도 네가 아르헨티나를 선택해 주길 바랐단다.

오늘 종일 축하 전화가 오더니, 또 오나 보네.

제가 받을게요.

네, 여보세요. 리오넬 메시입니다.

메시! 난 마라도나라네.

마라도나는 '축구의 신'이라 불릴 만큼 위대한 축구 선수로, 메시가 가장 존경하는 선수이기도 했습니다.

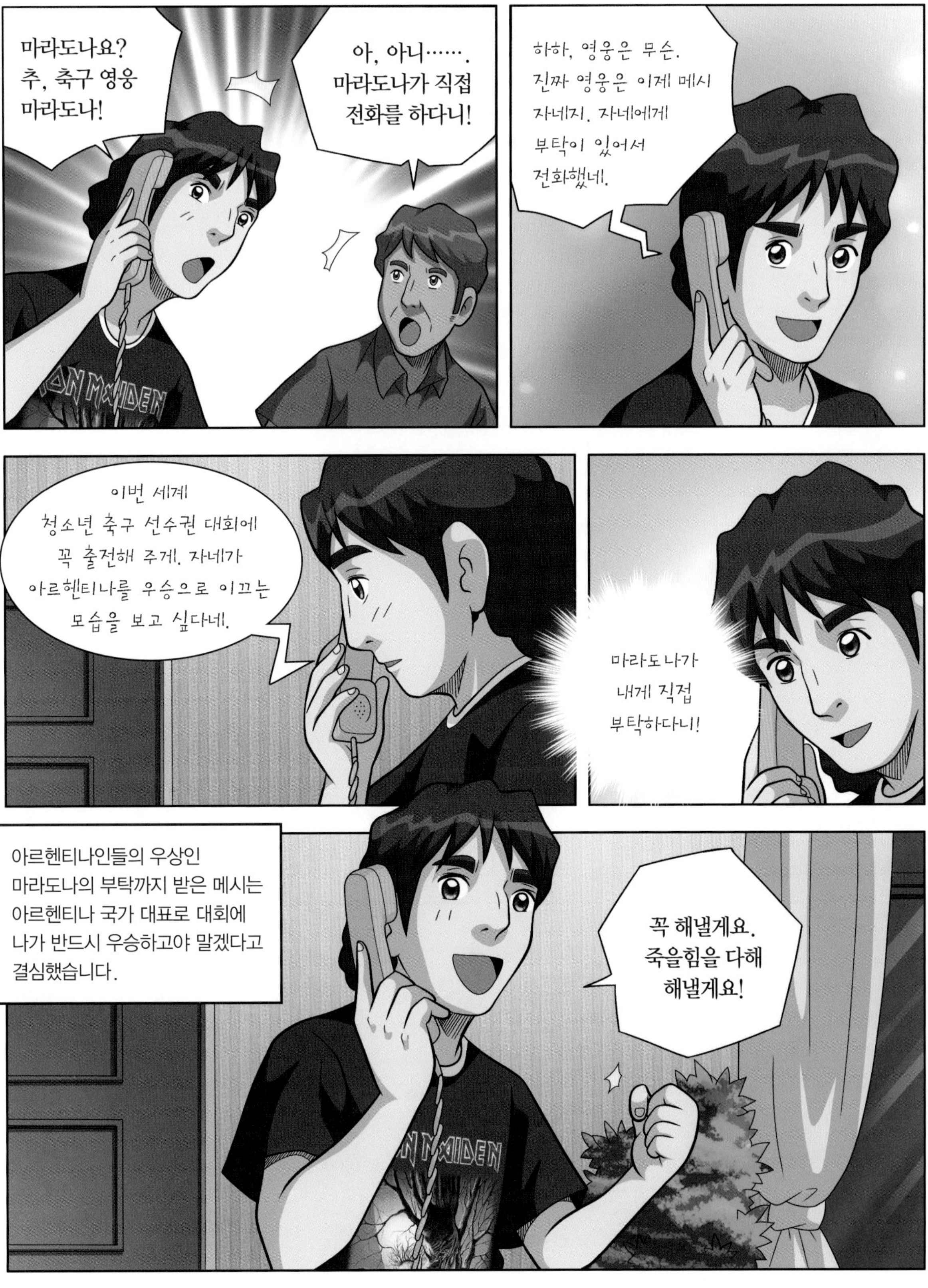
마라도나요? 추, 축구 영웅 마라도나!
아, 아니……. 마라도나가 직접 전화를 하다니!
하하, 영웅은 무슨. 진짜 영웅은 이제 메시 자네지. 자네에게 부탁이 있어서 전화했네.
이번 세계 청소년 축구 선수권 대회에 꼭 출전해 주게. 자네가 아르헨티나를 우승으로 이끄는 모습을 보고 싶다네.
마라도나가 내게 직접 부탁하다니!
아르헨티나인들의 우상인 마라도나의 부탁까지 받은 메시는 아르헨티나 국가 대표로 대회에 나가 반드시 우승하고야 말겠다고 결심했습니다.
꼭 해낼게요. 죽을힘을 다해 해낼게요!
IRON MAIDEN

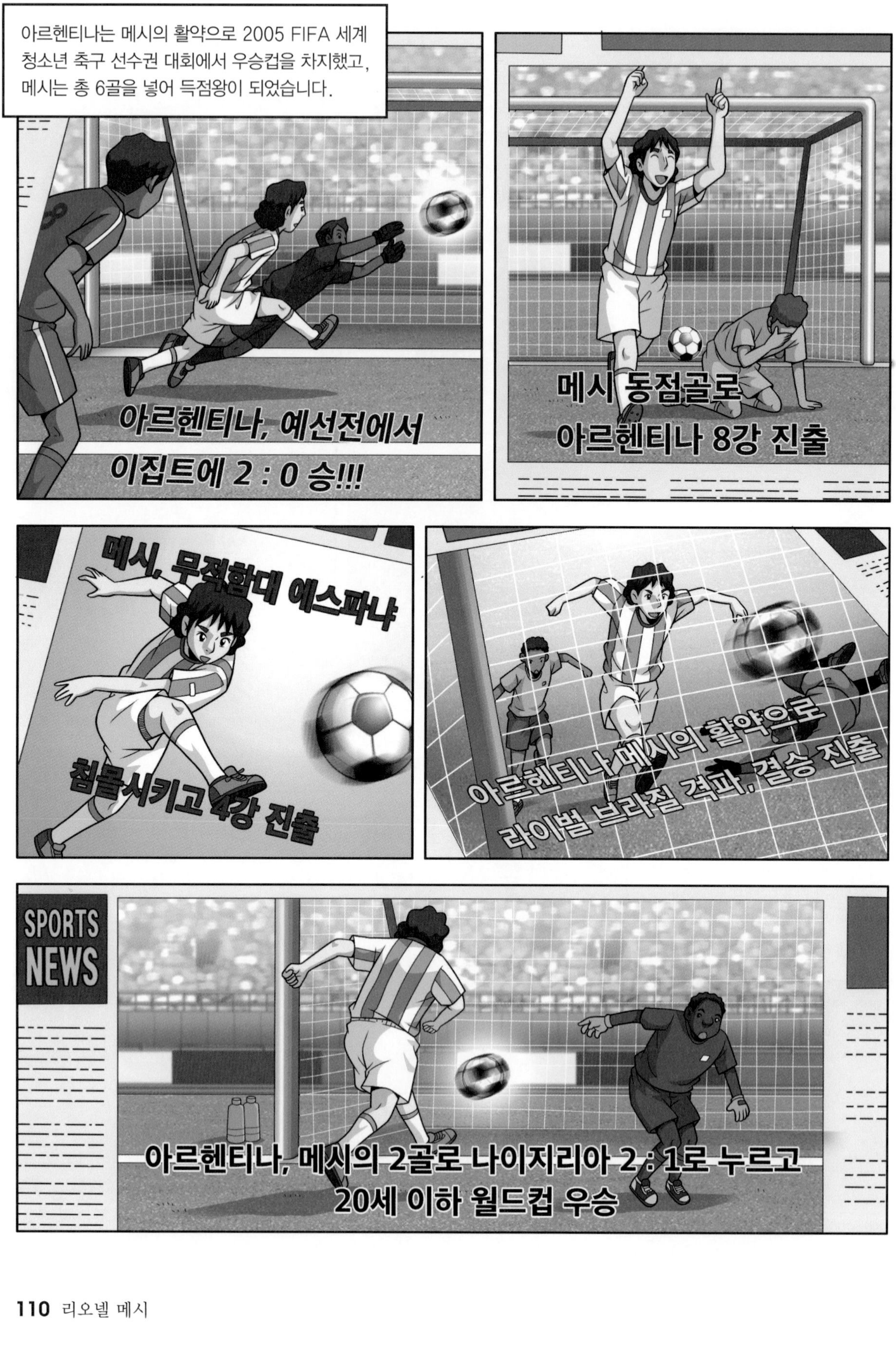
아르헨티나는 메시의 활약으로 2005 FIFA 세계 청소년 축구 선수권 대회에서 우승컵을 차지했고, 메시는 총 6골을 넣어 득점왕이 되었습니다.
아르헨티나, 예선전에서 이집트에 2 : 0 승!!!
메시 동점골로 아르헨티나 8강 진출
메시, 무적함대 에스파냐 침몰시키고 4강 진출
아르헨티나 메시의 활약으로 라이벌 브라질 격파, 결승 진출
SPORTS NEWS
아르헨티나, 메시의 2골로 나이지리아 2 : 1로 누르고 20세 이하 월드컵 우승

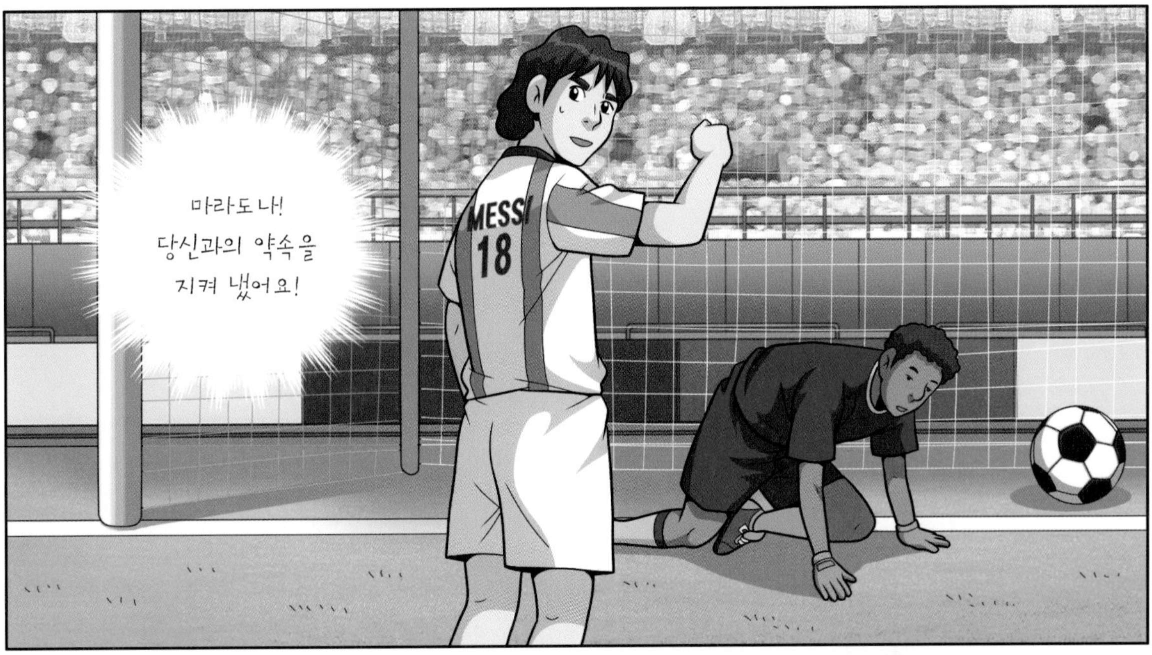
마라도나!
당신과의 약속을
지켜 냈어요!
MESSI
18

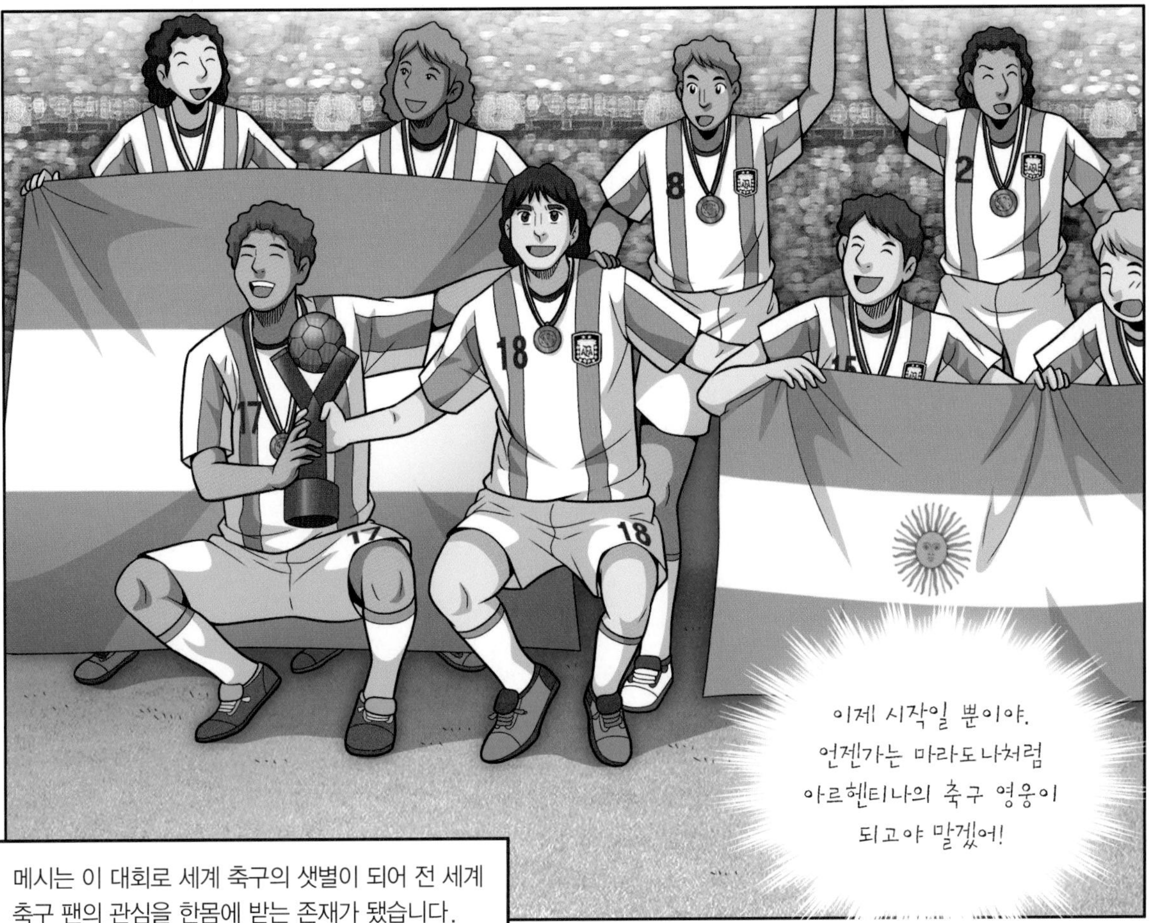
이제 시작일 뿐이야.
언젠가는 마라도나처럼
아르헨티나의 축구 영웅이
되고야 말겠어!

메시는 이 대회로 세계 축구의 샛별이 되어 전 세계
축구 팬의 관심을 한몸에 받는 존재가 됐습니다.

세계 축구 대회

축구처럼 공을 차는 놀이는 아주 옛날부터 세계 곳곳에 존재했습니다. 고대 동아시아에도 가죽으로 싼 공을 차고 노는 '축국'이라는 놀이가 있었어요. 신라 시대에 김춘추와 김유신이 축국을 하면서 놀았다는 기록이 남아 있지요.

지금과 같은 모습의 현대적인 축구는 1863년 영국에 축구 협회가 만들어지면서 발전하기 시작했습니다. 이후 축구는 전 세계가 열광하는 스포츠이자 문화로 자리 잡았지요. 2023년 현재 FIFA(국제 축구 연맹)에 가입한 축구 협회의 수는 211개로, UN(국제 연합)에 가입한 나라의 숫자보다 많습니다. 각 나라와 대륙마다 다양한 축구 리그가 있는데, 유명한 리그의 경기를 보기 위해 다른 나라에 가는 사람도 많답니다. 또 유명 축구 선수들은 연예인 못지않은 인기를 얻고 있어요.

그럼 세계 축구 팬이 손꼽아 기다리는 대표적인 축구 대회에 대해 알아볼까요?

축구의 기원으로 알려져 있는 하르파스툼. 고대 로마에서 행해지던 구기의 종류 중 하나입니다.
ⓒ 위키피디아

who? 지식사전

세계에서 가장 큰 축구장인 브라질의 마라카낭. 1950년 FIFA 월드컵의 개최를 목적으로 만들어졌습니다.
ⓒ Brazilian Government

축구 경기장의 크기

FIFA가 만든 규정에 따르면, 축구 경기를 치를 수 있는 경기장의 크기는 최소 45m x 90m에서 최대 90m x 120m입니다. 하지만 FIFA 월드컵 본선과 같이 FIFA가 주관하는 국제 경기는 반드시 64m x 100m에서 75m x 110m 사이의 크기로 만들어져야 합니다. 그래서 축구팀마다 경기장의 크기는 조금씩 다릅니다.

하나 FIFA 월드컵

세계적인 축구 경기를 주관하는 FIFA가 4년에 한 번씩 개최하는 세계 선수권 대회로, 단일 종목으로 진행되는 국제 스포츠 대회 중에서는 가장 규모가 큽니다.
세계 최초의 월드컵은 1930년에 열렸고, 13개국이 참가했습니다. 첫 대회는 당시 세계 최고의 축구 국가 대표 팀을 보유하고 있던 우루과이에서 열렸습니다. 결승에서는 우루과이와 아르헨티나가 맞붙었고, 우루과이가 우승을 차지했지요. 1938년 제3회 프랑스 월드컵 이후 제2차 세계대전이 시작되면서 12년 동안 중단되었던 월드컵은 1950년 브라질에서 다시 열리면서 지금까지 이어져 오고 있습니다.
대한민국은 1954년 스위스 월드컵에 처음으로 참가했고, 2002년에는 일본과 함께 월드컵을 개최했습니다. 당시 대한민국은 거스 히딩크 감독의 지휘 아래 아시아 최초로 4강에 올라가는 역사를 썼지요.
월드컵에서 가장 많이 우승한 나라는 우승컵을 5개나 거머쥔 브라질입니다. 다음으로 이탈리아와 독일이 각 4회, 아르헨티나가 3회, 우루과이와 프랑스가 2회, 잉글랜드와 에스파냐가 각 1회씩 우승을 차지했어요.
가장 최근에 열린 2022 카타르 월드컵에서는 리오넬 메시가 이끄는 아르헨티나가 결승전에서 프랑스를 꺾고 우승을 차지했습니다. 리오넬 메시는 이 대회에서 7골 3도움을 기록하며 월드컵 역사상 가장 많은 공격 포인트를 기록한 선수가 되었어요. 이 대회에서는 대한민국 역시 강적 포르투갈을 상대로 승리하며 12년 만에 16강에 올라가는 등 좋은 성적을 거뒀습니다.

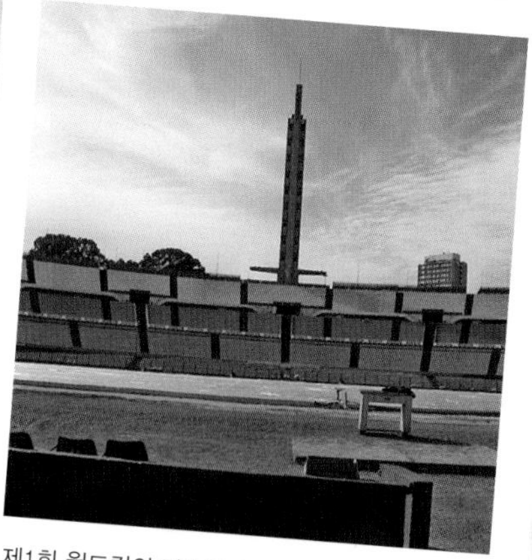

제1회 월드컵의 결승전이 열린 우루과이의 센테나리오 경기장 © 위키피디아

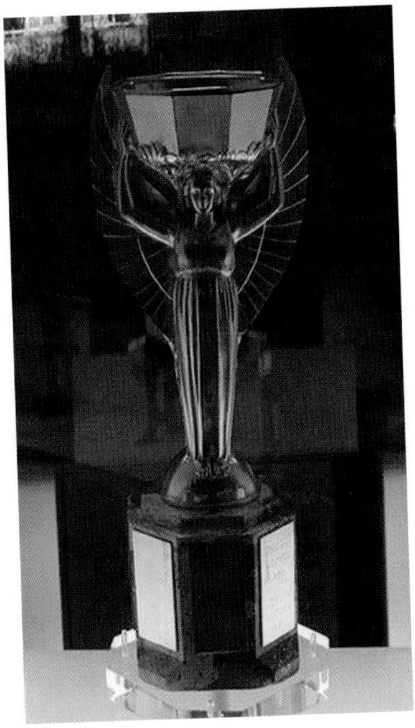

FIFA 월드컵 우승 팀에게 수여한 최초의 트로피인 '쥘 리메 컵'. 당시 FIFA 회장이었던 쥘 리메의 이름을 붙였습니다. © Oldelpaso

2012년 런던 올림픽에서 우리나라는 축구에서
멕시코, 브라질에 이어 3위를 차지했습니다.
ⓒ 연합포토

둘 하계 올림픽

축구는 1900년 프랑스 파리에서 열린 제2회 올림픽부터
시범 종목에 포함되었고, 1908년 대회부터 정식 종목으로
채택되었습니다. 올림픽 축구 경기는 1930년 월드컵이
시작되기 전까지는 가장 중요하고 큰 축구 대회였습니다.
이후 월드컵의 규모가 점차 커지면서 올림픽의 인기는
과거보다 떨어져 갔지요. 그러나 지금도 올림픽 축구 경기는
올림픽에서 가장 높은 인기를 누리는 종목 중 하나입니다.
올림픽을 주관하는 IOC(국제 올림픽 위원회)는 올림픽에
참여할 수 있는 선수의 나이를 23세 이하로 제한하고
있습니다. 본선에서는 예외 규정을 두어 23세 이상인
선수를 나라마다 세 명씩 선발할 수 있지요.
나이 제한 때문인지 올림픽과 월드컵의 우승국은 다른 경우가
많습니다. 축구가 올림픽 정식 종목으로 채택된 1908년
올림픽에서는 영국이 우승했고, 2021년 도쿄 올림픽에서는
남자부에서 브라질이, 여자부에서는 캐나다가 금메달을 목에
걸었습니다. 우리나라는 2012년 런던에서 열린 올림픽에서
3위를 차지하며 동메달을 땄답니다.

who? 지식사전

테이블 위에서 직접 조작하며 축구 게임을
하는 테이블 사커 ⓒ PIXABAY

온라인에서 즐기는 축구 게임

오프라인의 축구 열풍은 온라인에서도 이어집니다. 축구 게임은 1980년대에 처음
만들어졌는데, 이 시기에 나온 축구 게임들은 〈인도어 사커〉, 〈파워 플레이〉 등이
있습니다. 2D 게임이라 지금과는 달리 정교한 동작을 구현하지 못했어요. 그 후
1992년에 출시된 〈세이부 축구〉로 인해 축구 게임의 인기가 높아지기 시작하면서
축구 게임계의 양대 산맥이라 할 수 있는 미국 EA 스포츠의 〈FIFA 시리즈〉와 일본
코나미 사의 〈위닝 일레븐〉이 출시되었지요.
두 게임은 실제 축구 선수를 캐릭터로 등장시켜 사용자가 직접 선수를 움직이며
축구 경기를 하는 방식입니다. 반면 스포츠 인터랙티브에서 개발한 〈풋볼 매니저〉는
사용자가 감독이 되어 선수들을 영입해 팀을 운영하는 게임입니다. 실제 선수들의
전적과 당시 상태에 대한 데이터가 게임에 그대로 적용되기 때문에 매년 새로운
버전의 게임이 나온답니다.

셋 UEFA 유러피언 풋볼 챔피언십

1960년에 UEFA의 주관으로 처음 개최된 축구 대회로, 유럽에서 규모가 가장 큰 국가 대항전 대회입니다. 이 대회 또한 월드컵처럼 4년마다 열리며, 주로 '유로 2016'처럼 개최 연도를 붙여서 부르지요. 비록 유럽에 한정된 대회이지만 수많은 축구 강국이 유럽에 모여 있기 때문에 월드컵 다음으로 영향력이 큰 축구 대회라고 할 수 있어요. 그만큼 전 세계 축구팬의 이목이 집중되지요. 1980년 이전에는 4팀만이 본선에 진출했지만 현재는 24팀으로 확대되었습니다. 1960년 열린 첫 대회에서는 소비에트 연방(소련)이 우승을 했고, 독일(서독의 우승 횟수 2회 포함)과 에스파냐가 각 3회 우승을 거두며 최다 우승 팀으로 기록되어 있습니다.

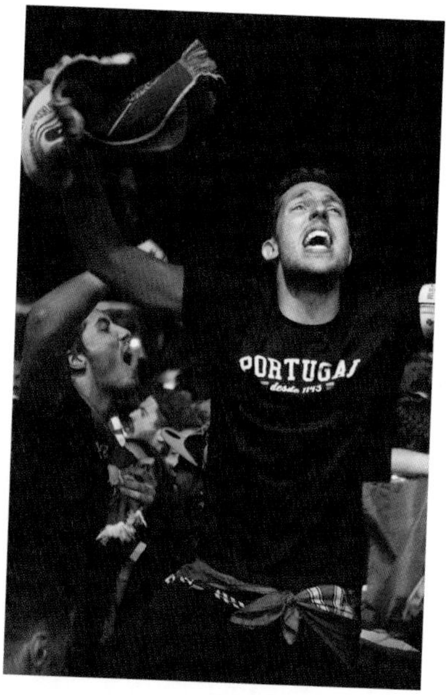
PORTUGAL
축구 대회가 있을 때마다 각 팀을 응원하는 열기 또한 뜨겁습니다. © 연합포토

넷 코파 아메리카

1916년 아르헨티나에서 첫 개최된 코파 아메리카는 남미 축구 연맹이 주관하는 남아메리카 대륙 선수권 대회로, FIFA 월드컵보다도 역사가 오래된 유서 깊은 대회입니다. 이 대회는 남미 축구 연맹에 소속된 나라만 출전하는데, 소속된 나라가 10개국뿐이라 예선 경기 없이 바로 본선 경기를 치릅니다. 대회 참가국이 적기 때문에 다른 대륙에서 두 개의 팀을 초청하지요. 아메리카 대륙을 제외한 다른 대륙에서 코파 아메리카에 초청받은 경우는 일본이 유일해요. 최다 우승 팀은 15회 우승을 기록한 우루과이와 아르헨티나입니다.

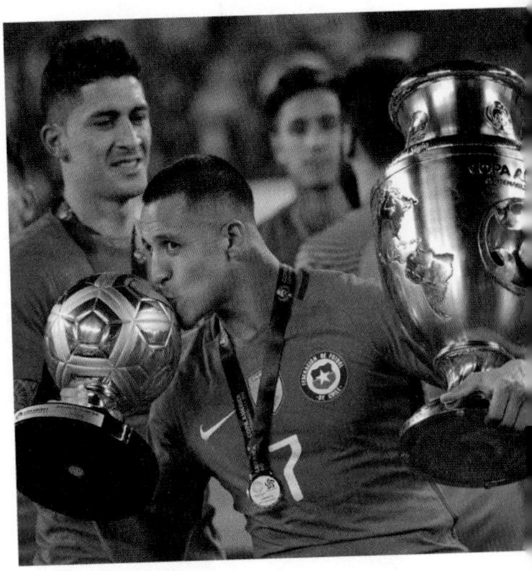
2016년 코파 아메리카에서는 칠레가 우승하면서 2연패를 달성했습니다. © 연합포토

5 최고가 되기 위한 진통

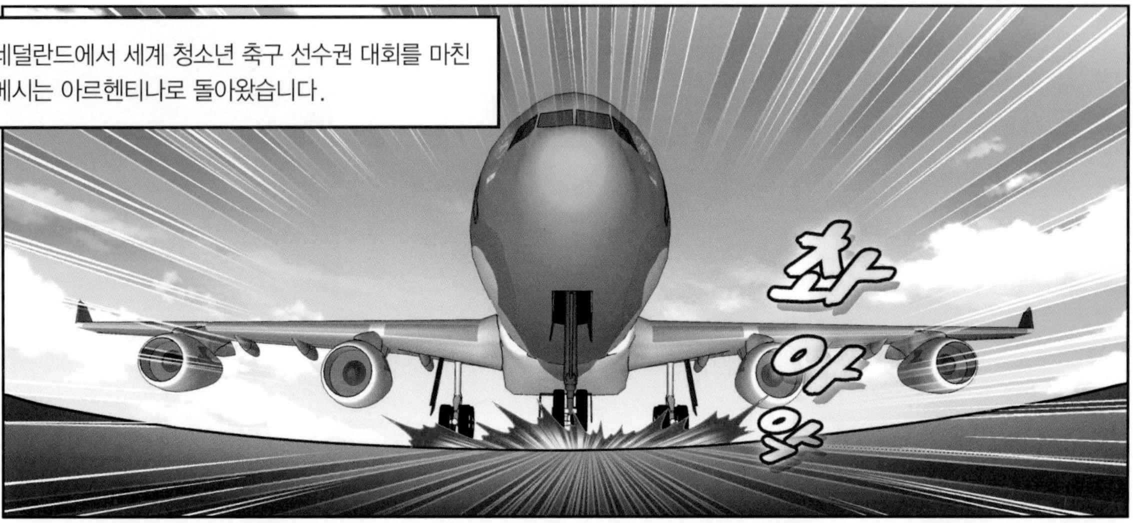
네덜란드에서 세계 청소년 축구 선수권 대회를 마친
메시는 아르헨티나로 돌아왔습니다.
촤아악

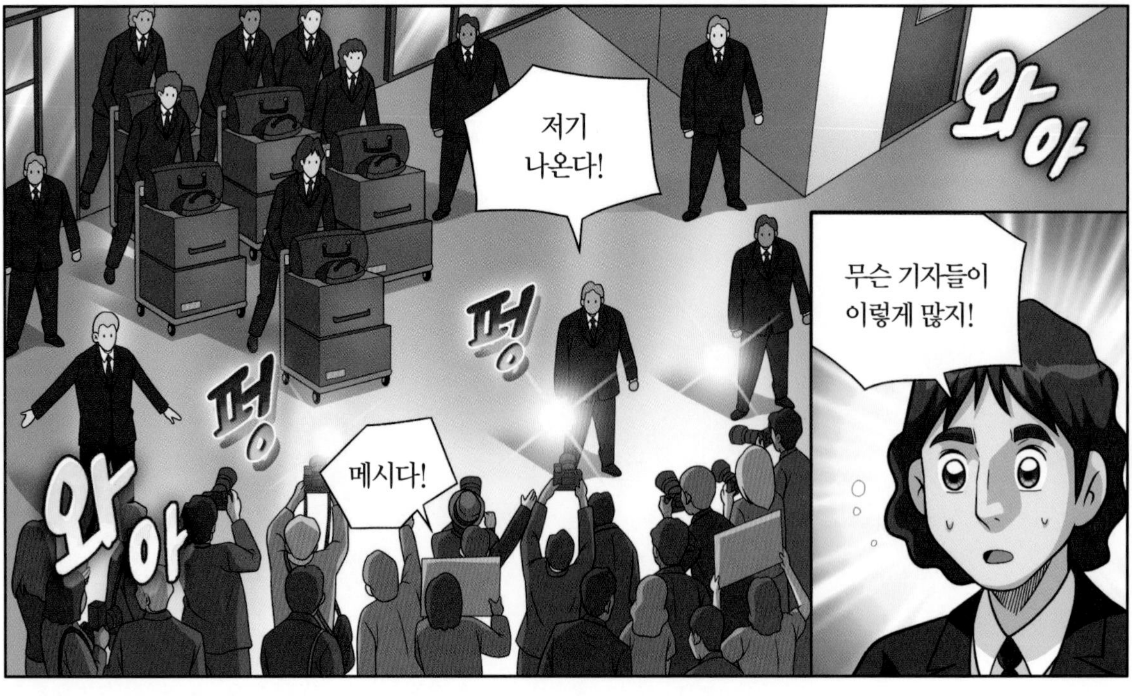
와아
저기 나온다!
펑
펑
메시다!
와아
무슨 기자들이 이렇게 많지!

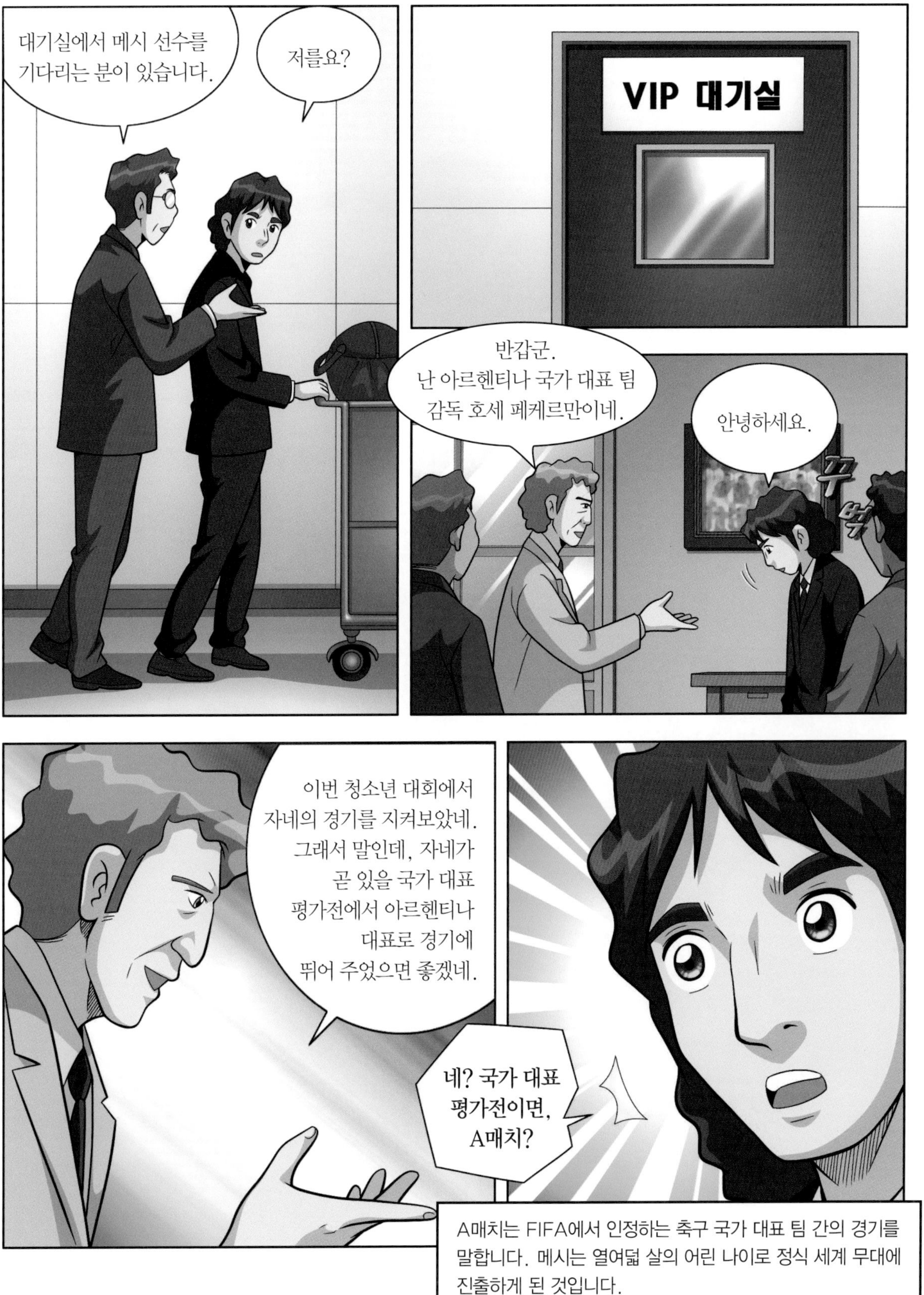
대기실에서 메시 선수를 기다리는 분이 있습니다.
저를요?
VIP 대기실
반갑군. 난 아르헨티나 국가 대표 팀 감독 호세 페케르만이네.
안녕하세요.
꾸벅
이번 청소년 대회에서 자네의 경기를 지켜보았네. 그래서 말인데, 자네가 곧 있을 국가 대표 평가전에서 아르헨티나 대표로 경기에 뛰어 주었으면 좋겠네.
네? 국가 대표 평가전이면, A매치?
A매치는 FIFA에서 인정하는 축구 국가 대표 팀 간의 경기를 말합니다. 메시는 열여덟 살의 어린 나이로 정식 세계 무대에 진출하게 된 것입니다.

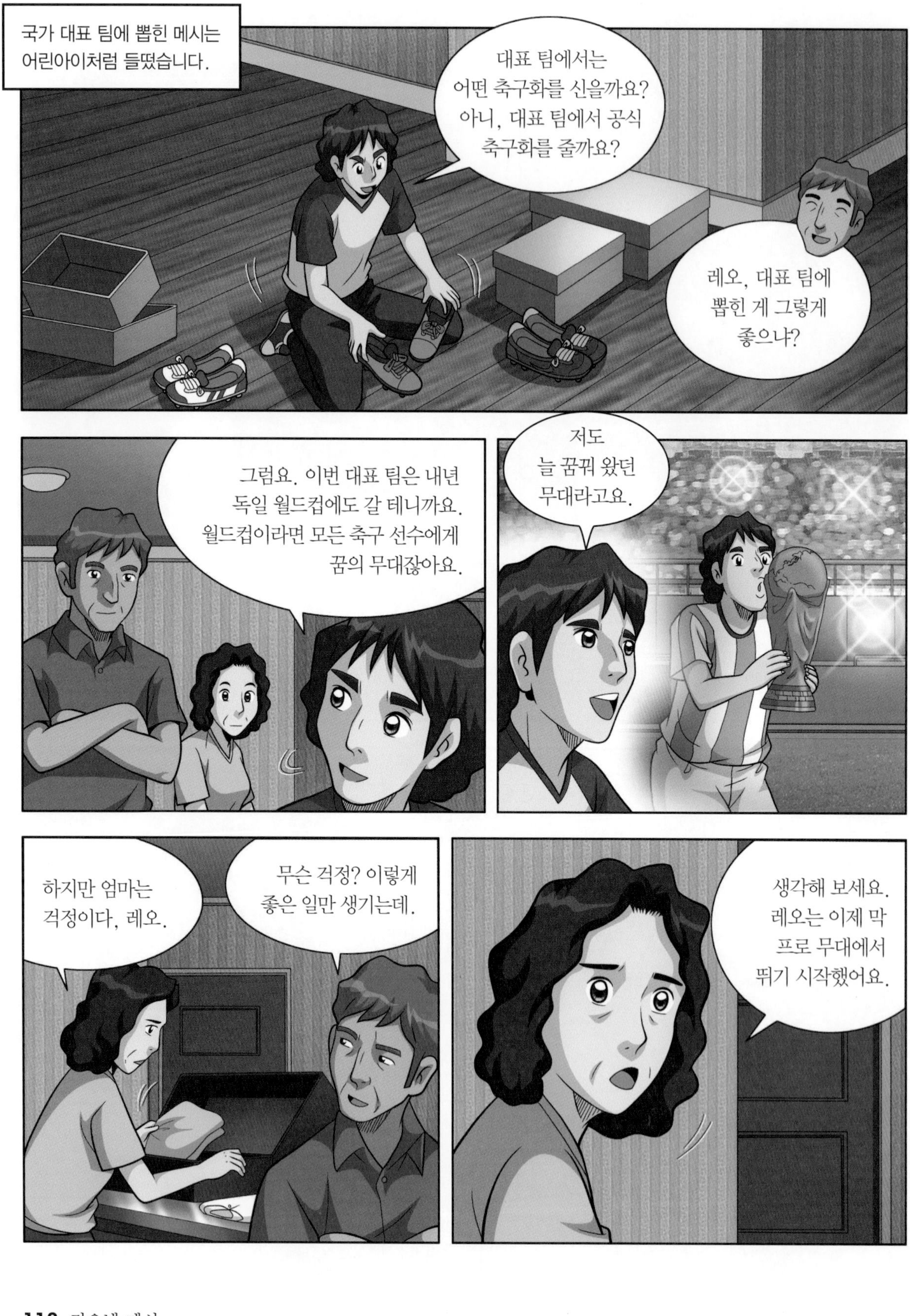

국가 대표 팀에 뽑힌 메시는 어린아이처럼 들떴습니다.
대표 팀에서는 어떤 축구화를 신을까요? 아니, 대표 팀에서 공식 축구화를 줄까요?
레오, 대표 팀에 뽑힌 게 그렇게 좋으냐?
그럼요. 이번 대표 팀은 내년 독일 월드컵에도 갈 테니까요. 월드컵이라면 모든 축구 선수에게 꿈의 무대잖아요.
저도 늘 꿈꿔 왔던 무대라고요.
하지만 엄마는 걱정이다, 레오.
무슨 걱정? 이렇게 좋은 일만 생기는데.
생각해 보세요. 레오는 이제 막 프로 무대에서 뛰기 시작했어요.

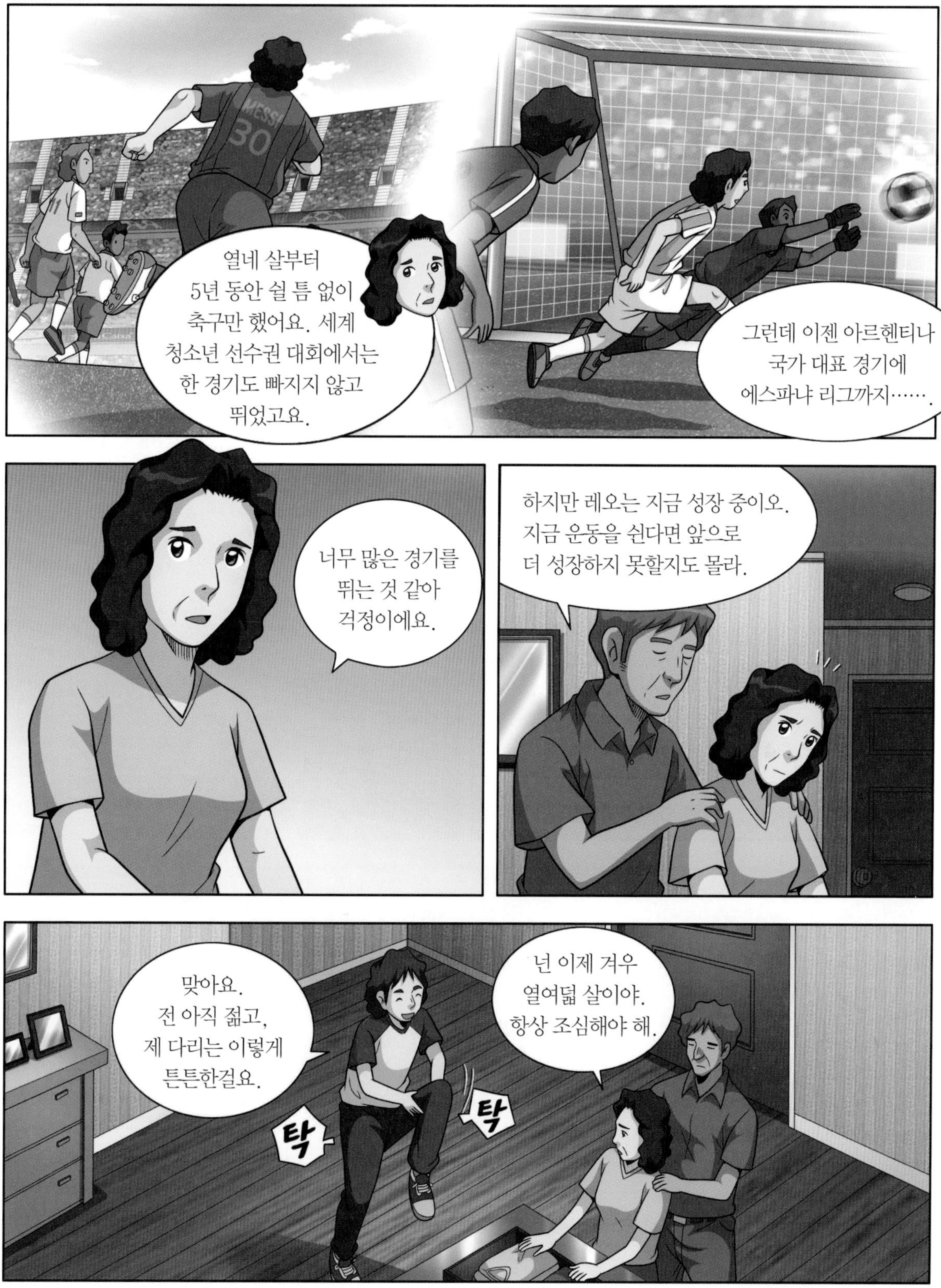
MESSI 30
열네 살부터 5년 동안 쉴 틈 없이 축구만 했어요. 세계 청소년 선수권 대회에서는 한 경기도 빠지지 않고 뛰었고요.
그런데 이젠 아르헨티나 국가 대표 경기에 에스파냐 리그까지…….
너무 많은 경기를 뛰는 것 같아 걱정이에요.
하지만 레오는 지금 성장 중이오. 지금 운동을 쉰다면 앞으로 더 성장하지 못할지도 몰라.
맞아요. 전 아직 젊고, 제 다리는 이렇게 튼튼한걸요.
탁
탁
넌 이제 겨우 열여덟 살이야. 항상 조심해야 해.

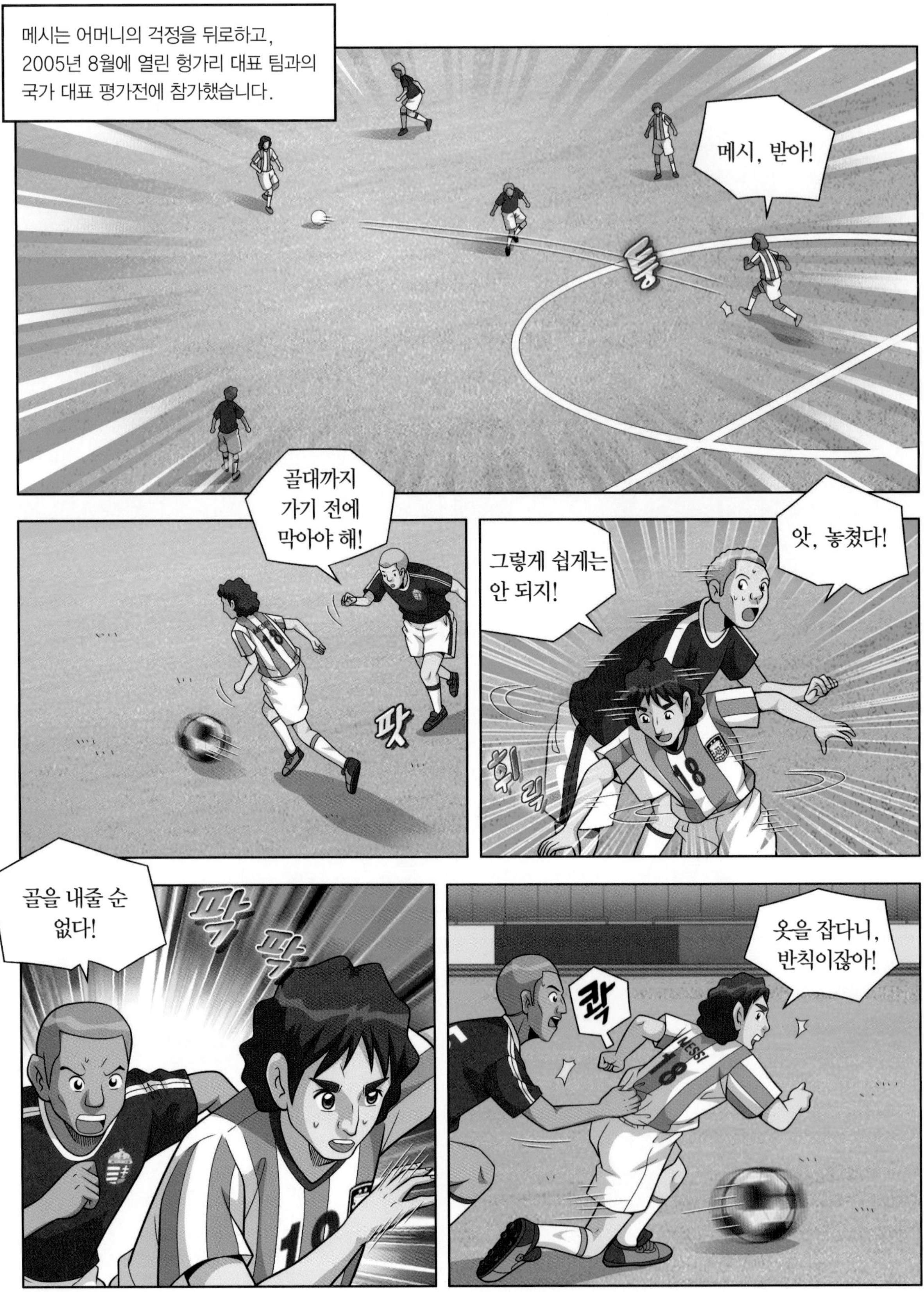
메시는 어머니의 걱정을 뒤로하고, 2005년 8월에 열린 헝가리 대표 팀과의 국가 대표 평가전에 참가했습니다.
메시, 받아!
툭
골대까지 가기 전에 막아야 해!
팍
그렇게 쉽게는 안 되지!
앗, 놓쳤다!
휘릭
골을 내줄 순 없다!
팍
팍
옷을 잡다니, 반칙이잖아!
콱

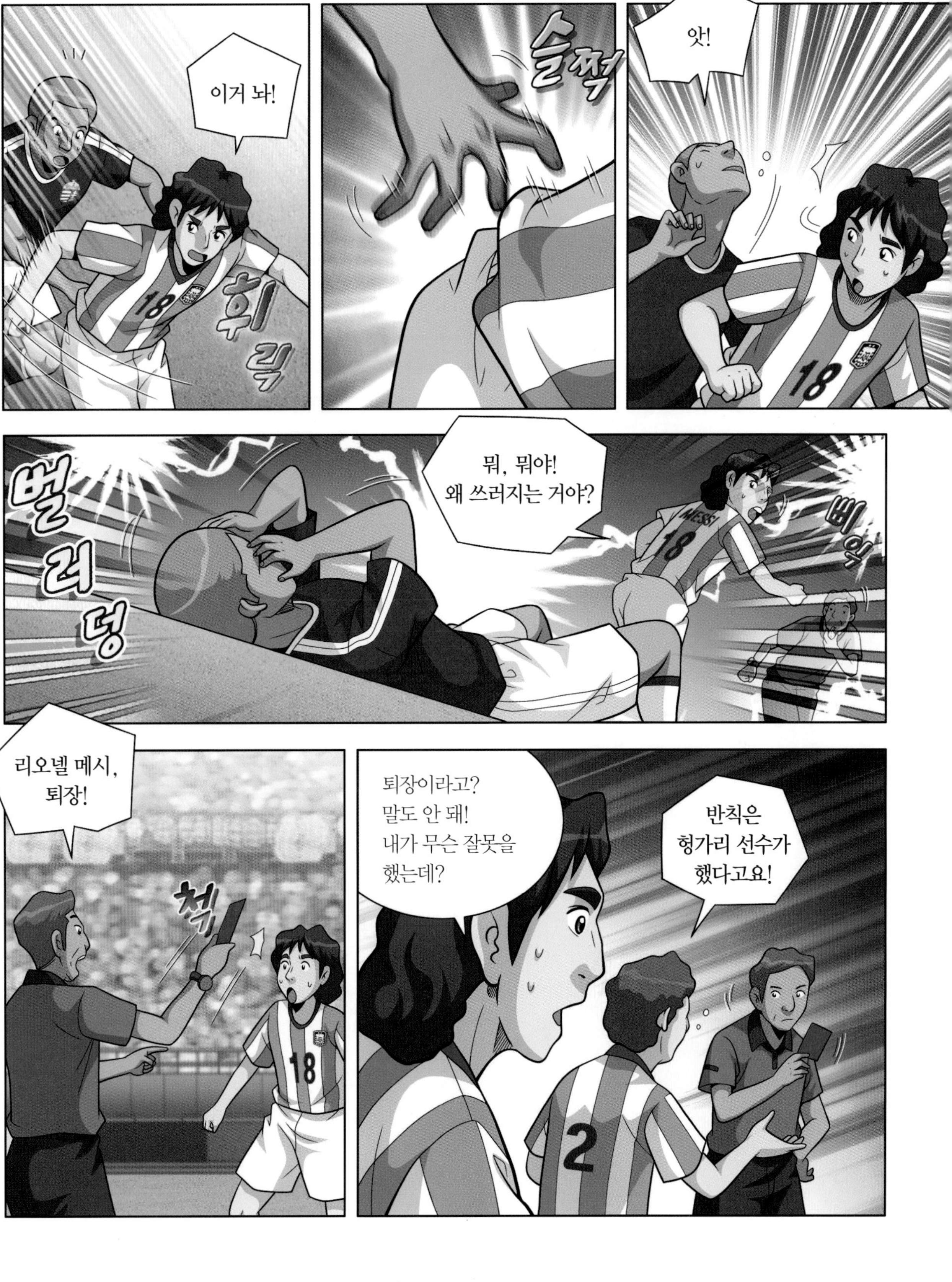

이거 봐!
휘릭
슬쩍
앗!
벌러덩
뭐, 뭐야!
왜 쓰러지는 거야?
MESSI
삐익
리오넬 메시,
퇴장!
척
퇴장이라고?
말도 안 돼!
내가 무슨 잘못을
했는데?
반칙은
헝가리 선수가
했다고요!

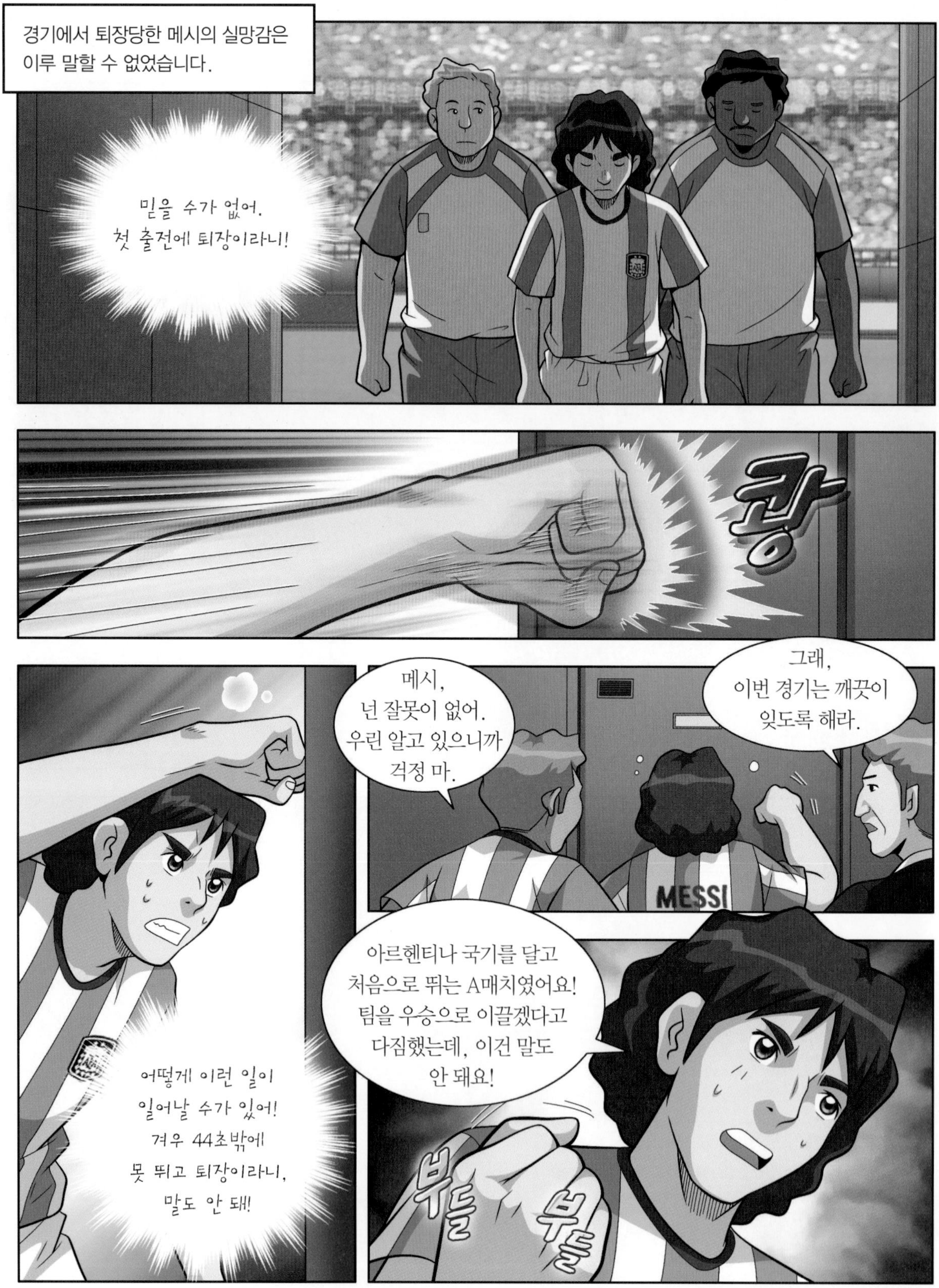
경기에서 퇴장당한 메시의 실망감은 이루 말할 수 없었습니다.
믿을 수가 없어. 첫 출전에 퇴장이라니!
쾅
어떻게 이런 일이 일어날 수가 있어! 겨우 44초밖에 못 뛰고 퇴장이라니, 말도 안 돼!
메시, 넌 잘못이 없어. 우린 알고 있으니까 걱정 마.
그래, 이번 경기는 깨끗이 잊도록 해라.
MESSI
아르헨티나 국기를 달고 처음으로 뛰는 A매치였어요! 팀을 우승으로 이끌겠다고 다짐했는데, 이건 말도 안 돼요!
부들 부들

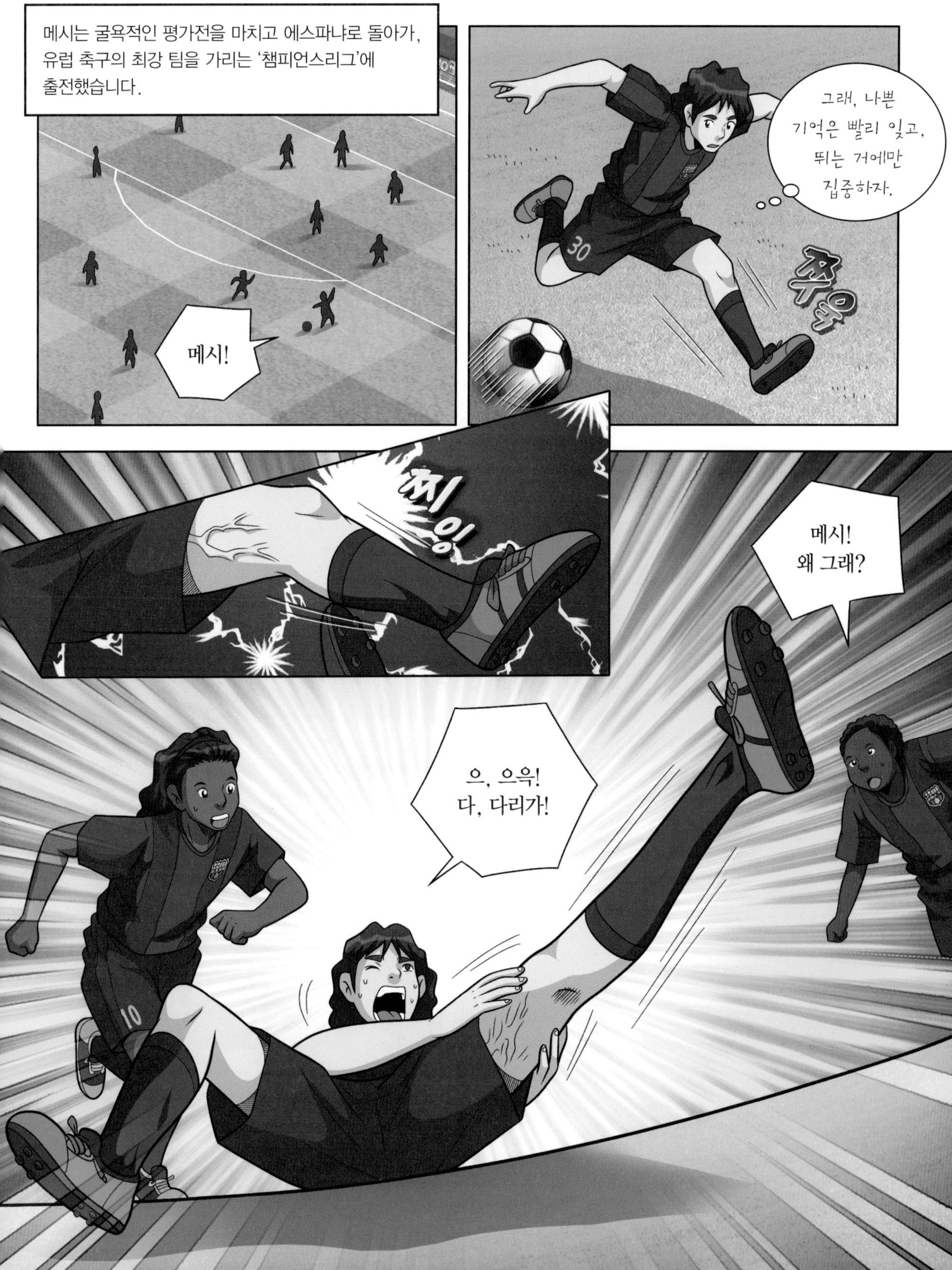
메시는 굴욕적인 평가전을 마치고 에스파냐로 돌아가,
유럽 축구의 최강 팀을 가리는 '챔피언스리그'에
출전했습니다.
메시!
그래, 나쁜 기억은 빨리 잊고, 뛰는 거에만 집중하자.
쭈욱
찌잉
메시! 왜 그래?
으, 으윽! 다, 다리가!

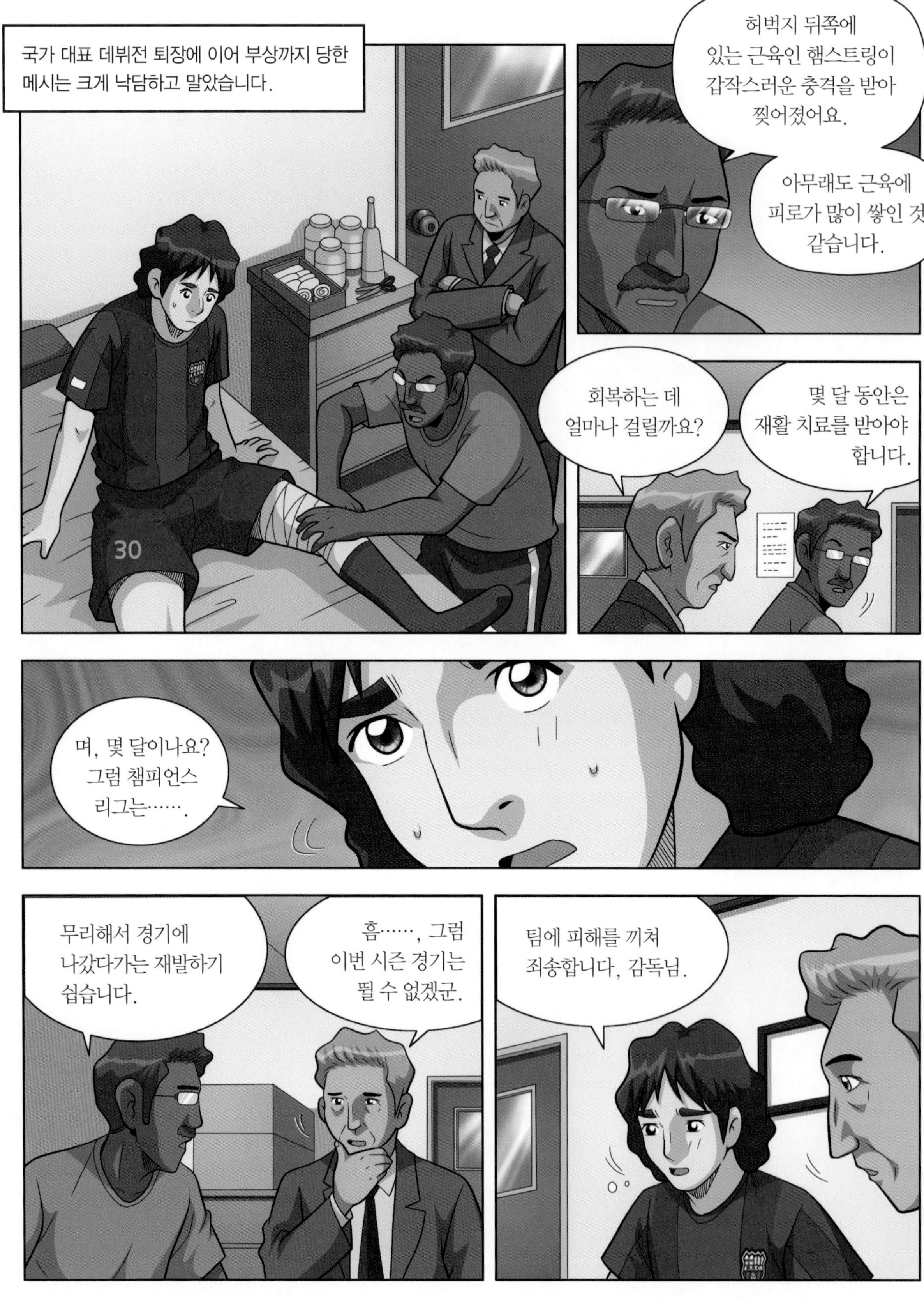

국가 대표 데뷔전 퇴장에 이어 부상까지 당한 메시는 크게 낙담하고 말았습니다.
허벅지 뒤쪽에 있는 근육인 햄스트링이 갑작스러운 충격을 받아 찢어졌어요.
아무래도 근육에 피로가 많이 쌓인 것 같습니다.
30
회복하는 데 얼마나 걸릴까요?
몇 달 동안은 재활 치료를 받아야 합니다.
며, 몇 달이나요? 그럼 챔피언스 리그는…….
무리해서 경기에 나갔다가는 재발하기 쉽습니다.
흠……, 그럼 이번 시즌 경기는 뛸 수 없겠군.
팀에 피해를 끼쳐 죄송합니다, 감독님.

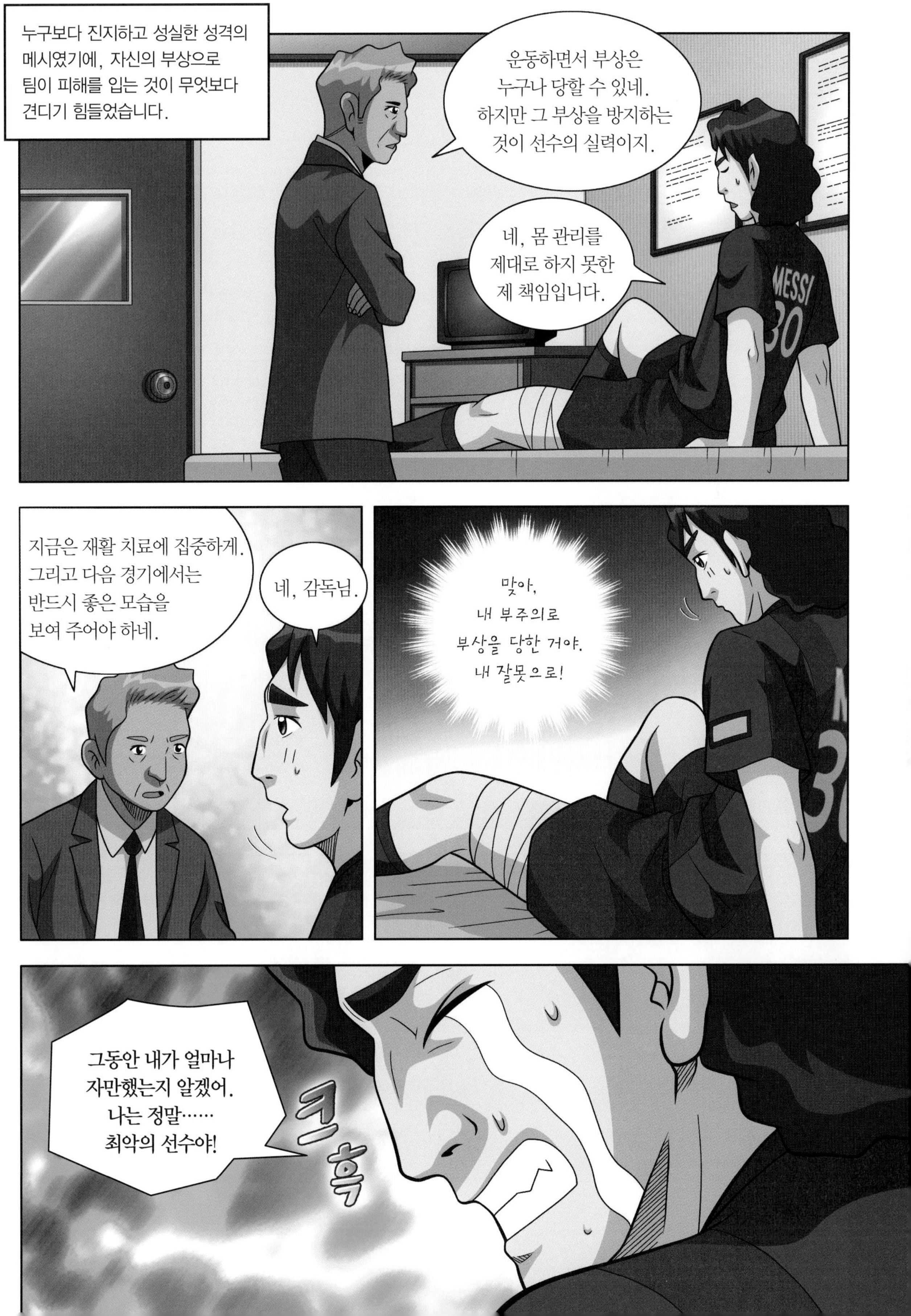
누구보다 진지하고 성실한 성격의 메시였기에, 자신의 부상으로 팀이 피해를 입는 것이 무엇보다 견디기 힘들었습니다.
운동하면서 부상은 누구나 당할 수 있네. 하지만 그 부상을 방지하는 것이 선수의 실력이지.
네, 몸 관리를 제대로 하지 못한 제 책임입니다.
MESSI 30
지금은 재활 치료에 집중하게. 그리고 다음 경기에서는 반드시 좋은 모습을 보여 주어야 하네.
네, 감독님.
맞아, 내 부주의로 부상을 당한 거야. 내 잘못으로!
그동안 내가 얼마나 자만했는지 알겠어. 나는 정말…… 최악의 선수야!
크흑

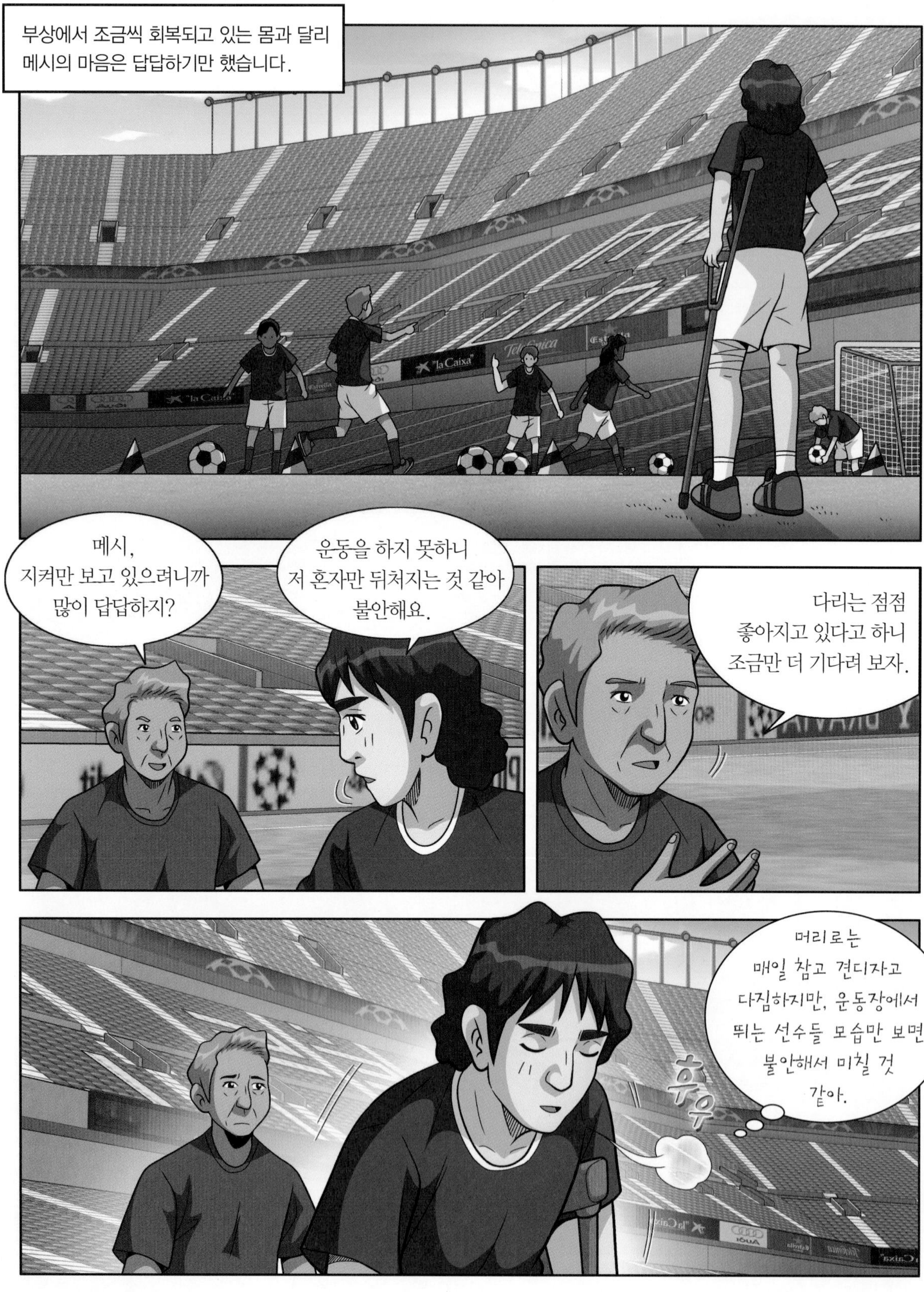
부상에서 조금씩 회복되고 있는 몸과 달리
메시의 마음은 답답하기만 했습니다.
메시, 지켜만 보고 있으려니까 많이 답답하지?
운동을 하지 못하니 저 혼자만 뒤처지는 것 같아 불안해요.
다리는 점점 좋아지고 있다고 하니 조금만 더 기다려 보자.
머리로는 매일 참고 견디자고 다짐하지만, 운동장에서 뛰는 선수들 모습만 보면 불안해서 미칠 것 같아.
후우

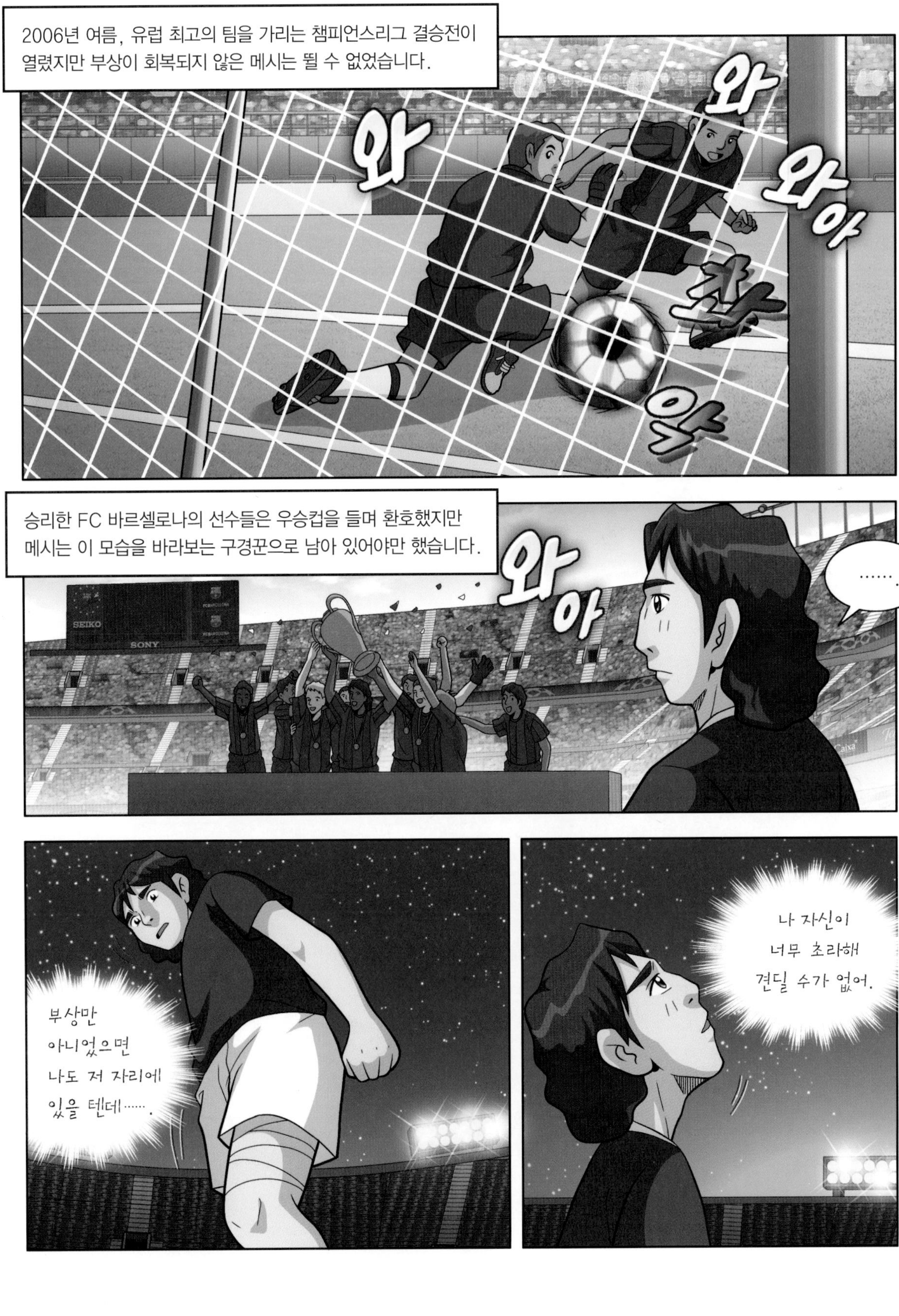
2006년 여름, 유럽 최고의 팀을 가리는 챔피언스리그 결승전이 열렸지만 부상이 회복되지 않은 메시는 뛸 수 없었습니다.
와
와
와아
촤악
승리한 FC 바르셀로나의 선수들은 우승컵을 들며 환호했지만 메시는 이 모습을 바라보는 구경꾼으로 남아 있어야만 했습니다.
와아
…….
부상만 아니었으면 나도 저 자리에 있을 텐데…….
나 자신이 너무 초라해 견딜 수가 없어.

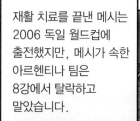

재활 치료를 끝낸 메시는 2006 독일 월드컵에 출전했지만, 메시가 속한 아르헨티나 팀은 8강에서 탈락하고 말았습니다.

출렁

빵

승부차기 끝에 독일이 아르헨티나를 4:2로 누르고 준결승에 진출합니다.

아르헨티나의 수많은 스타 선수들이 별다른 활약을 하지 못하며 뼈아픈 패배를 당하고 말았습니다.

뭐야, 8강에서 탈락이라니!

사람들의 질타에 메시는 자신감마저 잃었습니다.

메시도 에스파냐에서만 열심이지, 아르헨티나에는 도움이 안 되네.

다들 돈에만 관심이 있고 아르헨티나에 대한 애국심은 없는 거겠지.

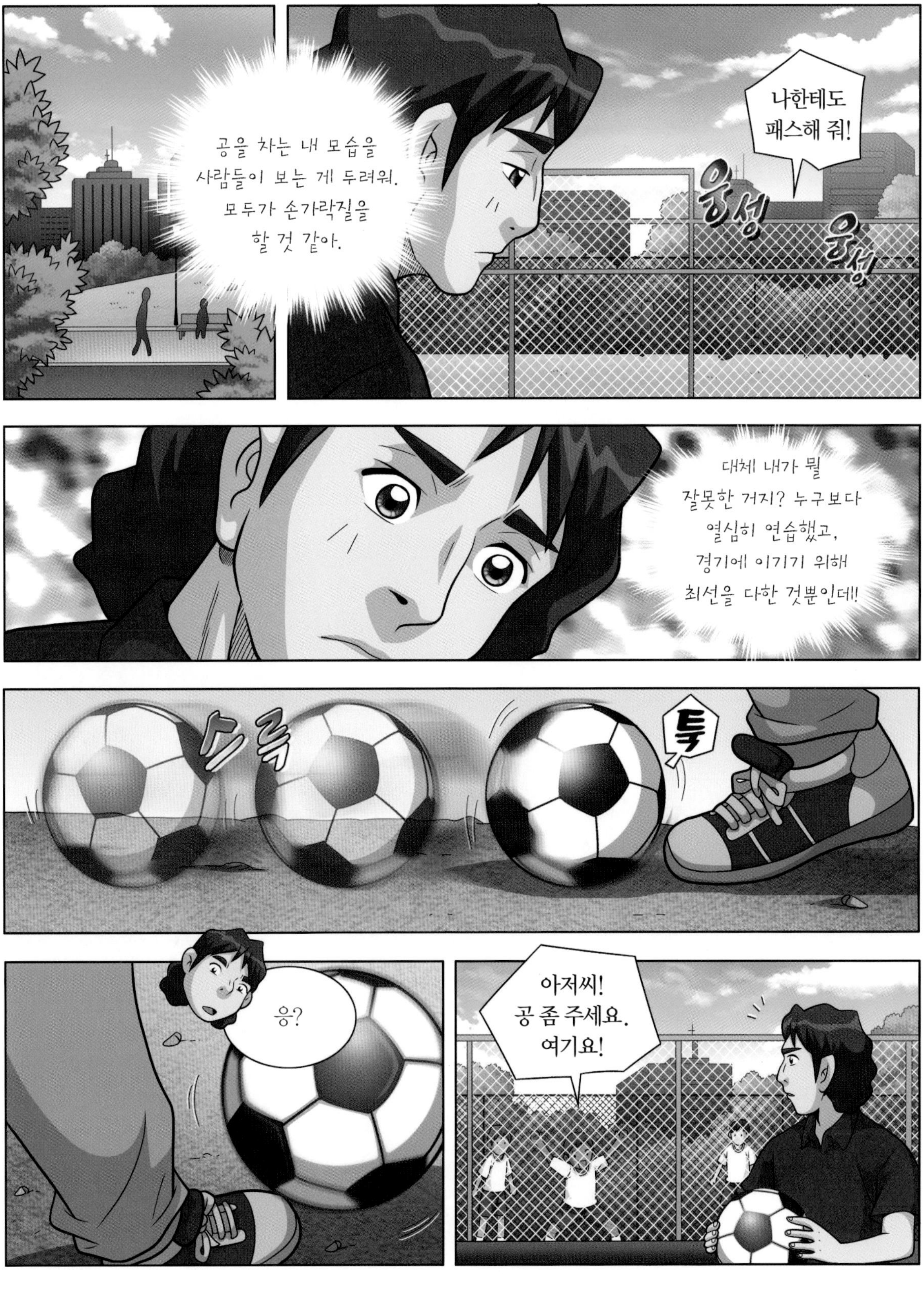
공을 차는 내 모습을
사람들이 보는 게 두려워.
모두가 손가락질을
할 것 같아.
나한테도
패스해 줘!
웅성
웅성
대체 내가 뭘
잘못한 거지? 누구보다
열심히 연습했고,
경기에 이기기 위해
최선을 다한 것뿐인데!!
스륵
툭
응?
아저씨!
공 좀 주세요.
여기요!

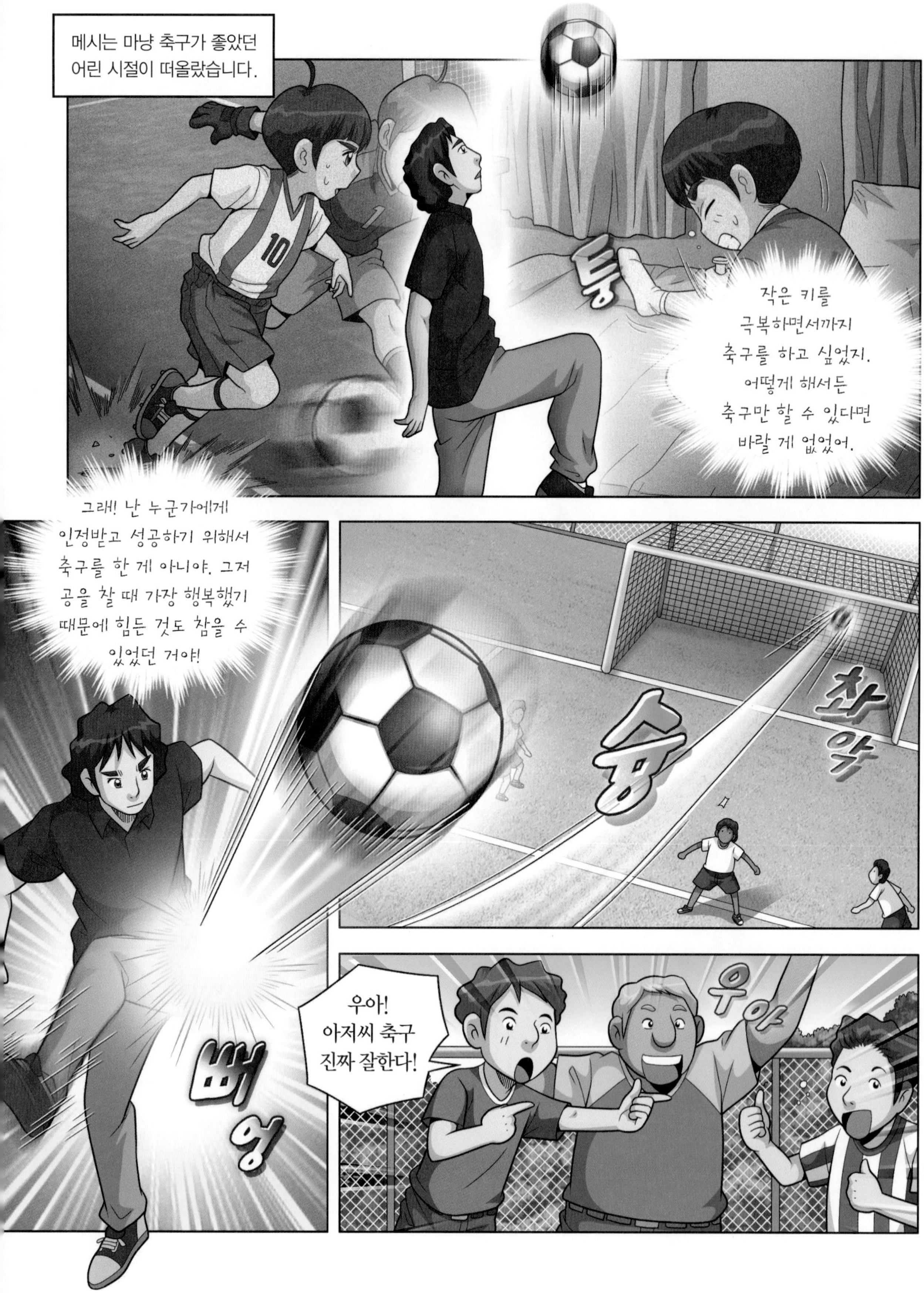
메시는 마냥 축구가 좋았던
어린 시절이 떠올랐습니다.
퉁
작은 키를 극복하면서까지 축구를 하고 싶었지. 어떻게 해서든 축구만 할 수 있다면 바랄 게 없었어.
그래! 난 누군가에게 인정받고 성공하기 위해서 축구를 한 게 아니야. 그저 공을 찰 때 가장 행복했기 때문에 힘든 것도 참을 수 있었던 거야!
뻐엉
슝
촤악
우아! 아저씨 축구 진짜 잘한다!
우아

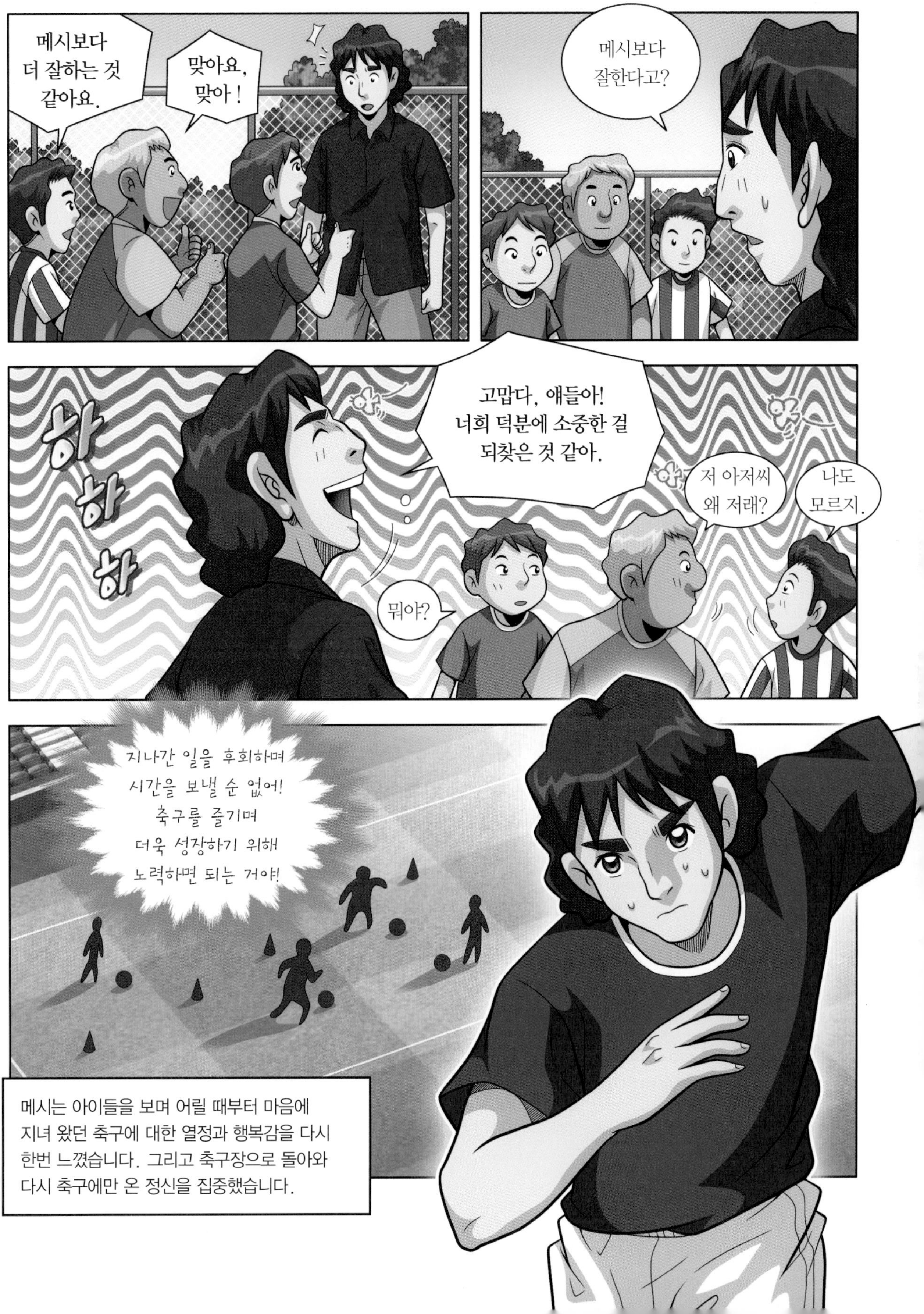

메시보다 더 잘하는 것 같아요.
맞아요, 맞아!
메시보다 잘한다고?
고맙다, 얘들아! 너희 덕분에 소중한 걸 되찾은 것 같아.
하하하
뭐야?
저 아저씨 왜 저래?
나도 모르지.
지나간 일을 후회하며 시간을 보낼 순 없어! 축구를 즐기며 더욱 성장하기 위해 노력하면 되는 거야!
메시는 아이들을 보며 어릴 때부터 마음에 지녀 왔던 축구에 대한 열정과 행복감을 다시 한번 느꼈습니다. 그리고 축구장으로 돌아와 다시 축구에만 온 정신을 집중했습니다.

치열한 라이벌 대회

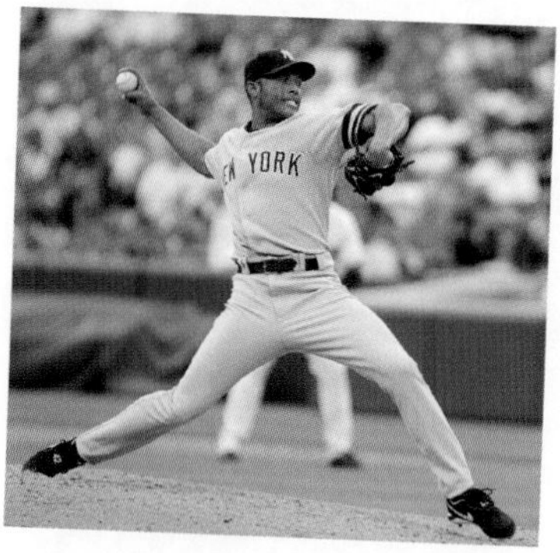
NEW YORK
미국 메이저 리그에서 보스턴 레드삭스와 라이벌 관계인 뉴욕 양키스 © Keith Allison

같은 분야에서 이기거나 앞서기 위해 서로 겨루는 상대를 '라이벌'이라고 합니다. 축구 선수 중 대표적인 라이벌로는 리오넬 메시와 크리스티아누 호날두가 있지요.
스포츠 중 특히 축구에서 이루어지는 라이벌 경기를 '더비(Derby)' 또는 '더비 경기(Derby Match)'라고 합니다. 잉글랜드 더비셔 주의 더비에서 열린 경마 대회에서 유래했다는 말이 있어요. 축구 이외의 종목에도 더비라는 용어를 사용하며, 야구처럼 '시리즈(Series)'라는 다른 용어를 사용하는 종목도 있습니다. 더비는 원래 같은 지역을 연고지로 하는 두 팀의 경기에서만 사용했지만, 이후 '치열한 라이벌 전'을 뜻하는 말이 되어 한 나라를 대표하는 팀들 사이의 경기도 '내셔널 더비(National Derby)'라고 하지요.
그럼 축구의 주요 더비 경기에 대해 알아볼까요?

하나 FC 바르셀로나 VS 레알 마드리드 CF

에스파냐 축구 리그의 최대 라이벌인 FC 바르셀로나와 레알 마드리드의 더비 경기를 '엘 클라시코'라고 합니다.
엘 클라시코는 '전통의 대결'이라는 뜻을 담고 있어요.
스페인뿐 아니라 전 세계의 스포츠 경기 중에서도 가장 많은 인기를 누리는 대결이기도 하지요.
FC 바르셀로나와 레알 마드리드는 오랜 옛날부터 라이벌 관계에 있었습니다. 에스파냐의 역사적 중심지인 카스티야 지방에 위치하고, 특히 에스파냐의 수도인 마드리드를 연고지로 하는 레알 마드리드와 달리 FC 바르셀로나가 위치한 카탈루냐 지방은 자신들만의 고유한 정체성을 유지하고 있었거든요.

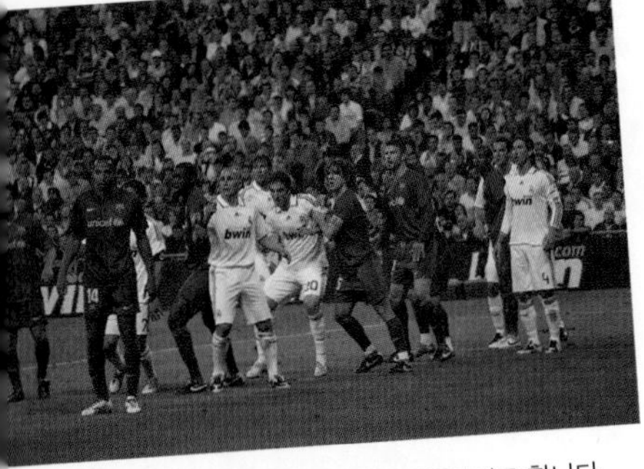
엘 클라시코는 두 팀의 자존심 싸움이기도 합니다. © Alejandro Ramos

특히 20세기 중반 에스파냐 내전을 통해 정권을 잡았던
독재자 프란치스코 프랑코가 카탈루냐의 고유한 문화와
정체성을 인정하지 않으면서 카탈루냐는 에스파냐,
그중에서도 에스파냐의 중심지인 카스티야 지방에 대해
강한 적대감을 품게 되었습니다. 스포츠에 그런 역사적인
지역감정이 섞이면서 엘 클라시코는 더욱 격렬해졌지요.
1902년부터 지금까지 이어지는 엘 클라시코는 에스파냐
내전이 있던 1936~1939년을 제외하고는 계속해서 이어지고
있습니다. 2022년 기준으로 양 팀은 250번 맞붙어 레알
마드리드가 101회, FC 바르셀로나가 97회 승리했지요.
엘 클라시코의 최다 득점자는 리오넬 메시로 총 26골을
넣었습니다.
한국과 일본의 대결인 한일전처럼 양 팀의 팬들은 온 힘을
다해 각자의 팀을 응원하고, 상대 팀에 패배하는 것을
용납하지 못합니다. 거스 히딩크가 레알 마드리드 감독이었을
때 엘 클라시코에서 패배하면서 감독 자리를 내려놓아야 했을
정도로, 양 팀이 엘 클라시코에 두는 의미는 매우 크답니다.

엘 클라시코의 응원전 또한 치열합니다.
ⓒ 연합포토

who? 지식사전

농구도 엘 클라시코?

FC 바르셀로나와 레알 마드리드는 축구팀 외에도 농구팀을 운영합니다. FC 바르
셀로나 바스케트와 레알 마드리드 발론세스토라는 팀이에요. FC 바르셀로나
바스케트는 축구의 챔피언스리그에 해당하는 유로리그에서 2차례 우승했고,
에스파냐 리그에서는 18회 우승을 했습니다. 레알 마드리드 발론세스토는
유로리그에서 9회, 에스파냐 리그에서는 32회 우승한 유럽 최정상의 팀이에요.
두 팀은 에스파냐 리그에서 항상 우승을 다투는 라이벌입니다. 이에 두 농구팀이
대결하는 경기 또한 엘 클라시코라고 불리며 열띤 경쟁이 벌어지지요.

농구 엘 클라시코도 축구 경기 못지않게
각 팀의 응원 경쟁이 치열합니다.
ⓒ m.caimary

경기 중 싸움을 막기 위해 관중들은 멀리
떨어져 앉아 응원합니다. ⓒ Stanmar

둘 레인저스 FC VS 셀틱 FC

스코틀랜드 축구 리그의 두 강자 레인저스 FC와 셀틱 FC의
경기를 '올드 펌 더비'라고 합니다. '올드 펌'은 '오랜 동료'라는
뜻이지만, 같은 지역을 연고지로 하는 두 팀의 경쟁은 축구를
넘어 역사, 정치 문제 때문에 더욱 격렬해졌어요. 특히 개신교
팬과 천주교 팬의 싸움으로 유명하지요. 굉장히 거친
경기로 유명한 올드 펌 더비에서는 옐로우 카드와 레드
카드가 많이 나옵니다. 또한 양 팀 팬들 사이에서 폭력
사건이 빈번하게 일어날 정도로 악명 높은 경기로 알려져
있습니다. 하지만 이렇게 앙숙인 두 팀의 팬도 스코틀랜드와
잉글랜드가 경기할 때는 하나로 뭉쳐 자국인 스코틀랜드를
응원한답니다.

1894년 맨체스터가 만든 운하는 당시
세계에서 가장 긴 운하였다고 합니다.
ⓒ 위키피디아

셋 맨체스터 유나이티드 FC VS 리버풀 FC

현대 축구의 본고장 잉글랜드에서는 맨체스터 유나이티드와
리버풀의 경기인 '노스웨스트 더비'가 유명합니다. 두 팀
모두 붉은색 유니폼을 입기 때문에 '레즈' 또는 '장미의
전쟁'이라고도 부르지요. 잉글랜드 프리미어리그 경기 중
최고의 인기를 자랑하는 노스웨스트 더비는 오후 늦게 열리면
술을 마시고 난동을 피우는 관객이 많기 때문에 대부분
낮 12시에 열린다고 합니다.
두 팀이 라이벌이 된 것은 오래 전부터 내려온 지역감정
때문입니다. 원래 잉글랜드에 들어오는 무역품은 항구
도시였던 리버풀을 거쳐야만 했는데, 맨체스터는 직접 운하를
만들어 리버풀을 거치지 않고 무역품을 운반했습니다. 이로
인해 리버풀이 금전적인 손해를 많이 봤고, 두 도시는 앙숙이
되었습니다.

넷 AC 밀란 VS 인테르

이탈리아에서 가장 유명한 라이벌 전은 '밀라노 더비'입니다. AC 밀란과 인테르(FC 인테르나치오날레 밀라노)와의 경기지요.
AC 밀란은 창단 초기에 이탈리아와 영국 출신의 선수만 입단을 허락했는데, 이에 반발했던 몇몇 선수들이 모여 1908년 인테르를 창단했습니다. 그리고 이 두 팀은 라이벌 관계가 되었지요.
독특한 점은 두 팀이 경기장을 같이 쓴다는 점입니다. 하지만 인테르는 구장 이름을 '주세페 메아차'라 하고 AC 밀란은 '산 시로'라고 부르지요. 현재 밀라노 더비는 다른 더비 경기에 비해 비교적 평화로운 분위기라고 합니다.

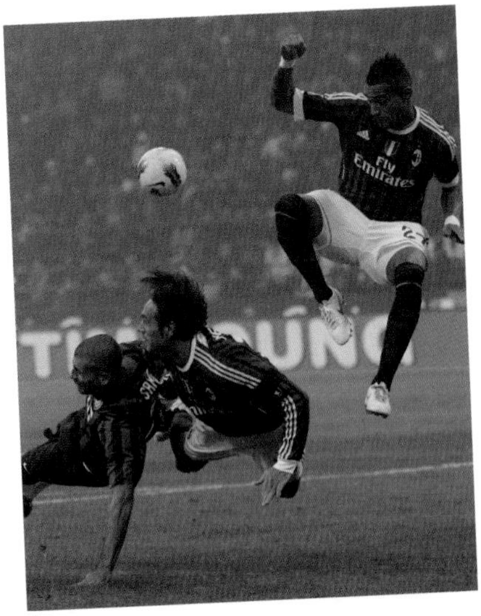

AC 밀란은 붉은색, 인테르는 파란색 유니폼을 입습니다. © 연합포토

다섯 대한민국 VS 일본

'한일전'은 대한민국과 일본 사이에 벌어지는 스포츠 경기를 말합니다. 일본에서는 '일한전(닛칸센)'이라 불러요. 단, 북한과 일본의 경기는 한일전이라 하지 않지요.
대한민국과 일본은 지리적으로 가깝고, 특히 일본이 대한민국을 강제로 식민 지배한 일이 있었기 때문에 양국은 서로에 대한 견제와 경쟁이 심하답니다.
대한민국과 일본의 첫 한일전 축구 경기는 일본에서 열린 1954년 FIFA 월드컵 아시아 지역 예선 1차전입니다.
이 경기에서는 5:1이라는 큰 점수 차로 일본이 패배했습니다. 이는 현재까지 한일전 최다 실점 기록으로 남아 있습니다.
당시에는 대한민국이 일본을 제치고 아시아 대표로 FIFA 월드컵에 출전했습니다. 이후 두 나라는 아시아는 물론 각종 세계 대회에서 수차례 격돌하며 경쟁하고 있습니다.

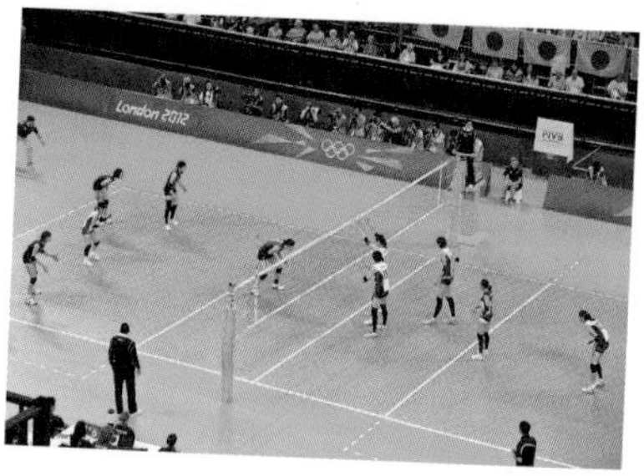
London 2012

한일전은 축구를 비롯한 다양한 분야에서의 경쟁을 말합니다. © Ivan Bandura

who?

6 누구도 막을 수 없는 선수

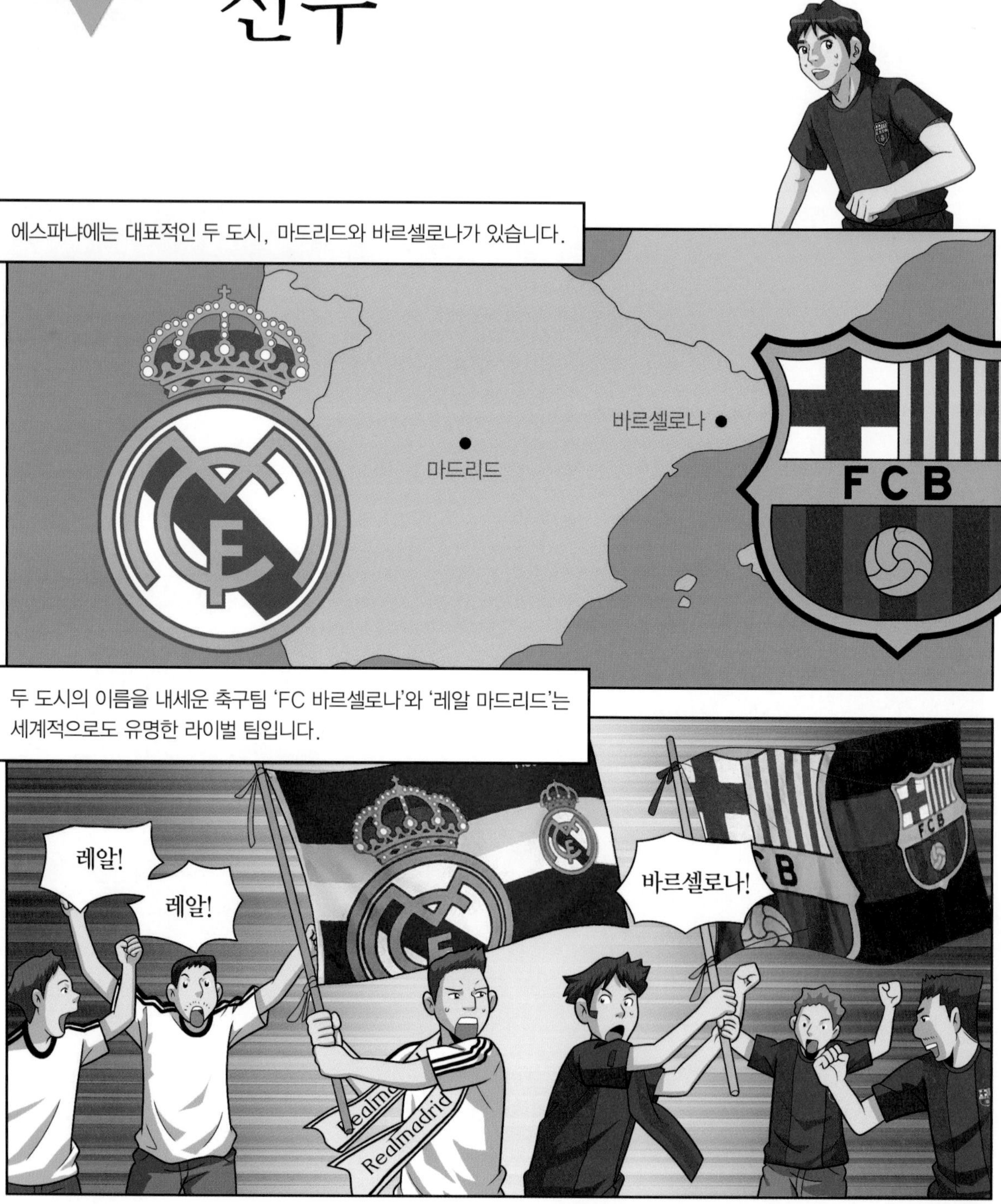

에스파냐에는 대표적인 두 도시, 마드리드와 바르셀로나가 있습니다.
바르셀로나
마드리드
FCB
두 도시의 이름을 내세운 축구팀 'FC 바르셀로나'와 '레알 마드리드'는 세계적으로도 유명한 라이벌 팀입니다.
레알!
레알!
바르셀로나!
Realmadrid
Realmadrid
FCB

*더비 경기: 스포츠, 특히 축구에서 같은 지역을 연고지로 하는 두 팀의 라이벌 경기를 뜻하는 말

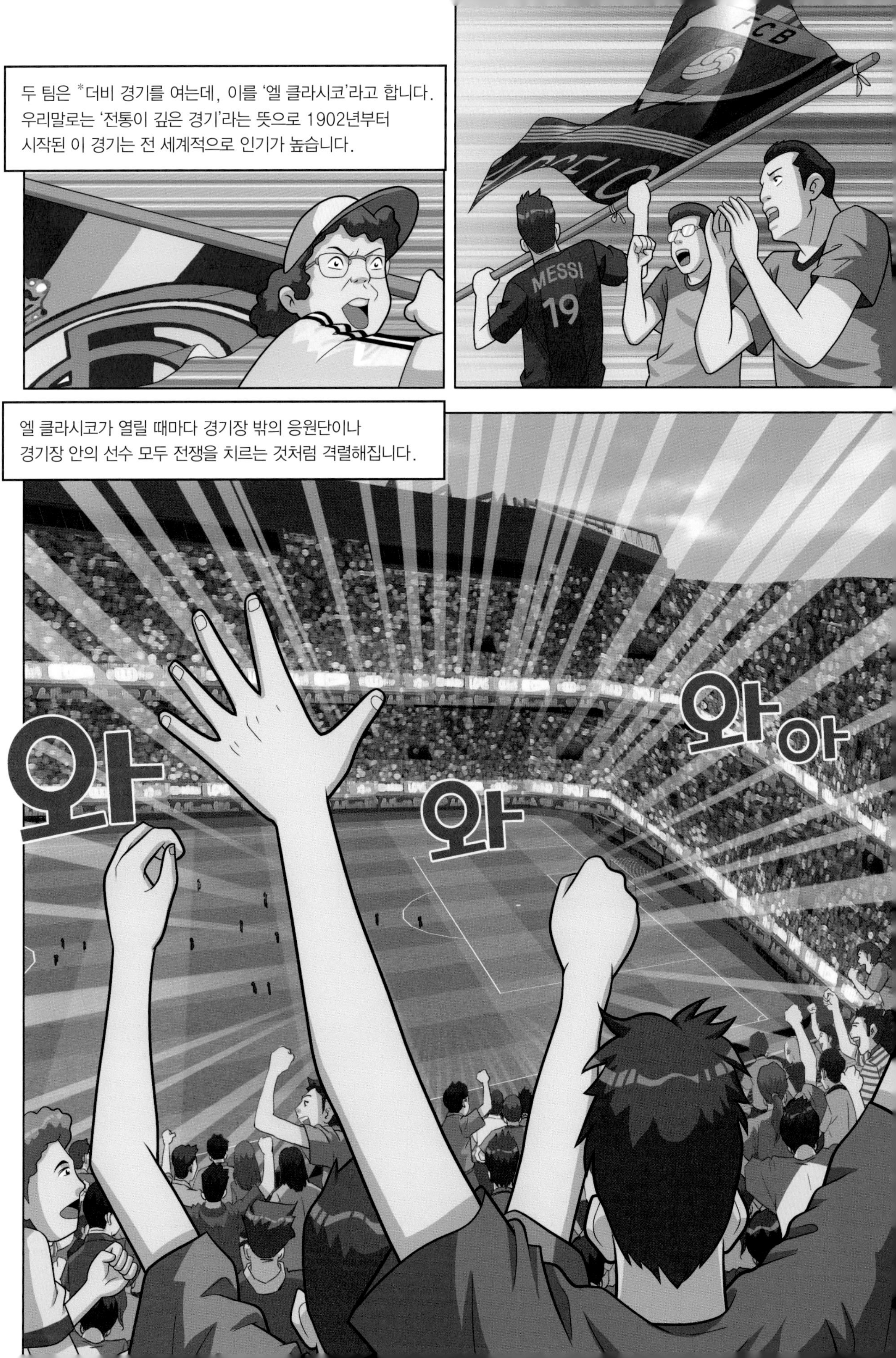
두 팀은 *더비 경기를 여는데, 이를 ‘엘 클라시코’라고 합니다. 우리말로는 ‘전통이 깊은 경기’라는 뜻으로 1902년부터 시작된 이 경기는 전 세계적으로 인기가 높습니다.
FCB
MESSI
19
엘 클라시코가 열릴 때마다 경기장 밖의 응원단이나 경기장 안의 선수 모두 전쟁을 치르는 것처럼 격렬해집니다.
와
와
와아

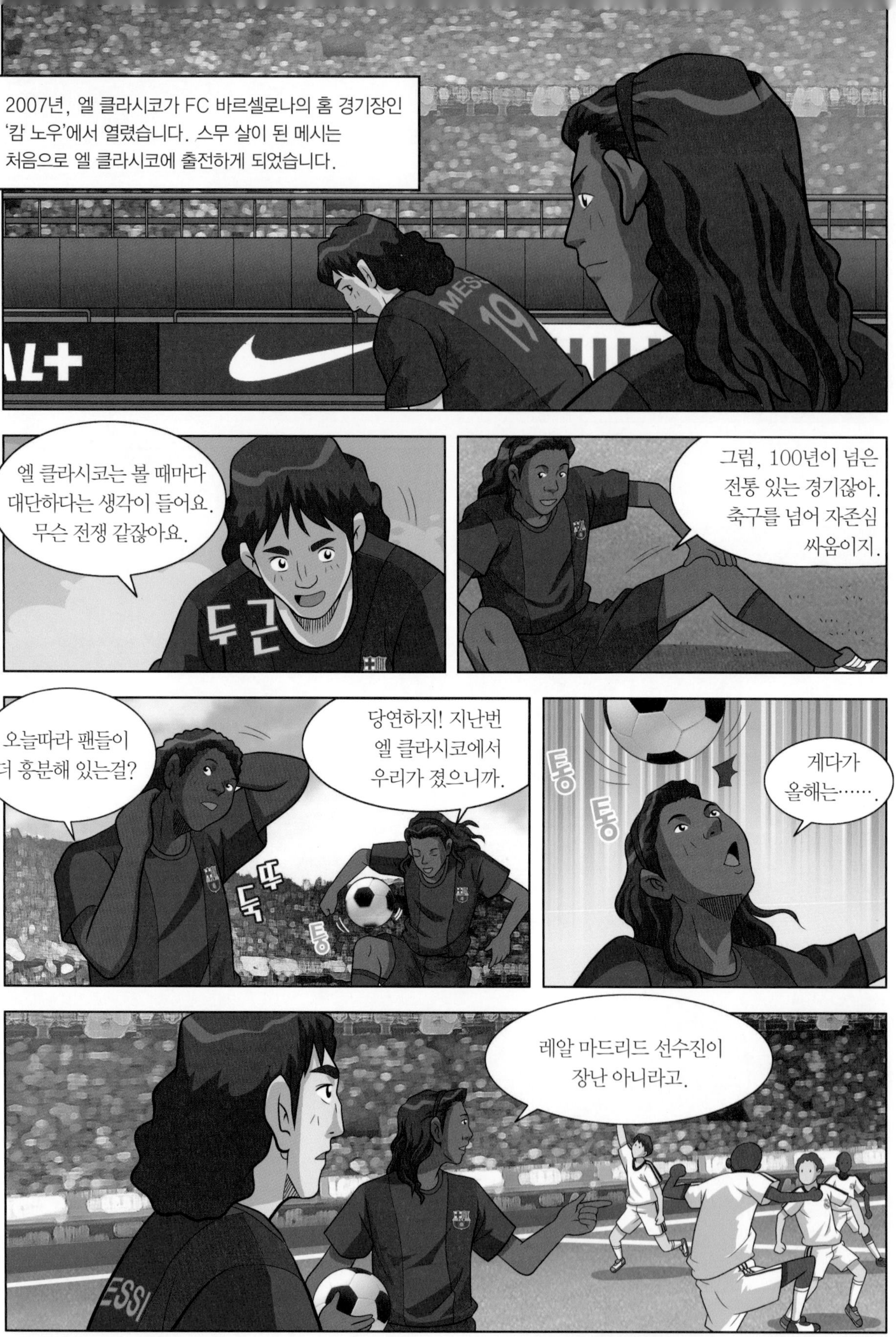
2007년, 엘 클라시코가 FC 바르셀로나의 홈 경기장인 '캄 노우'에서 열렸습니다. 스무 살이 된 메시는 처음으로 엘 클라시코에 출전하게 되었습니다.
엘 클라시코는 볼 때마다 대단하다는 생각이 들어요. 무슨 전쟁 같잖아요.
그럼, 100년이 넘은 전통 있는 경기잖아. 축구를 넘어 자존심 싸움이지.
오늘따라 팬들이 더 흥분해 있는걸?
당연하지! 지난번 엘 클라시코에서 우리가 졌으니까.
통
통 통
게다가 올해는…….
레알 마드리드 선수진이 장난 아니라고.

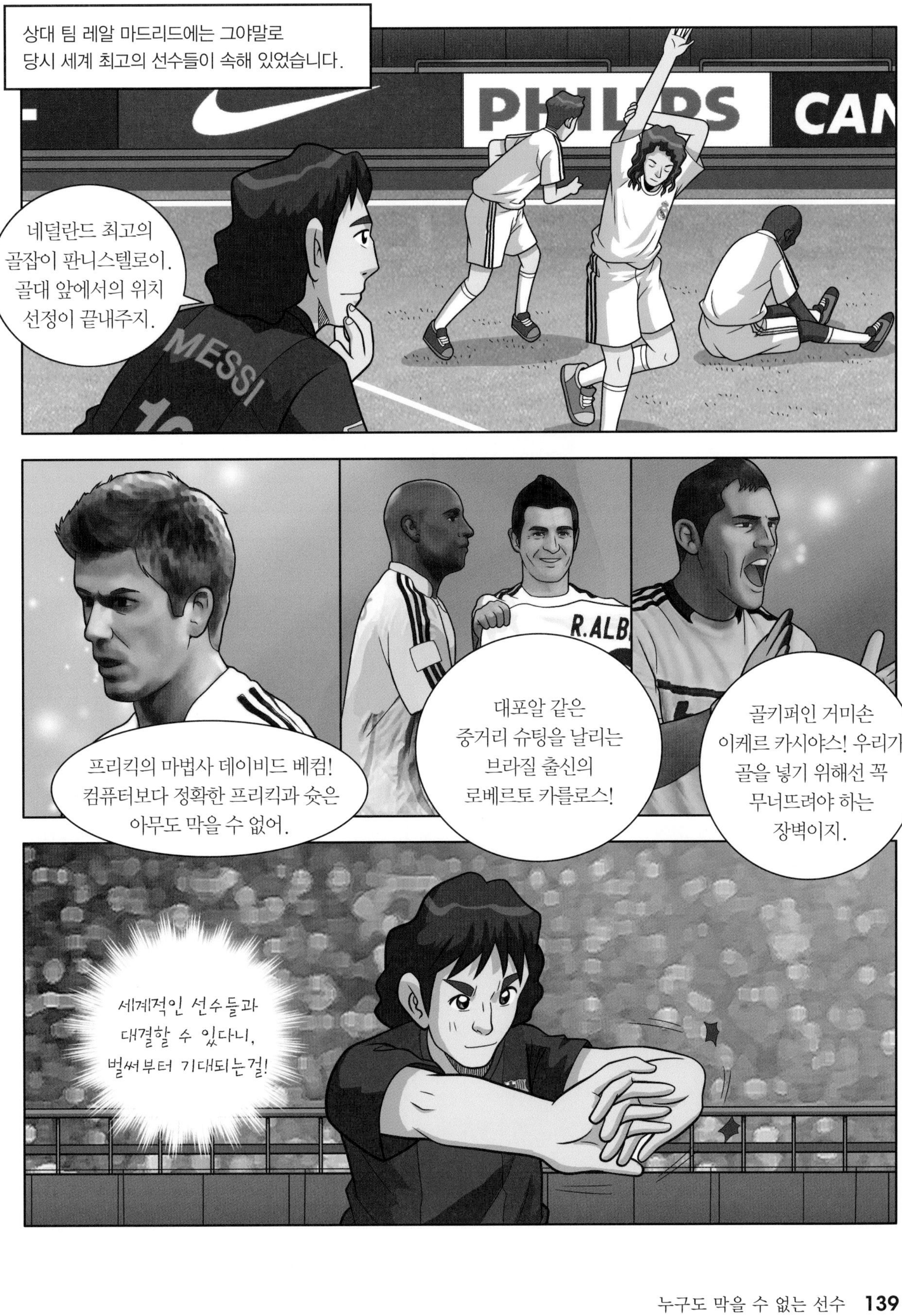
상대 팀 레알 마드리드에는 그야말로 당시 세계 최고의 선수들이 속해 있었습니다.
PHILIPS
CAN
네덜란드 최고의 골잡이 판니스텔로이. 골대 앞에서의 위치 선정이 끝내주지.
MESSI
R.ALB
프리킥의 마법사 데이비드 베컴! 컴퓨터보다 정확한 프리킥과 슛은 아무도 막을 수 없어.
대포알 같은 중거리 슈팅을 날리는 브라질 출신의 로베르토 카를로스!
골키퍼인 거미손 이케르 카시야스! 우리가 골을 넣기 위해선 꼭 무너뜨려야 하는 장벽이지.
세계적인 선수들과 대결할 수 있다니, 벌써부터 기대되는걸!

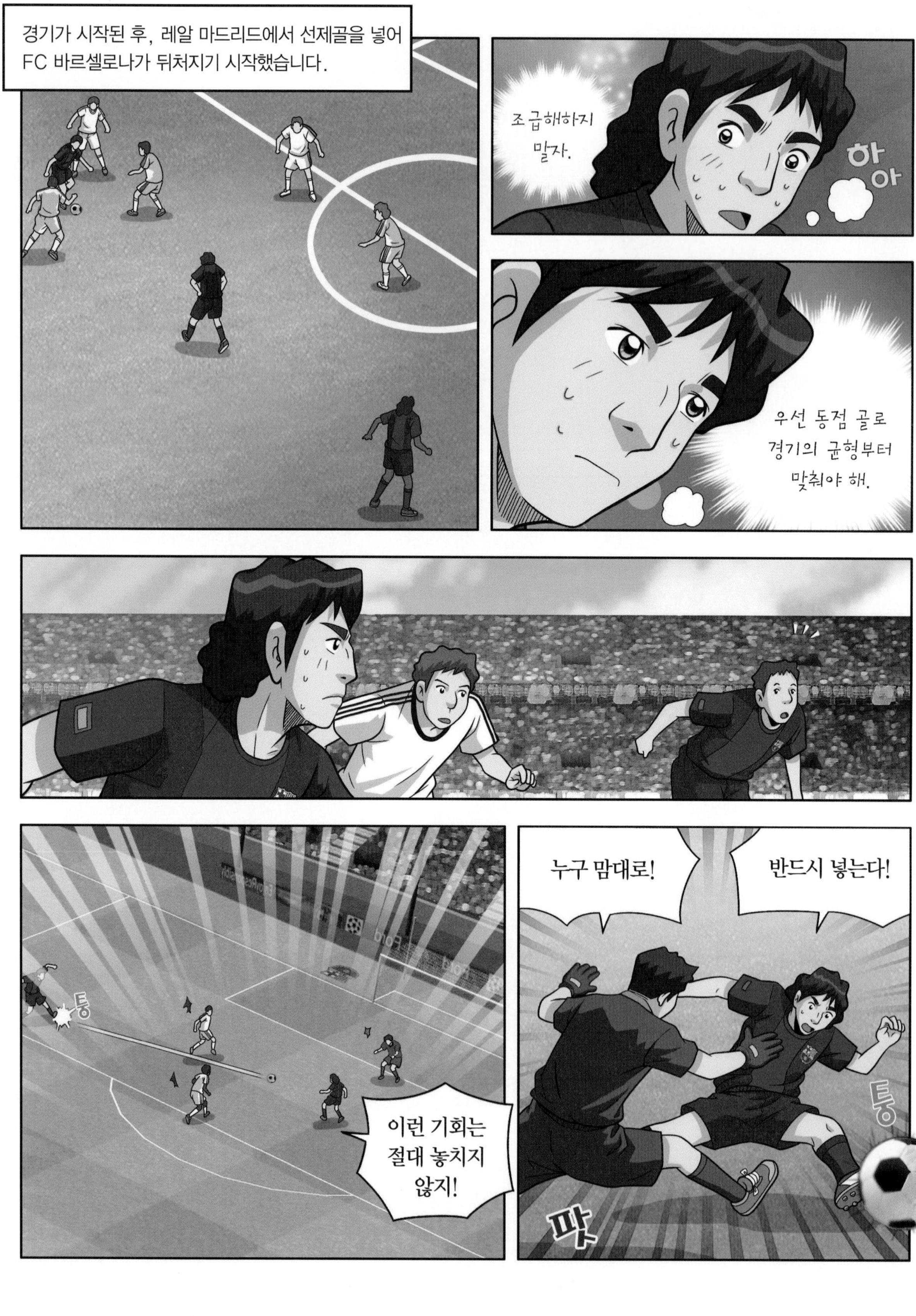
경기가 시작된 후, 레알 마드리드에서 선제골을 넣어
FC 바르셀로나가 뒤처지기 시작했습니다.
조급해하지 말자.
하아
우선 동점 골로 경기의 균형부터 맞춰야 해.
퉁
이런 기회는 절대 놓치지 않지!
누구 맘대로!
반드시 넣는다!
퉁
팍

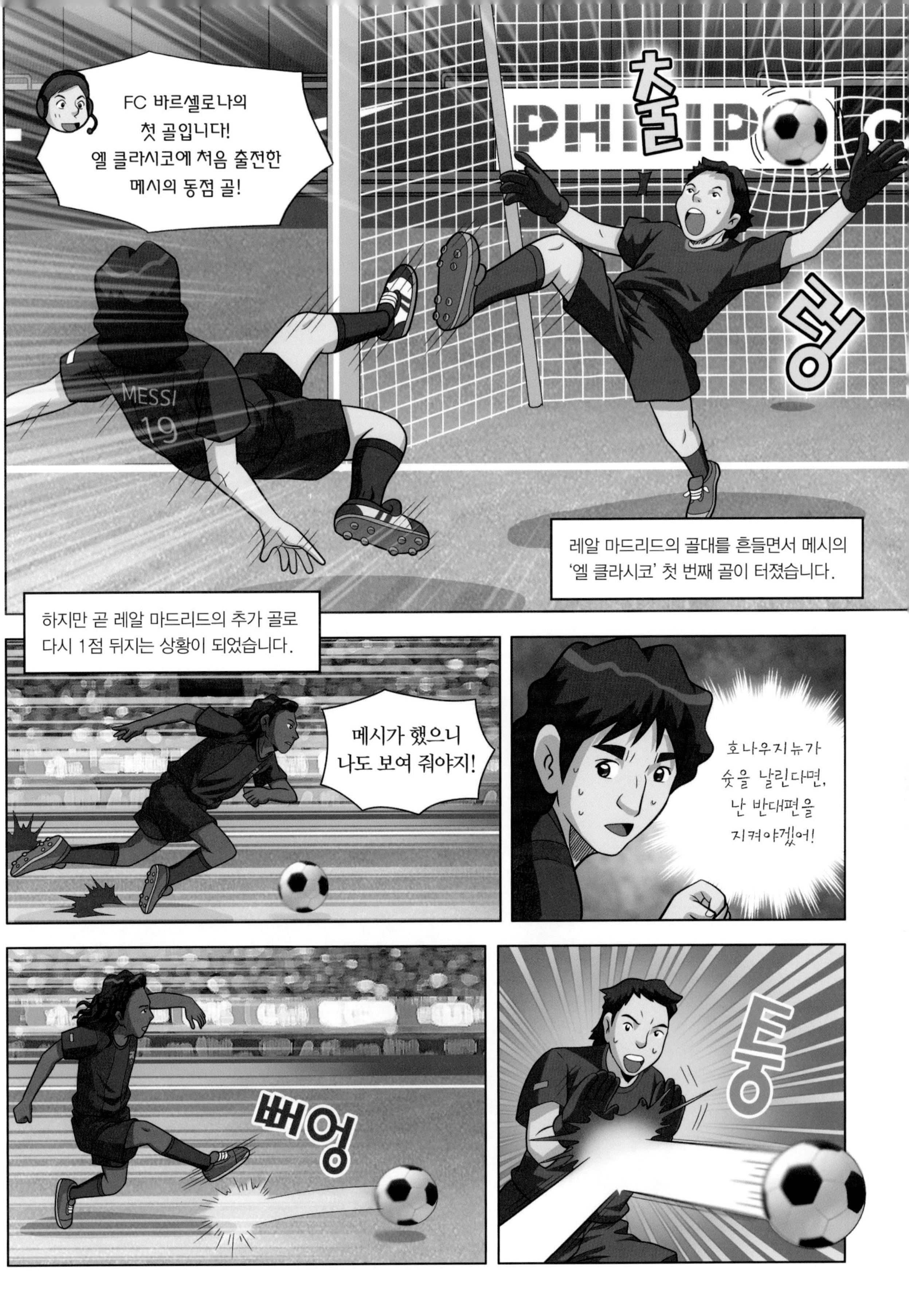
FC 바르셀로나의 첫 골입니다! 엘 클라시코에 처음 출전한 메시의 동점 골!
출렁
MESSI 19
레알 마드리드의 골대를 흔들면서 메시의 '엘 클라시코' 첫 번째 골이 터졌습니다.
하지만 곧 레알 마드리드의 추가 골로 다시 1점 뒤지는 상황이 되었습니다.
메시가 했으니 나도 보여 줘야지!
호나우지뉴가 슛을 날린다면, 난 반대편을 지켜야겠어!
뻐엉
퉁

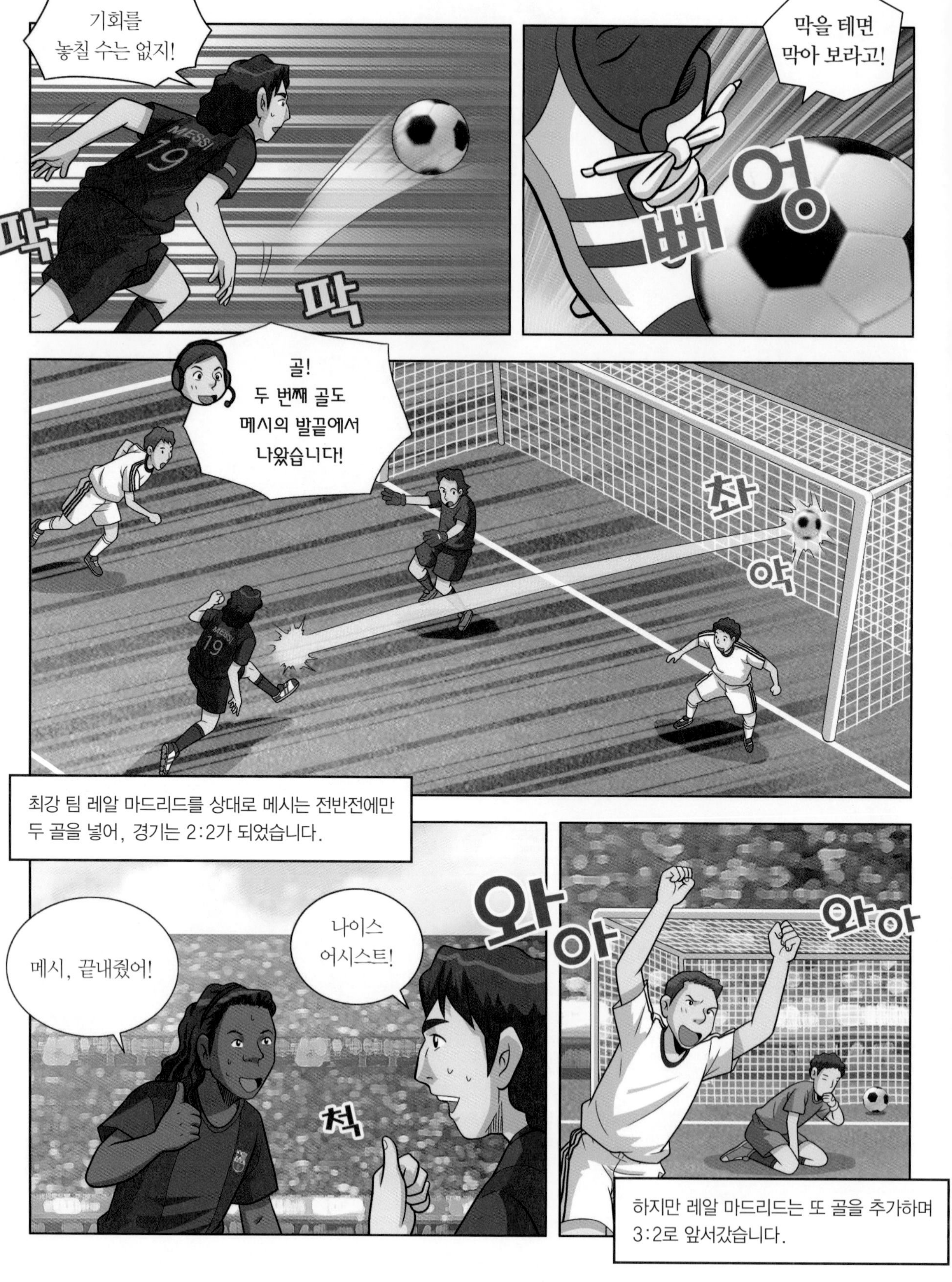
기회를 놓칠 수는 없지!
팍 팍
막을 테면 막아 보라고!
뻐엉
골! 두 번째 골도 메시의 발끝에서 나왔습니다!
차악
최강 팀 레알 마드리드를 상대로 메시는 전반전에만 두 골을 넣어, 경기는 2:2가 되었습니다.
메시, 끝내줘어!
나이스 어시스트!
척
와아 와아
하지만 레알 마드리드는 또 골을 추가하며 3:2로 앞서갔습니다.

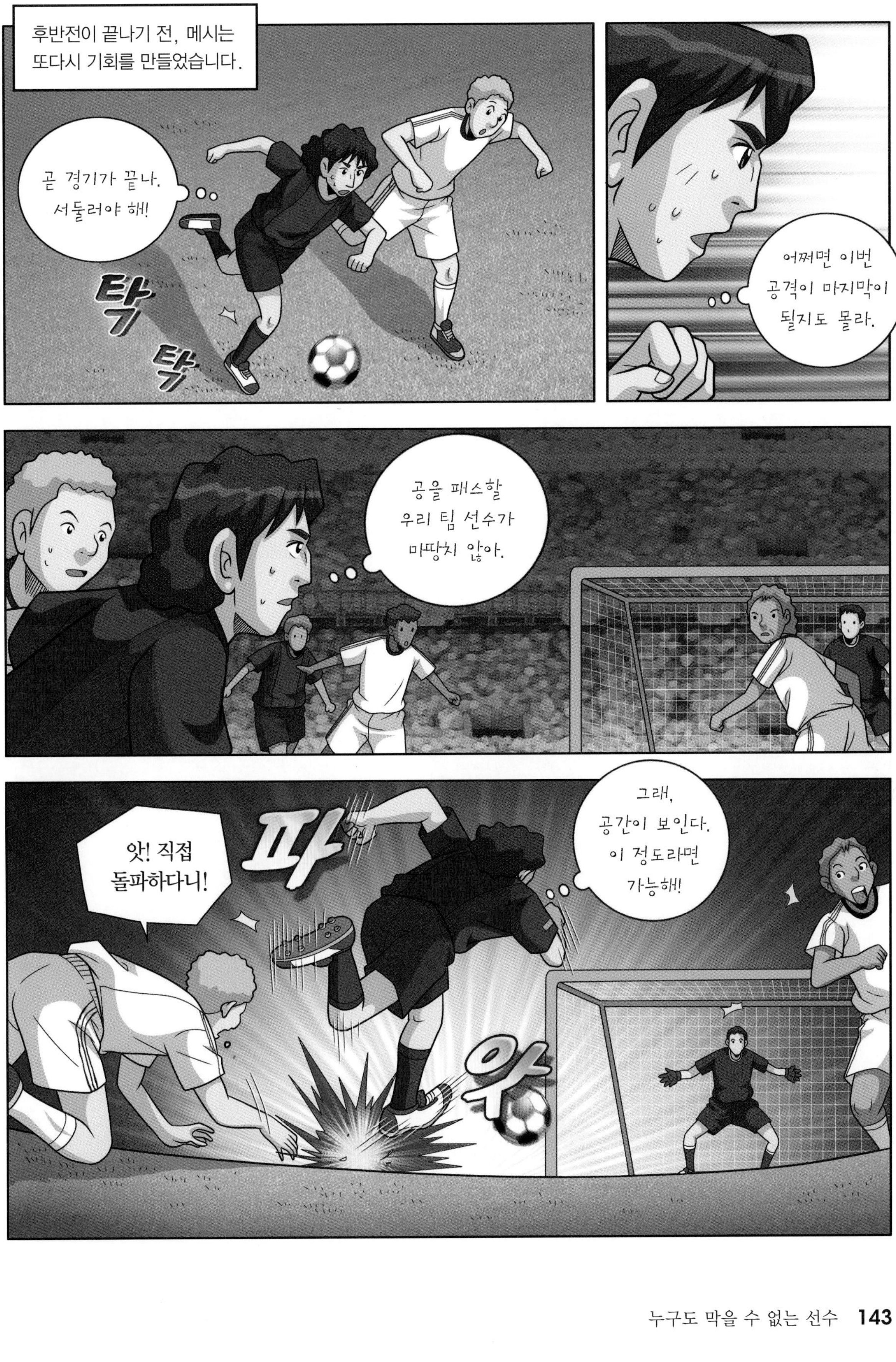
후반전이 끝나기 전, 메시는 또다시 기회를 만들었습니다.
곧 경기가 끝나. 서둘러야 해!
탁
탁
어쩌면 이번 공격이 마지막이 될지도 몰라.
공을 패스할 우리 팀 선수가 마땅치 않아.
앗! 직접 돌파하다니!
파
그래, 공간이 보인다. 이 정도라면 가능해!
앗

두 골이나 먹혔는데, 더 이상은 점수를 줄 수 없지!

날 막을 순 없어!

삐
옹

어딜 감히 또 골을 넣으려고?

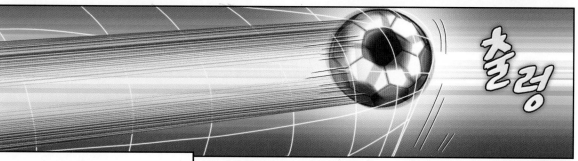

출
렁

메시는 최강 팀 레알 마드리드를 상대로 자신의 능력을 보여 주었습니다.

메시!

메시!

와아

와아

두 골

내가 해트 트릭을 해내다니! FC 바르셀로나! 내게 이런 기회를 줘서 정말 고마워!

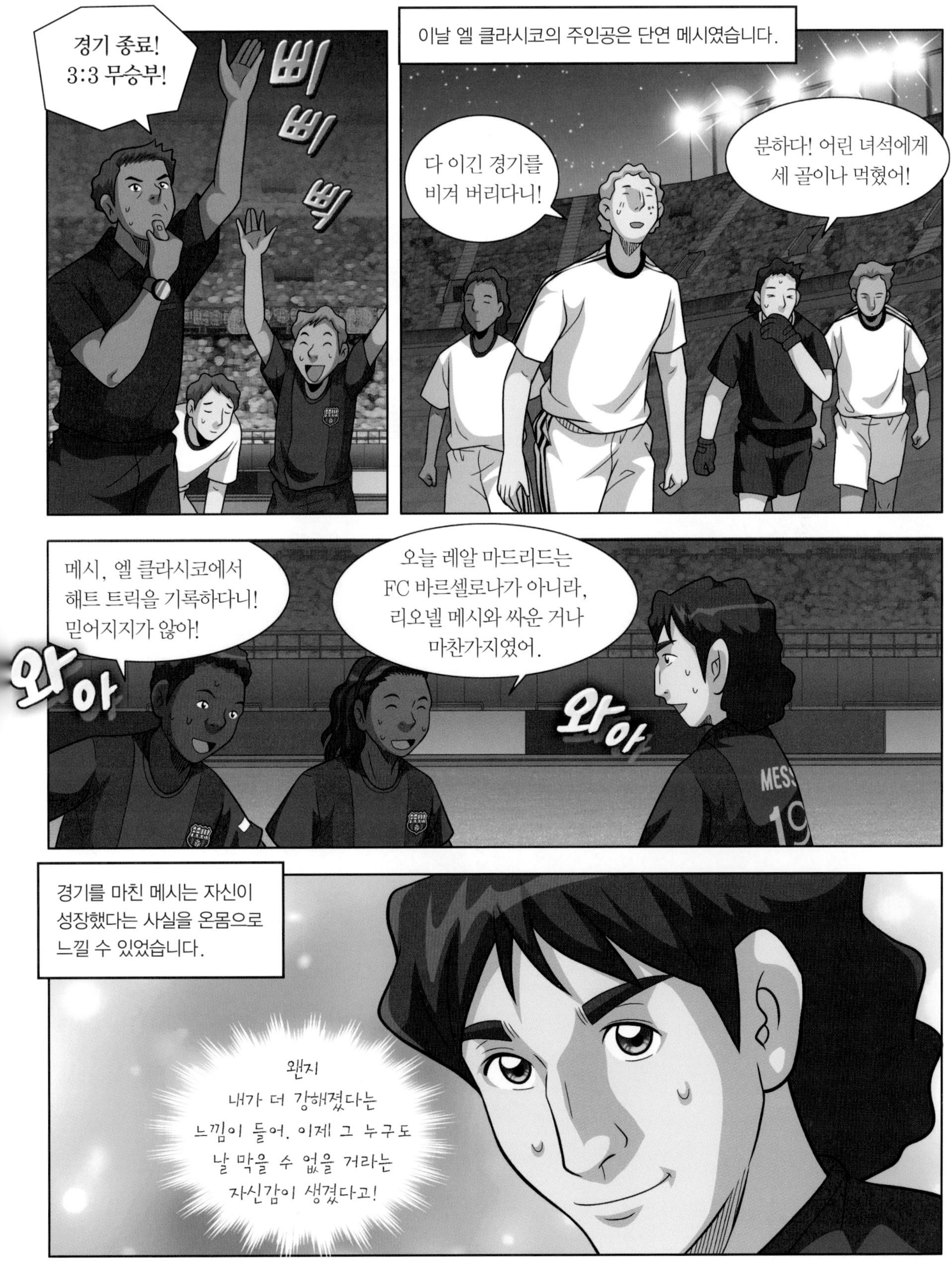
경기 종료!
3:3 무승부!
삐삐삑
이날 엘 클라시코의 주인공은 단연 메시였습니다.
다 이긴 경기를
비겨 버리다니!
분하다! 어린 녀석에게
세 골이나 먹혔어!
메시, 엘 클라시코에서
해트 트릭을 기록하다니!
믿어지지가 않아!
오늘 레알 마드리드는
FC 바르셀로나가 아니라,
리오넬 메시와 싸운 거나
마찬가지였어.
와아
와아
경기를 마친 메시는 자신이
성장했다는 사실을 온몸으로
느낄 수 있었습니다.
왠지
내가 더 강해졌다는
느낌이 들어. 이제 그 누구도
날 막을 수 없을 거라는
자신감이 생겼다고!

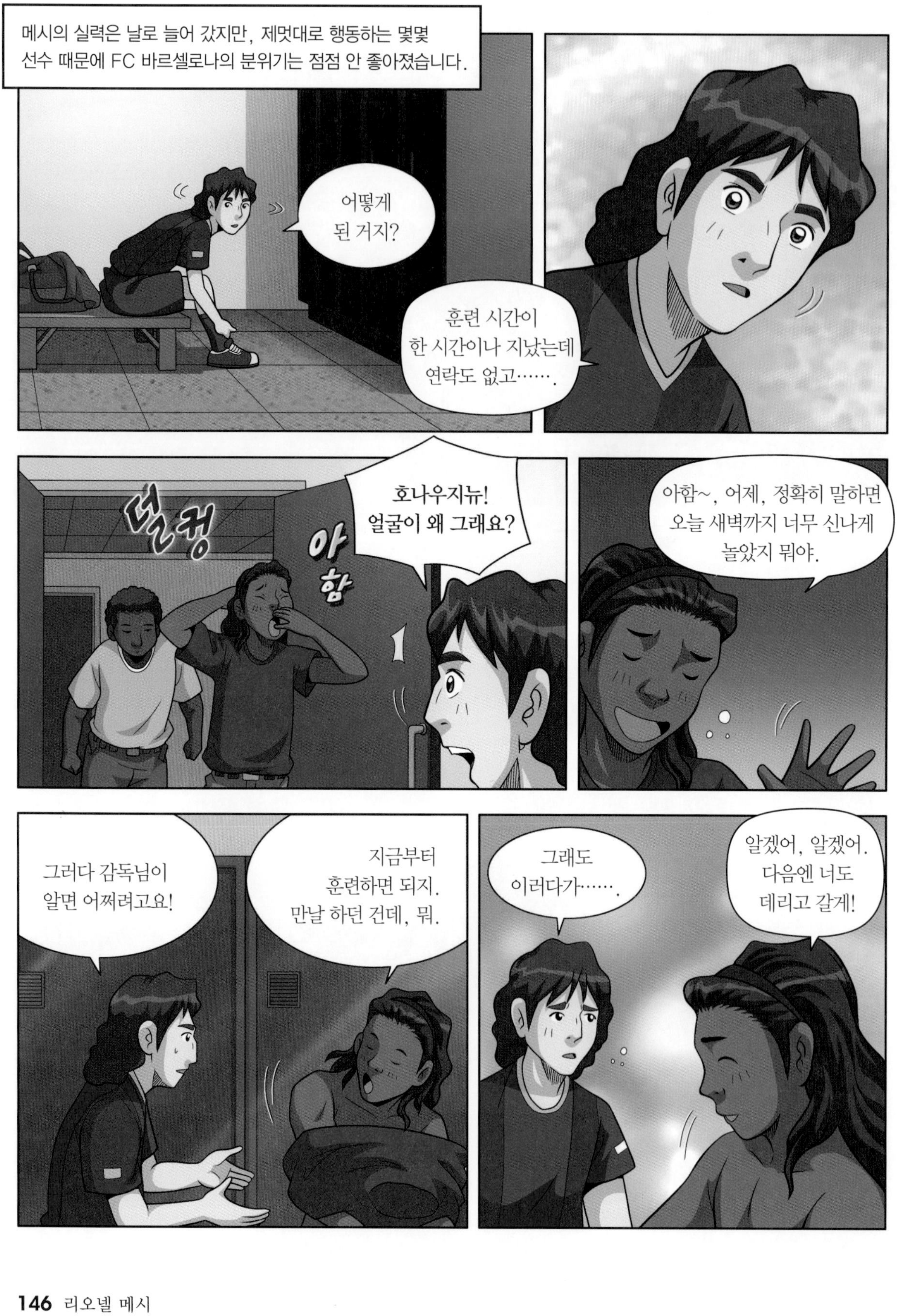
메시의 실력은 날로 늘어 갔지만, 제멋대로 행동하는 몇몇 선수 때문에 FC 바르셀로나의 분위기는 점점 안 좋아졌습니다.
어떻게 된 거지?
훈련 시간이 한 시간이나 지났는데 연락도 없고…….
덜컹
아함
호나우지뉴! 얼굴이 왜 그래요?
아함~, 어제, 정확히 말하면 오늘 새벽까지 너무 신나게 놀았지 뭐야.
그러다 감독님이 알면 어쩌려고요!
지금부터 훈련하면 되지. 만날 하던 건데, 뭐.
그래도 이러다가…….
알겠어, 알겠어. 다음엔 너도 데리고 갈게!

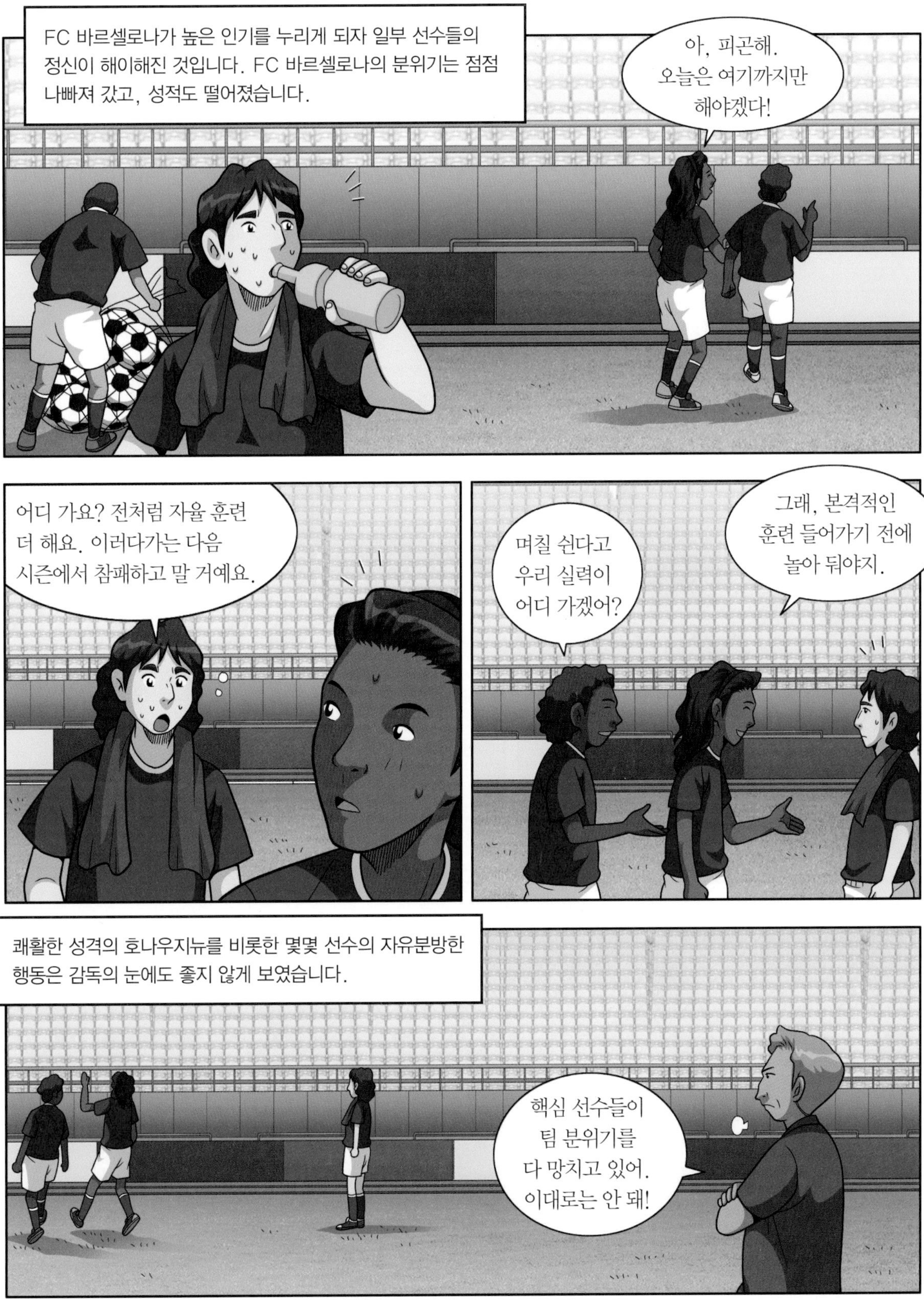
FC 바르셀로나가 높은 인기를 누리게 되자 일부 선수들의 정신이 해이해진 것입니다. FC 바르셀로나의 분위기는 점점 나빠져 갔고, 성적도 떨어졌습니다.
아, 피곤해. 오늘은 여기까지만 해야겠다!
어디 가요? 전처럼 자율 훈련 더 해요. 이러다가는 다음 시즌에서 참패하고 말 거예요.
그래, 본격적인 훈련 들어가기 전에 놀아 둬야지.
며칠 쉰다고 우리 실력이 어디 가겠어?
쾌활한 성격의 호나우지뉴를 비롯한 몇몇 선수의 자유분방한 행동은 감독의 눈에도 좋지 않게 보였습니다.
핵심 선수들이 팀 분위기를 다 망치고 있어. 이대로는 안 돼!

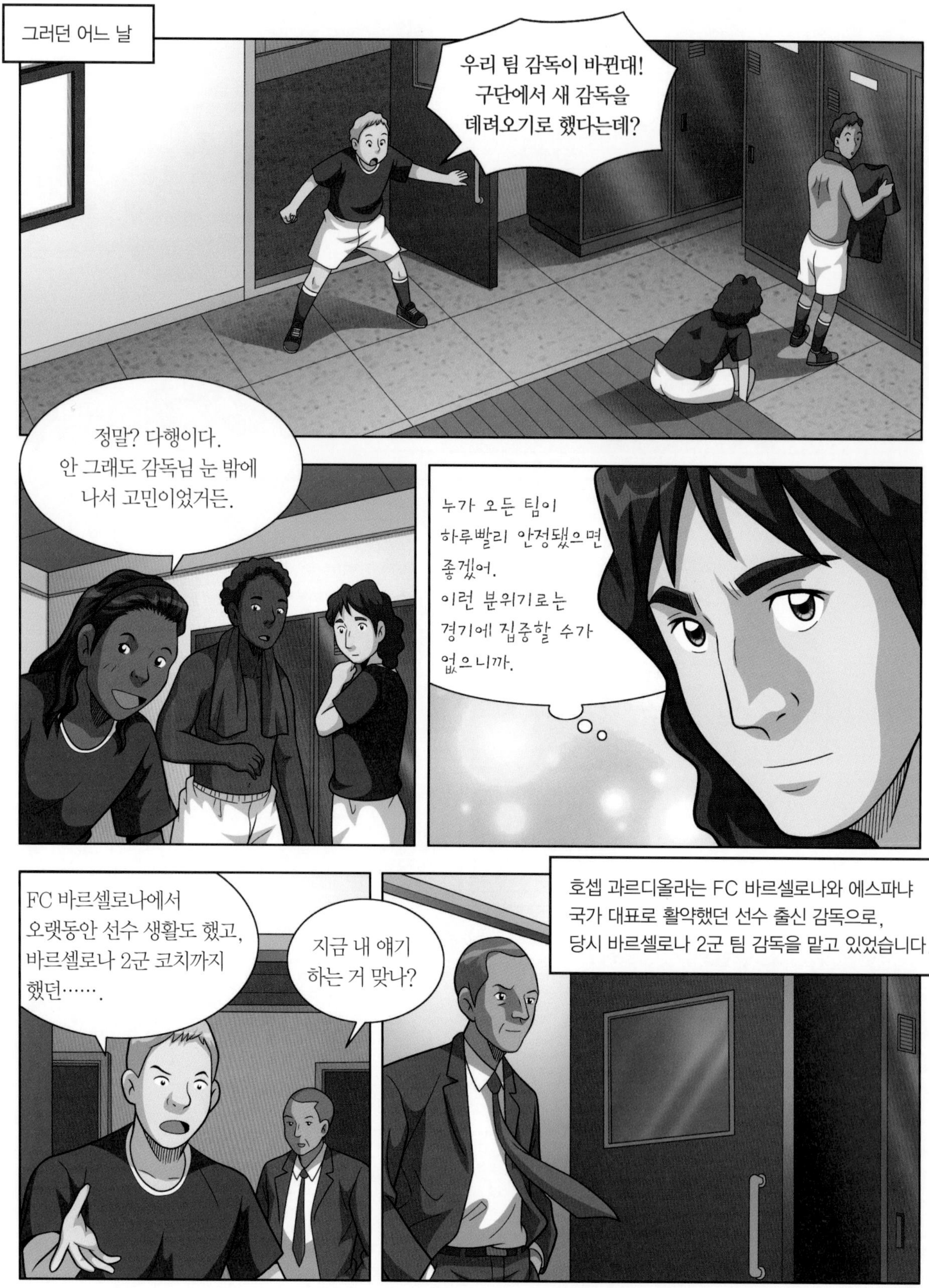
그러던 어느 날
우리 팀 감독이 바뀐대! 구단에서 새 감독을 데려오기로 했다는데?
정말? 다행이다. 안 그래도 감독님 눈 밖에 나서 고민이었거든.
누가 오든 팀이 하루빨리 안정됐으면 좋겠어. 이런 분위기로는 경기에 집중할 수가 없으니까.
FC 바르셀로나에서 오랫동안 선수 생활도 했고, 바르셀로나 2군 코치까지 했던…….
지금 내 얘기 하는 거 맞나?
호셉 과르디올라는 FC 바르셀로나와 에스파냐 국가 대표로 활약했던 선수 출신 감독으로, 당시 바르셀로나 2군 팀 감독을 맡고 있었습니다.

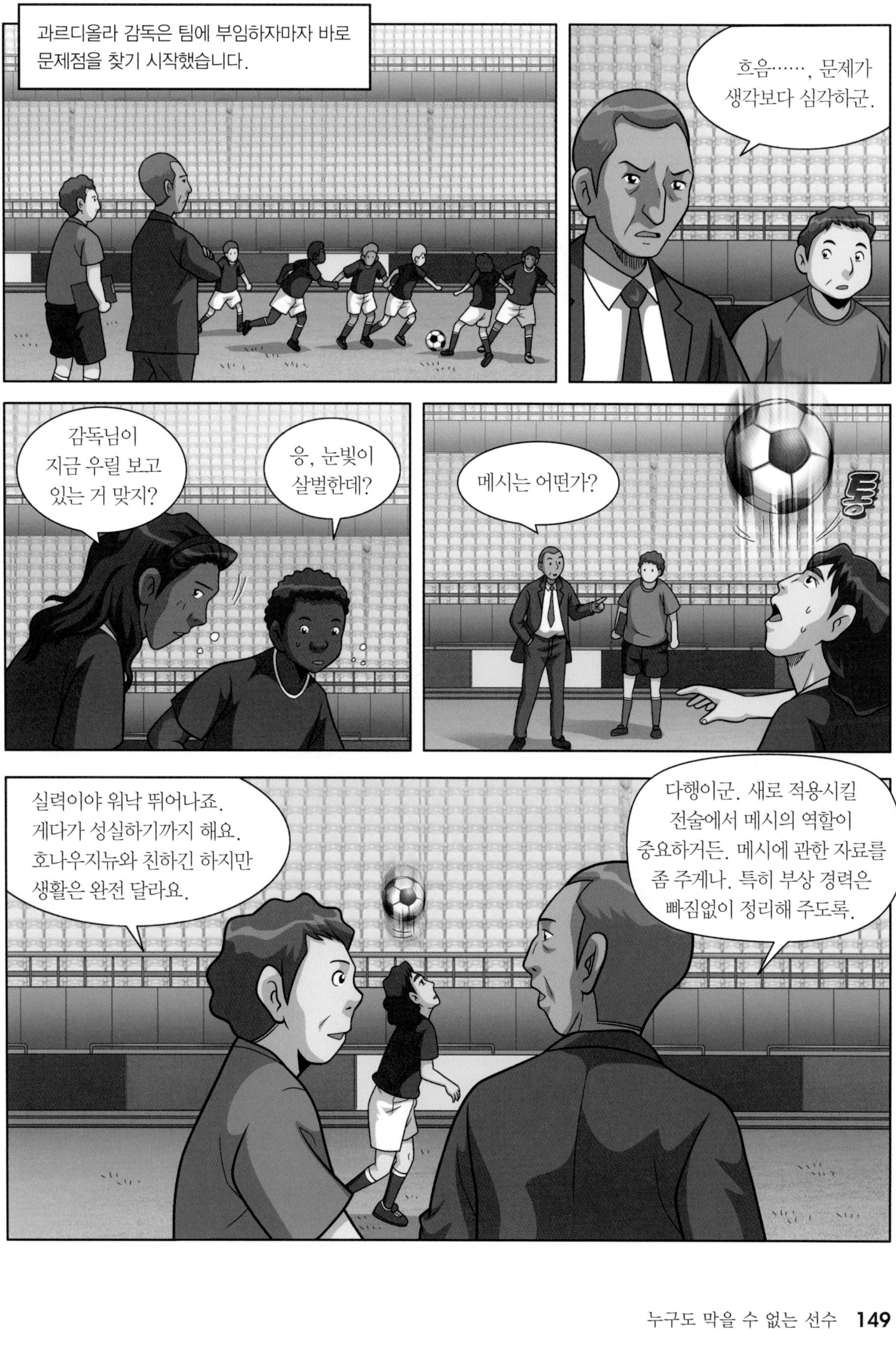
과르디올라 감독은 팀에 부임하자마자 바로 문제점을 찾기 시작했습니다.
흐음……, 문제가 생각보다 심각하군.
감독님이 지금 우릴 보고 있는 거 맞지?
응, 눈빛이 살벌한데?
메시는 어떤가?
통
실력이야 워낙 뛰어나죠. 게다가 성실하기까지 해요. 호나우지뉴와 친하긴 하지만 생활은 완전 달라요.
다행이군. 새로 적용시킬 전술에서 메시의 역할이 중요하거든. 메시에 관한 자료를 좀 주게나. 특히 부상 경력은 빠짐없이 정리해 주도록.

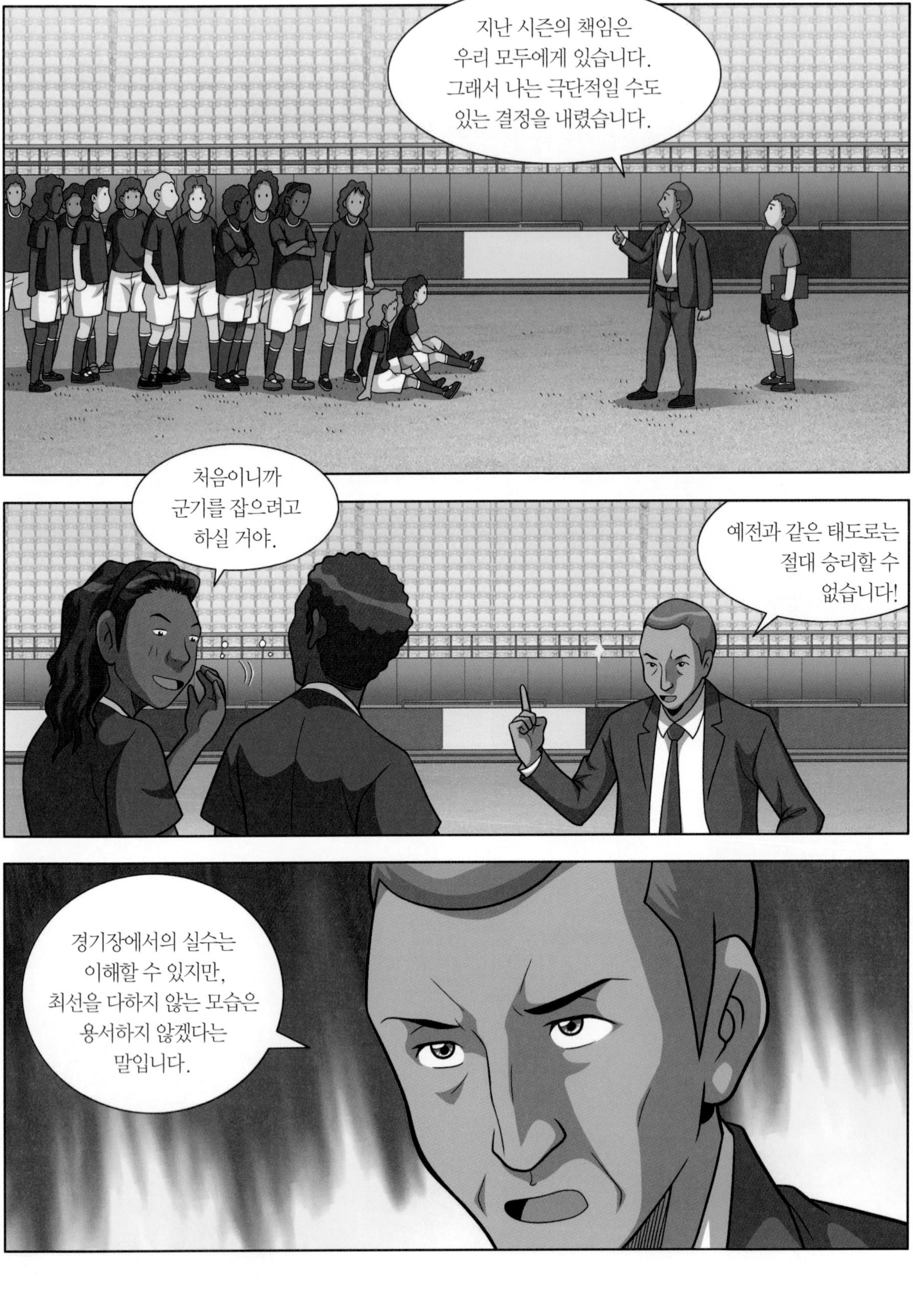
지난 시즌의 책임은 우리 모두에게 있습니다. 그래서 나는 극단적일 수도 있는 결정을 내렸습니다.
처음이니까 군기를 잡으려고 하실 거야.
예전과 같은 태도로는 절대 승리할 수 없습니다!
경기장에서의 실수는 이해할 수 있지만, 최선을 다하지 않는 모습은 용서하지 않겠다는 말입니다.

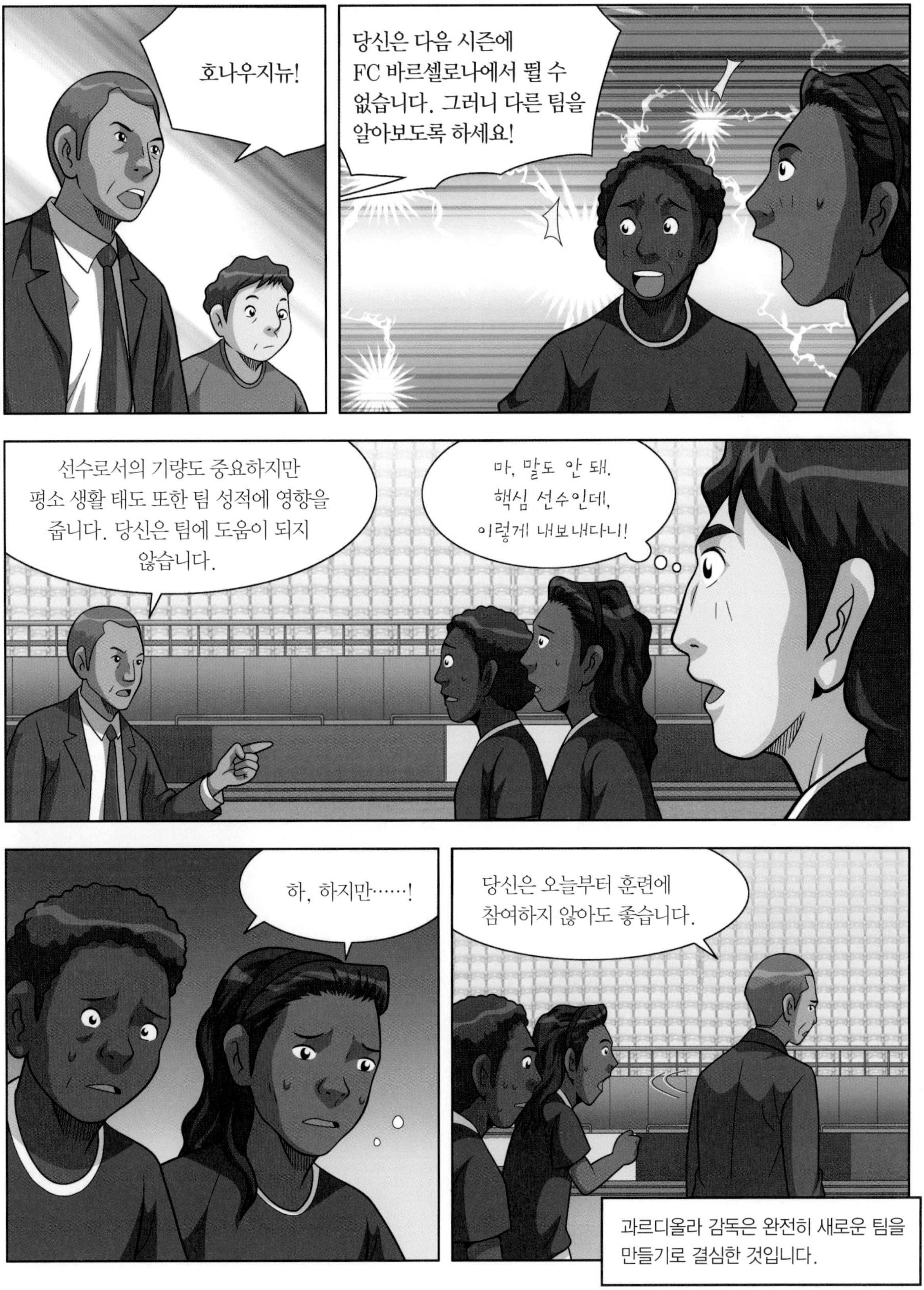
호나우지뉴!
당신은 다음 시즌에 FC 바르셀로나에서 뛸 수 없습니다. 그러니 다른 팀을 알아보도록 하세요!
선수로서의 기량도 중요하지만 평소 생활 태도 또한 팀 성적에 영향을 줍니다. 당신은 팀에 도움이 되지 않습니다.
마, 말도 안 돼. 핵심 선수인데, 이렇게 내보내다니!
하, 하지만……!
당신은 오늘부터 훈련에 참여하지 않아도 좋습니다.
과르디올라 감독은 완전히 새로운 팀을 만들기로 결심한 것입니다.

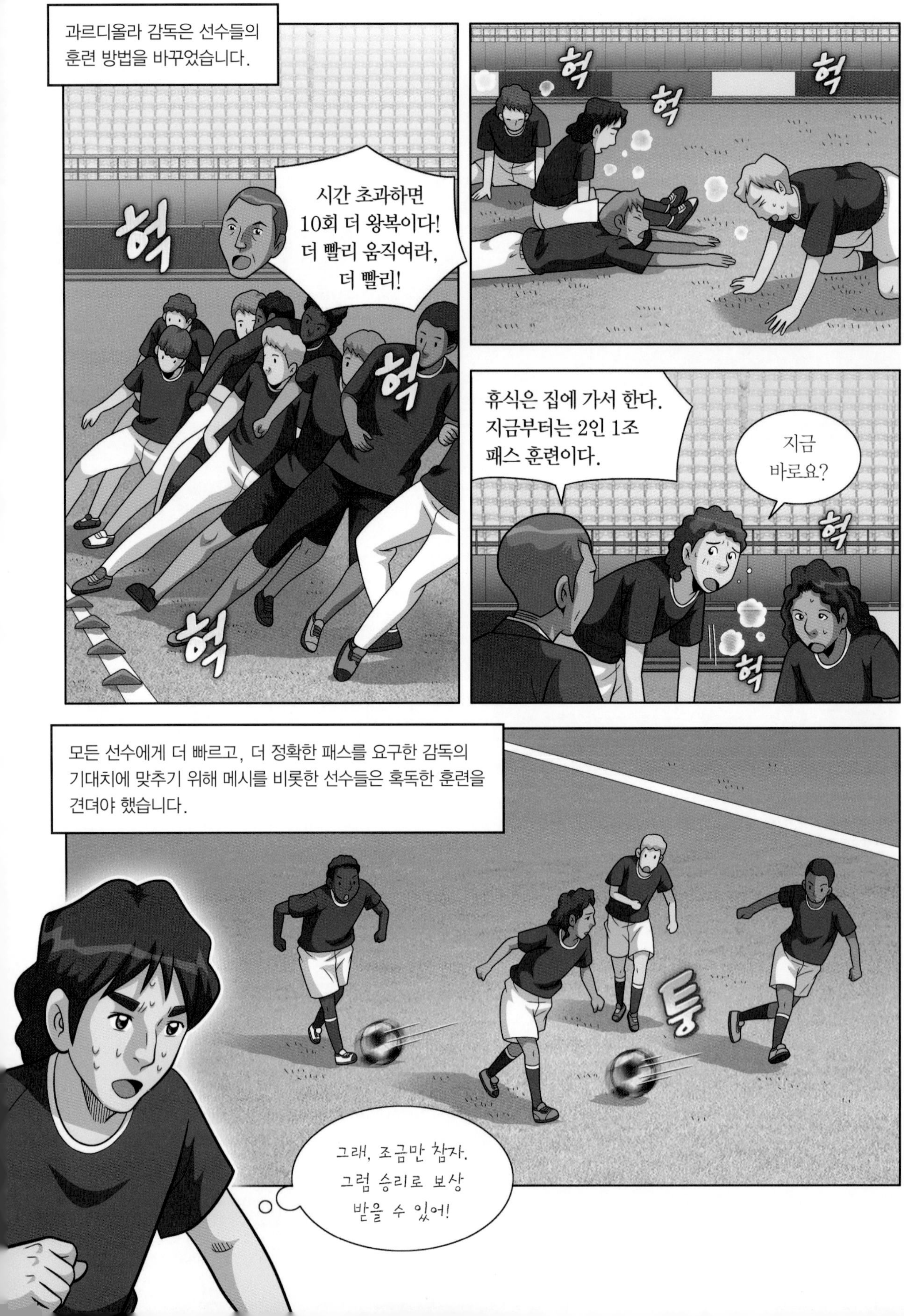
과르디올라 감독은 선수들의 훈련 방법을 바꾸었습니다.
헉
시간 초과하면 10회 더 왕복이다! 더 빨리 움직여라, 더 빨리!
헉
헉
헉
헉
헉
휴식은 집에 가서 한다. 지금부터는 2인 1조 패스 훈련이다.
지금 바로요?
헉
헉
모든 선수에게 더 빠르고, 더 정확한 패스를 요구한 감독의 기대치에 맞추기 위해 메시를 비롯한 선수들은 혹독한 훈련을 견뎌야 했습니다.
퉁
그래, 조금만 참자. 그럼 승리로 보상 받을 수 있어!

메시!

자네는 지금부터 트레이너와 함께 실내 훈련을 실시한다.

네? 저만요?

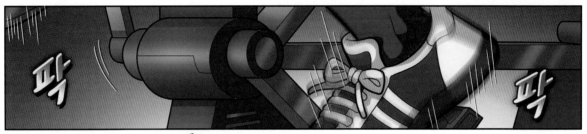

팍

팍

휴 휴욱

ㅇ.ㅇ.ㅇ.......
죽을 것 같아.
더는 못 해!

팍

팍

자, 그만!
1분 휴식 후 5분 더
달릴 거야.

하

아

왜 나만 실내
훈련을 하는 거지?
이러다 쓰러져 버리고
말겠어!

고기로 체력 보강을 해 볼까?

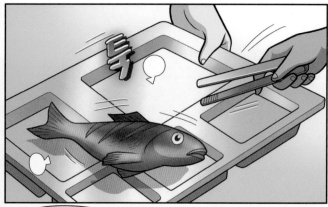

오늘부터는 채소와 생선을 중심으로 먹도록.

대체 감독님이 나한테 왜 그러시는 거지?

메시는 과르디올라 감독이 자신을 너무 심하게 대한다고 생각했습니다.

자네의 체력은 완벽하네. 심장 박동과 폐활량 모두 세계 최고 수준이야.

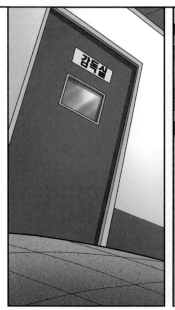

감독실

훈련도 그렇고, 이젠 식단까지……. 모든 게 강압적입니다. 저도 팀을 나가라는 뜻인가요?

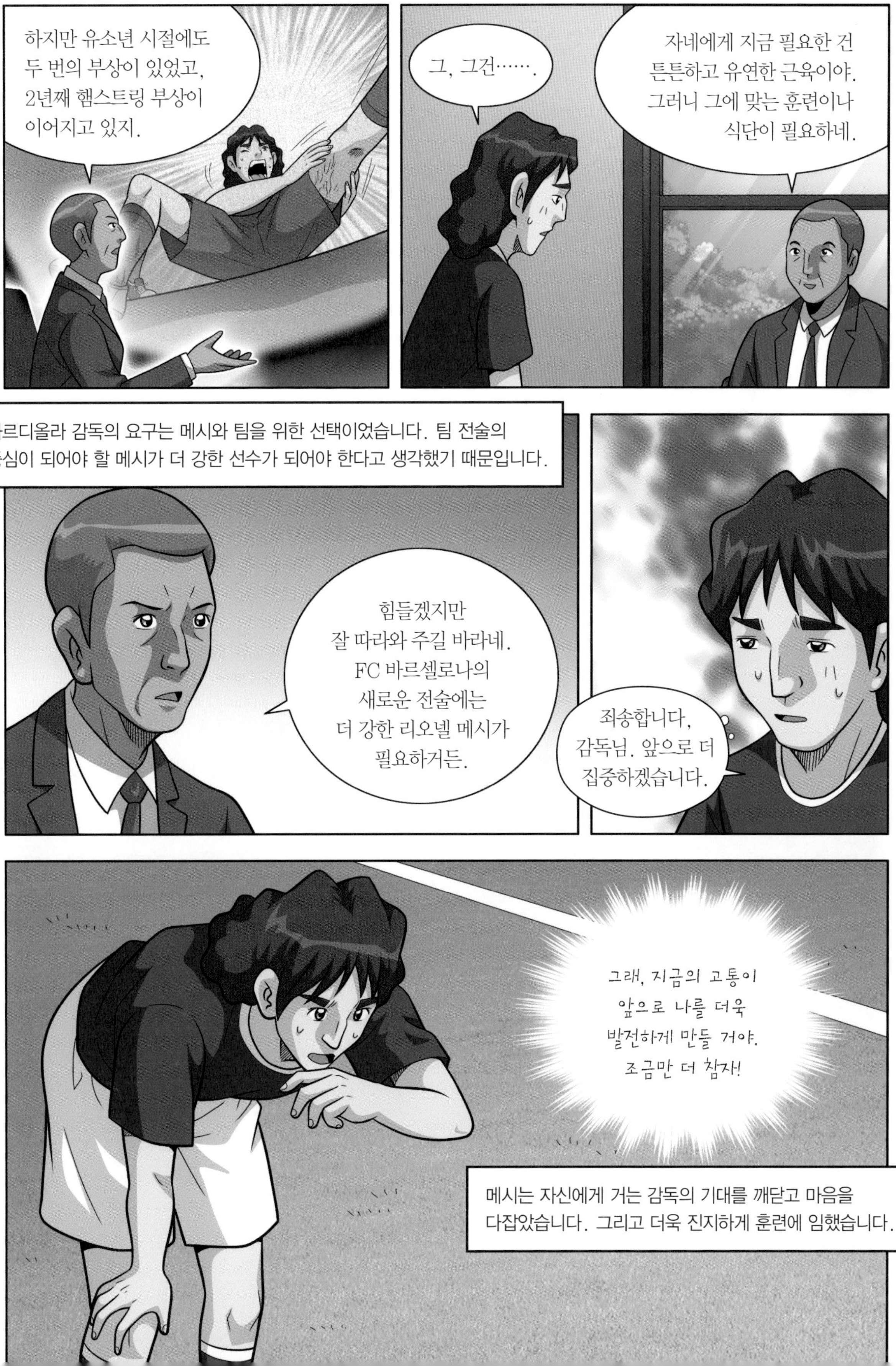
하지만 유소년 시절에도 두 번의 부상이 있었고, 2년째 햄스트링 부상이 이어지고 있지.
그, 그건…….
자네에게 지금 필요한 건 튼튼하고 유연한 근육이야. 그러니 그에 맞는 훈련이나 식단이 필요하네.
과르디올라 감독의 요구는 메시와 팀을 위한 선택이었습니다. 팀 전술의 중심이 되어야 할 메시가 더 강한 선수가 되어야 한다고 생각했기 때문입니다.
힘들겠지만 잘 따라와 주길 바라네. FC 바르셀로나의 새로운 전술에는 더 강한 리오넬 메시가 필요하거든.
죄송합니다, 감독님. 앞으로 더 집중하겠습니다.
그래, 지금의 고통이 앞으로 나를 더욱 발전하게 만들 거야. 조금만 더 참자!
메시는 자신에게 거는 감독의 기대를 깨닫고 마음을 다잡았습니다. 그리고 더욱 진지하게 훈련에 임했습니다.

통합 지식+ 6

세계적인 축구 선수 상

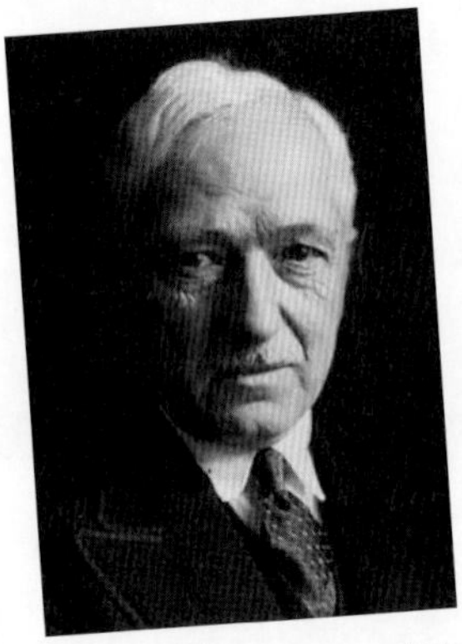

FIFA 3대 회장으로, 월드컵 창시자인 쥘 리메 © 위키피디아

세계적인 인기를 누리는 축구는 그 인기만큼이나 선수에게 수여하는 상의 종류도 다양합니다. 전 세계에서 나온 골 중 가장 멋진 골을 기록한 선수를 선정하는 'FIFA 푸스카스상'도 있고, 월드컵과 같이 큰 대회에서는 우승 팀과 상관없이 득점왕이나 모범적인 경기를 펼친 팀에게 상을 주기도 하지요. 이러한 상은 맨몸으로 경기장을 뛰는 선수들에게 주어지는 값진 보상이라고 할 수 있답니다.
그럼 축구 선수에게 수여하는 명예로운 상을 살펴봅시다.

하나 발롱도르

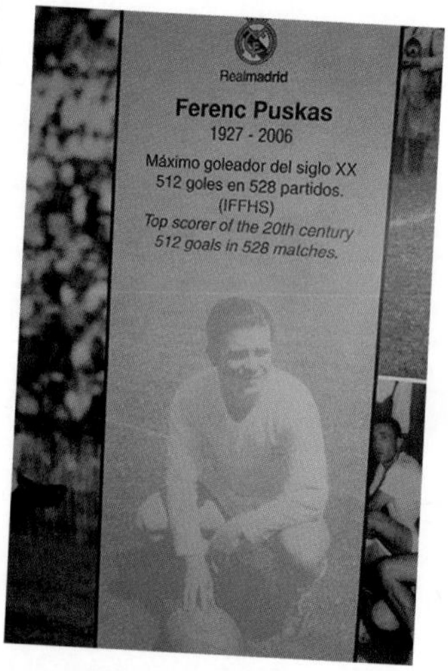

Realmadrid
Ferenc Puskas
1927 - 2006
Máximo goleador del siglo XX
512 goles en 528 partidos.
(IFFHS)
Top scorer of the 20th century
512 goals in 528 matches.

'왼발 하나로 유럽을 평정한 사나이'라 불리는 헝가리의 축구 영웅 페렌츠 푸스카스 © Laslovarga

프랑스어로 '황금 공'을 뜻하는 발롱도르는 전 세계 축구 선수에게 수여되는 상 중 가장 명예로운 상입니다.
발롱도르는 1956년 프랑스의 축구 잡지인 〈프랑스 풋볼〉의 주관으로 만들어졌습니다. 당시에는 수상 자격이 유럽의 축구 클럽에서 활약하는 유럽 국적 선수로 제한되었지요. 그래서 축구 선수로서 엄청난 업적을 세운 펠레, 마라도나 같은 선수도 국적이 남아메리카라는 이유로 발롱도르를 수상하지 못했습니다. 하지만 1995년에 상의 권위를 높이기 위해 선수의 국적 제한을 폐지했고, 2007년에는 후보 선정 범위를 전 세계로 확대했습니다.
2010년에는 FIFA에서 주관하던 상인 'FIFA 올해의 선수'와 통합해 'FIFA 발롱도르'라는 새로운 상을 만들었습니다.
그러다가 2016년 다시 FIFA와 발롱도르가 분리되면서 통합 이전으로 되돌아갔어요.
발롱도르의 첫 수상자는 블랙풀 FC에 소속되어 있던 스탠리 매튜스라는 선수입니다. 이때 매튜스는 무려 40살이었는데,

나이가 많음에도 엄청난 활약을 펼치며 최초의
발롱도르를 받았어요. 매튜스는 지금까지도 최고령
발롱도르 수상자로 남아 있습니다.
2008년부터 2017년까지 10년 동안은 라이벌인 리오넬
메시와 크리스티아누 호날두가 발롱도르를 5번씩 나눠
가지며 축구의 역사를 새롭게 썼어요. 이후 리오넬
메시는 2019년과 2021년, 2023년에도 발롱도르를
수상하며 유일한 8회 수상자가 되었습니다.
〈프랑스 풋볼〉은 2018년부터 '발롱도르 페미닌'이라는
상을 새롭게 만들어 한 해 최고의 활약을 보인
여성 축구 선수에게도 발롱도르를 수여하고 있습니다.
최초의 수상자는 올랭피크 리옹 페미닌에서 활약하는 아다
헤게르베르그이고, 2021년과 2022년에는 FC 바르셀로나
페메니에서 뛰는 알렉시아 푸테야스가 2년 연속으로
발롱도르를 수상했습니다.

리오넬 메시는 2019년에 여섯 번째 발롱도르를 받으며
발롱도르 역사상 가장 많은 상을 받은 선수로
기록되었습니다. © 연합포토

2020년에는
코로나19 유행으로 인해
최초로 발롱도르 시상이
취소되기도 했어.

who？ 지식사전

차범근 축구상

차범근 축구상은 1988년에 차범근과 일간스포츠, 소년한국일보가 협력해서 만든
유소년 축구상입니다. 한 해 동안 좋은 성적을 낸 초등학교 축구 선수에게 수여하는
상이지요. 차범근은 대한민국의 전 축구 선수로, 현재 축구 지도자, 해설가,
평론가로 활동하고 있습니다. 현역 선수 시절 독일 분데스리가에서 활약하며
아시아인으로서는 역대 최다 득점인 리그 148골을 기록하면서, '잊을 수 없는
100대 스타', '20세기 축구에 영향을 미친 100인'에도 선정되는 등 대한민국을
대표하는 축구 선수예요.
대한민국 국가 대표였고, 맨체스터 유나이티드에서 활약한 박지성 선수도 어렸을
때 차범근 축구상을 수상했지요. 그 외 기성용, 황희찬 등이 차범근 축구상을 받은
이후 빼어난 활약을 펼치며 상의 권위가 점점 높아지고 있습니다.

차범근은 독일 분데스리가에서 활동할 때,
'차붐'이라 불리며 인기가 매우 높았습니다.
© KallangRoar.com

UEFA 클럽 풋볼 어워드는 매년 유럽 리그에서 뛰는 선수 중 가장 훌륭한 활약을 보여 준 축구 선수와, 각 포지션마다 최고의 활약을 펼친 축구 선수에게 수여하는 상입니다. 이 상은 2005년부터 UEFA 챔피언스리그 조별 예선 추첨 행사와 함께 진행됩니다. 처음 상이 제정된 1998년 당시에는 인테르에서 활약하던 호나우두가 'UEFA 올해의 클럽 축구 선수'로 선정되었습니다.

'UEFA 올해의 클럽 축구 선수'는 2010-2011 시즌부터 이름이 'UEFA 올해의 선수'로 바뀌었습니다. 이름이 바뀐 뒤 처음으로 선정된 선수는 리오넬 메시입니다. 2013년에는 UEFA 올해의 선수 여성 부문이 신설되었습니다.

UEFA 클럽 풋볼 어워드 1회에서 최우수 미드필더 상을 받은 지네딘 지단
ⓒ Walterlan Papetti

셋 유러피언 골든 슈

'유러피언 골든 슈'는 유럽 리그에서 뛰고 있는 선수들 가운데 한 시즌에 가장 많은 득점을 기록한 선수에게 수여하는 상입니다. 1968년에 제정되어 포르투갈의 에우제비우라는 선수가 처음으로 상을 받았습니다. 1991년부터 1996년까지는 득점 계산 방식에 대한 논쟁 때문에 시상이 일시 중단되었다가, 1996-1997 시즌부터 '유러피언 스포츠 매거진스'가 상을 주관하면서 UEFA 리그 랭킹에서 1~5위를 기록한 리그는 득점 수에 2를, 6~21위를 기록한 리그는 득점 수에 1.5를 곱하는 방식을 토대로 가장 높은 포인트를 기록한 선수가 골든 슈를 수상하도록 했습니다. 2022년 기준으로 크리스티아누 호날두가 총 4회 수상을 했고, 리오넬 메시는 6회 수상을 기록하고 있습니다.

총 4회 유러피언 골든 슈를 수상한 포르투갈의 크리스티아누 호날두 ⓒ 연합포토

넷 FIFA 월드컵 때 수여하는 상

4년마다 열리는 전 세계 축구인의 축제 월드컵에서는 우승 팀에 주는 트로피 이외에도 개인에게 수여하는 상이 있습니다. 우승 팀과는 상관없이 개인의 뛰어난 플레이를 보고 수상자를 선정하지요.

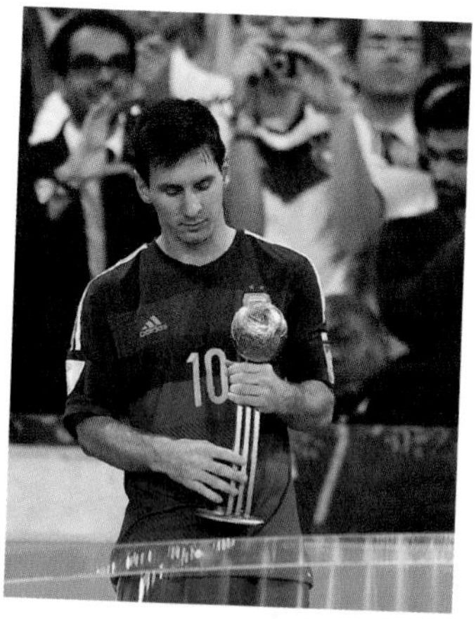

2014년 브라질 월드컵에서 아르헨티나는 준우승에 그쳤지만, 메시는 골든 볼을 수상했습니다. © 연합포토

골든 볼

골든 볼은 대회 전체를 통틀어 최고의 활약을 펼친 선수에게 수여하는 상입니다. 1982년 에스파냐 월드컵에서 골든 볼이 신설되면서 이전 대회의 수상자도 투표를 통해 선정했어요. 1982년부터 2002년까지는 결승전 전반전이 끝난 후 하프 타임에 골든 볼 투표를 진행했지만 2006년부터는 결승전 후반전 이후로, 2010년 부터는 결승전이 완전히 끝나고 투표하는 것으로 바뀌었습니다. 2022년 카타르 월드컵에서는 리오넬 메시가 이 상을 받았답니다.

골든 부트

골든 부트는 월드컵 대회에서 가장 많은 득점을 기록한 선수에게 수여하는 상입니다.

골든 글러브

골든 글러브는 월드컵 대회 최고의 골키퍼에게 수여하는 상입니다. 2006년 이전까지는 소련의 골키퍼 '레프 야신'의 업적을 기리기 위해 '야신 상'이라는 이름을 사용했습니다.

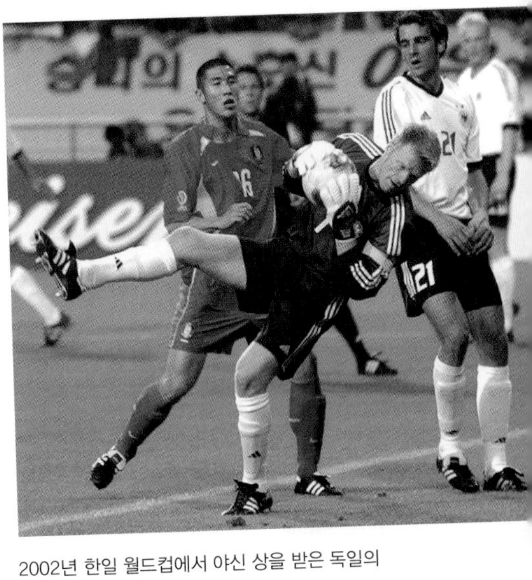

2002년 한일 월드컵에서 야신 상을 받은 독일의 올리버 칸 © 연합포토

7 축구의 신, 메시

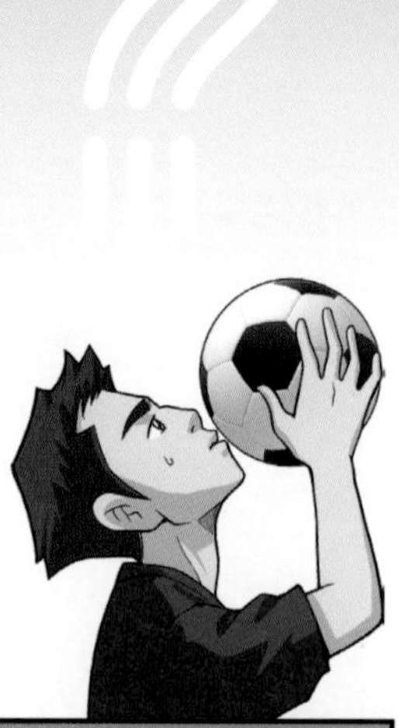

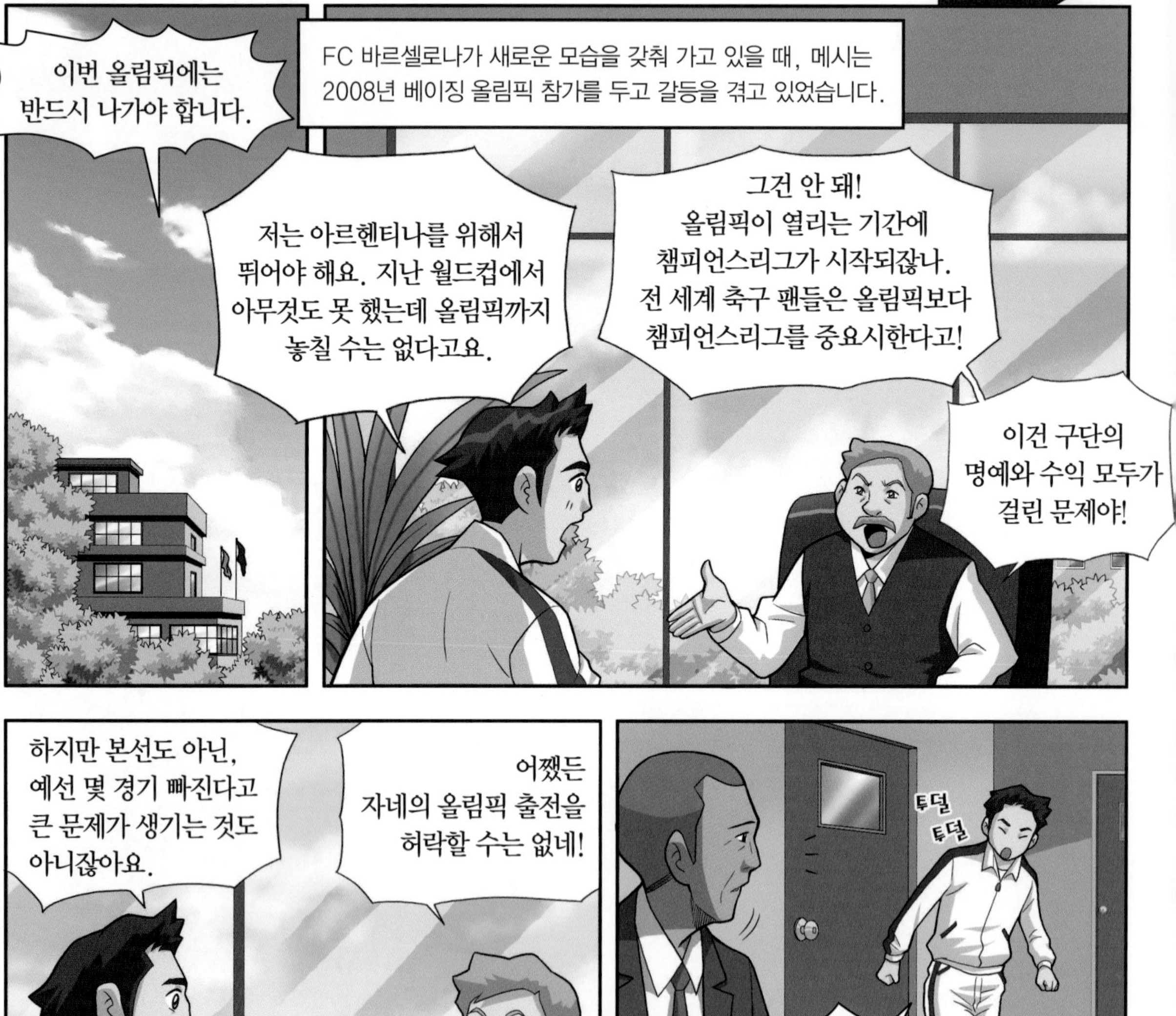
이번 올림픽에는 반드시 나가야 합니다.
FC 바르셀로나가 새로운 모습을 갖춰 가고 있을 때, 메시는 2008년 베이징 올림픽 참가를 두고 갈등을 겪고 있었습니다.
저는 아르헨티나를 위해서 뛰어야 해요. 지난 월드컵에서 아무것도 못 했는데 올림픽까지 놓칠 수는 없다고요.
그건 안 돼! 올림픽이 열리는 기간에 챔피언스리그가 시작되잖나. 전 세계 축구 팬들은 올림픽보다 챔피언스리그를 중요시한다고!
이건 구단의 명예와 수익 모두가 걸린 문제야!
하지만 본선도 아닌, 예선 몇 경기 빠진다고 큰 문제가 생기는 것도 아니잖아요.
어쨌든 자네의 올림픽 출전을 허락할 수는 없네!
투덜 투덜
뭐든 구단 마음대로지!

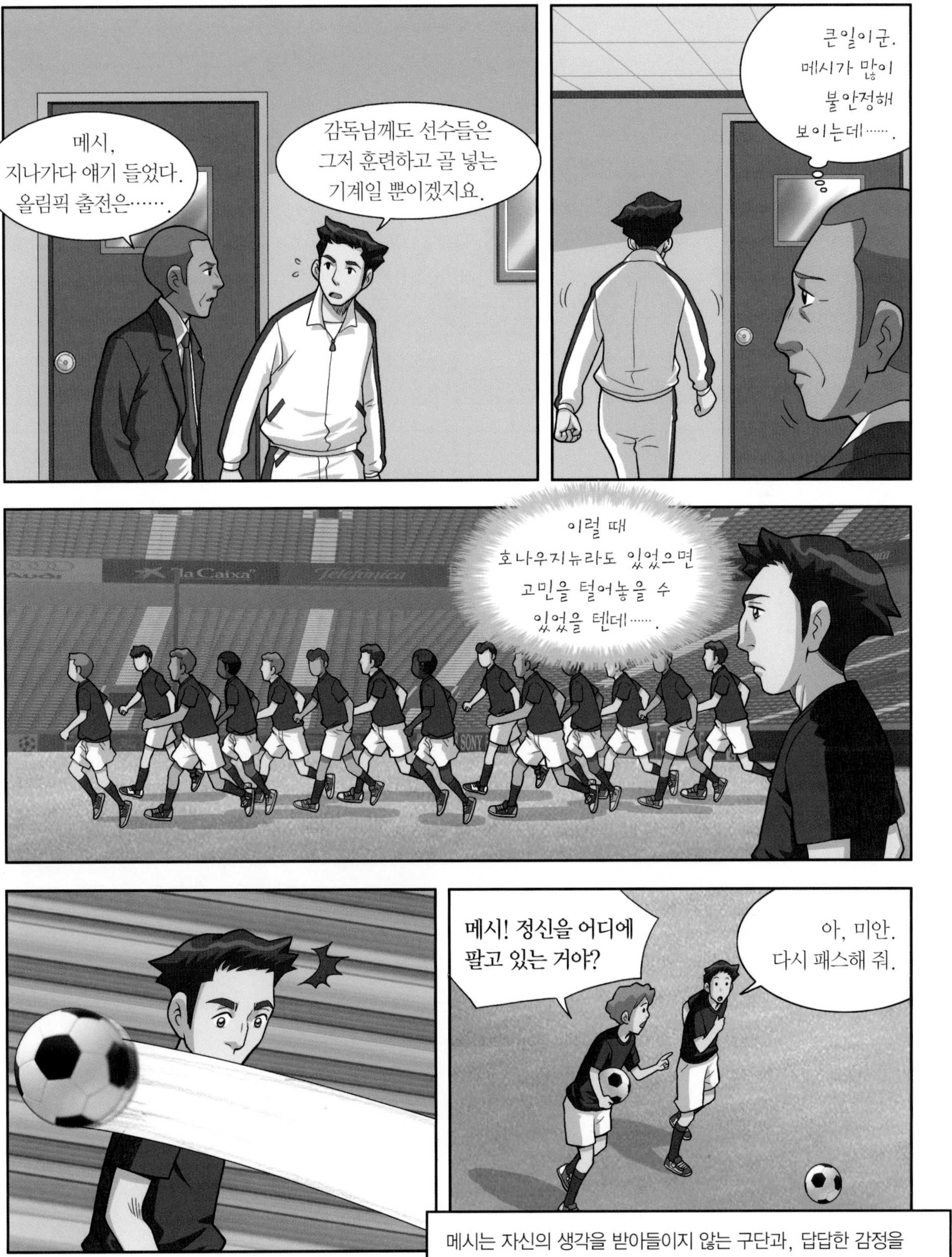
메시, 지나가다 얘기 들었다. 올림픽 출전은…….
감독님께도 선수들은 그저 훈련하고 골 넣는 기계일 뿐이겠지요.
큰일이군. 메시가 많이 불안정해 보이는데…….
이럴 때 호나우지뉴라도 있었으면 고민을 털어놓을 수 있었을 텐데…….
메시! 정신을 어디에 팔고 있는 거야?
아, 미안. 다시 패스해 줘.
메시는 자신의 생각을 받아들이지 않는 구단과, 답답한 감정을 공유할 동료가 없는 것에 점점 더 화가 났습니다. 메시의 머릿속은 뒤죽박죽이 되어 훈련에도 집중할 수가 없었습니다.

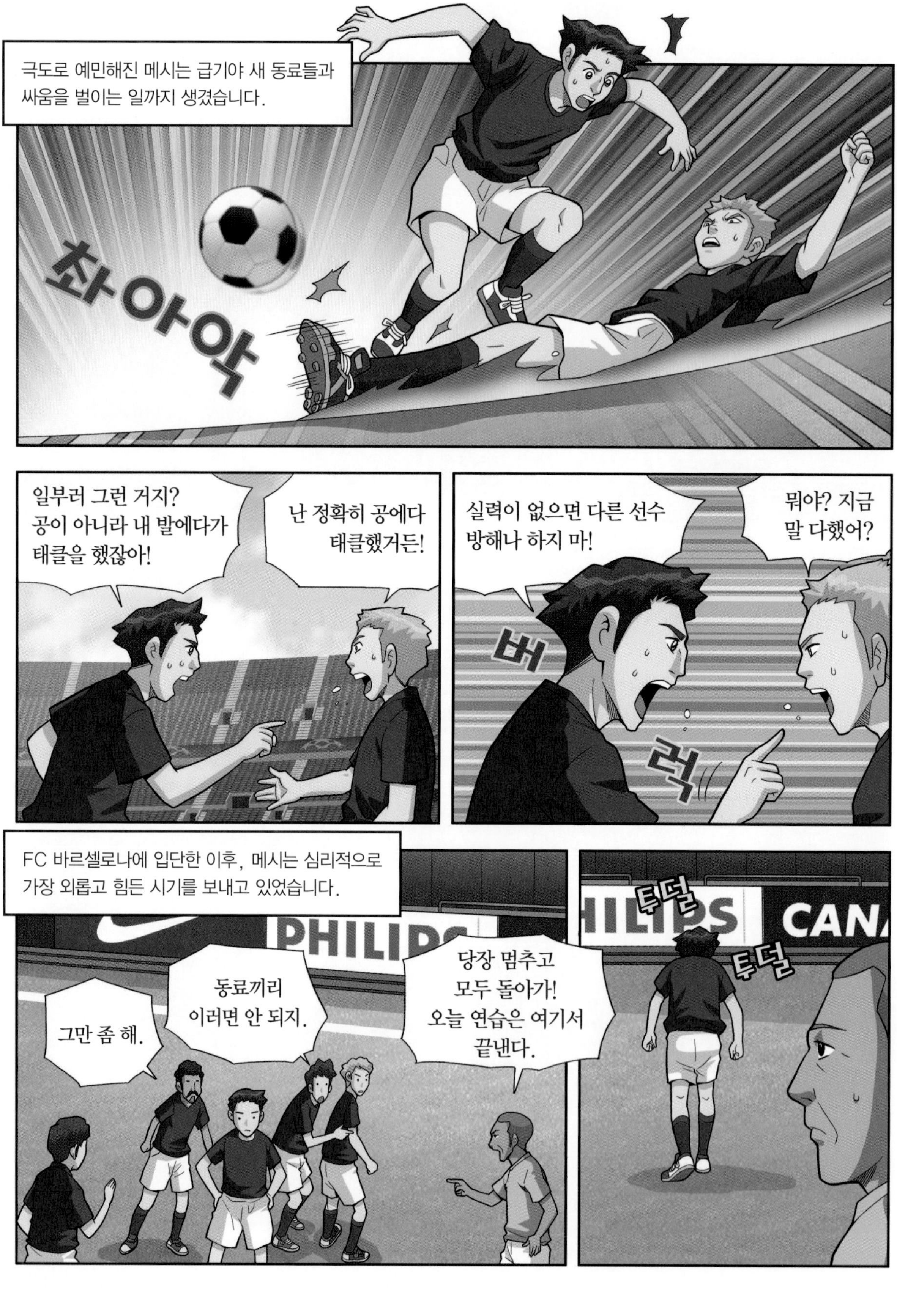
극도로 예민해진 메시는 급기야 새 동료들과 싸움을 벌이는 일까지 생겼습니다.
촤아악
일부러 그런 거지? 공이 아니라 내 발에다가 태클을 했잖아!
난 정확히 공에다 태클했거든!
실력이 없으면 다른 선수 방해나 하지 마!
버럭
뭐야? 지금 말 다했어?
FC 바르셀로나에 입단한 이후, 메시는 심리적으로 가장 외롭고 힘든 시기를 보내고 있었습니다.
그만 좀 해.
동료끼리 이러면 안 되지.
당장 멈추고 모두 돌아가! 오늘 연습은 여기서 끝낸다.
투덜
투덜

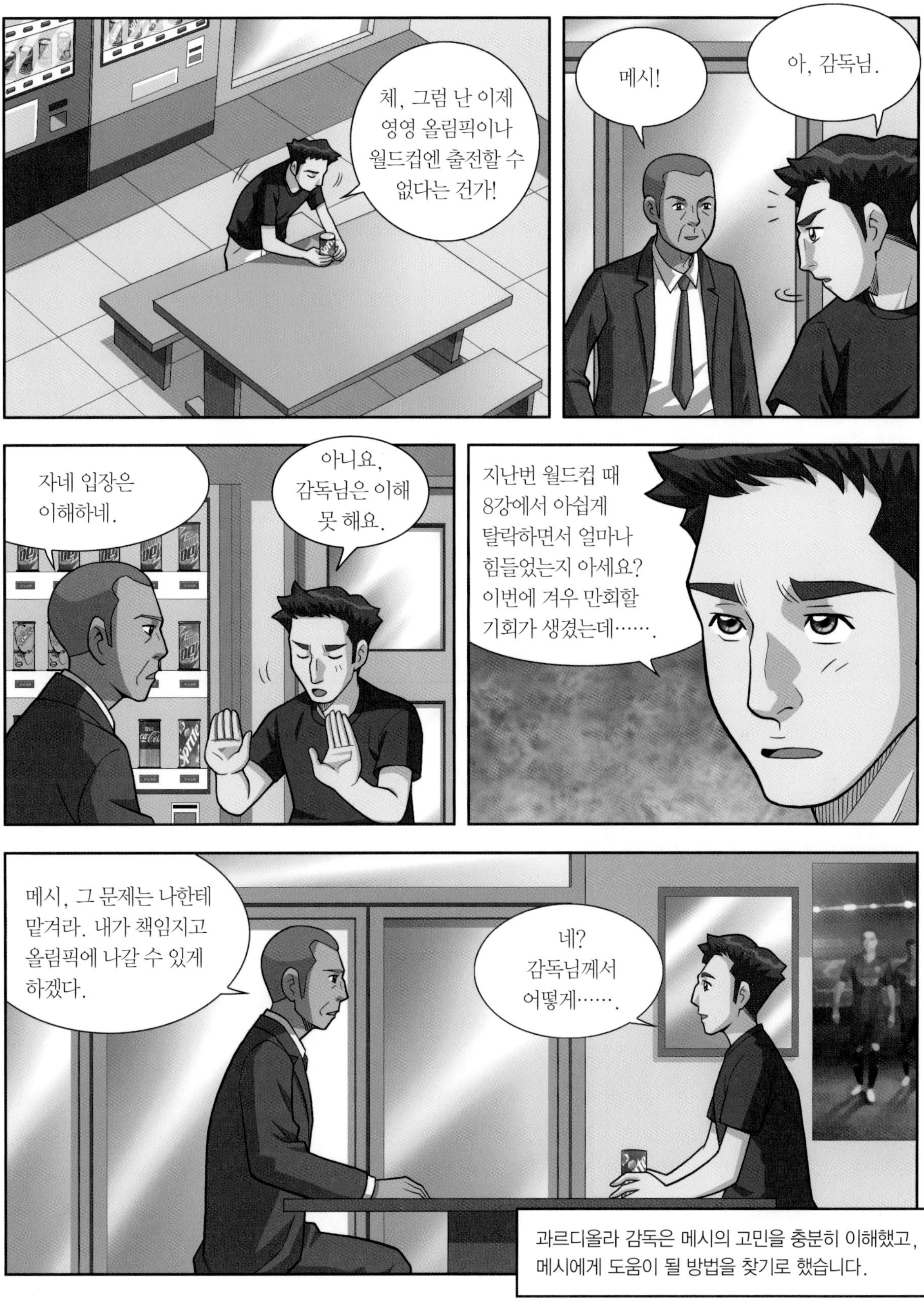
체, 그럼 난 이제 영영 올림픽이나 월드컵엔 출전할 수 없다는 건가!
메시!
아, 감독님.
자네 입장은 이해하네.
아니요, 감독님은 이해 못 해요.
지난번 월드컵 때 8강에서 아쉽게 탈락하면서 얼마나 힘들었는지 아세요? 이번에 겨우 만회할 기회가 생겼는데…….
메시, 그 문제는 나한테 맡겨라. 내가 책임지고 올림픽에 나갈 수 있게 하겠다.
네? 감독님께서 어떻게…….
과르디올라 감독은 메시의 고민을 충분히 이해했고, 메시에게 도움이 될 방법을 찾기로 했습니다.

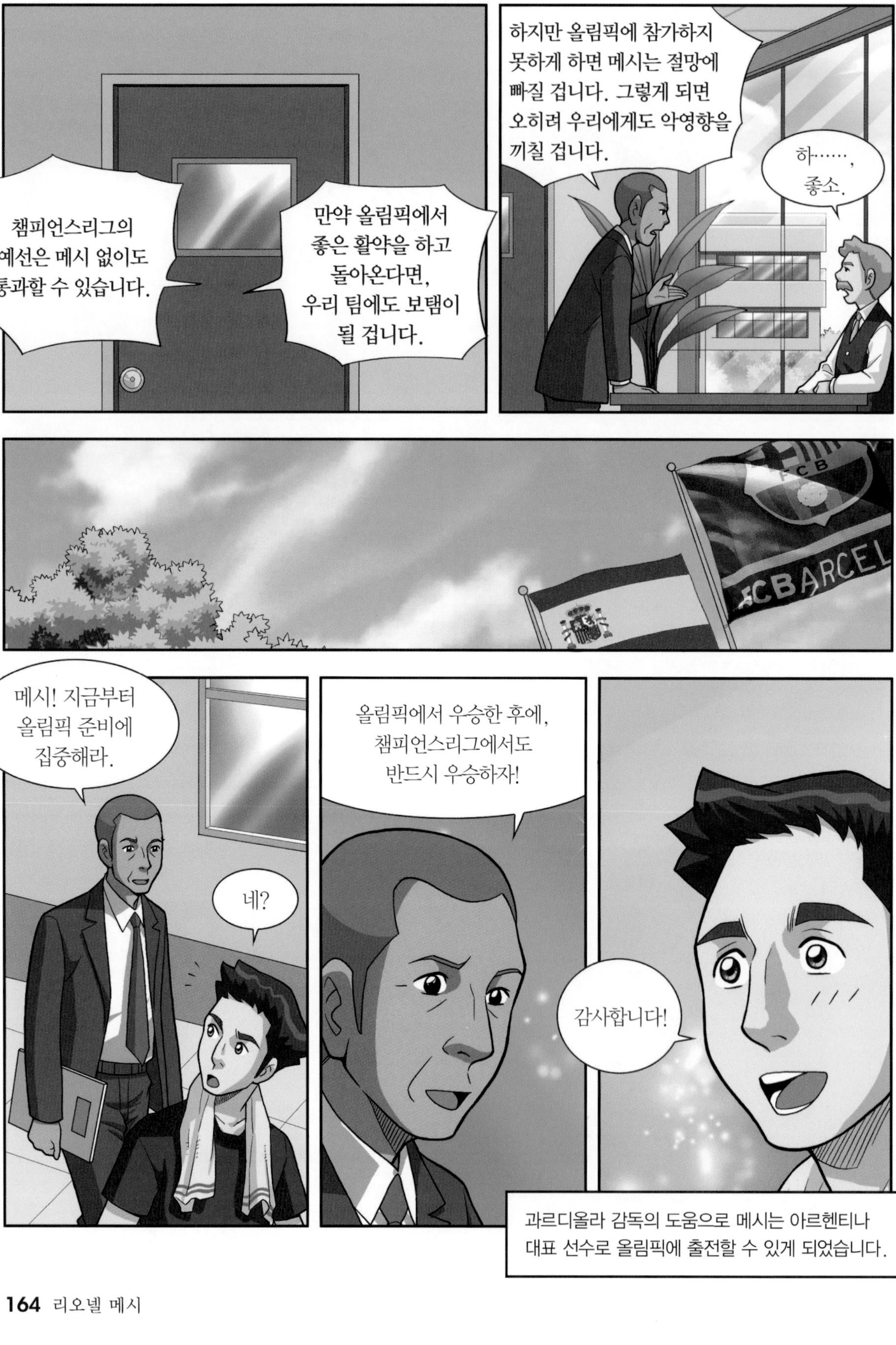
챔피언스리그의 예선은 메시 없이도 통과할 수 있습니다.
만약 올림픽에서 좋은 활약을 하고 돌아온다면, 우리 팀에도 보탬이 될 겁니다.
하지만 올림픽에 참가하지 못하게 하면 메시는 절망에 빠질 겁니다. 그렇게 되면 오히려 우리에게도 악영향을 끼칠 겁니다.
하……, 좋소.
FCB
FCBARCEL
메시! 지금부터 올림픽 준비에 집중해라.
네?
올림픽에서 우승한 후에, 챔피언스리그에서도 반드시 우승하자!
감사합니다!
과르디올라 감독의 도움으로 메시는 아르헨티나 대표 선수로 올림픽에 출전할 수 있게 되었습니다.

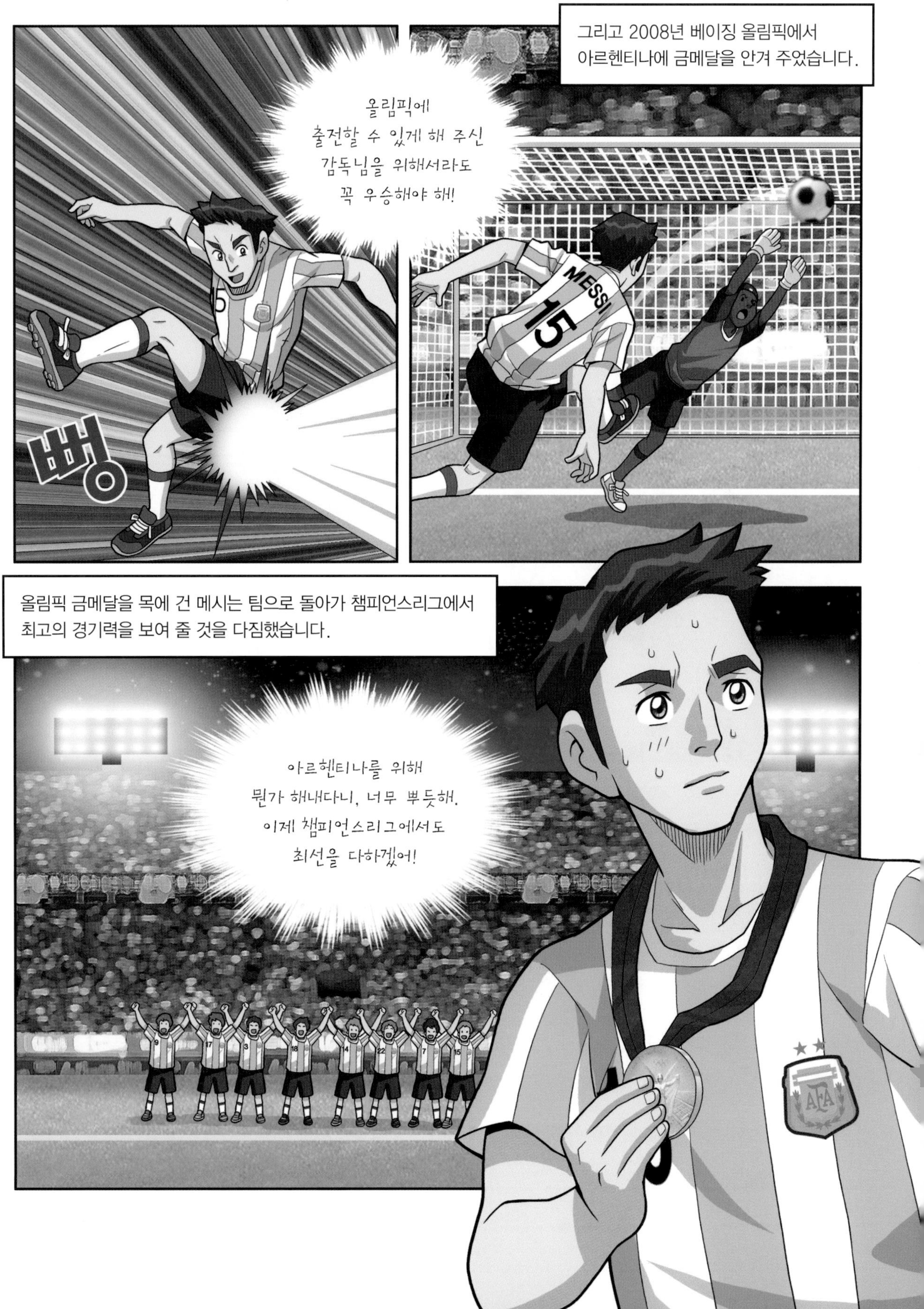
올림픽에 출전할 수 있게 해 주신 감독님을 위해서라도 꼭 우승해야 해!
빵
그리고 2008년 베이징 올림픽에서 아르헨티나에 금메달을 안겨 주었습니다.
MESSI 15
올림픽 금메달을 목에 건 메시는 팀으로 돌아가 챔피언스리그에서 최고의 경기력을 보여 줄 것을 다짐했습니다.
아르헨티나를 위해 뭔가 해내다니, 너무 뿌듯해. 이제! 챔피언스리그에서도 최선을 다하겠어!

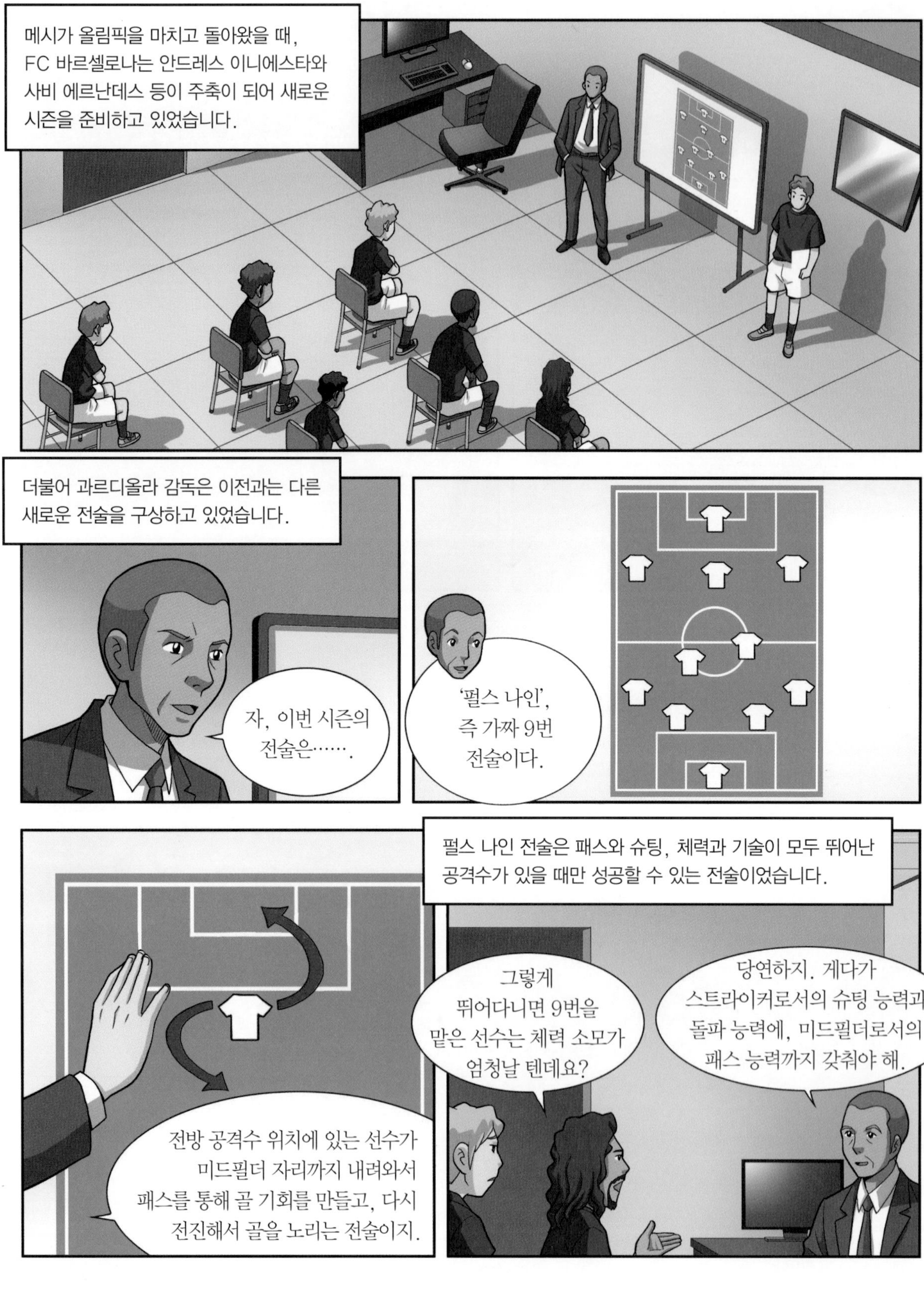
메시가 올림픽을 마치고 돌아왔을 때,
FC 바르셀로나는 안드레스 이니에스타와
사비 에르난데스 등이 주축이 되어 새로운
시즌을 준비하고 있었습니다.
더불어 과르디올라 감독은 이전과는 다른
새로운 전술을 구상하고 있었습니다.
자, 이번 시즌의 전술은…….
'펄스 나인', 즉 가짜 9번 전술이다.
펄스 나인 전술은 패스와 슈팅, 체력과 기술이 모두 뛰어난
공격수가 있을 때만 성공할 수 있는 전술이었습니다.
전방 공격수 위치에 있는 선수가 미드필더 자리까지 내려와서 패스를 통해 골 기회를 만들고, 다시 전진해서 골을 노리는 전술이지.
그렇게 뛰어다니면 9번을 맡은 선수는 체력 소모가 엄청날 텐데요?
당연하지. 게다가 스트라이커로서의 슈팅 능력과 돌파 능력에, 미드필더로서의 패스 능력까지 갖춰야 해.

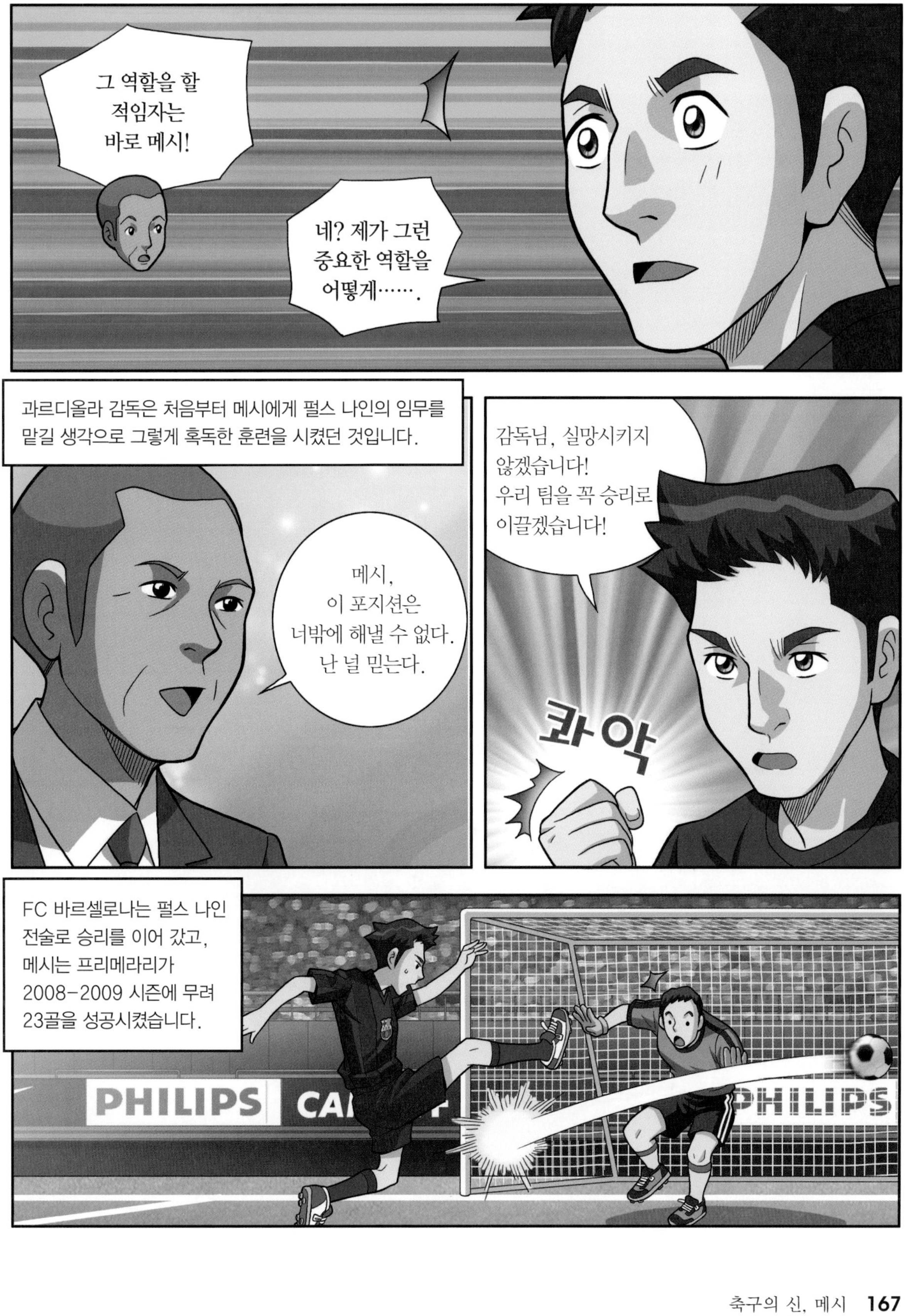
그 역할을 할
적임자는
바로 메시!
네? 제가 그런
중요한 역할을
어떻게…….
과르디올라 감독은 처음부터 메시에게 펄스 나인의 임무를
맡길 생각으로 그렇게 혹독한 훈련을 시켰던 것입니다.
메시,
이 포지션은
너밖에 해낼 수 없다.
난 널 믿는다.
감독님, 실망시키지
않겠습니다!
우리 팀을 꼭 승리로
이끌겠습니다!
콰 악
FC 바르셀로나는 펄스 나인
전술로 승리를 이어 갔고,
메시는 프리메라리가
2008-2009 시즌에 무려
23골을 성공시켰습니다.
PHILIPS
PHILIPS

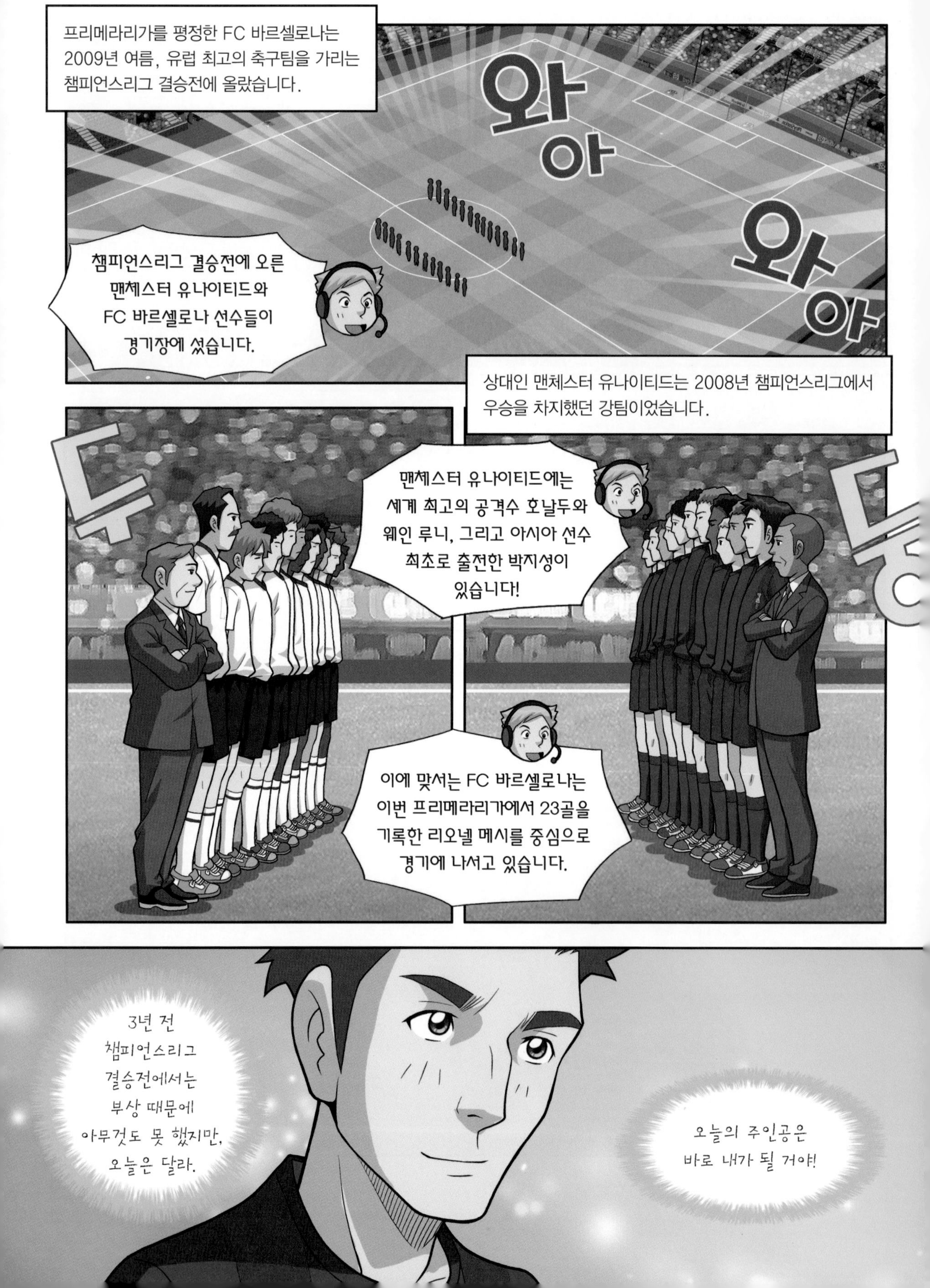
프리메라리가를 평정한 FC 바르셀로나는 2009년 여름, 유럽 최고의 축구팀을 가리는 챔피언스리그 결승전에 올랐습니다.
와아
와아
챔피언스리그 결승전에 오른 맨체스터 유나이티드와 FC 바르셀로나 선수들이 경기장에 섰습니다.
상대인 맨체스터 유나이티드는 2008년 챔피언스리그에서 우승을 차지했던 강팀이었습니다.
두둥
맨체스터 유나이티드에는 세계 최고의 공격수 호날두와 웨인 루니, 그리고 아시아 선수 최초로 출전한 박지성이 있습니다!
이에 맞서는 FC 바르셀로나는 이번 프리메라리가에서 23골을 기록한 리오넬 메시를 중심으로 경기에 나서고 있습니다.
3년 전 챔피언스리그 결승전에서는 부상 때문에 아무것도 못 했지만, 오늘은 달라.
오늘의 주인공은 바로 내가 될 거야!

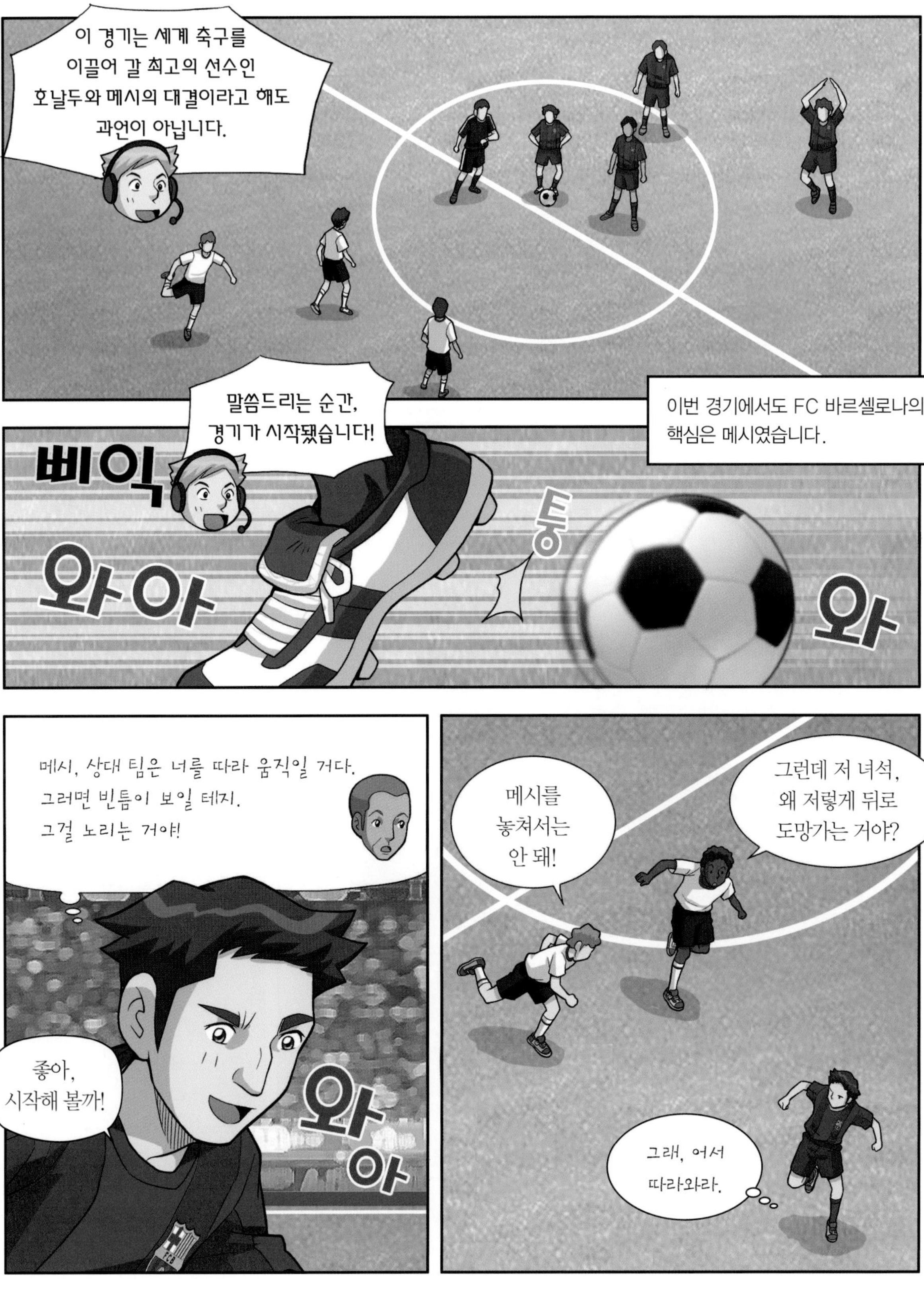
이 경기는 세계 축구를 이끌어 갈 최고의 선수인 호날두와 메시의 대결이라고 해도 과언이 아닙니다.
말씀드리는 순간, 경기가 시작됐습니다!
이번 경기에서도 FC 바르셀로나의 핵심은 메시였습니다.
삐익
와아
퉁
와
메시, 상대 팀은 너를 따라 움직일 거다. 그러면 빈틈이 보일 테지. 그걸 노리는 거야!
좋아, 시작해 볼까!
와아
메시를 놓쳐서는 안 돼!
그런데 저 녀석, 왜 저렇게 뒤로 도망가는 거야?
그래, 어서 따라와라.

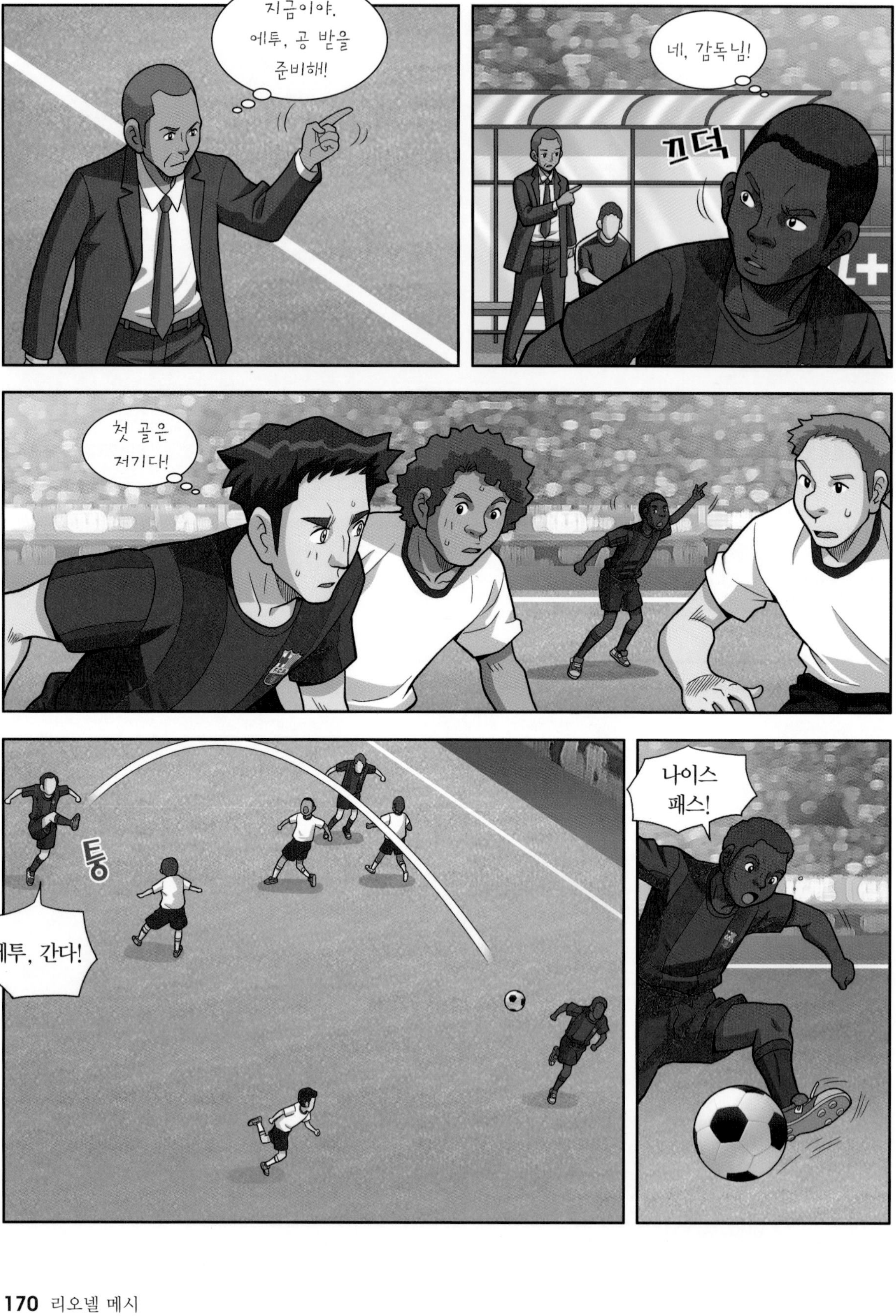
지금이야.
에투, 공 받을 준비해!
네, 감독님!
끄덕
첫 골은 저기다!
퉁
에투, 간다!
나이스 패스!

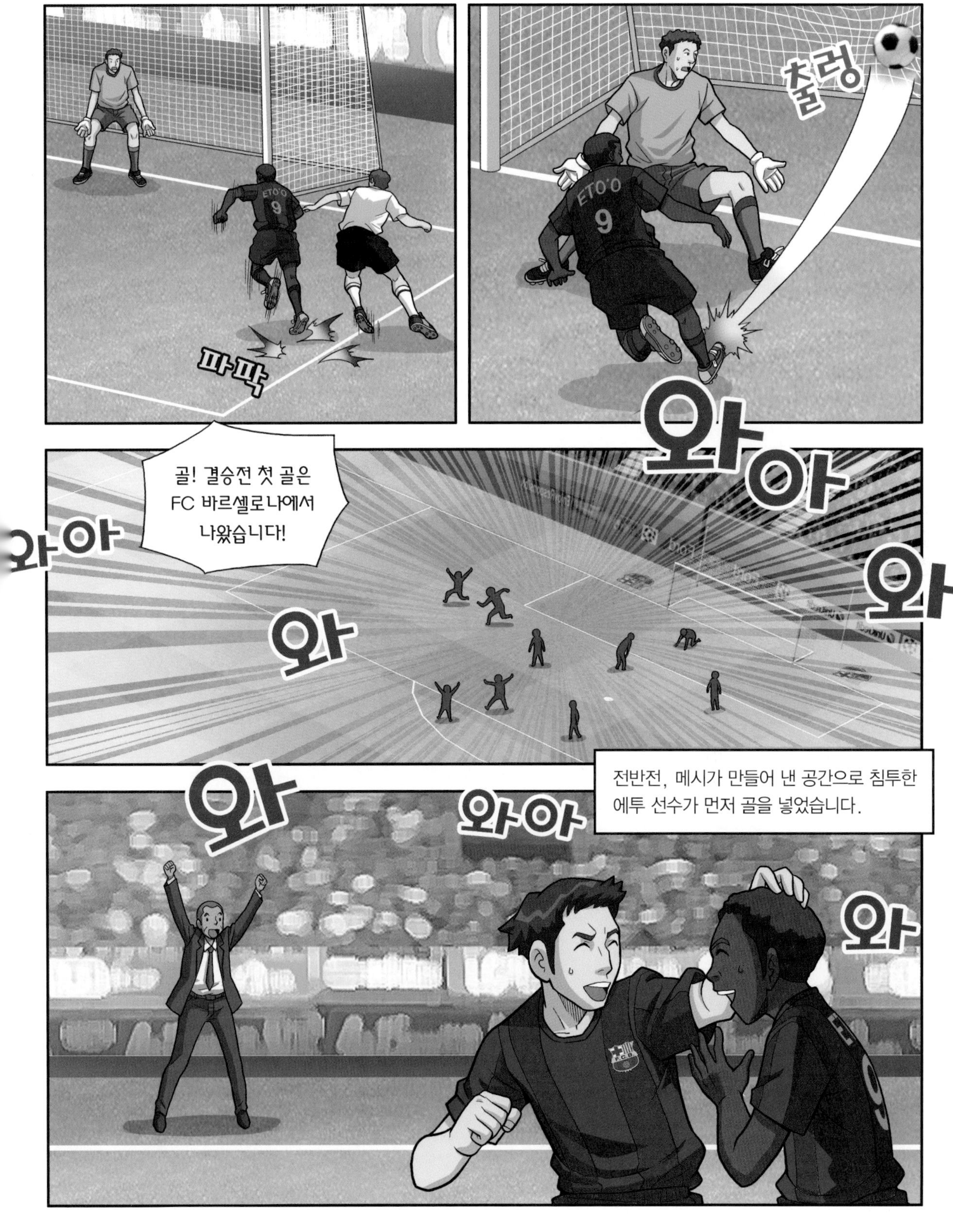
파팍
출렁
와아
골! 결승전 첫 골은 FC 바르셀로나에서 나왔습니다!
와아
와
와
와
와아
전반전, 메시가 만들어 낸 공간으로 침투한 에투 선수가 먼저 골을 넣었습니다.
와

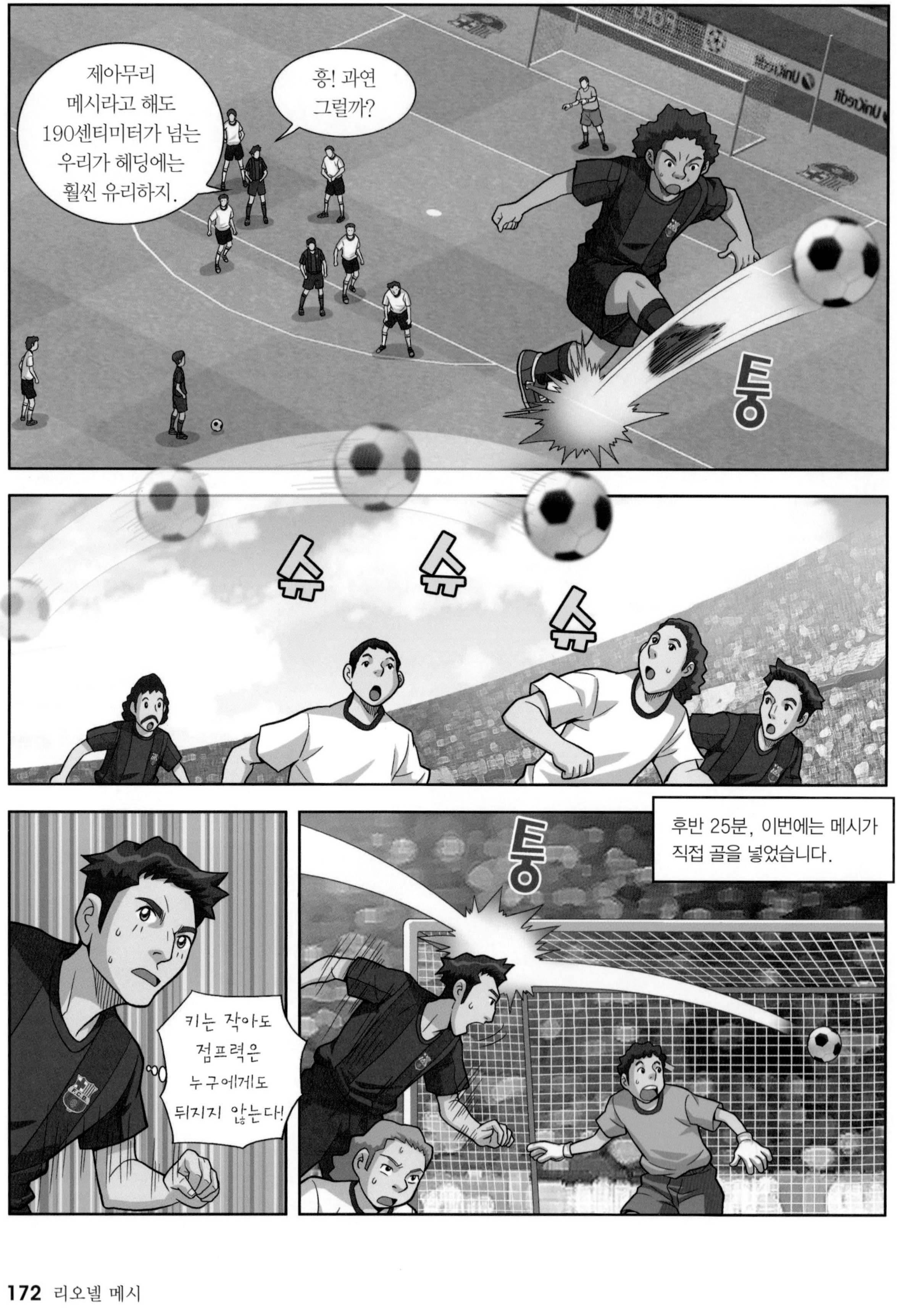
제아무리 메시라고 해도 190센티미터가 넘는 우리가 헤딩에는 훨씬 유리하지.
흥! 과연 그럴까?
퉁
슈
슈
슈
키는 작아도 점프력은 누구에게도 뒤지지 않는다!
후반 25분, 이번에는 메시가 직접 골을 넣었습니다.
퉁

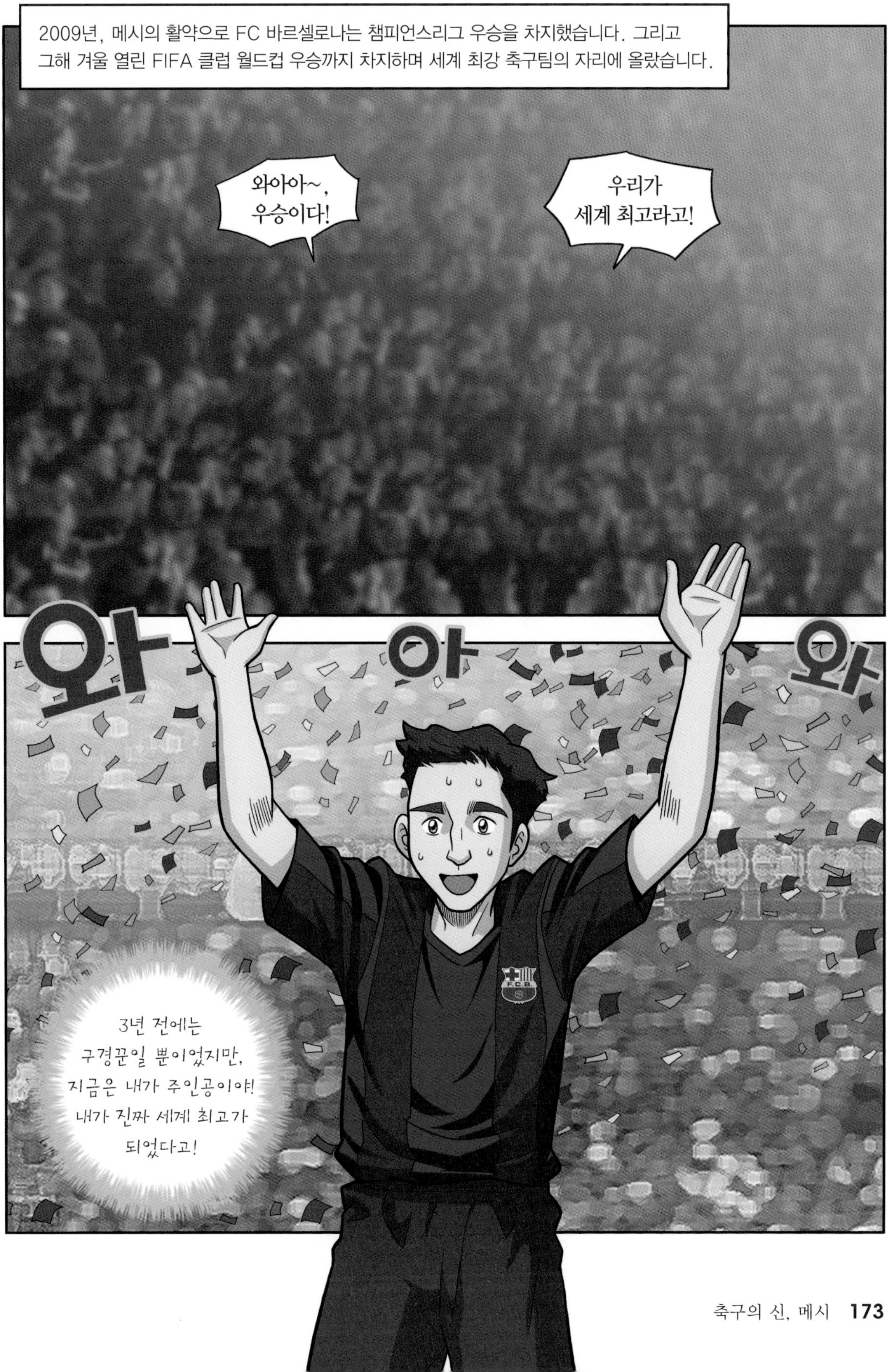
2009년, 메시의 활약으로 FC 바르셀로나는 챔피언스리그 우승을 차지했습니다. 그리고 그해 겨울 열린 FIFA 클럽 월드컵 우승까지 차지하며 세계 최강 축구팀의 자리에 올랐습니다.
와아아~, 우승이다!
우리가 세계 최고라고!
와 아 와
3년 전에는 구경꾼일 뿐이었지만, 지금은 내가 주인공이야! 내가 진짜 세계 최고가 되었다고!

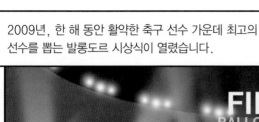

2009년, 한 해 동안 활약한 축구 선수 가운데 최고의 선수를 뽑는 발롱도르 시상식이 열렸습니다.

'발롱도르'는 프랑스어로 '황금 공'이라는 뜻으로, 축구 선수들에게는 가장 명예로운 상입니다.

그만큼 발롱도르 후보에 오른 선수들은 당대 최고의 선수였습니다.

크리스티아누 호날두
(레알 마드리드 CF)

리오넬 메시
(FC 바르셀로나)

안드레스 이니에스타
(FC 바르셀로나)

사무엘 에투
(인테르)

네 명 중 황금 트로피의 주인은 누구일까요?

제발……!

2009년 발롱도르 수상자는……

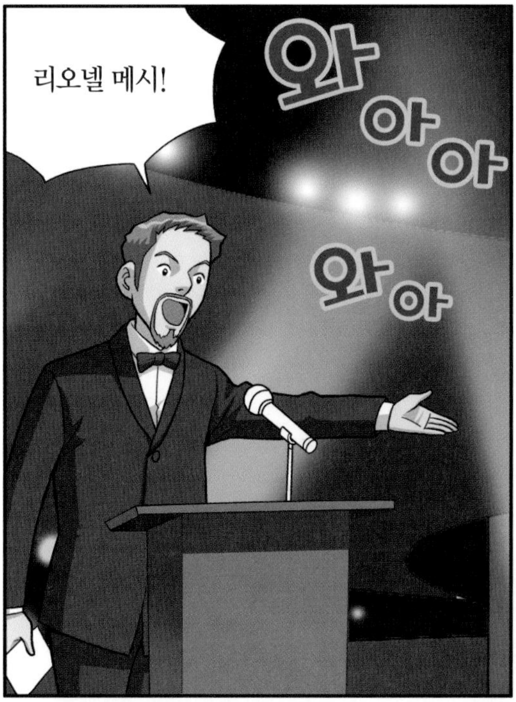
리오넬 메시!
와아아
와아

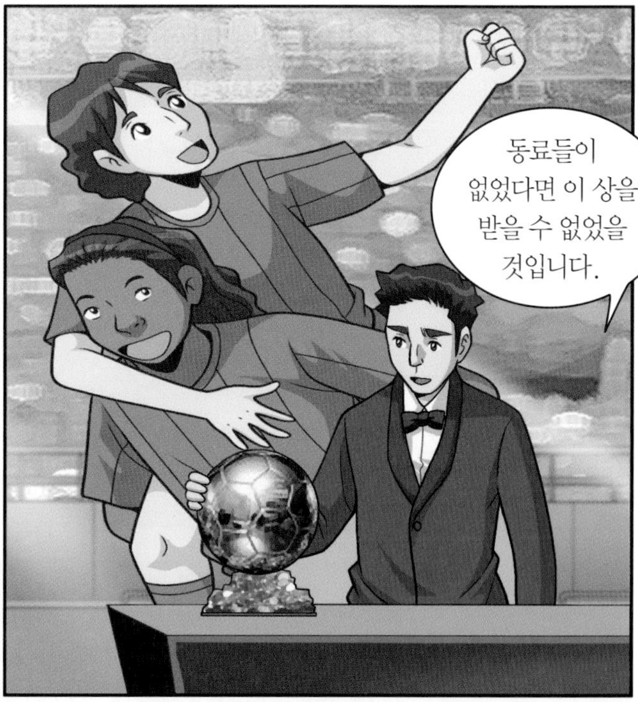
동료들이 없었다면 이 상을 받을 수 없었을 것입니다.

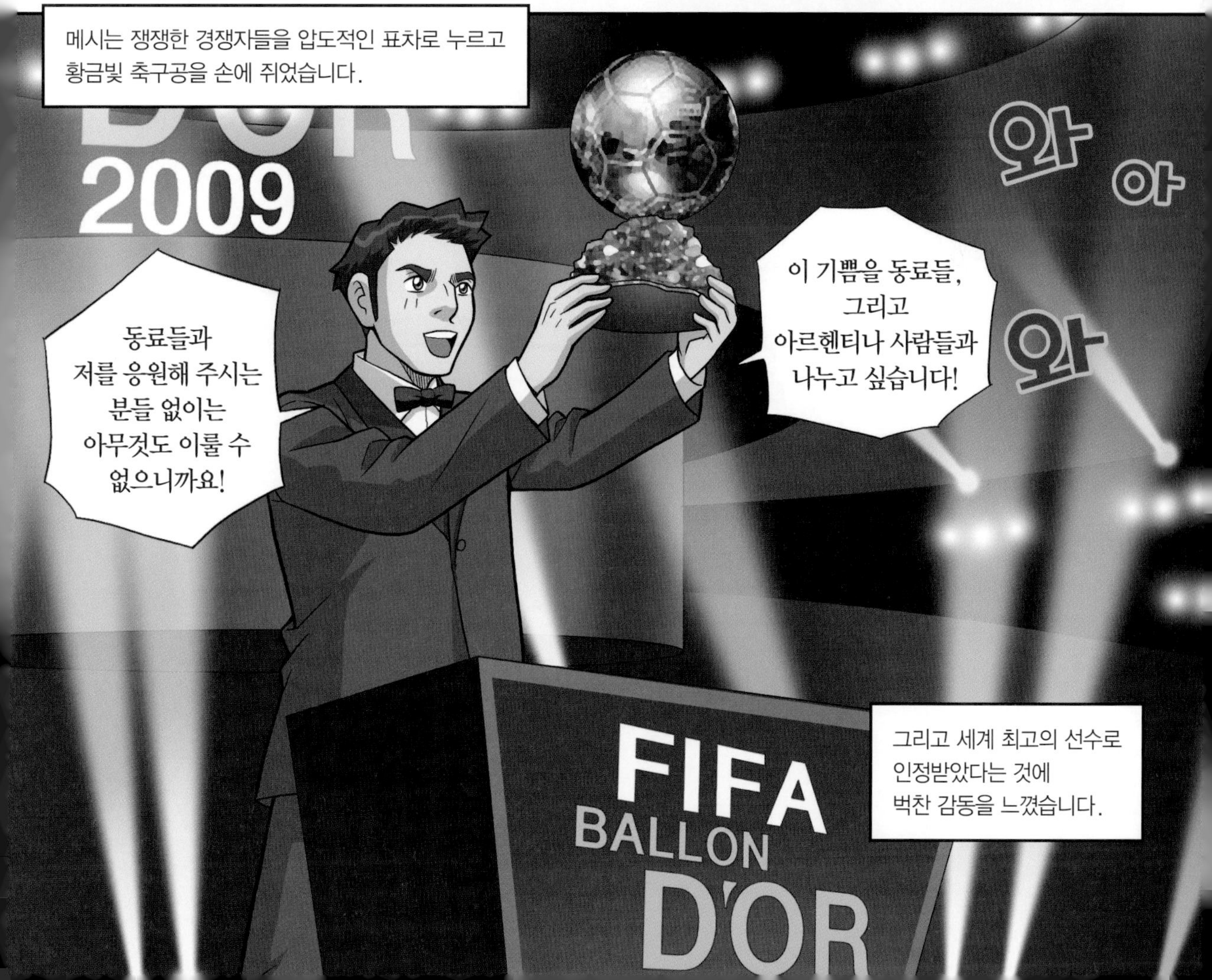
메시는 쟁쟁한 경쟁자들을 압도적인 표차로 누르고 황금빛 축구공을 손에 쥐었습니다.
D'OR 2009
와아
동료들과 저를 응원해 주시는 분들 없이는 아무것도 이룰 수 없으니까요!
이 기쁨을 동료들, 그리고 아르헨티나 사람들과 나누고 싶습니다!
와
그리고 세계 최고의 선수로 인정받았다는 것에 벅찬 감동을 느꼈습니다.
FIFA BALLON D'OR

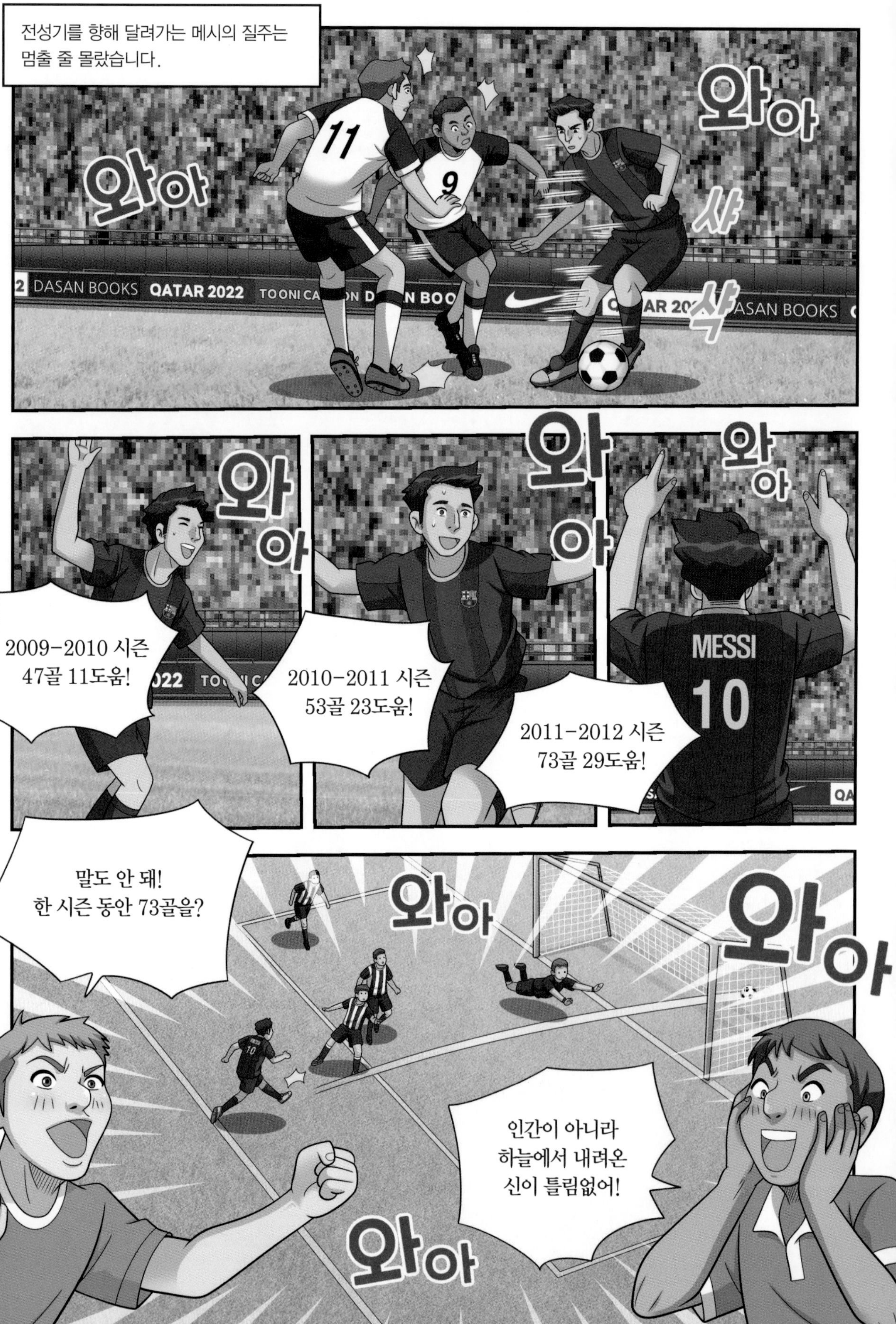
전성기를 향해 달려가는 메시의 질주는
멈출 줄 몰랐습니다.
와아
와아
샤
샥
와아
2009-2010 시즌
47골 11도움!
와아
2010-2011 시즌
53골 23도움!
와아
MESSI
10
2011-2012 시즌
73골 29도움!
말도 안 돼!
한 시즌 동안 73골을?
와아
와아
인간이 아니라
하늘에서 내려온
신이 틀림없어!
와아

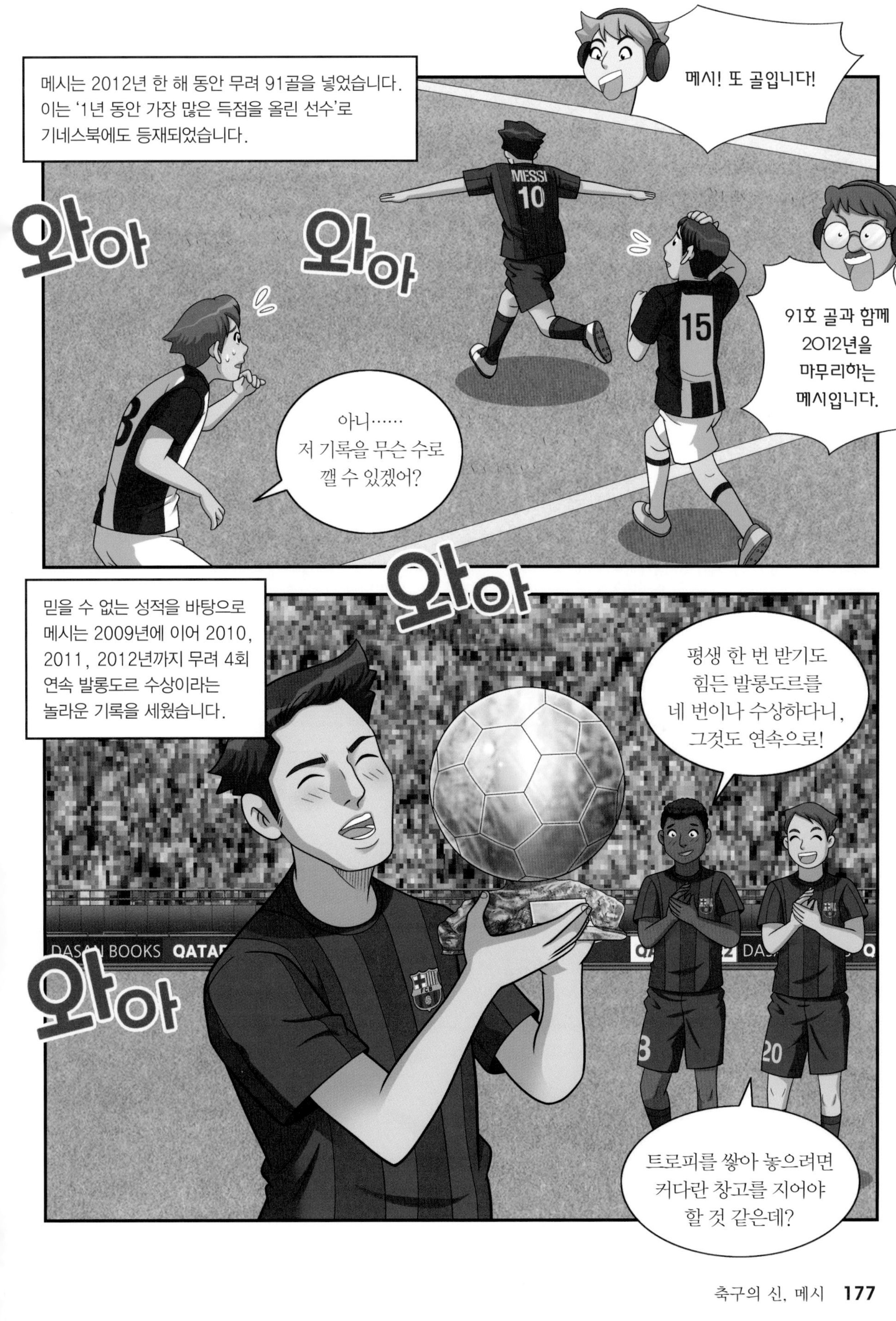

메시는 2012년 한 해 동안 무려 91골을 넣었습니다. 이는 '1년 동안 가장 많은 득점을 올린 선수'로 기네스북에도 등재되었습니다.
메시! 또 골입니다!
MESSI 10
와아
와아
91호 골과 함께 2012년을 마무리하는 메시입니다.
아니…… 저 기록을 무슨 수로 깰 수 있겠어?
와아
믿을 수 없는 성적을 바탕으로 메시는 2009년에 이어 2010, 2011, 2012년까지 무려 4회 연속 발롱도르 수상이라는 놀라운 기록을 세웠습니다.
평생 한 번 받기도 힘든 발롱도르를 네 번이나 수상하다니, 그것도 연속으로!
DASAN BOOKS
와아
트로피를 쌓아 놓으려면 커다란 창고를 지어야 할 것 같은데?

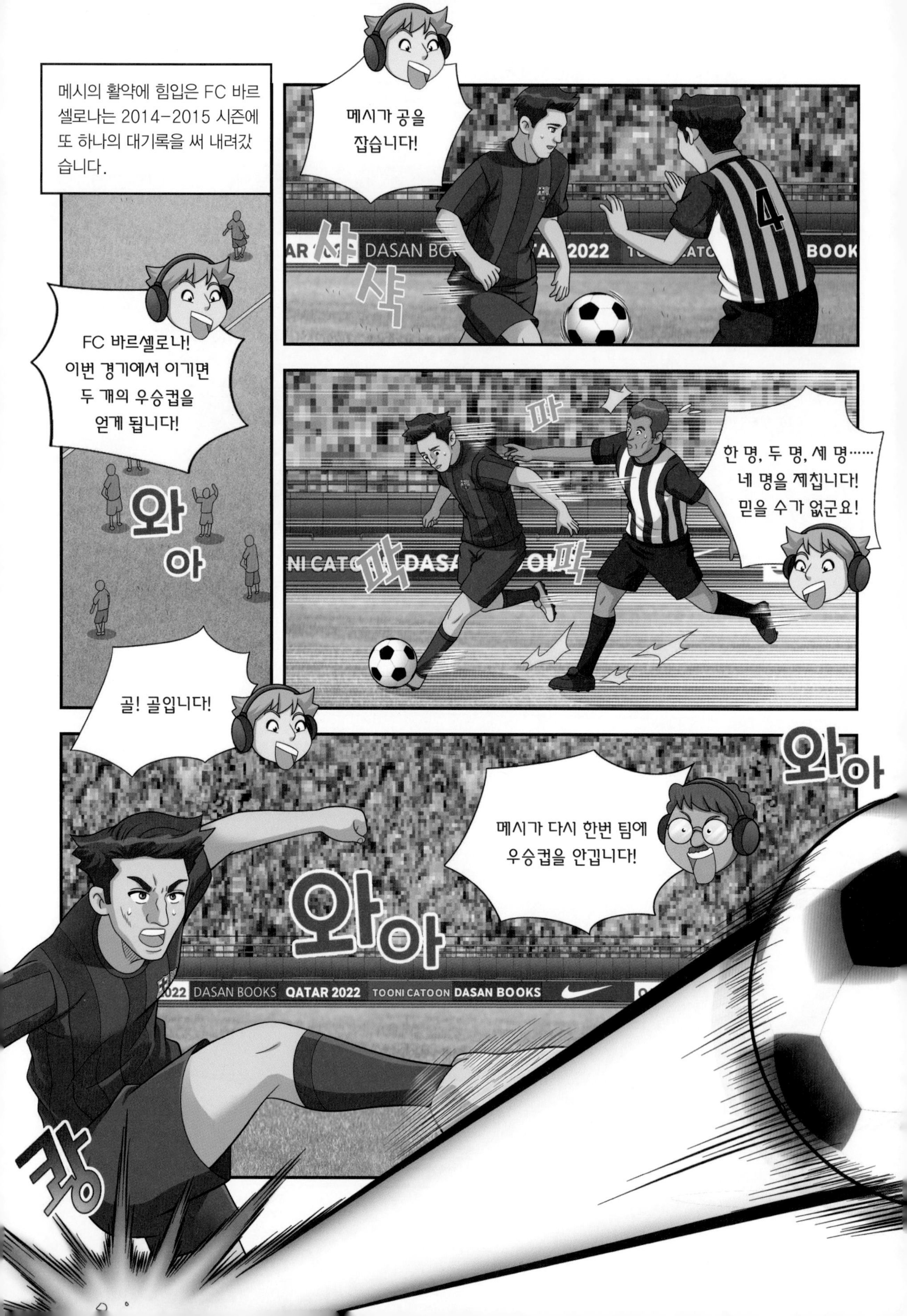
메시의 활약에 힘입은 FC 바르셀로나는 2014-2015 시즌에 또 하나의 대기록을 써 내려갔습니다.
메시가 공을 잡습니다!
샤
샥
DASAN BOOKS
QATAR 2022
FC 바르셀로나! 이번 경기에서 이기면 두 개의 우승컵을 얻게 됩니다!
파
팍
팍
한 명, 두 명, 세 명…… 네 명을 제칩니다! 믿을 수가 없군요!
와아
골! 골입니다!
와아
메시가 다시 한번 팀에 우승컵을 안깁니다!
와아
2022 DASAN BOOKS QATAR 2022 TOONI CATOON DASAN BOOKS
쾅

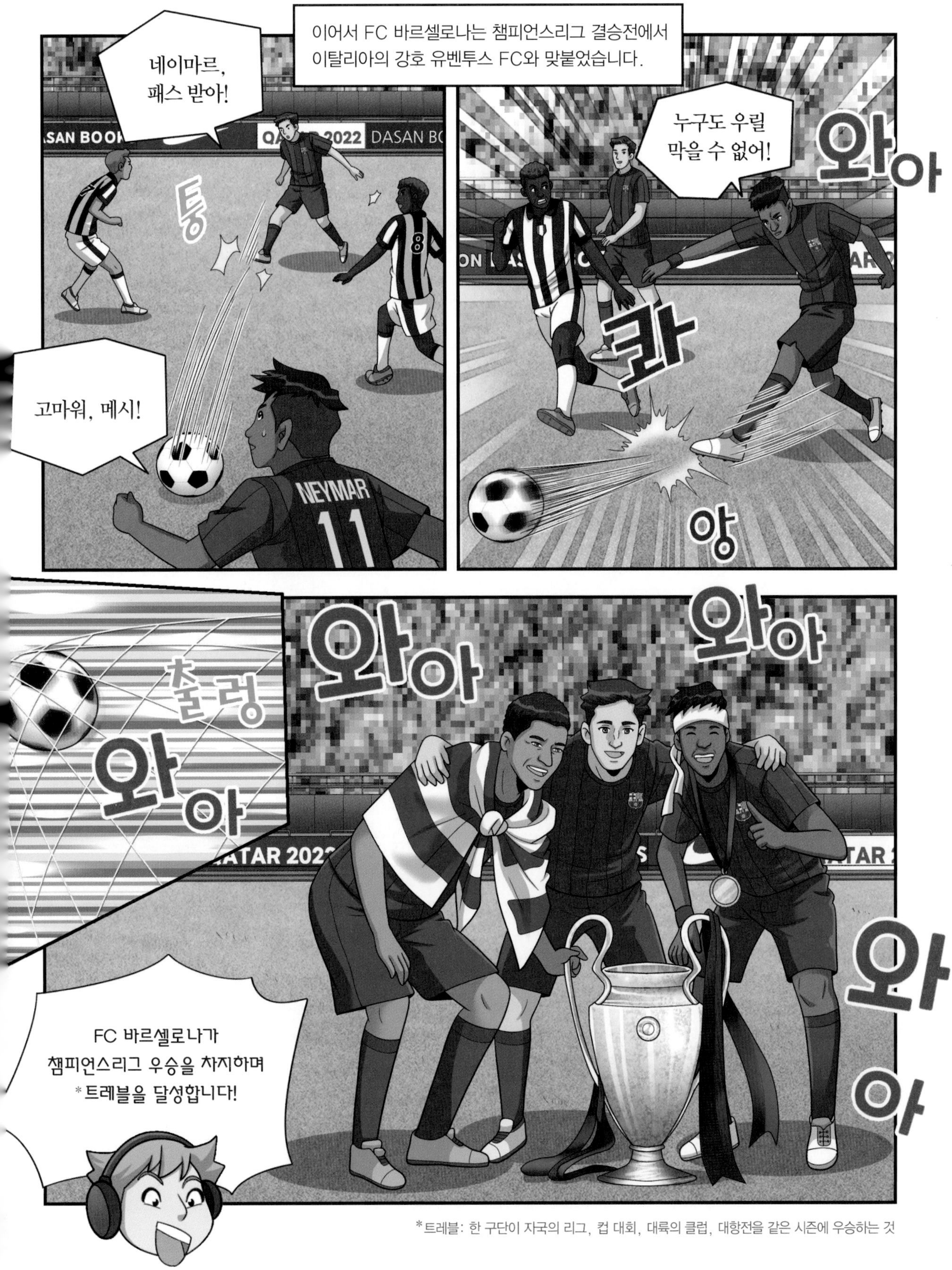

이어서 FC 바르셀로나는 챔피언스리그 결승전에서
이탈리아의 강호 유벤투스 FC와 맞붙었습니다.
네이마르, 패스 받아!
퉁
고마워, 메시!
NEYMAR 11
누구도 우릴 막을 수 없어!
와아
콰
앙
출렁
와아
와아
와아
와아
FC 바르셀로나가
챔피언스리그 우승을 차지하며
*트레블을 달성합니다!

*트레블: 한 구단이 자국의 리그, 컵 대회, 대륙의 클럽, 대항전을 같은 시즌에 우승하는 것

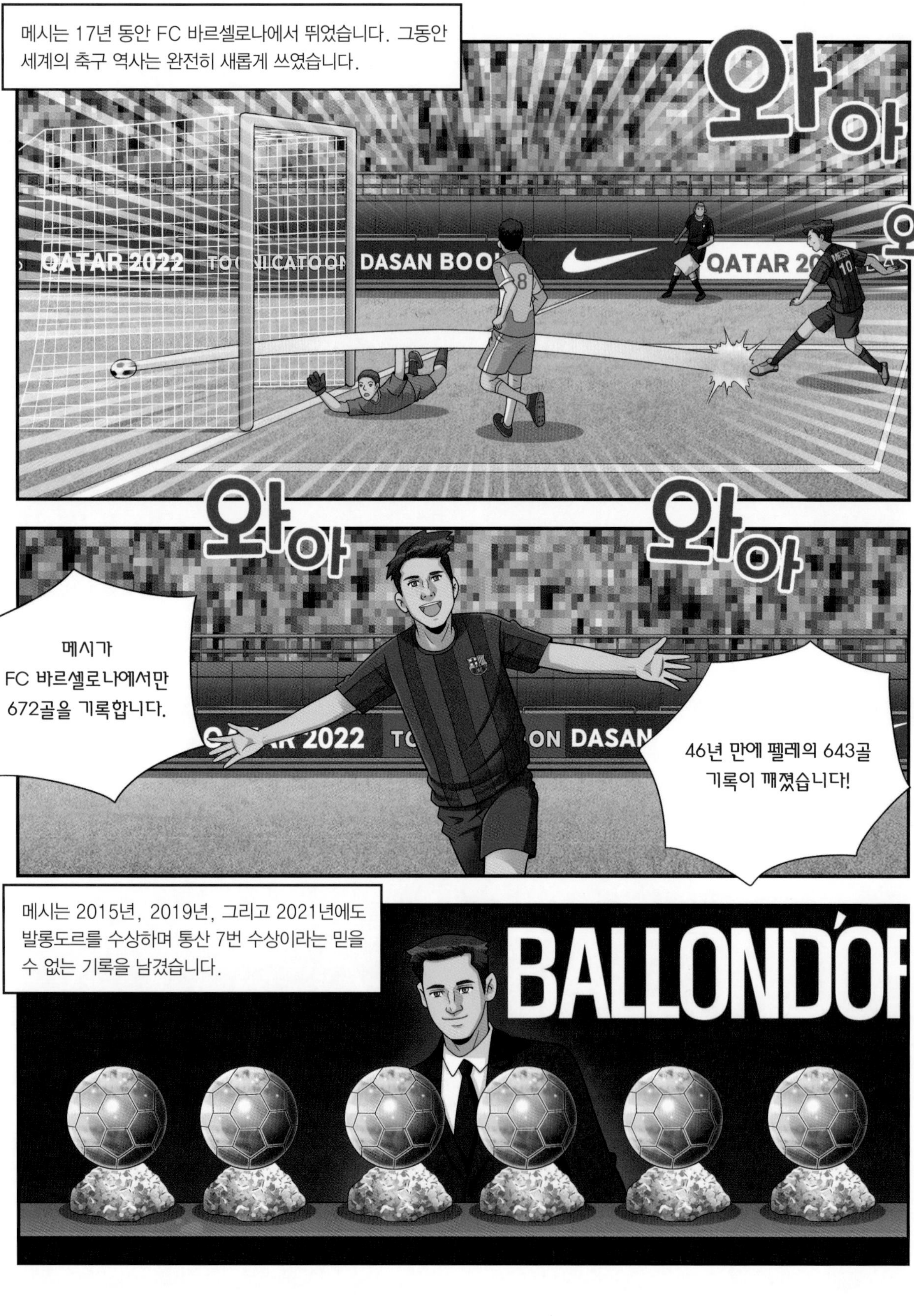
메시는 17년 동안 FC 바르셀로나에서 뛰었습니다. 그동안 세계의 축구 역사는 완전히 새롭게 쓰였습니다.
와아
QATAR 2022
와아
와아
메시가 FC 바르셀로나에서만 672골을 기록합니다.
46년 만에 펠레의 643골 기록이 깨졌습니다!
메시는 2015년, 2019년, 그리고 2021년에도 발롱도르를 수상하며 통산 7번 수상이라는 믿을 수 없는 기록을 남겼습니다.

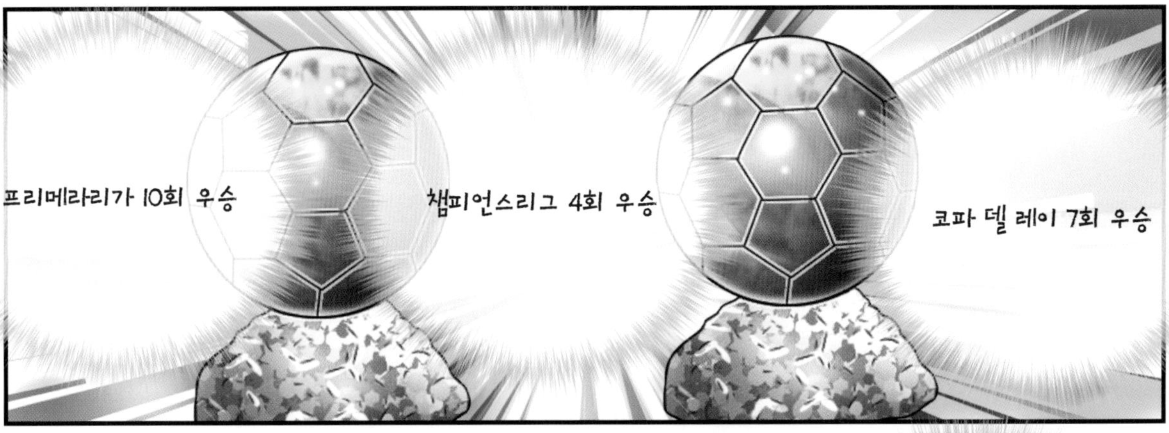
프리메라리가 10회 우승
챔피언스리그 4회 우승
코파 델 레이 7회 우승

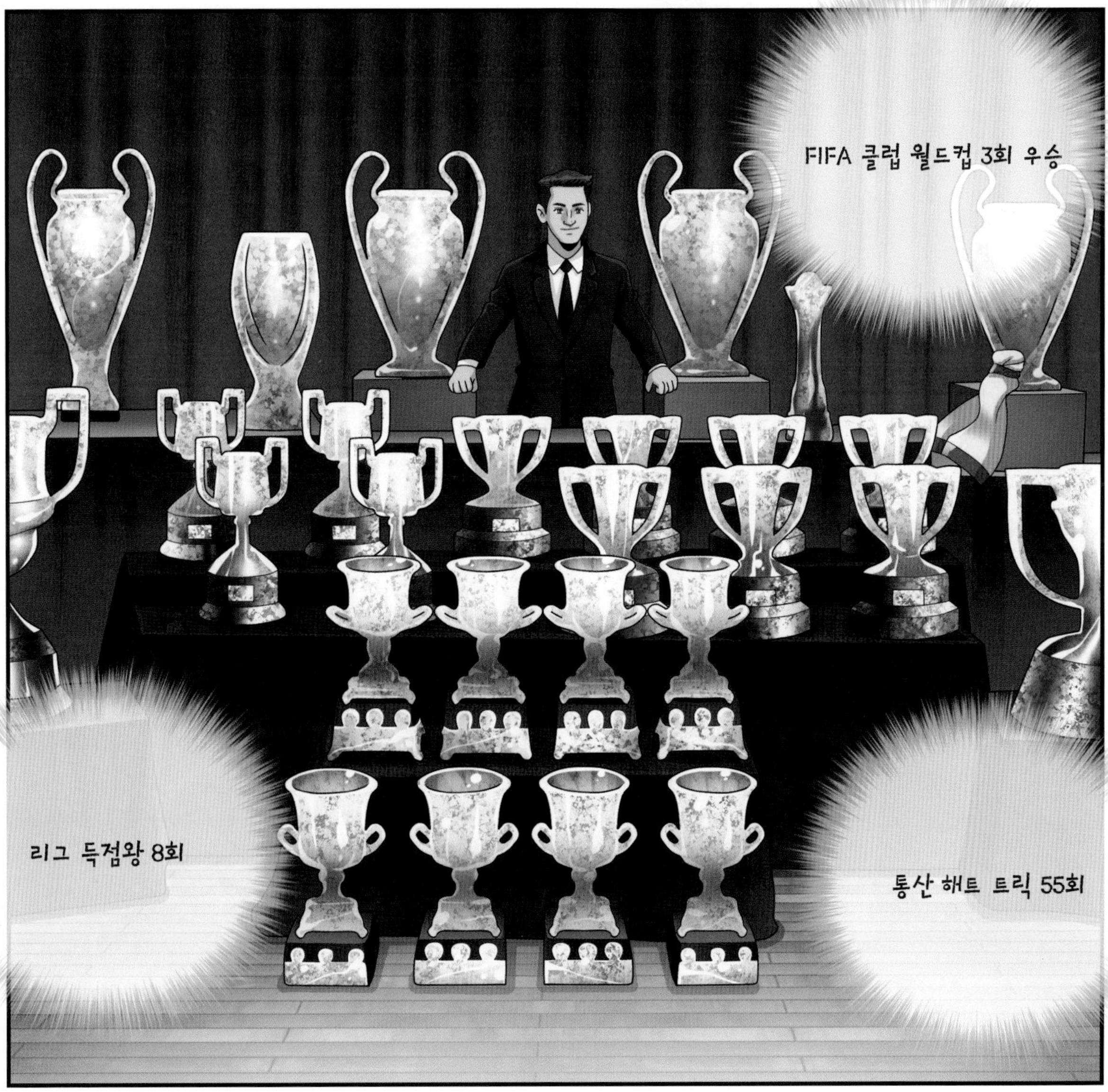
FIFA 클럽 월드컵 3회 우승
리그 득점왕 8회
통산 해트 트릭 55회

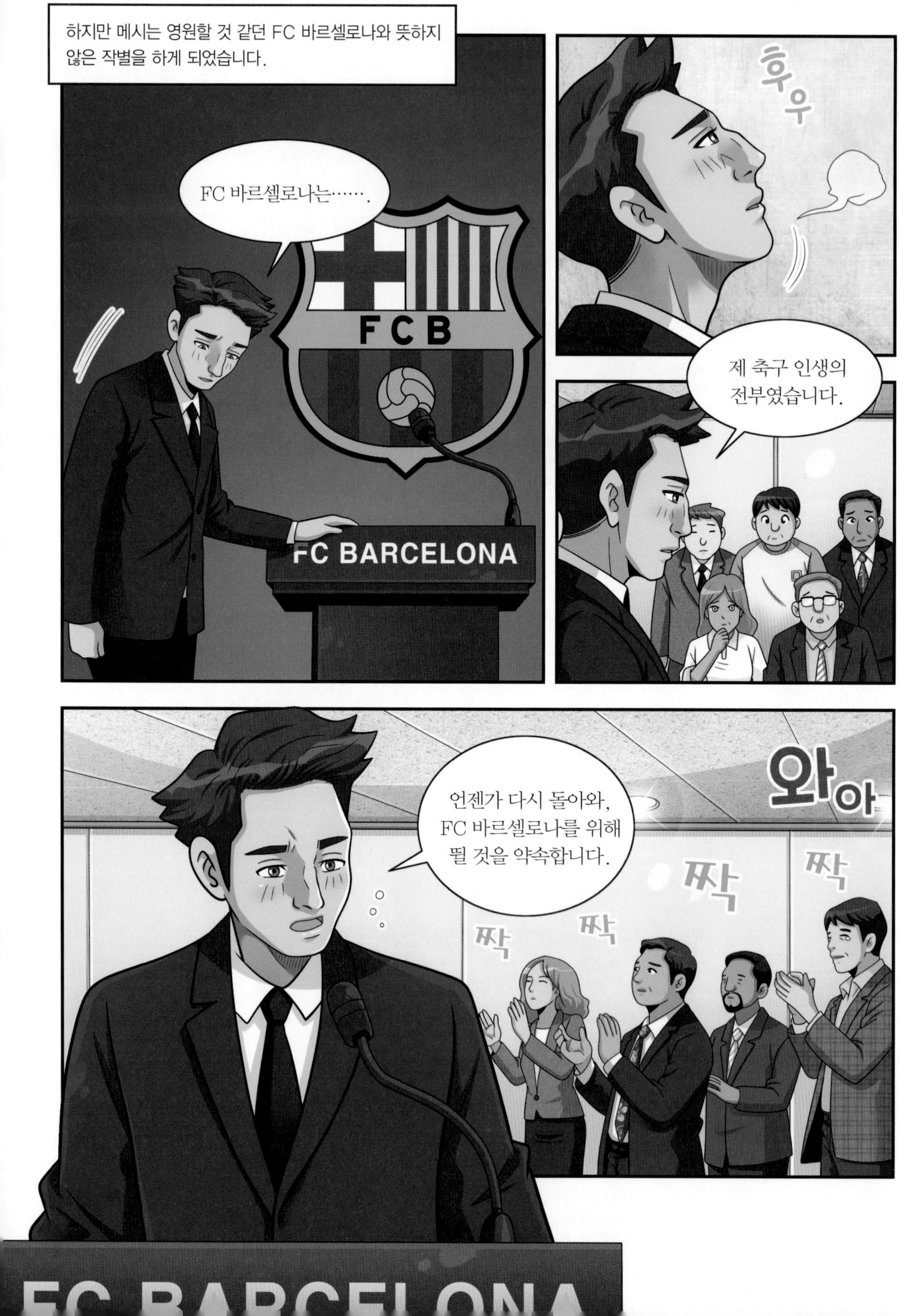
하지만 메시는 영원할 것 같던 FC 바르셀로나와 뜻하지 않은 작별을 하게 되었습니다.
FC 바르셀로나는…….
FCB
FC BARCELONA
후우
제 축구 인생의 전부였습니다.
언젠가 다시 돌아와, FC 바르셀로나를 위해 뛸 것을 약속합니다.
와아
짝
짝
짝
짝
FC BARCELONA

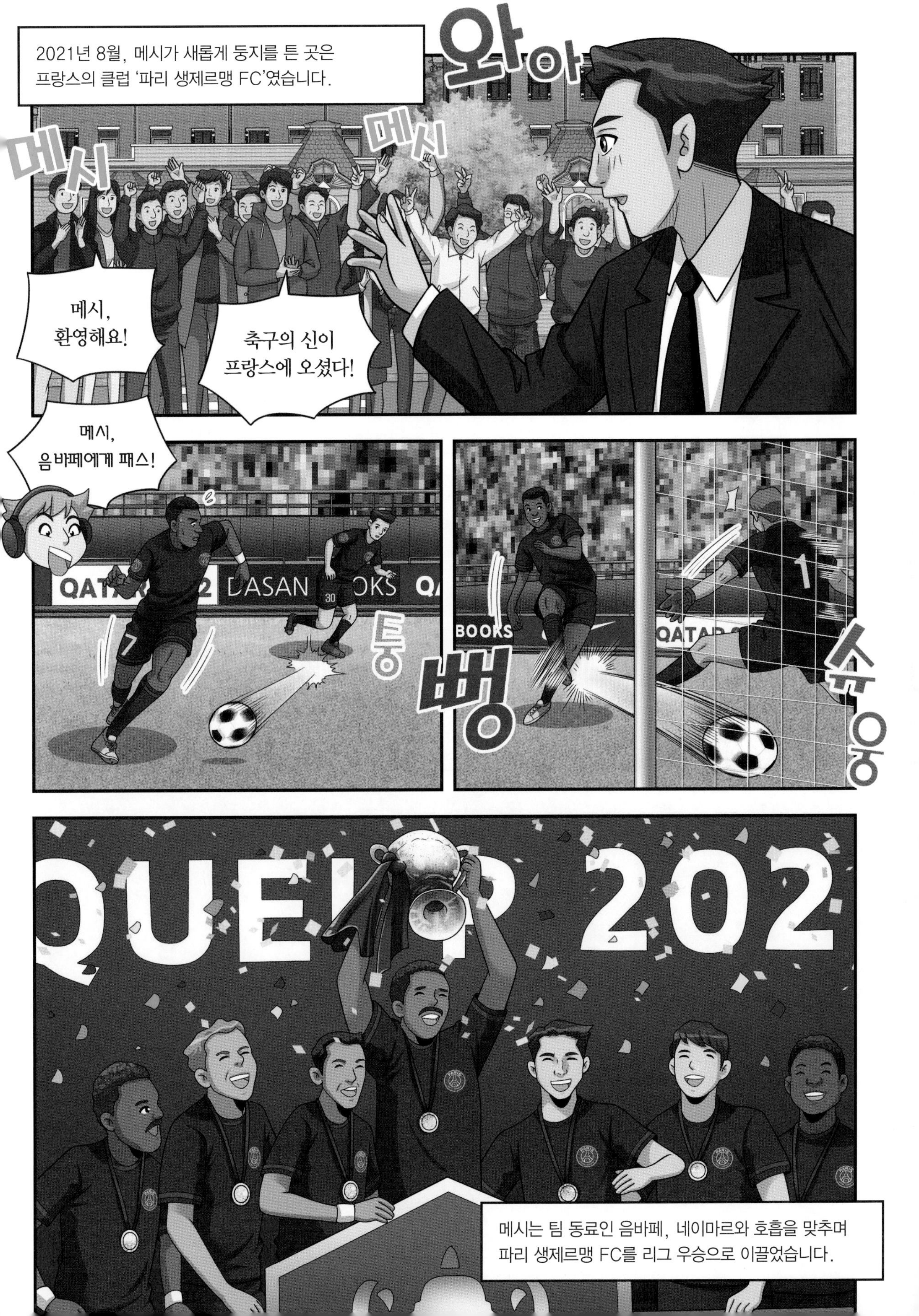
2021년 8월, 메시가 새롭게 둥지를 튼 곳은
프랑스의 클럽 '파리 생제르맹 FC'였습니다.
와아
메시
메시
메시, 환영해요!
축구의 신이 프랑스에 오셨다!
메시, 음바페에게 패스!
퉁
빵
슈웅
메시는 팀 동료인 음바페, 네이마르와 호흡을 맞추며
파리 생제르맹 FC를 리그 우승으로 이끌었습니다.

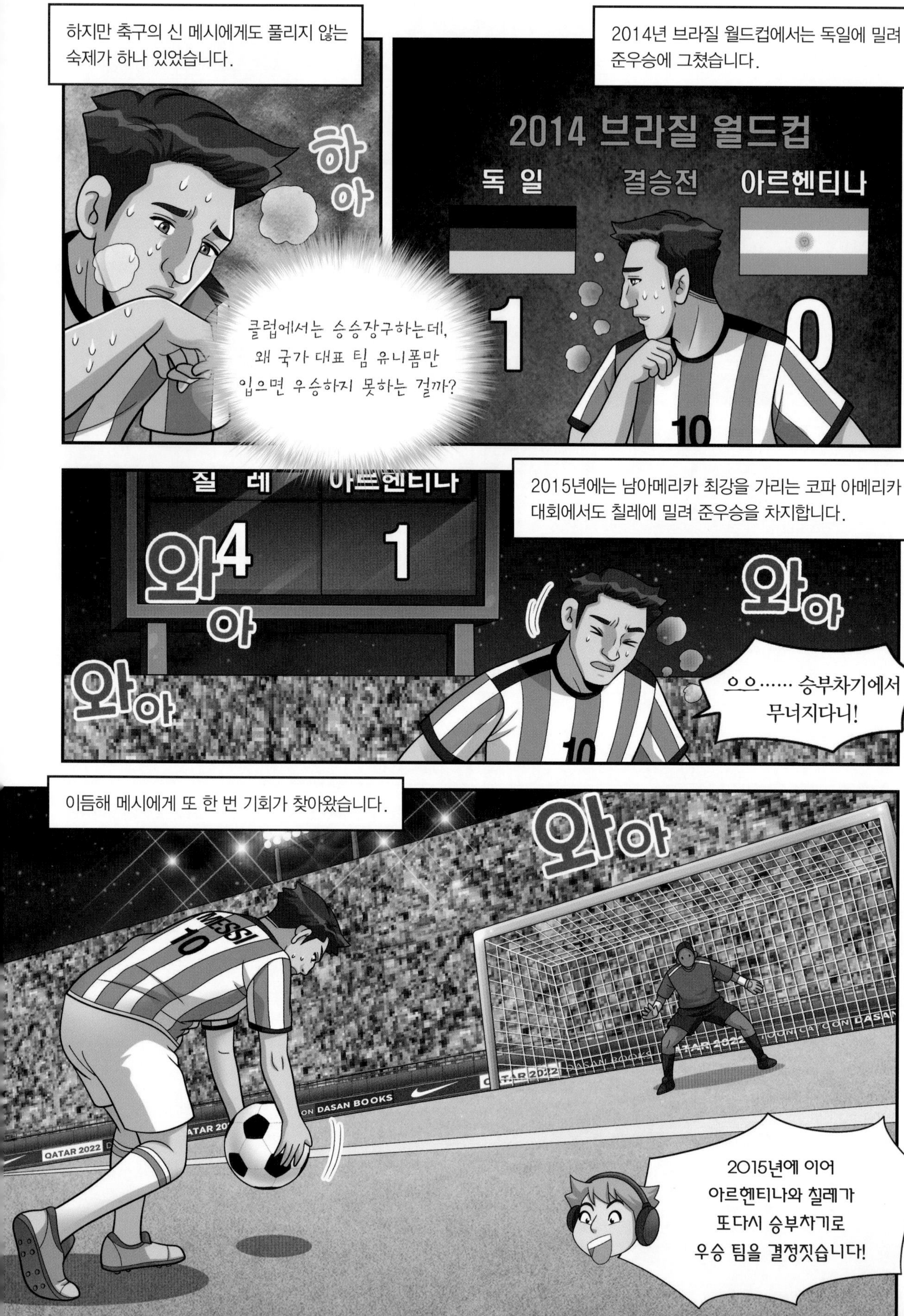
하지만 축구의 신 메시에게도 풀리지 않는 숙제가 하나 있었습니다.
하아
클럽에서는 승승장구하는데, 왜 국가 대표 팀 유니폼만 입으면 우승하지 못하는 걸까?
2014년 브라질 월드컵에서는 독일에 밀려 준우승에 그쳤습니다.
2014 브라질 월드컵
독 일
결승전
아르헨티나
1
0
10
칠 레
아르헨티나
4
1
와아
와아
2015년에는 남아메리카 최강을 가리는 코파 아메리카 대회에서도 칠레에 밀려 준우승을 차지합니다.
와아
으으…… 승부차기에서 무너지다니!
10
이듬해 메시에게 또 한 번 기회가 찾아왔습니다.
와아
MESSI
10
DASAN BOOKS
QATAR 2022
2015년에 이어 아르헨티나와 칠레가 또다시 승부차기로 우승 팀을 결정짓습니다!

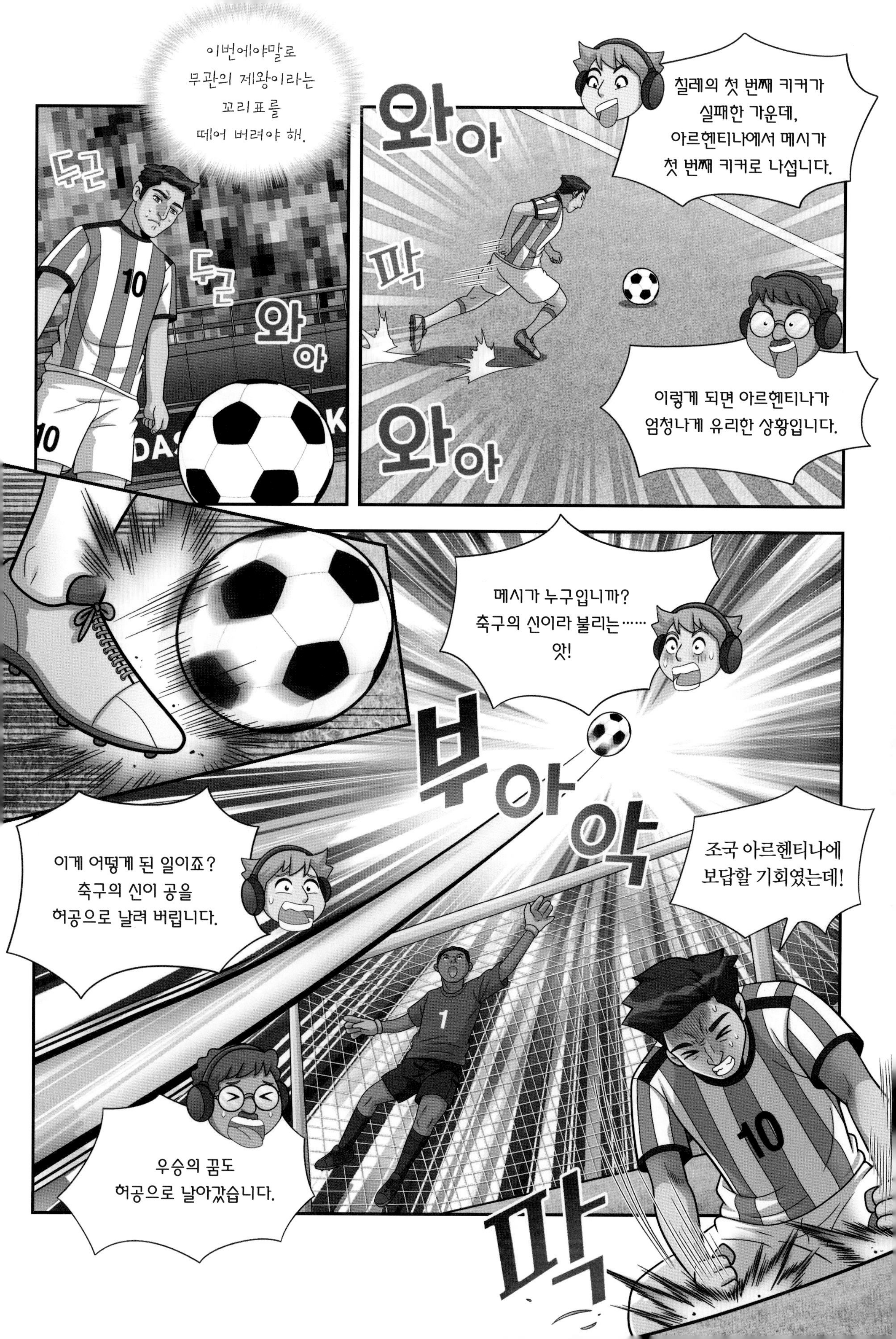
이번에야말로
무관의 제왕이라는
꼬리표를
떼어 버려야 해.
두근
두근
와아
칠레의 첫 번째 키커가
실패한 가운데,
아르헨티나에서 메시가
첫 번째 키커로 나섭니다.
와아
팍
이렇게 되면 아르헨티나가
엄청나게 유리한 상황입니다.
와아
메시가 누구입니까?
축구의 신이라 불리는……
앗!
부아악
이게 어떻게 된 일이죠?
축구의 신이 공을
허공으로 날려 버립니다.
조국 아르헨티나에
보답할 기회였는데!
우승의 꿈도
허공으로 날아갔습니다.
팍

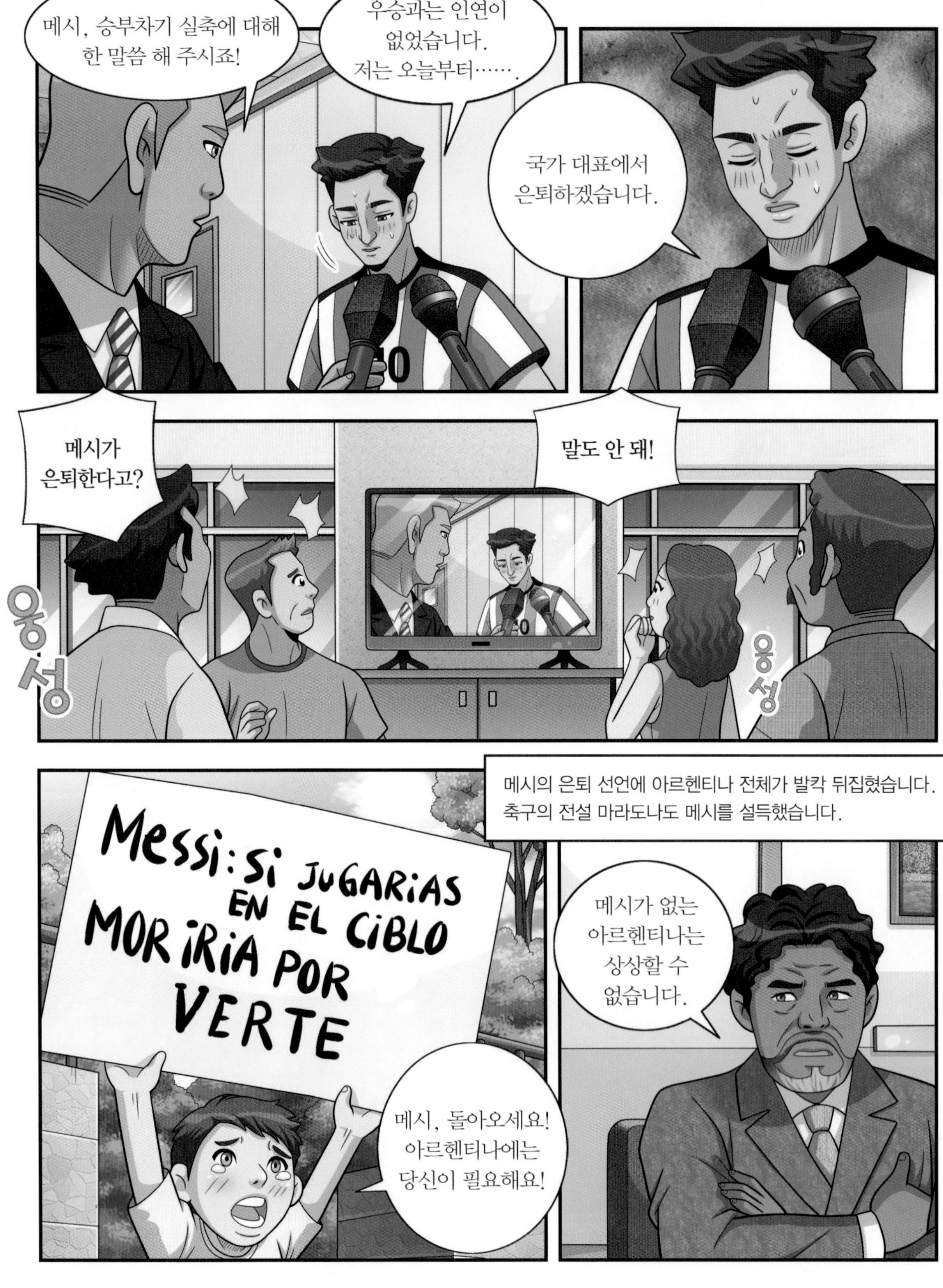
메시, 승부차기 실축에 대해 한 말씀 해 주시죠!
우승과는 인연이 없었습니다. 저는 오늘부터…….
국가 대표에서 은퇴하겠습니다.
메시가 은퇴한다고?
말도 안 돼!
웅성
웅성
메시의 은퇴 선언에 아르헨티나 전체가 발칵 뒤집혔습니다. 축구의 전설 마라도나도 메시를 설득했습니다.
Messi: Si JUGARiAS EN EL CiBLO MOR iRiA POR VERTE
메시, 돌아오세요! 아르헨티나에는 당신이 필요해요!
메시가 없는 아르헨티나는 상상할 수 없습니다.

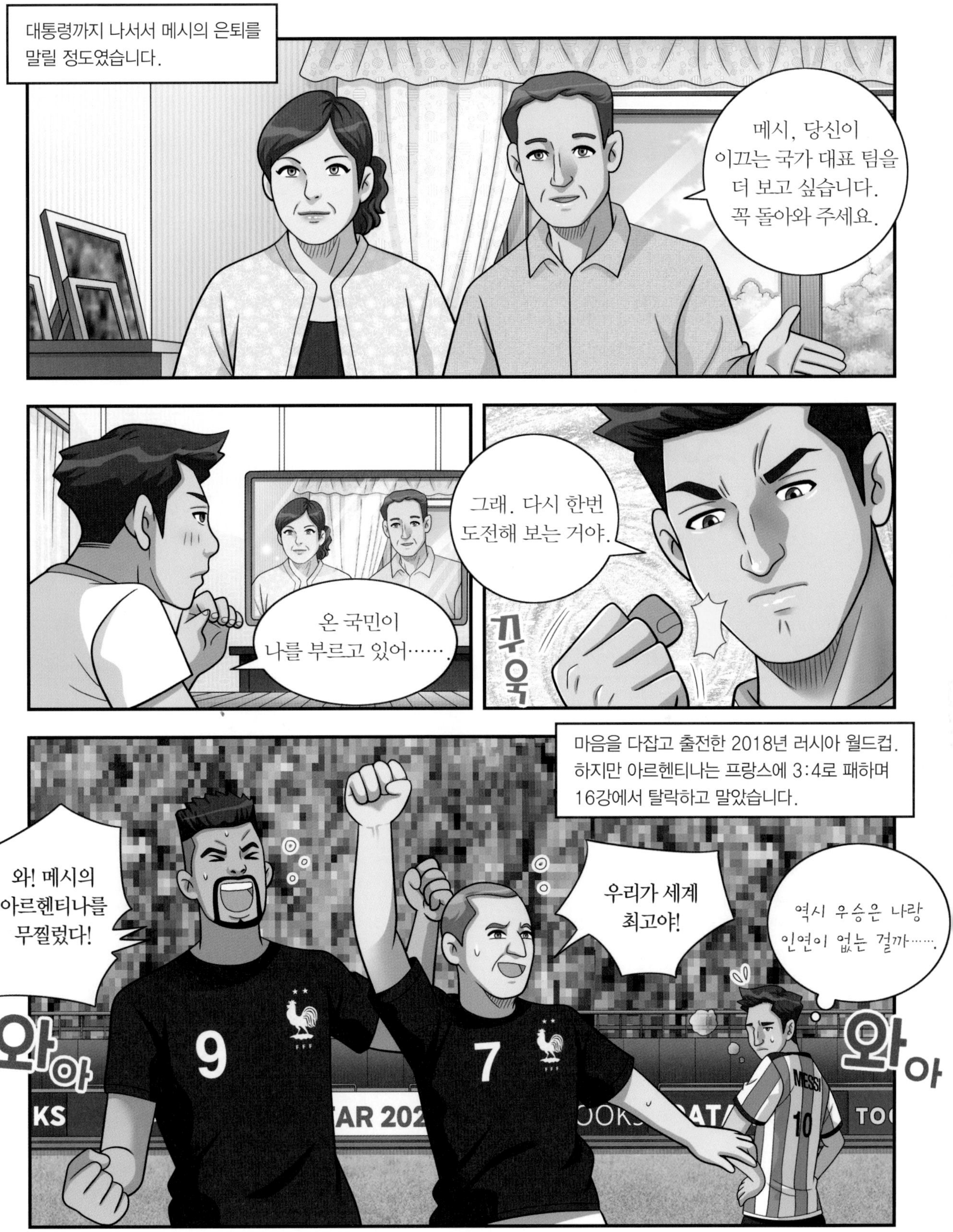
대통령까지 나서서 메시의 은퇴를 말릴 정도였습니다.
메시, 당신이 이끄는 국가 대표 팀을 더 보고 싶습니다. 꼭 돌아와 주세요.
온 국민이 나를 부르고 있어…….
그래. 다시 한번 도전해 보는 거야.
꾸욱
마음을 다잡고 출전한 2018년 러시아 월드컵. 하지만 아르헨티나는 프랑스에 3:4로 패하며 16강에서 탈락하고 말았습니다.
와! 메시의 아르헨티나를 무찔렀다!
우리가 세계 최고야!
역시 우승은 나랑 인연이 없는 걸까…….
와아
와아

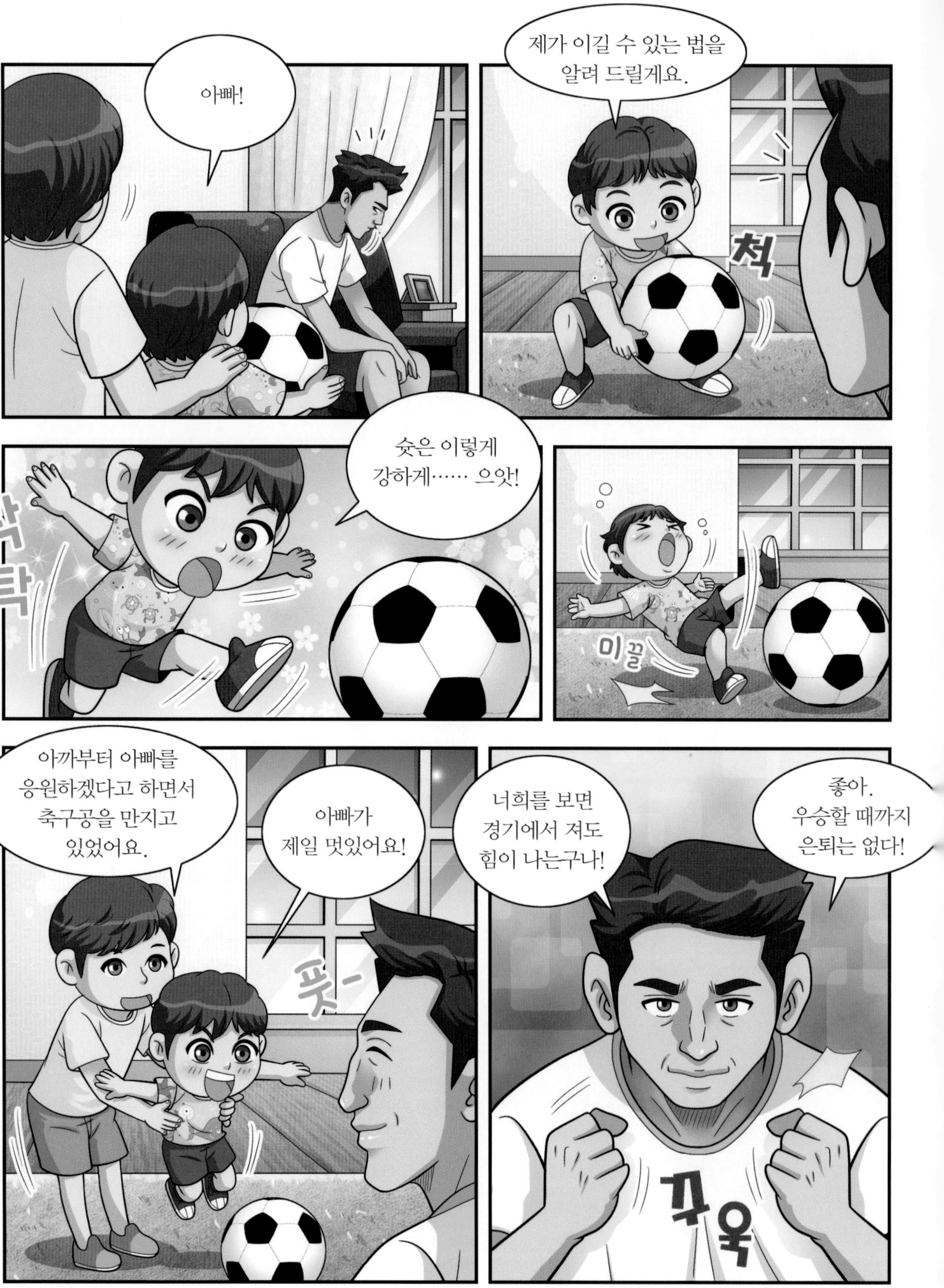
아빠!
제가 이길 수 있는 법을 알려 드릴게요.
척
숫은 이렇게 강하게…… 으앗!
탁 탁
미끌
아까부터 아빠를 응원하겠다고 하면서 축구공을 만지고 있었어요.
아빠가 제일 멋있어요!
풋-
너희를 보면 경기에서 져도 힘이 나는구나!
좋아. 우승할 때까지 은퇴는 없다!
꾸욱

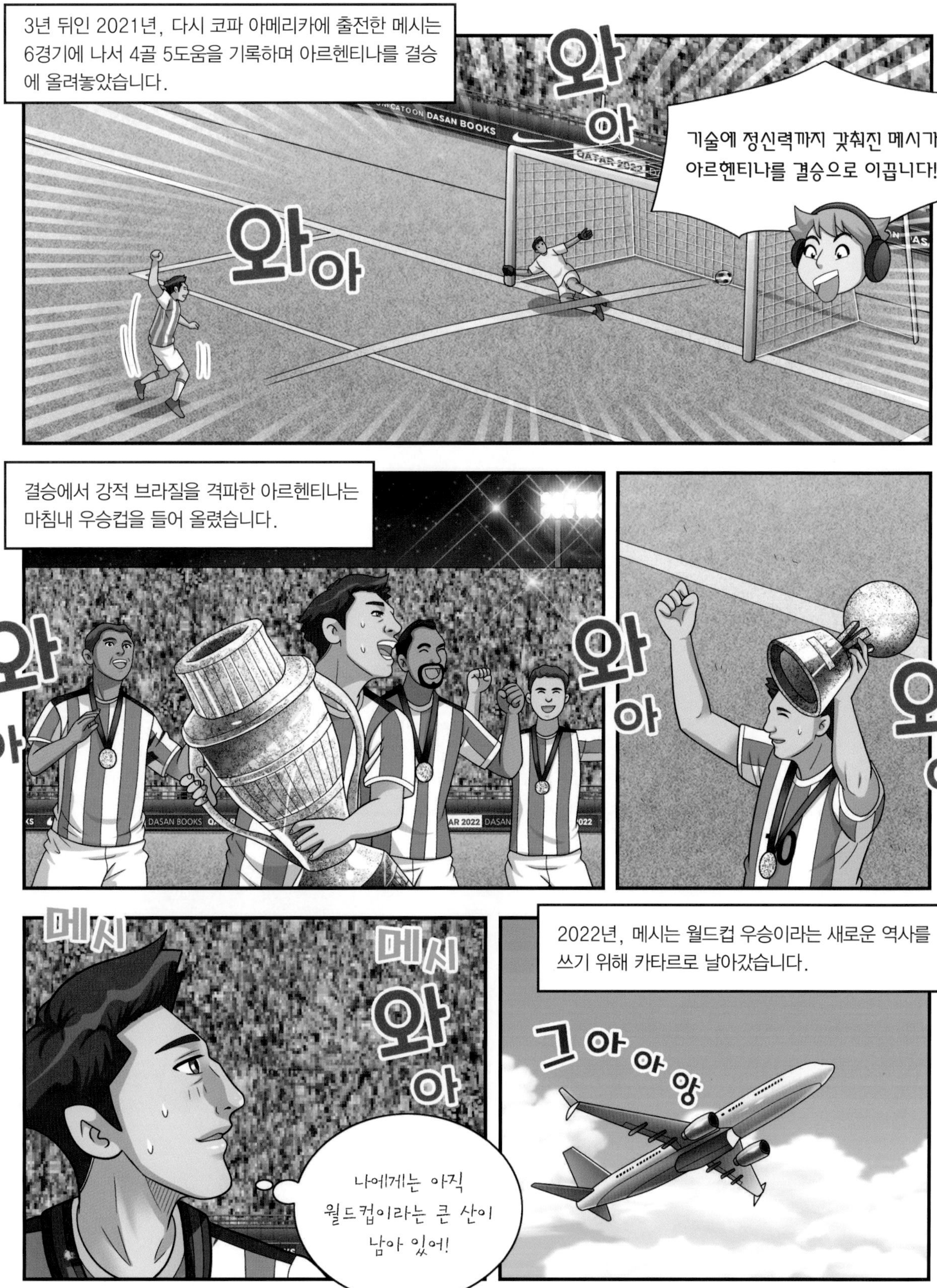
3년 뒤인 2021년, 다시 코파 아메리카에 출전한 메시는 6경기에 나서 4골 5도움을 기록하며 아르헨티나를 결승에 올려놓았습니다.
와아
기술에 정신력까지 갖춰진 메시가 아르헨티나를 결승으로 이끕니다!
와아
결승에서 강적 브라질을 격파한 아르헨티나는 마침내 우승컵을 들어 올렸습니다.
와아
와아
와아
메시
메시
와아
나에게는 아직 월드컵이라는 큰 산이 남아 있어!
2022년, 메시는 월드컵 우승이라는 새로운 역사를 쓰기 위해 카타르로 날아갔습니다.
그아아앙

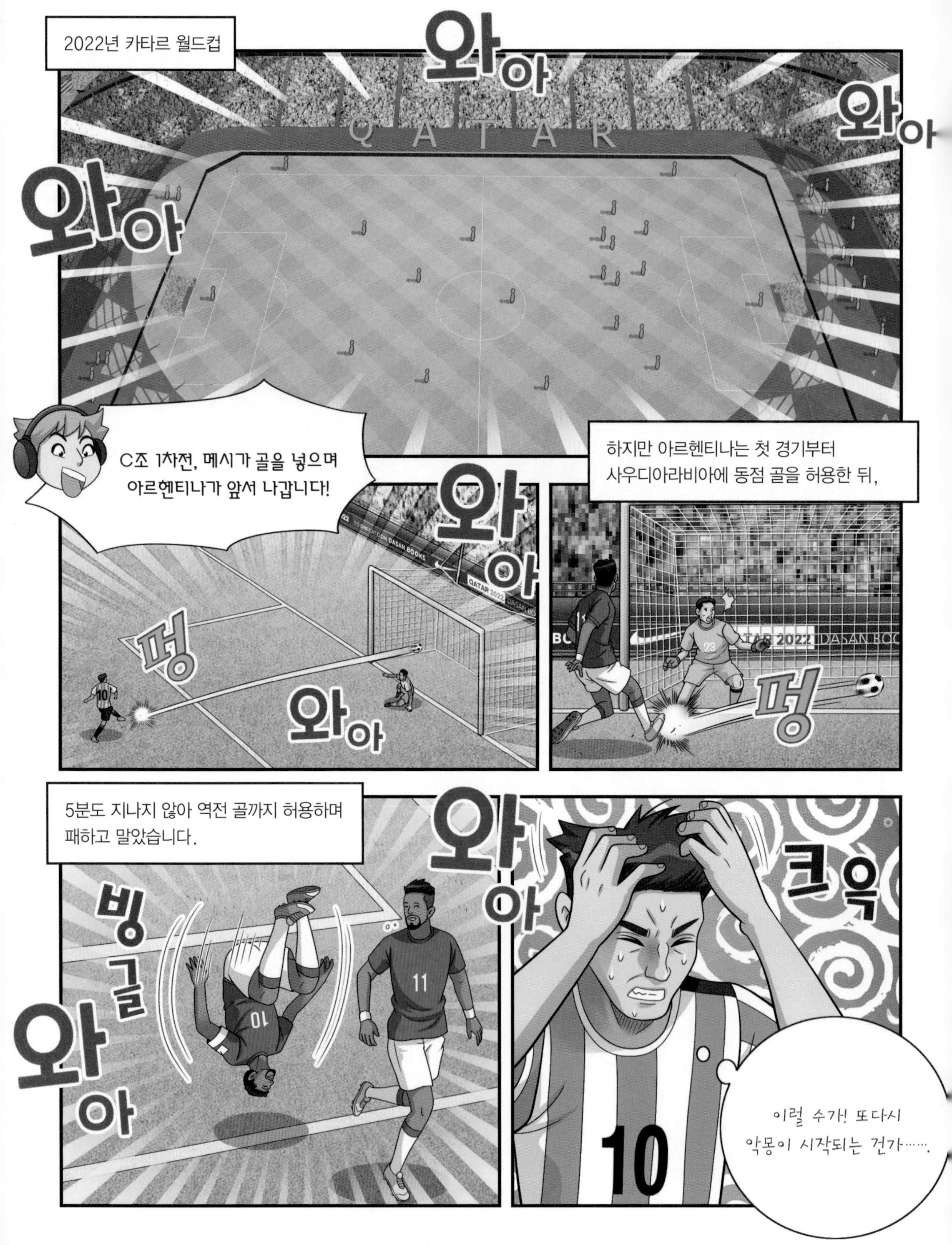

2022년 카타르 월드컵
와아
와아
와아
QATAR
C조 1차전, 메시가 골을 넣으며
아르헨티나가 앞서 나갑니다!
와아
펑
와아
하지만 아르헨티나는 첫 경기부터
사우디아라비아에 동점 골을 허용한 뒤,
펑
5분도 지나지 않아 역전 골까지 허용하며
패하고 말았습니다.
빙글
와아
와아
크윽
이럴 수가! 또다시
악몽이 시작되는 건가…….

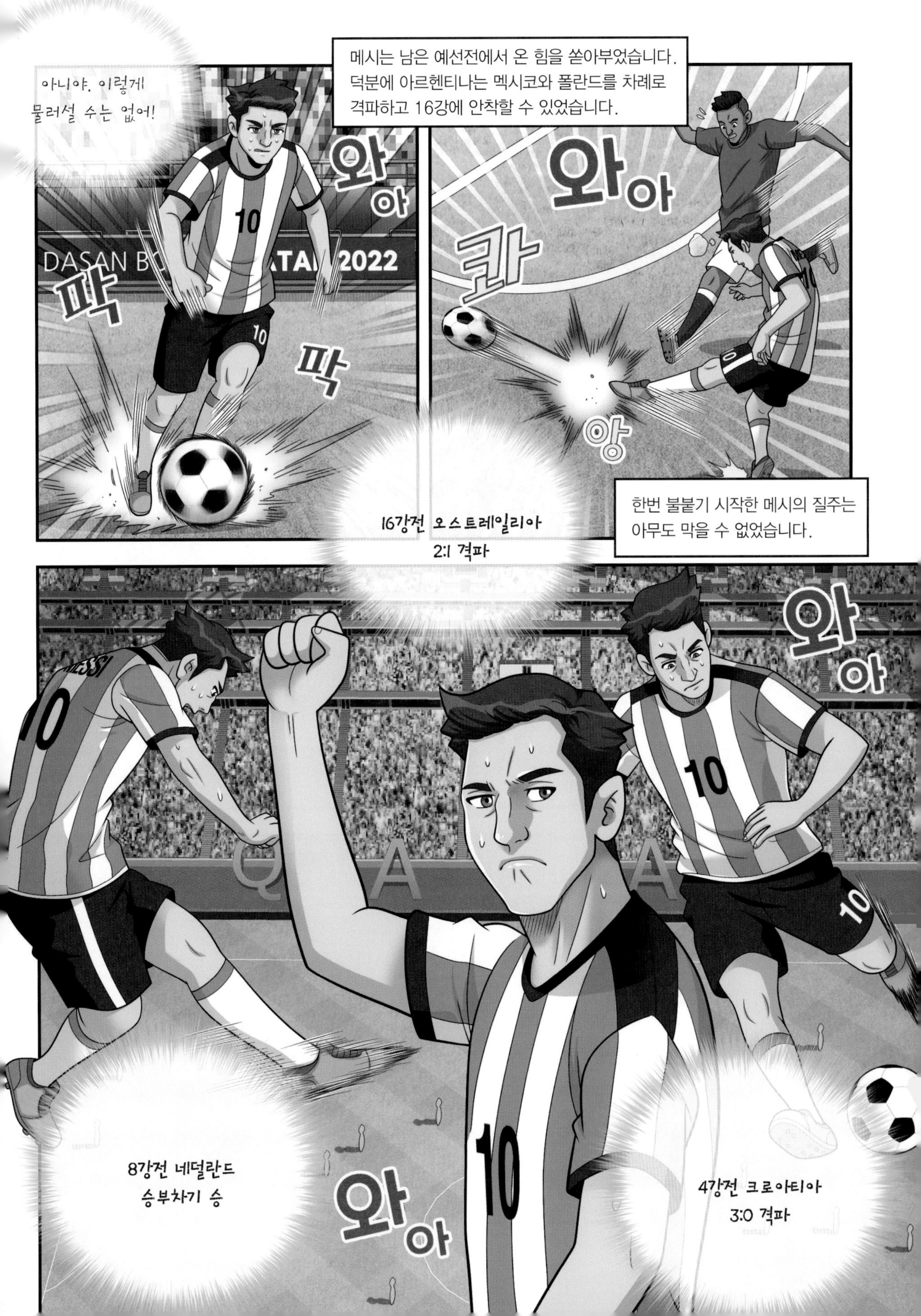

메시는 남은 예선전에서 온 힘을 쏟아부었습니다. 덕분에 아르헨티나는 멕시코와 폴란드를 차례로 격파하고 16강에 안착할 수 있었습니다.
아니야. 이렇게 물러설 수는 없어!
와아
팍
팍
와아
콰
앙
16강전 오스트레일리아 2:1 격파
한번 불붙기 시작한 메시의 질주는 아무도 막을 수 없었습니다.
와아
8강전 네덜란드 승부차기 승
와아
4강전 크로아티아 3:0 격파

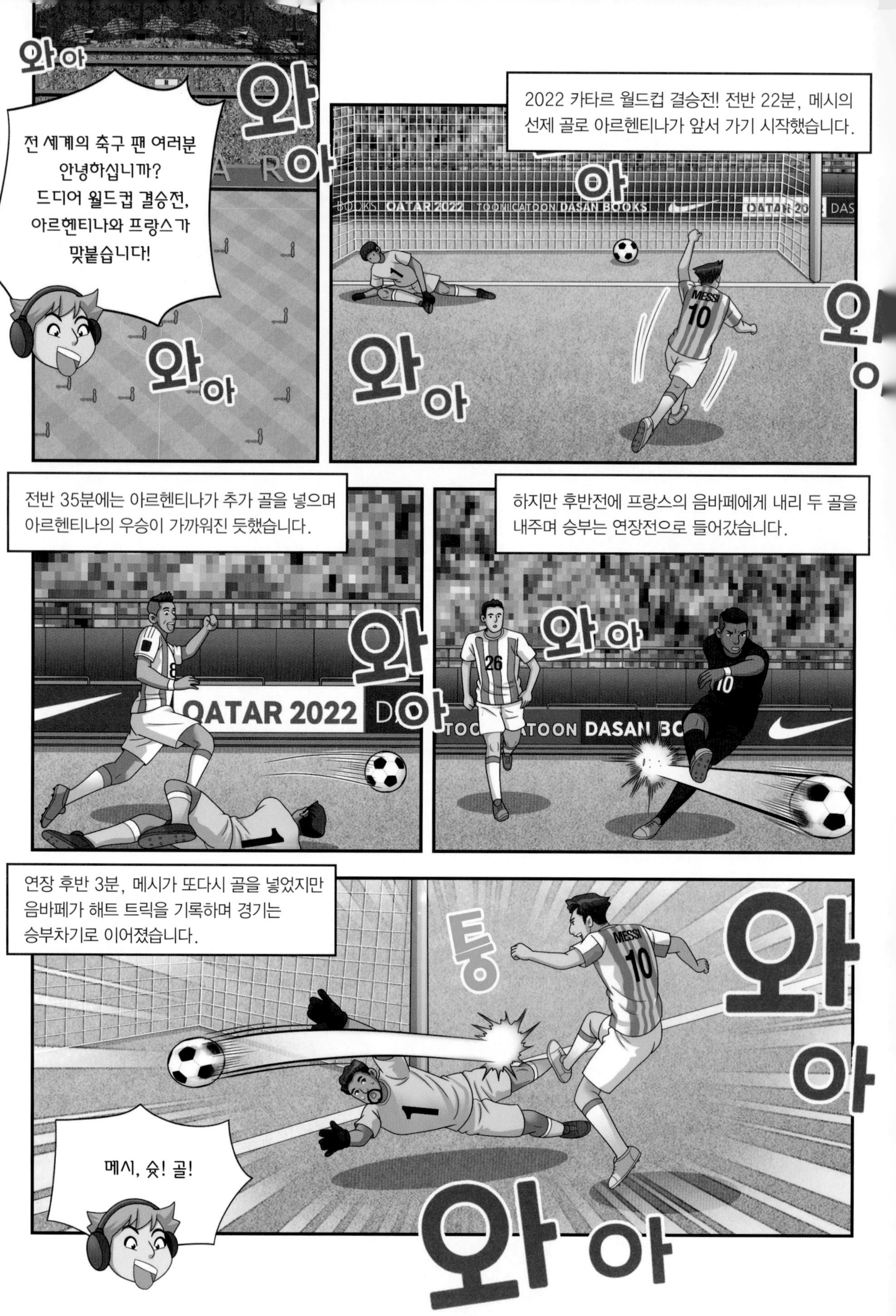

와아
와아
전 세계의 축구 팬 여러분
안녕하십니까?
드디어 월드컵 결승전,
아르헨티나와 프랑스가
맞붙습니다!
와아
2022 카타르 월드컵 결승전! 전반 22분, 메시의
선제 골로 아르헨티나가 앞서 가기 시작했습니다.
아
와아
와아
전반 35분에는 아르헨티나가 추가 골을 넣으며
아르헨티나의 우승이 가까워진 듯했습니다.
와아
하지만 후반전에 프랑스의 음바페에게 내리 두 골을
내주며 승부는 연장전으로 들어갔습니다.
와아
연장 후반 3분, 메시가 또다시 골을 넣었지만
음바페가 해트 트릭을 기록하며 경기는
승부차기로 이어졌습니다.
퉁
와아
메시, 슛! 골!
와아

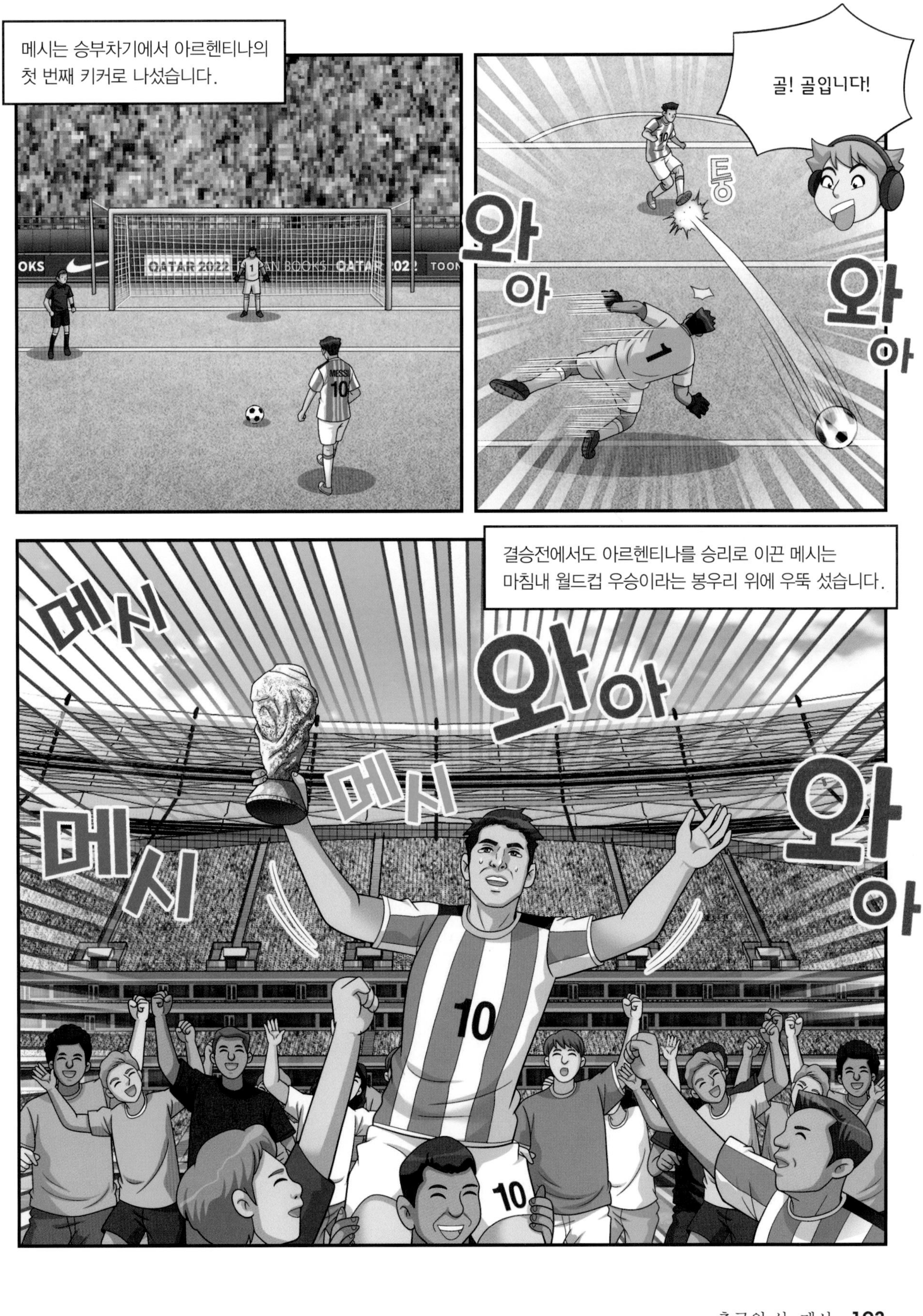
메시는 승부차기에서 아르헨티나의 첫 번째 키커로 나섰습니다.
QATAR 2022
MESSI 10
퉁
와아
골! 골입니다!
와아
결승전에서도 아르헨티나를 승리로 이끈 메시는 마침내 월드컵 우승이라는 봉우리 위에 우뚝 섰습니다.
메시
와아
메시
메시
와아

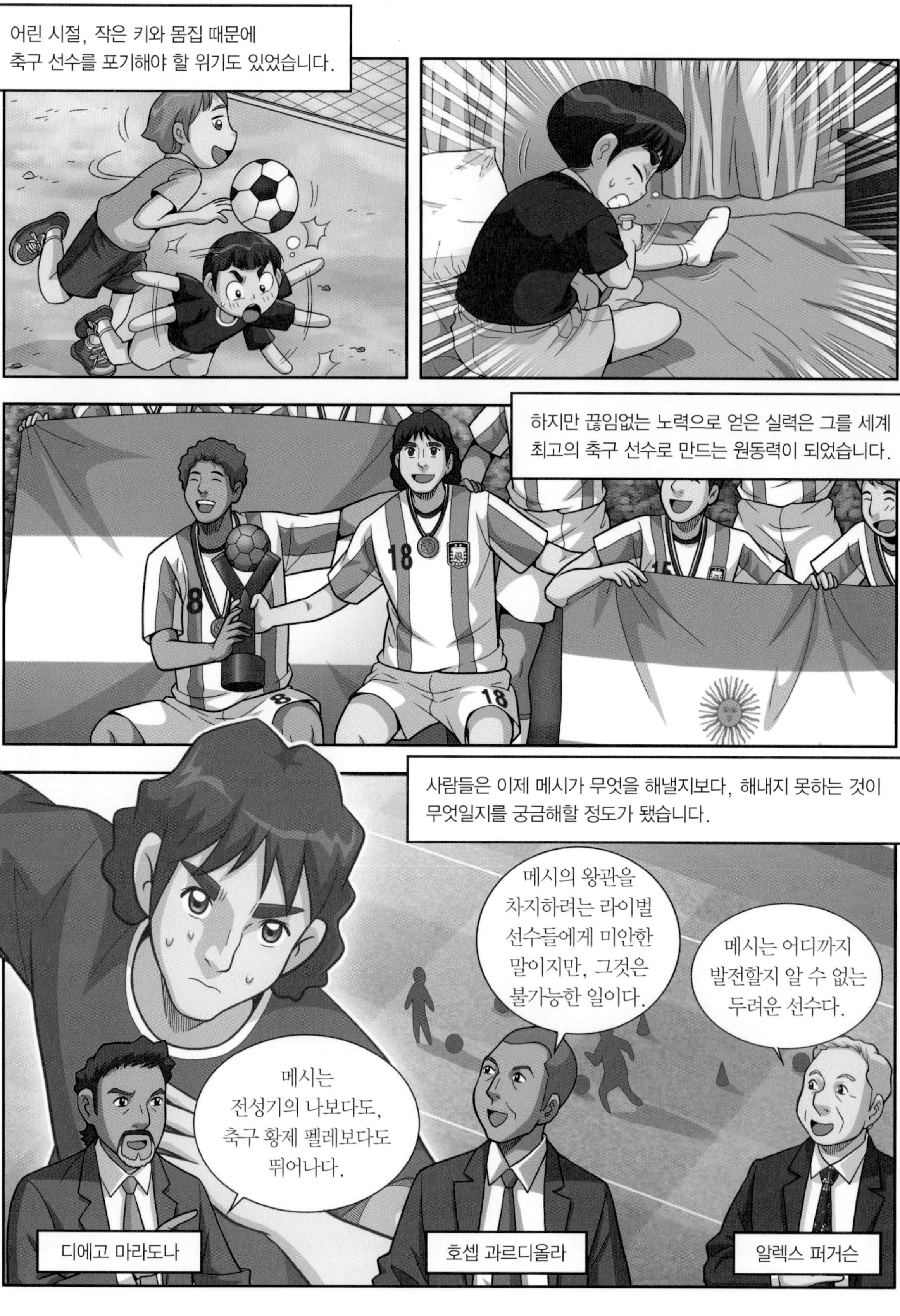
어린 시절, 작은 키와 몸집 때문에
축구 선수를 포기해야 할 위기도 있었습니다.
하지만 끊임없는 노력으로 얻은 실력은 그를 세계
최고의 축구 선수로 만드는 원동력이 되었습니다.
사람들은 이제 메시가 무엇을 해낼지보다, 해내지 못하는 것이
무엇일지를 궁금해할 정도가 됐습니다.
메시는 전성기의 나보다도, 축구 황제 펠레보다도 뛰어나다.
디에고 마라도나
메시의 왕관을 차지하려는 라이벌 선수들에게 미안한 말이지만, 그것은 불가능한 일이다.
호셉 과르디올라
메시는 어디까지 발전할지 알 수 없는 두려운 선수다.
알렉스 퍼거슨

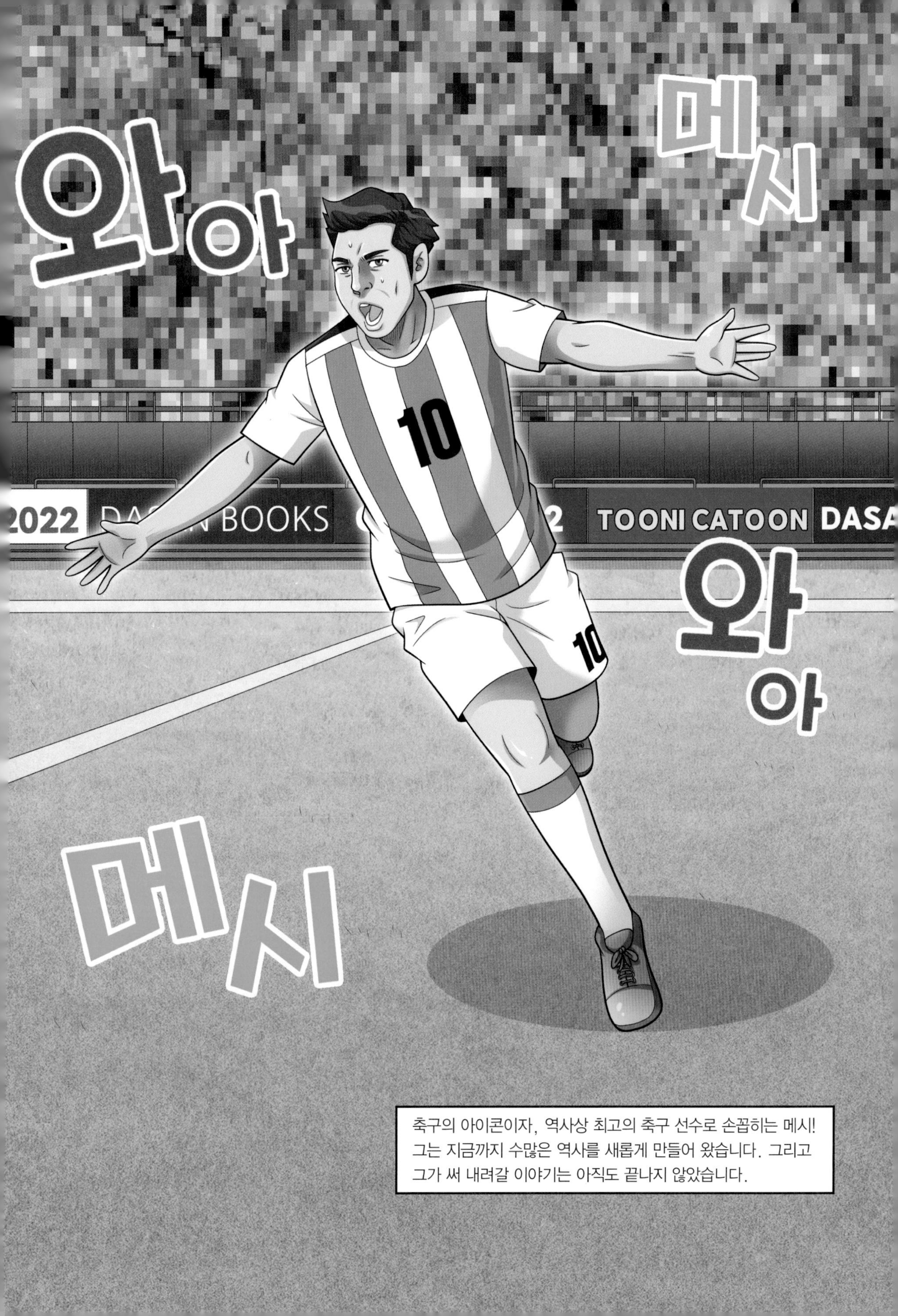
와아
메시
2022
TOONI CATOON
와아
메시
축구의 아이콘이자, 역사상 최고의 축구 선수로 손꼽히는 메시!
그는 지금까지 수많은 역사를 새롭게 만들어 왔습니다. 그리고
그가 써 내려갈 이야기는 아직도 끝나지 않았습니다.

어린이
생각 마당

어린이 친구들 안녕?
리오넬 메시 이야기,
재미있게 읽었나요?

책을 읽고 난 후에는 잠시 쉬어 가면서
생각을 정리할 수 있는 시간이 필요해요.

'어린이 생각 마당'에서 다양한 독후 활동을 따라 하다 보면
어느새 **리오넬 메시**와 무척 가까워진 자신을 발견하게 될 거예요.

모두 준비됐죠? 그럼 시작!

메시처럼 꿈을 이루기
위해 노력한다면,
무엇이든 이룰 수
있을 것 같아요!

독후 활동
STEP 1

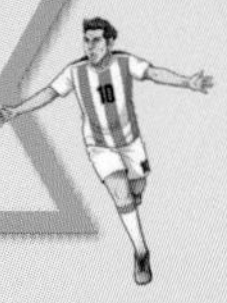

나는 주변 환경에 어떤 영향을 받았나요?

리오넬 메시는 아르헨티나 로사리오에서 태어났어요. 이 지역은 유명한 축구 선수가 많이 자라난 곳으로 축구를 사랑하는 도시이지요. 어디서나 아이들이 공을 차며 노는 모습을 볼 수 있고, 축구장도 많다고 해요. 메시는 그런 주변 환경의 영향으로 아주 어릴 때부터 축구공을 가지고 놀며, 일찍 자신의 재능을 발견하고 본격적으로 축구를 시작할 수 있었어요.

여러분도 가족이나 친구들, 그리고 사는 곳의 영향을 많이 받으며 자라 왔을 거예요. 자신이 주변에서 어떤 영향을 받았는지 생각해 보고, 그에 대해서 이야기해 보아요.

주변에서 어떤 영향을 받았나요?	그 영향으로 자신이 잘하는 것이나 좋아하는 것은 무엇인가요?
아빠가 다큐멘터리 보는 것을 좋아해서 자주 함께 TV를 봅니다.	동물이나 자연에 대해서 관심이 많고, 다큐멘터리에서 배운 내용을 친구들에게 이야기해 주는 것을 좋아해요.

독후 활동
STEP 2

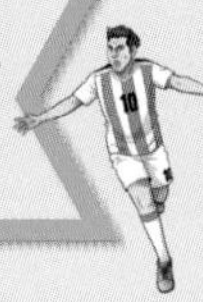

어려움을 극복할 수 있는 방법을 찾아보아요!

리오넬 메시는 어렸을 때 성장 호르몬 결핍증이 있다는 진단을 받으며 축구 선수로서 체구가 작다는 벽에 부딪혔어요. 그 외에도 최고의 축구 선수가 될 때까지 많은 어려움과 시련을 겪었지요. 하지만 메시는 어려움을 이겨 내고 더 발전하기 위해서 끊임없이 노력했어요. 그리고 "모든 단점은 장점이 될 수 있다."라는 말을 남겼지요. 메시가 겪었던 여러 가지 어려움에 대해서 생각해 보고, 자신이라면 어떻게 어려움을 극복할지 적어 보아요.

어떤 어려움이 있었나요?	메시는 어떻게 어려움을 극복했나요?	나라면 어떻게 어려움을 극복할까요?
축구 선수로서 체격 조건이 맞지 않아요.	매일 주사를 맞으면서 치료를 받았고, 오히려 작은 몸집의 장점을 살려 순발력과 스피드를 키우는 훈련을 했어요.	
부상을 당해서 경기에서 활약을 하지 못했어요. 나 때문에 팀이 진 것 같아요.	건강한 모습으로 경기장에 서기 위해 재활 훈련을 열심히 받았어요. 그래서 예상했던 기간보다 훨씬 빨리 나았어요.	
상대팀의 선수가 반칙을 했는데, 도리어 내가 퇴장을 당하고 말았어요.	나쁜 기억을 빨리 잊고 다음 경기를 준비했어요. 마음이 흔들려서 다음 경기에서도 집중을 하지 못하면 안 되니까요.	

독후 활동
STEP 3

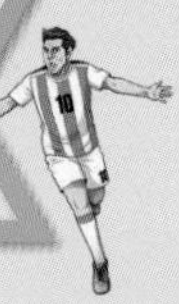

좋아하는 축구팀과 축구 선수를 알아보아요!

메시는 에스파냐의 최상위 리그인 프리메라리가에서 활동하는 FC 바르셀로나에서 17년 동안 뛰었습니다. FC 바르셀로나는 프리메라리가에서 레알 마드리드와 1, 2위를 다투는 수준 높은 팀이에요. FC 바르셀로나와 레알 마드리드는 대표적인 라이벌 팀으로, 두 팀의 대결은 전 세계적인 관심을 받는답니다.

FC 바르셀로나와 레알 마드리드 외에도 실력 있는 축구팀이 많아요. 여러분은 어떤 축구팀을 좋아하고 응원하나요? 좋아하는 축구팀과 축구 선수에 대해 소개해 보아요.

좋아하는 축구 팀이나 선수를 소개해 보세요.	
왜 그 축구팀 혹은 선수를 좋아하나요?	
좋아하는 축구팀 혹은 선수가 펼친 가장 재미있었던 축구 경기를 소개해 보세요.	

독후 활동
STEP 4

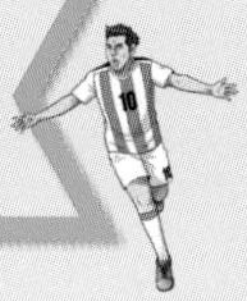

나만의 골 세리머니를 만들어 보아요!

메시는 프로 선수로 데뷔한 뒤에도, 어렸을 적 축구 선수가 되는 데에 많은 힘을 주었던 돌아가신 할머니를 생각하며 두 손으로 하늘을 가리키는 골 세리머니를 합니다. 이처럼 골을 넣고 나서 하는 기쁨의 행동을 골 세리머니라고 해요. 선수마다, 또 선수가 처한 상황에 따라서 제각각의 세리머니를 하기 때문에 이를 보는 것도 축구의 재미 중 하나랍니다.

여러분이 축구 선수가 되어 골 세리머니를 한다면 어떤 포즈를 취하고 싶은가요? 골을 넣은 뒤의 모습이 방송에 소개된다고 상상하면서 자신이 어떤 경기에서 어떻게 골을 넣고, 어떤 세리머니를 할지 아나운서가 말하는 것처럼 이야기해 보아요.

＊ 자신의 골 세리머니 장면을 상상해서 그려 보아요.

＊ 중계방송에서 아나운서의 멘트를 상상해 보아요.

골입니다! ____________ 선수가 ____________ 경기에서

____

____________ 하여서 골을 넣었습니다! 골 장면을 다시 한번 보시죠!!

독후 활동
STEP 5

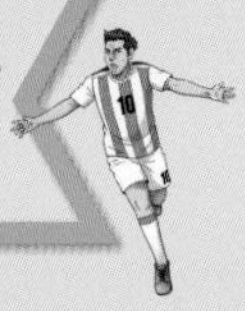

나의 수상 소감을 이야기해 보아요.

메시는 한 해에 가장 뛰어난 활약을 펼친 축구 선수에게 주는 상인 발롱도르를 2023년까지 총 8번이나 받았어요. 이는 세계 신기록이기도 하지요. 이처럼 세계 최고의 선수임을 인정하는 상을 받는 것은 굉장히 가슴 벅찬 일일 거예요.
발롱도르 말고도 축구에는 월드컵에서 최고의 활약을 한 선수에게 주어지는 '골든 볼', 최우수 골키퍼에게 주는 '골든 글러브' 등 다양한 상이 있어요. 여러분이 축구 선수가 된다면 어떤 상을 받고 싶은가요? 그리고 만약 그 상을 받으면 수상 소감으로 어떤 이야기를 하고 싶은가요? 사람들 앞에서 당당하게 서서 상을 받고 기뻐하는 자신을 상상해 보면 축구 선수로서의 목표가 더욱 뚜렷해질 거예요.

__________ 상을 받은 축구 선수 __________ 의 수상 소감문

오늘 __________ 상을 받게 되어서 무척 기쁩니다.

우선 __________ 와(과) 이 상의 기쁨을 나누고 싶네요.

이 상을 받기 위해서 많은 노력을 했는데요,

저의 단점인 __________ 을(를) 보완하기 위해서

__________.

또 저의 장점인 __________ 을(를) 계발하고자

__________.

앞으로 __________

__________ 하고 싶습니다.

독후 활동
STEP 6

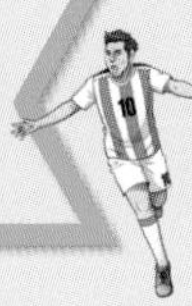

FIFA 세계 축구 박물관에 대해 알아보아요!

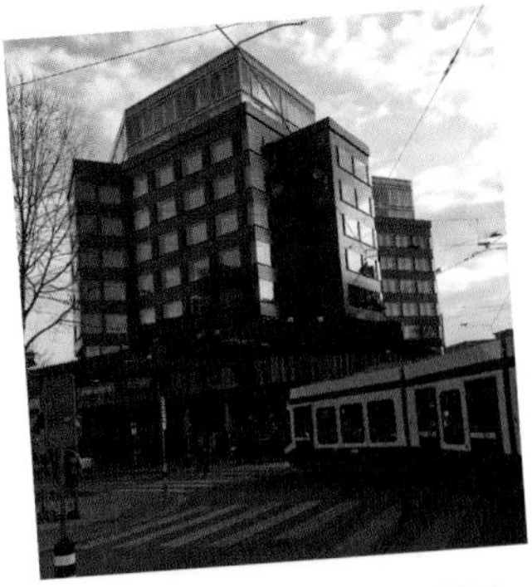

FIFA 세계 축구 박물관이 있는 건물의 외부 전경 ⓒ albinfo

FIFA(국제 축구 연맹) 본부가 위치한 스위스 취리히에는 FIFA 세계 축구 박물관이 있어요. FIFA에서 세계 축구의 역사를 기록하고, 축구가 세계 통합에 기여한 영향을 보여 주기 위해 2016년 2월에 설립한 곳이지요. FIFA는 이미 100년이 넘는 시간 동안 세계 축구의 중심 역할을 해 온 단체인 만큼 이곳에서는 그동안 축구가 어떤 모습으로 발전해 왔는지를 알아볼 수 있는 다양한 자료가 많답니다. 현재 FIFA 각 회원국의 국가 대표 팀 유니폼은 물론, 과거에 사용했던 축구공이나 장비는 어떤 모습이었는지 등을 비교해 볼 수 있습니다. 역대 FIFA 월드컵 트로피, 축구공, 축구화를 비롯해 이제까지 월드컵 대회를 자세히 알아볼 수 있는 다양한 전시물도 있어요.
뿐만 아니라 축구 선수들의 모습을 담은 영상, FIFA 회원국 소개 영상이나 축구에 대한 단편 영화와 같은 시각 자료도 즐길 수 있어요. 어린이를 대상으로 하는 체험존에서는 월드컵과 축구에 관한 퀴즈를 풀어볼 수도 있고, 직접 축구 게임을 해 볼 수도 있지요.

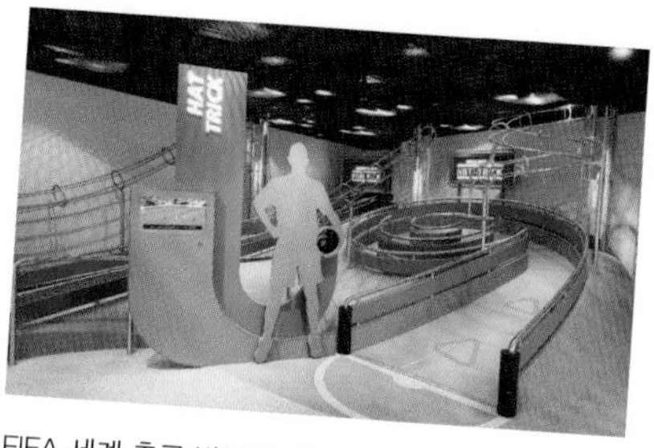
HAT TRICK

FIFA 세계 축구 박물관에는 축구와 관련한 다양한 게임을 해 볼 수 있는 장소가 마련되어 있습니다.

* FIFA는 국가 간 화합에 이바지한 공로를 인정받아 노벨 평화상 후보에 오르기도 했어요. 축구가 세계 여러 나라가 화합하는 데 어떤 영향을 주었을까요?

리오넬 메시

1987년	아르헨티나 산타페 주의 로사리오에서 태어납니다.
1992년	로사리오 지역 유소년 축구팀인 그란돌리에 입단합니다.
1994년	뉴웰스 올드 보이스에 입단합니다.
1997년	'성장 호르몬 결핍증'이라는 희귀병 진단을 받고, 성장 호르몬 주사를 맞는 등 치료를 시작합니다.
2001년	FC 바르셀로나의 유소년 팀에 입단합니다.
2004년	FC 바르셀로나 1군으로 승격하면서 프로 축구 무대에 섭니다.
2005년	아르헨티나 대표로 청소년 세계 선수권 대회에 출전해 총 6골을 넣어 팀을 우승으로 이끕니다.
2008년	2008 베이징 올림픽에 아르헨티나 국가 대표로 출전해 금메달을 땁니다.
2009년	챔피언스리그 결승전에서 활약하며 FC 바르셀로나를 우승으로 이끕니다. 최고의 축구 선수에게 수여하는 상인 '발롱도르'를 받습니다.
2012년	2009년부터 2012년까지 4회 연속 발롱도르를 수상합니다. 한 해 동안 91골을 넣어 기네스북에 이름을 올립니다.

2014년	2014 브라질 월드컵에서 준우승을 거두고, 대회 최우수 선수에게 수여하는 골든 볼을 받습니다.
2015년	코파 아메리카에서 준우승을 차지합니다. FC 바르셀로나에서 동료들과 함께 트레블을 달성하고, 발롱도르를 수상합니다.
2016년	코파 아메리카에서 다시 한번 준우승을 차지한 뒤 국가 대표 은퇴를 선언했다가 복귀합니다.
2019년	6번째 발롱도르를 수상합니다.
2021년	7번째 발롱도르를 수상합니다. 코파 아메리카에서 4골 5도움을 기록하며 아르헨티나를 우승으로 이끌고, 대회 MVP를 차지합니다.
2022년	2022 카타르 월드컵에서 7골 3도움을 기록하며 우승을 차지하고, 골든 볼과 실버 부트를 함께 수상합니다.
2023년	인터 마이애미 CF에 입단해 팀을 리그스 컵 우승으로 이끌고, 8번째 발롱도르를 수상합니다.

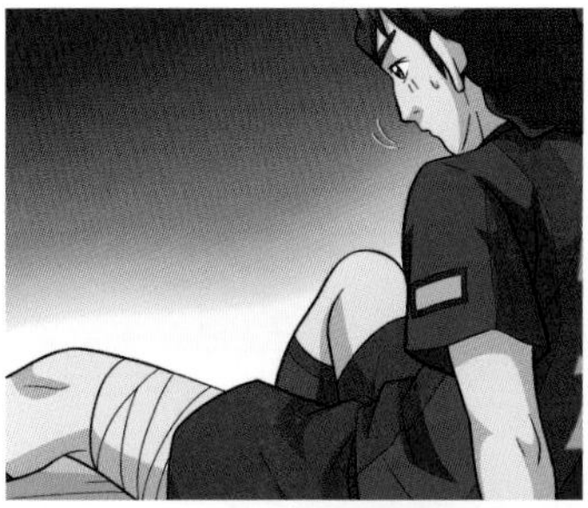

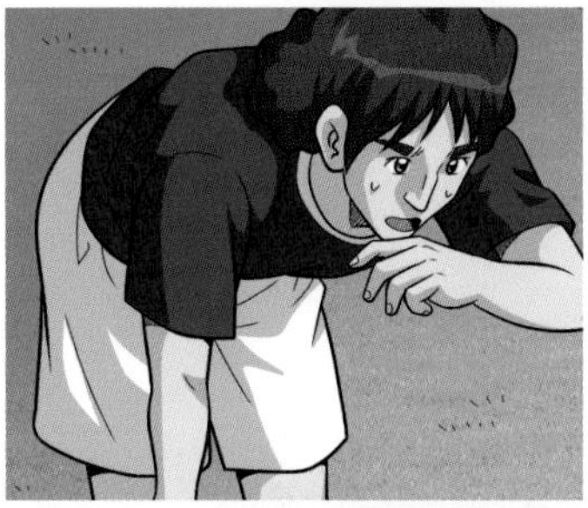

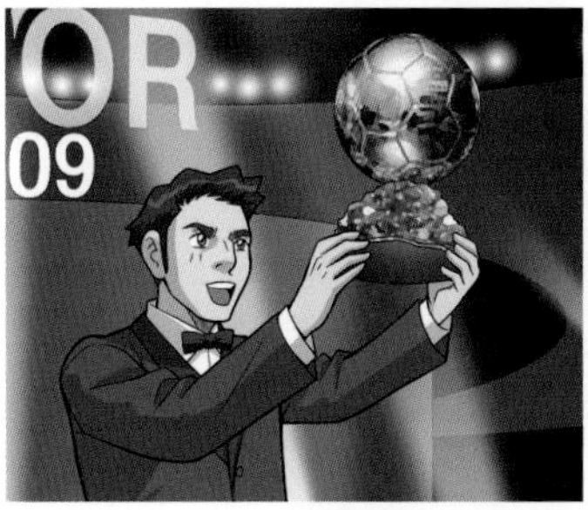
OR
09

 특별판

리오넬 메시

초판 1쇄 발행 2023년 10월 5일
초판 5쇄 발행 2024년 5월 24일

글 최재훈 **그림** 툰쟁이 **표지화** 신춘성

펴낸이 김선식
펴낸곳 다산북스

부사장 김은영
어린이사업부총괄이사 이유남
디자인 김은지 **책임마케터** 안호성
어린이콘텐츠사업1팀장 최인수 **어린이콘텐츠사업1팀** 김은지 박세미 강푸른
마케팅본부장 권장규 **마케팅3팀** 최민용 안호성 박상준 송지은
미디어홍보본부장 정명찬
편집관리팀 조세현 김호주 백설희 **저작권팀** 한승빈 이슬 윤제희 **제휴홍보팀** 류승은 문윤정 이예주
재무관리팀 하미선 윤이경 김재경 이보람 임혜정
인사총무팀 강미숙 지석배 김혜진 황종원
제작관리팀 이소현 김소영 김진경 최완규 이지우 박예찬
물류관리팀 김형기 김선민 주정훈 김선진 한유현 전태연 양문현 이민운
외부 스태프 추가 글 하인수

출판등록 2005년 12월 23일 제313-2005-00277호
주소 경기도 파주시 회동길 490
전화 02-704-1724 **팩스** 02-703-2219
다산어린이 카페 cafe.naver.com/dasankids **다산어린이 블로그** blog.naver.com/stdasan
종이 스마일몬스터 **인쇄** 북토리 **코팅 및 후가공** 제이오엘앤피 **제본** 국일문화사

ISBN 979-11-306-4632-5 77990

 품명: 도서 | **제조자명**: 다산북스
제조국명: 대한민국 | **전화번호**: 02)704-1724
주소: 경기도 파주시 회동길 490
제조년월: 판권 별도 표기 | **사용연령**: 8세 이상
※ KC마크는 이 제품이 공통안전기준에 적합하였음을 의미합니다.

who? 한국사

초등 역사 공부의 첫 단추! '인물'을 알아야 시대가 보인다

● 선사·삼국 　● 남북국 　● 고려 　● 조선 　● 근대

※ who? 한국사(전 46권) | 대상 초등학교 전 학년 | 책 크기 188×255 | 각 권 페이지 190쪽 내외

who? 인물 중국사

인물로 배우는 최고의 역사 이야기

※ who? 인물 중국사(전 30권) | 대상 초등학교 전 학년 | 책 크기 188×255 | 각 권 페이지 190쪽 내외

who? 아티스트

최고의 명작을 탄생시킨 아티스트들을 만나다

● 문화·예술·언론·스포츠

※ who? 아티스트(전 40권) | 대상 초등학교 전 학년 | 책 크기 188×255 | 각 권 페이지 190쪽 내외

who? 인물 사이언스

기술로 세상을 발전시킨 과학자들의 이야기

● 과학・탐험・발명

● 공학・엔지니어

※ who? 인물 사이언스(전 40권) | 대상 초등학교 전 학년 | 책 크기 188×255 | 각 권 페이지 180쪽 내외

who? 세계 인물

만화로 만나는 세상을 바꾼 위대한 인물들의 이야기

● 정치   ● 경제   ● 인문   ● 사상

※ who? 세계 인물(전 40권) | 대상 초등학교 전 학년 | 책 크기 188×255 | 각 권 페이지 180쪽 내외

who? 스페셜・K-pop

아이들이 가장 만나고 싶고, 닮고 싶은 현대 인물 이야기

※ who? 스페셜・K-pop | 대상 초등학교 전 학년 | 책 크기 188×255 | 각 권 페이지 190쪽 내외

만화로 만나는 세상을 바꾼
위대한 인물들의 이야기